Das Interpretative Paradigma

Reiner Keller

Das Interpretative Paradigma

Eine Einführung

Springer VS

Prof. Dr. Reiner Keller
Universität Augsburg
Deutschland

ISBN 978-3-531-15546-3   ISBN 978-3-531-94080-9 (eBook)
DOI 10.1007/978-3-531-94080-9

Die Deutsche Nationalbibliothek verzeichnet diese Publikation in der Deutschen Nationalbibliografie; detaillierte bibliografische Daten sind im Internet über http://dnb.d-nb.de abrufbar.

Springer VS
© VS Verlag für Sozialwissenschaften | Springer Fachmedien Wiesbaden 2012
Das Werk einschließlich aller seiner Teile ist urheberrechtlich geschützt. Jede Verwertung, die nicht ausdrücklich vom Urheberrechtsgesetz zugelassen ist, bedarf der vorherigen Zustimmung des Verlags. Das gilt insbesondere für Vervielfältigungen, Bearbeitungen, Übersetzungen, Mikroverfilmungen und die Einspeicherung und Verarbeitung in elektronischen Systemen.

Die Wiedergabe von Gebrauchsnamen, Handelsnamen, Warenbezeichnungen usw. in diesem Werk berechtigt auch ohne besondere Kennzeichnung nicht zu der Annahme, dass solche Namen im Sinne der Warenzeichen- und Markenschutz-Gesetzgebung als frei zu betrachten wären und daher von jedermann benutzt werden dürften.

Der Verlag hat sich bemüht, alle uns bekannten Rechteinhaber zu ermitteln. Sollten dennoch Inhaber von Urheberrechten unberücksichtigt geblieben sein, bitten wir sie, sich mit dem Verlag in Verbindung zu setzen.

Photos of William I. Thomas, Florian Znaniecki, Robert E. Park, Herbert Blumer, Erving Goffmann are printed with kind permission of the American Sociological Association.

Gedruckt auf säurefreiem und chlorfrei gebleichtem Papier

Springer VS ist eine Marke von Springer DE. Springer DE ist Teil der Fachverlagsgruppe Springer Science+Business Media.
www.springer-vs.de

Inhalt

1 **Einführung: Das Interpretative Paradigma**.......................... 1
   1.1 Soziologie: Kultur- und Wirklichkeitswissenschaft............... 1
   1.2 Der Aufstand des Konkreten.................................. 9

2 **Die Chicago School of Sociology**................................. 21
   2.1 Ein Sozial- und Kulturexperiment............................. 21
   2.2 Die führende US-amerikanische Soziologieschule ihrer Zeit 27
        2.2.1 Disziplingenese und Sozialreformen:
              der Entstehungskontext 27
        2.2.2 Das Handlungsmodell des Pragmatismus............... 32
        2.2.3 Das Schlüssel-Theorem: Die „Definition der Situation" ... 41
        2.2.4 Die polnischen Bauern in der Neuen Welt.............. 52
        2.2.5 Hinein in die Abenteuer der Großstadt! 58
        2.2.6 Kosmopolitische Realitäten.......................... 69
        2.2.7 Where the action is: Soziologie als „Fieldwork".......... 72
        2.2.8 Die Gesellschaft an der Straßenecke................... 75
   2.3 Bilanz und Aktualität der Chicago School 77

3 **Symbolischer Interaktionismus**................................. 83
   3.1 Symbolgebrauch und soziale Konstitution des Selbst............ 86
        3.1.1 Die menschliche Fähigkeit zum Symbolgebrauch 92
        3.1.2 Die Funktionsweise signifikanter Symbole............. 94
        3.1.3 Die kommunikative Konstitution des Bewusstseins und
              die Entwicklung des Einzelnen zum sozialen Selbst 99
        3.1.4 Identität und Rollenspiel 105
        3.1.5 Kommunikation und Gesellschaft 107
   3.2 Der Symbolische Interaktionismus 108
        3.2.1 Grundannahmen................................... 112
        3.2.2 Von der Symbolischen Interaktion zur Gesellschaft 119
        3.2.3 Methodologische Konsequenzen 121

3.3		Die vielfältige Praxis des Symbolischen Interaktionismus	125
	3.3.1	„Doing things together"	128
	3.3.2	Symbolische Kreuzzüge: Die Karriere und Kultur öffentlicher Probleme	139
	3.3.3	„Soziale Welten" als ausgehandelte Ordnungen und Handlungsverkettungen	146
	3.3.4	Diskursforschung: Arena- und Issue-Analysen	157
	3.3.5	Gefühlsarbeit und Arbeitsleben	160
	3.3.6	Organisationsstudien, Wissenschafts- und Technikforschung	161
	3.3.7	Sex	166
	3.3.8	Ausblick: SI, Poststrukturalismus, Cultural Studies & Co.	168
3.4		Bilanz und Aktualität des Symbolischen Interaktionismus	170

4 Sozialkonstruktivistische Wissenssoziologie ... 175
    4.1 Sozialphänomenologische Grundlegungen ... 176
        4.1.1 Die Sinnkonstitution im Bewusstsein ... 182
        4.1.2 Das Handeln und seine Motivstruktur ... 189
        4.1.3 Natürliche Einstellung und Strukturen der Lebenswelt ... 191
        4.1.4 Das Ich und die Anderen ... 194
        4.1.5 Wissen, Sprache, Zeichen ... 195
        4.1.6 Sozialwissenschaftliche Methodologie des Sinnverstehens ... 201
    4.2 Die gesellschaftliche Konstruktion der Wirklichkeit ... 202
        4.2.1 Grundlagen ... 209
        4.2.2 Gesellschaft als objektive und subjektive Wirklichkeit ... 212
        4.2.3 Die objektive Wirklichkeit als kollektiver Wissensvorrat ... 214
        4.2.4 Gesellschaft als subjektive Wirklichkeit ... 221
        4.2.5 Zwei Anwendungsbeispiele ... 226
    4.3 Bilanz und Aktualität der sozialkonstruktivistischen Wissenssoziologie ... 228
        4.3.1 Neo-Institutionalismus ... 230
        4.3.2 Hermeneutische Wissenssoziologie ... 231

5 Ethnomethodologie ... 241
    5.1 Agnes und die Frage, wie Geschlecht „getan" wird ... 249
    5.2 Soziale Ordnung als Ergebnis von Handlungsvollzügen ... 253
    5.3 Theoretische Konzepte ... 266

5.4	Bilanz und Aktualität der Ethnomethodologie	273
	5.4.1 Konversationsanalyse	273
	5.4.2 Doing Gender	275
	5.4.3 Studies of (scientific) Work	276
5.5	Weiter in Frontstellung zur übrigen Soziologie?	281

6 Soziologie der Interaktionsordnung 283
    6.1 Situationen und ihre Menschen: Interaktionsrituale 290
    6.2 Die Situation als Bühne des Selbst und der Anderen 295
    6.3 Situationen und ihre Rahmungen 307
    6.4 Bilanz und Aktualität der Soziologie der Interaktionsordnung.... 312

7 Eine vorläufige Bilanz des Interpretativen Paradigmas 315

Literaturverzeichnis 319

Einführung: Das Interpretative Paradigma

1.1 Soziologie: Kultur- und Wirklichkeitswissenschaft

> Eine Kulturerscheinung ist die Prostitution so gut wie die Religion oder das Geld, alle drei deshalb und nur deshalb und nur soweit, als ihre Existenz und die Form, die sie historisch annehmen, unsere Kulturinteressen direkt oder indirekt berühren, als sie unseren Erkenntnistrieb unter Gesichtspunkten erregen, die hergeleitet sind aus den Wertideen, welche das Stück Wirklichkeit, welches in jenen Begriffen gedacht wird, für uns bedeutsam machen. (Weber 1980a, S. 181[1904])

Anfang des 20. Jahrhunderts schlug Max Weber (1854–1920) vor, Soziologie solle als „Kulturwissenschaft" betrieben werden. In seinem bis heute für das wissenschaftliche Selbstverständnis der, oder besser: einer spezifischen Auffassung von Soziologie grundlegenden Aufsatz über „Die Objektivität sozialwissenschaftlicher und sozialpolitischer Erkenntnis" aus dem Jahre 1904 erläutert er diese Ansicht:

> ‚Kultur' ist ein vom Standpunkt des Menschen aus mit Sinn und Bedeutung bedachter endlicher Ausschnitt aus der sinnlosen Unendlichkeit des Weltgeschehens. (…) Transzendentale Voraussetzung jeder Kulturwissenschaft ist nicht etwa, daß wir eine bestimmte oder überhaupt irgend eine ‚Kultur' wertvoll finden, sondern daß wir Kulturmenschen sind, begabt mit der Fähigkeit und dem Willen, bewußt zur Welt Stellung zu nehmen und ihr einen Sinn zu verleihen. (Ebd., S. 180 [1904])

Soziologie ist Kulturwissenschaft nicht in dem Sinne, dass sie sich mit „wertvollen Kulturgütern", also Kunst, Theater, Musik usw., befasse, sondern deswegen, weil ihre Analyse an einem spezifischen Vermögen des menschlichen Weltverhältnisses ansetzt und dieses auch voraussetzt: Die für sich genommen „sinnlose Unendlichkeit des Weltgeschehens" erschließt sich unserer menschlichen Erfahrung nur durch die Deutungsprozesse und Bedeutungszuweisungen, durch die wir das Chaos der sinnlichen Empfindungen und physikalisch-materiellen Vorgänge ordnen. Ein deutender, weltauslegender Bezug liegt all unserem Handeln in der Welt zugrunde, auch dem wissenschaftlichen Arbeiten der Soziologie selbst.[1] Den Hintergrund dieser von Weber vertretenen Auffassung von Soziologie bildete die philosophisch-geschichtswissenschaftliche Tradition der „Hermeneutik" (vgl. Jung 2001; Kurt 2004), die in dieser Zeit in Deutschland in den Auseinandersetzungen über die Wissenschaftlichkeit der Geisteswissenschaften oder auch der Geschichtswissenschaft eine wichtige Rolle spielte. Gegen Ende des 19. Jahrhunderts argumentierte der Philosoph Wilhelm Dilthey (1833–1911), der wesentliche Unterschied zwischen den Naturwissenschaften und den Geisteswissenschaften sei wie folgt markiert: Während erstere Phänomene untersuchen (und erklären), die keinen „eigenen Sinn", keine Bedeutung in sich tragen, sei der Gegenstand der letzteren eben einer, der sich immer schon selbst deute und letztlich also vor allem in „Deutungen" bestehe, die wiederum nur durch „Verstehensprozesse" untersucht werden können und müssen. Dabei handele es sich um eine

> Frage von der größten Bedeutung. Unser Handeln setzt das Verstehen anderer Personen überall voraus; ein großer Teil menschlichen Glücks entspringt aus dem Nachfühlen fremder Seelenzustände; die ganze philologische und geschichtliche Wissenschaft ist auf die Voraussetzung gegründet, daß dies Nachverständnis des Singulären zur Objektivität erhoben werden könne. (Dilthey 2004, S. 21 [1900])

Und weiter heißt es:

> Wir nennen den Vorgang, in welchem wir aus Zeichen, die von außen sinnlich gegeben sind, ein Inneres erkennen: Verstehen. (…) (Dieses) Verstehen reicht von dem Auffassen kindlichen Lallens bis zu dem des Hamlet oder der Vernunftkritik. (…) (Das) kunstmäßige Verstehen von dauernd fixierten Lebensäußerungen nennen wir Auslegung oder Interpretation. (Dilthey 2004, S. 22 f. [1900])

„Hermeneutik" meint zunächst die theologische und philosophische Lehre vom „richtigen" Verstehen und Auslegen heiliger, philosophischer, poetischer, literarischer Texte, deren Spuren Dilthey durch die Jahrhunderte verfolgt. Es handelt sich dabei um eine „Kunstlehre der Auslegung", d. h. es geht der Hermeneutik darum, allgemeine Regeln für die Organisation der Verstehensprozesse zu entwickeln. Dadurch können solche Prozesse – so das Ziel – zu einem nachvollziehbaren theologischen, philosophischen und später dann eben wissenschaftlichen Erkenntnisvor-

---

[1] Eine wichtige Zusammenstellung klassischer Grundlagentexte sowohl aus dem deutschen wie auch aus dem US-amerikanischen Kontext zu den hier diskutierten Überlegungen, die u. a. Beiträge von Max Weber, Wilhelm Dilthey, John Dewey, William I. Thomas & Florian Znaniecki versammelt, findet sich in Strübing und Schnettler (2004). Vgl. zur kulturwissenschaftlichen Grundlegung der Soziologie Poferl (2007).

1.1 Soziologie: Kultur- und Wirklichkeitswissenschaft

gang machen, wobei letzteres vor allem mit dem Philosophen Friedrich Schleiermacher (1768–1834) einsetzt.[2] Dilthey entwirft deswegen eine Theorie des Verstehens, welche die Bedingungen und Vorgehensweisen solcher Verstehensprozesse klären will und einige Affinitäten zum US-amerikanischen Pragmatismus (s. u. Kap. 2.2) aufweist. So erwähnt er beispielsweise, dass der angestrebte „Grad des Verstehens" von Interessen bedingt sei. George Herbert Mead (1863–1931), einer der wichtigsten Begründer des „Symbolischen Interaktionismus" (s. u. Kap. 3.1) war um 1889–1890 in Berlin Schüler Diltheys (Jung 2001, S. 79 ff.). Unter dem Einfluss Diltheys standen auch die klassischen deutschen Soziologen, neben Max Weber insbesondere Georg Simmel (1858–1918), dessen Studien sehr früh in der US-amerikanischen Soziologie rezipiert wurden.

Nicht zufällig schlug Max Weber wenig später vor, Soziologie als eine Wissenschaft zu begreifen, die „soziales Handeln deutend verstehen und dadurch in seinem Ablauf und seinen Wirkungen ursächlich erklären will." (Weber 1972, S. 1 [1922]) Und auch das Handeln selbst wird von ihm dadurch bestimmt, dass Menschen mit einem Verhalten einen „subjektiven Sinn" verbinden (ebd., S. 1 f. [1922]).[3] Dieser Begriff des „subjektiven Sinns" ist in mancherlei Hinsicht missverständlich. Er meint nicht, dass unser Handeln mit einem ganz und gar einmaligen Sinn verknüpft ist, der von uns, von Ihnen, von mir in je originaler und vielleicht auch origineller Weise mit einem Tun verflochten wird. Wenn Sie einem Fremden oder einer Fremden die Hand zum Gruß entgegenstrecken, dann ist das ja doch nur eine Handlungsweise, die in unserem gesellschaftlichen Kontext von vielen Millionen Menschen tagtäglich vollzogen wird. Inwiefern lässt sich dann aber von „subjektiv" sprechen? Nun, dieses Adjektiv bezeichnet hier nichts weiter als eben die wichtige Annahme, dass ich, wir, Sie, mit einer solchen Geste einen Sinn, eine Bedeutung verbinden, ja verbinden müssen, damit wir sie als Handlung in sozialen Begegnungen ausführen, sie wechselseitig koordinieren und entsprechende Körperbewegungen anderer verstehen können. Niemand kann das an unserer Stelle für uns übernehmen. Die Rede vom subjektiven Sinn zeigt an, dass die Individuen selbst ihr Dasein in der Welt mit Motiven versehen müssen, damit ihre Körper aktiv werden. Das scheidet nämlich Handeln auch dann, wenn es, wie so häufig, „in dumpfer Halbbewußtheit oder Unbewußtheit seines ‚gemeinten Sinns'" (Weber 1972, S. 10 [1922]) erfolgt, von dem, was Weber am Beispiel eines unbeabsichtigten

---

[2] Ähnlich sind heute unter dem Dach einer „Sozialwissenschaftlichen Hermeneutik" (Hitzler und Honer 1997) soziologische Reflexionen zur Methodologie des Interpretierens versammelt.

[3] Eine frühere Fassung dieser Begriffsbestimmung ist zu finden in seinem Aufsatz „Über einige Kategorien der verstehenden Soziologie" aus dem Jahre 1913 (Weber 1980a).

Zusammenstoßes von Radfahrern erläutert, dem bloßen „Ereignis wie ein Naturgeschehen" (ebd., S. 11 [1922]).[4]

Die Soziologie als „Kulturwissenschaft" war für Weber zugleich eine „Wirklichkeitswissenschaft", die sich dafür interessiert, warum die Kulturerscheinungen so sind wie sie sind, und welche Bedeutung das wiederum hat – und zwar im Hinblick auf all die verschiedenen Ebenen von „Kulturphänomenen" von denen bereits die Rede war. D. h. ihm – und der von ihm vertretenen Soziologie – ging und geht es nicht darum, „Kulturphänomene" aus sich selbst heraus zu begreifen, sondern sie als hervorgebracht in sozialen Prozessen des Handelns und der Strukturierung zu begreifen, d. h. als durch und durch soziale und sozial geprägte und in dieser Hinsicht erforschbare „Erscheinungen". Deswegen handelt es sich nicht um eine Geistes-, sondern eben um *Wirklichkeitswissenschaft*:

> Die Sozialwissenschaft, die wir treiben wollen, ist eine Wirklichkeitswissenschaft. Wir wollen die uns umgebende Wirklichkeit des Lebens, in welches wir hineingestellt sind, in ihrer Eigenart verstehen – den Zusammenhang und die Kulturbedeutung ihrer einzelnen Erscheinungen in ihrer heutigen Gestaltung einerseits, die Gründe ihres geschichtlichen So-und-nicht-anders-Gewordenseins andererseits. (Weber 1980b, S. 170 f. [1904])

Eine solche Soziologie begnügt sich keineswegs mit der Analyse gesellschaftlicher Mikrophänomene, etwa den sozialen Begegnungen im Alltag oder dem sozialen Alltagshandeln der „einfachen Leute". Auch das hat letztlich kein anderer so früh und überzeugend verdeutlicht wie Weber selbst. In seiner Studie über „Die protestantische Ethik und der Geist des Kapitalismus" aus dem Jahre 1905 analysierte er nicht mehr und nicht weniger als die Bedeutung religiöser Motive für die Dynamik des abendländischen Kapitalismus. Spezifischer ging es hier darum, wie religiös motivierte Lebens- und Handlungsweisen, die einige protestantische Sekten von ihren Mitgliedern forderten, in ein permanentes weltliches, berufs- und gewinn-

---

[4] Insgesamt ist der Sachverhalt etwas komplexer, denn tatsächlich lassen sich mehrere Ebenen des „subjektiven Sinns" unterscheiden. So kann auf die soziale Dimension, Herkunft oder Einbettung des subjektiven Sinns verwiesen werden, die unterschiedliche Objektivitätsgrade hat, bspw. stark auf einen situativen Kontext bezogen ist, oder auf allgemeinere gesellschaftliche Sinn-Festlegungen (s. u. Kap. 5). Häufig versehen Handelnde ihr Tun tatsächlich gleichzeitig mit einem gleichsam individuelleren subjektiven Sinn, wenn etwa ein Lied ‚mein' Lieblingslied ist, über das ich ins Schwärmen komme und die Welt vergesse. In der qualitativen Sozialforschung ist auch allgemein von subjektivem Sinn die Rede, wenn es darum geht, statt standardisierter Fragebögen, Statistiken und entsprechender Messtechniken die Handelnden selbst in längeren und offenen Interviews nach ihrer Sicht der Welt, der Dinge, der interessierenden Phänomene zu befragen. Vgl. zum Zusammenhang von Interpretativem Paradigma, Sinnverstehen, abstrakter und konkreter Subjektivität Knoblauch (2008).

1.1 Soziologie: Kultur- und Wirklichkeitswissenschaft

orientiertes Handeln münden, das Weber als „methodische Lebensführung" bezeichnete und das zur Quelle ökonomischer Erfolge wurde. Kulturwissenschaft, Wirklichkeitswissenschaft, Handlungsanalyse und die Betrachtung weit reichender gesellschaftlicher Folgen, all das wird hier in exemplarischer Weise zusammengeführt (Weber 2007).[5]

Warum nun wird die vorliegende Einführung in das *Interpretative Paradigma* mit diesen Hinweisen auf das Webersche Soziologieverständnis eingeleitet? Auf diese Frage gibt es eine einfache Antwort: die nachfolgend vorgestellten soziologischen Entwicklungen und Ansätze lassen sich allesamt – auch da, wo sie vornehmlich in den USA entwickelt wurden – auf Einflüsse der frühen deutschen Soziologie, der Hermeneutik- und Verstehensdiskussion im Umkreis von Dilthey, Weber oder auch Simmel zurückführen. Nicht nur Mead, sondern auch andere wichtige Protagonisten der einflussreichen „Chicago School der Soziologie" (s. u. Kap. 2) wie etwa Robert E. Park (1864–1944) hielten sich um die Wende zum 20. Jahrhundert für kürzere und zum Teil auch längere Zeit zu Studienzwecken in Deutschland auf und begegneten den dort diskutierten Überlegungen. Gewiss gaben sie diesen dann eine eigene Prägung, und die Namen von Dilthey und Weber sollten keine große Rolle spielen. Aber dennoch lässt sich in der skizzierten Ausgangslage die Kontaktsituation ausmachen, aus der beispielsweise Ansätze wie der „Symbolische Interaktionismus" entstehen konnten. In den verschiedenen Ansätzen des Interpretativen Paradigmas wird Soziologie als Kulturwissenschaft im Sinne Webers betrieben. Der Begriff des „Interpretativen Paradigmas" deutet dies in der doppelten Weise an, wie sie bereits erwähnt wurde: Menschen sind „von Natur aus Kulturwesen", sie leben immer und notwendig „kulturell" und in „Kulturen verstrickt". Sie deuten (interpretieren) die Welt, in der sie sich bewegen, und die entsprechende Soziologie deutet (interpretiert) ihrerseits dieses Tun. Dies gilt nicht nur in der Extremsituation, wenn während der Teilnahme an einem Soziologiekongress von einem Gegenüber, mit dem man gerade ins Gespräch gekommen ist, die Einladung zur anschließenden gemeinsamen Beteiligung an einer „Orgie im vierzehnten Stock" ausgesprochen wird.[6]

Unter den verschiedenen und konkurrierenden heutigen Möglichkeiten, Soziologie zu betreiben, hat ihr Verständnis als „Kulturwissenschaft" in dem Sinne, wie dies etwa Max Weber oder Georg Simmel begründet hatten, keinen leichten Stand. Gewiss gehören Beschwörungen dieser klassischen Positionen zum gepflegten

---

[5] Vgl. zur „Protestantischen Ethik" auch die engagierte Kritik von Heinz Steinert, der ziemlich harsch von einer „unwiderlegbaren Fehlkonstruktion" spricht (Steinert 2010).
[6] An diesem Beispiel entwickeln Peter Berger und Hansfried Kellner ihr engagiertes Plädoyer „Für eine neue Soziologie" (Berger und Kellner 1984, S. 22 ff.).

guten Ton der Disziplin. Die entsprechenden Theorietraditionen sind auch mehr oder weniger stark aufbereiteter Teil von Einführungs- und Übersichtswerken über das disziplinäre Feld. Doch im theoretischen wie im empirischen Alltagsgeschäft ist davon wenig zu bemerken. Dies hat im letzten Jahrzehnt in Teilen der Öffentlichkeit, aber auch im wissenschaftlichen Umfeld und nicht zuletzt in der Soziologie selbst den Eindruck entstehen lassen, Soziologie befasse sich mit „Kultur" allenfalls im Sinne eines spezifischen und abgrenzbaren gesellschaftlichen Teilgebietes, als „Soziologie der Kultur", „Kultursoziologie", „Soziologie der Kunstproduktion" usw. Eine solche Soziologie des Kulturbetriebes – der Kunst, der Museen und ihrer Publika, der Literatur, der Malerei, der Musik – gibt es gewiss, auch wenn sie keinen breiten Anteil an der Disziplin innehat und auch nicht notwendig als „Kulturwissenschaft" in der beschriebenen Bedeutung betrieben wird.

Es sind in den letzten Jahren vor allem die *Cultural Studies* gewesen, die für sich reklamierten, eine genuin kulturwissenschaftliche Analyse des Sozialen zu leisten und gerade darin der Soziologie überlegen zu sein. In diesem Zusammenhang kam es zu einigen Polemiken zwischen Protagonisten der Kultursoziologie und der Cultural Studies (vgl. dazu Keller 2005, S. 59 ff.). Während die Cultural Studies der Soziologie eine generelle Vernachlässigung oder mindestens eine allzu kleinteilige Behandlung der kulturellen Dimension sowie ein ungenügendes Verständnis der Prozesse der gesellschaftlichen Bedeutungszirkulation vorwarfen, wurde umgekehrt das Aufspringen auf populärkulturelle Moden kritisiert und auf eine im Allgemeinen nur rudimentär entwickelte Methodologie und Methode der Forschung verwiesen, die zu beliebigen, allenfalls modischen Aussagen und Ergebnissen führe. Mittlerweile hat sich die Situation entspannt und ist eher einer mehr oder weniger wohlwollenden Bezugnahme und mitunter auch gegenseitigen Inspiration gewichen. Ein Grund für diese Beruhigungen liegt sicherlich darin, dass die ursprünglich aus den Literaturwissenschaften stammenden Cultural Studies selbst bereits in den 1960er Jahren einen lange wenig gesehenen Weg der „Soziologisierung" ihrer Theorieannahmen und Forschungsperspektiven gegangen sind, und dies gerade in und durch die Rezeption des Interpretativen Paradigmas. So wie die symbolisch-interaktionistische Studie über „Außenseiter" von Howard S. Becker (1981 [1963]) den Cultural Studies als exemplarische Untersuchung galt, so wird nunmehr bspw. in der Bildungssoziologie die vierzehn Jahre später von Paul Willis (1979) im Rahmen der Cultural Studies vorgelegte Arbeit über die Schulkultur britischer Jugendlicher der Arbeiterklasse – „Spaß am Widerstand" – als exemplarische soziologische Ethnographie einer Jugendkultur verstanden. Umgekehrt wurde deutlich, dass es nicht eine einheitliche Soziologie gibt, sondern unterschiedliche soziologische Paradigmen, mit zum Teil großer, zum Teil geringerer Nähe zu den Annahmen und Forschungsinteressen der Cultural Studies. Wenn also im Folgen-

1.1 Soziologie: Kultur- und Wirklichkeitswissenschaft

den das Interpretative Paradigma der Soziologie im Vordergrund steht, so möchte ich doch betonen, dass die Übergänge zwischen diesen Spielarten der kulturwissenschaftlichen Gesellschaftsanalyse in hohem Maße durchlässig sind.

Einen neuerlichen Grund, an die kulturwissenschaftliche Tradition der interpretativen Soziologie zu erinnern, liefert die gegenwärtige Mode und Diskussion über eine „poststrukturalistische" Neuausrichtung soziologischen Forschens im deutschsprachigen Raum, die ihre Vorläufer in den 1990er Jahren in England hatte (vgl. Atkinson und Housley 2003, S. IX). So heißt es in jüngeren Plädoyers für eine poststrukturalistisch-kulturtheoretische Wende der Soziologie bspw., eine kulturtheoretisch ausgerichtete Soziologie perspektiviere „das Soziale insgesamt und damit alles, was innerhalb der Gesellschaft stattfindet, als Kulturelles: von der Ökonomie bis zur Technik, von der Politik bis zur Kunst." (Reckwitz 2008, S. 7) Ziel sei: „Jeder Gegenstand der Geistes- und Sozialwissenschaften kann und soll nun als kulturelles Phänomen rekonstruiert werden." (Ebd., S. 16) Freilich ist dies per se weder neu noch originell. Ihren besonderen gegenwärtigen Stellenwert erhalten entsprechende Forderungen erst durch die Verknüpfung mit der französischen Philosophietradition des Poststrukturalismus:

> Im Zentrum der poststrukturalistischen Perspektive steht damit die Analyse der permanenten Destabilisierung, die Selbstdekonstruktion kultureller Signifikationssysteme und Wissensordnungen, ihr unabweisbares Scheitern von Sinn und die Produktion von neuartigen, unberechenbaren Sinnelementen, von Prozessen, die nur zeitweise durch kulturelle Stabilisierungen, durch scheinbar alternativlose kulturelle Ordnungen gestoppt werden, welche ihre eigene Konstitution unsichtbar machen. (Moebius und Reckwitz 2008, S. 14)

Klaus Holz und Ulrich Wenzel haben zu Recht auf die soziologisch eher problematische Implikation einer solchen philosophisch-kulturtheoretischen Position hingewiesen, kulturelle Praktiken aus den konkreten gesellschaftlichen Handlungsfeldern zu lösen und

> „die Möglichkeit der Reinterpretation, des Immer-Wieder-Neuverstehens kultureller Bedeutungen (…) nicht als eine Konsequenz des Zusammenspiels von Textgestalt und Handlungsfähigkeit" zu betrachten, „sondern als autochthone Eigenschaft des Textes selbst (…) Nicht der Mensch unter Bedingungen (…) sondern die letztlich als schrankenlos konzeptualisierte Semiosis der Zeichensysteme erscheint hier als Demiurg gesellschaftlicher Kulturentwicklung." (Holz und Wenzel 2003, S. 199 f.)

Denn genau das wird ja deutlich, wenn die Analyse der „Selbstdekonstruktion kultureller Signifikationssysteme" als Zentrum einer solchen Perspektive benannt wird. Im Unterschied dazu betonen alle Positionen des Interpretativen Paradigmas die Wichtigkeit von Handlungsfähigkeit und Handlungsträgerschaft, kurz: die

Rolle sozialer Akteure bei der Herstellung, Stabilisierung und Veränderung sozialer Phänomene. Bereits für den britischen Kontext haben Atkinson und Housley (2003, S. XIV) von einer „kollektiven Amnesie" gegenüber der interaktionistisch-interpretativen Soziologie gesprochen und damit unter anderem die Ignoranz der poststrukturalistischen oder postmodernen Soziologien kritisiert, die „das Rad neu erfinde". Und ähnlich heißt es, bezogen auf die poststrukturalistischen Diskussionen über sex und gender, also das biologische und das soziale Geschlecht sowie die gelebte Sexualität, bei den britischen Soziologinnen Sue Scott und Stevi Jackson zu den spezifischen Erträgen oder „Einsätzen" des interpretativen Paradigmas:

> Much recent social theory, influenced by post-structuralism, treats gender and sexuality as constituted through language and discourse. In many respects poststructuralism is congruent with an interactionist position as both perspectives conceptualize meaning as fluid, flexible and multivalent, and neither posits gender and sexuality as objects existing prior to the meanings invested in them. The interactionist tradition, along with other interpretive sociologies, however, attends to aspects of meaning-making not generally emphasized by post-structuralists: in particular those meanings intersubjectively produced by active agents in the course of everyday social practices. The effects of language and discourse are therefore seen as mediated through the local production of meaning and ‚people's intentions to mean'. (…) It is the focus on the social as founded upon interaction and intersubjectivity that gives interactionism its purchase on embodied sexuality. While there is more to the social than interaction, it is impossible to envision the social without the everyday interaction through which it is lived. (Jackson und Scott 2007, S. 96 f.)

Nach und nach muss dann im Kontext des Poststrukturalismus mühevoll der „Eigensinn der Subjekte" wieder entdeckt werden, die eben gerade nicht in den kulturellen Signifikationssystemen aufgehen, und auch die ethnographische Forschungspraxis erfährt eine bestaunte Neuentdeckung, wenn das tatsächliche Prozessieren von Sinn in Situationen und Interaktionen eben doch empirisch untersucht werden soll. All das verweist gewiss auf wichtige Probleme der soziologischen Disziplin und ihrer universitären Vermittlung sowie auf die gegenwärtigen Bedingungen der soziologischen Forschung und Textproduktion, die hier nicht weiter diskutiert werden können. Denn für die Positionen des Interpretativen Paradigmas ist Soziologie selbstverständlich und seit etwa 100 Jahren immer Analyse der sozio-kulturellen Sinngebungen, ihrer Stabilisierung und Transformation auf unterschiedlichsten gesellschaftlichen Ebenen, in den verschiedensten situativen, medialen und organisatorischen Kontexten. Doch im Unterschied zu einem Poststrukturalismus, der seinen philosophischen Entstehungskontext nicht abstreifen kann, arbeiten diese Positionen seit langem an der empirischen Erforschung der Gebrauchsweisen von Sinn durch gesellschaftliche Akteure, die mit (kreativen) Handlungsfähigkeiten ausgestattet sind, deren Identitäten lebenslang in sozialen

Prozessen konstituiert und verändert werden, und die sich innerhalb von relativ stabilen, relativ flüchtigen Sinnkontexten bewegen, deren Veränderungen durch sie selbst hergestellt werden, ohne dass angenommen wird, dass sie diese Prozesse vollständig intendieren oder kontrollieren.

Die vorliegende Einführung in wichtige Grundpositionen und Entwicklungen des Interpretativen Paradigmas zielt darauf, den Reichtum dieser Soziologietradition wieder stärker in die gegenwärtige deutschsprachige Soziologie einzuschreiben. Sie will gleichzeitig deutlich machen, dass es sich hier um eine lebendige Theorie- und Forschungstradition handelt, die für viele und unterschiedliche soziologische Fragestellungen der Gegenwart gewinnbringend eingesetzt werden kann. Deswegen geht sie stärker, als dies für Überblicksdarstellungen von (klassischen) Theorien üblich geworden ist, auf aktuelle Anwendungen und Weiterentwicklungen der theoretischen Ausgangspositionen ein.

Übungsaufgabe:

Inwiefern und warum lässt sich die Soziologie als Kultur- und Wirklichkeitswissenschaft verstehen und betreiben?

1.2 Der Aufstand des Konkreten

Bis weit in die zweite Hälfte der 1960er Jahre dominierte die als Zusammenführung soziologischer Klassikerpositionen entwickelte *strukturfunktionalistische Systemtheorie* des US-amerikanischen Soziologen Talcott Parsons (1902–1979) die soziologische Theoriediskussion in den USA und in weiten Teilen Europas. Sie lieferte auch die Bezugskonzepte – etwa Definitionen von Rolle, sozialer Schichtung, Ungleichheit usw. – für die empirische Sozialforschung, sofern letztere Anschluss an theoretische Ausgangsüberlegungen suchte. Die Landkarte der Soziologie in dieser Zeit lässt sich so weitgehend zwischen zwei Polen aufzeichnen: der Systemtheorie à la Parsons und daran orientierter Analysen auf der einen Seite, der mehr oder weniger „theorielosen" positivistischen, empirisch-quantitativen Sozialforschung auf der anderen Seite. Weitere „großtheoretische" Schulen – etwa marxistischer Ausrichtung oder die Kritische Theorie der Frankfurter Schule – existierten zunächst in verbleibenden Nischen und wurden dann in den 1960er Jahren zu Referenztheorien der Studentenbewegungen.[7] In dieser Zeit brach die übersichtliche

---

[7] Vgl. zur soziologischen Systemtheorie von Talcott Parsons einführend Junge (2007), zur Kritischen Theorie und Frankfurter Schule Brock (2009).

theoretische und empirische Landschaft der Soziologie auf. Der US-amerikanische Soziologe Alvin Gouldner sprach deswegen gar von der „kommenden Krise der westlichen Soziologie" (Gouldner 1974). Vor dem Hintergrund gesellschaftlicher Veränderungen – beispielsweise der Schwarzen-, Studenten-, Frauenbewegungen – und aufkommender Hoffnungen auf eine demokratisch-ausgleichende Gesellschaftsgestaltung erweise sich, so seine Einschätzung, insbesondere das Theoriemodell von Parsons nunmehr in zweifacher Weise als ungeeignet, das gesellschaftliche Geschehen angemessen zu analysieren: einerseits fehlten ihm Konzepte für die Analyse von Konflikten und gesellschaftlichem Wandel. Andererseits könne es, da es von gesellschaftlichen Selbstregulierungsprozessen ausgehe, keine Hilfen für die neuen gesellschaftsbezogenen Planungs- und Gestaltungserwartungen anbieten.[8]

Das soziologieinterne Indiz dieser „Krise" sah Gouldner in der Abwendung der Studierenden und der jüngeren Fachkollegen von der Parsonschen Großtheorie. Stattdessen entwickelten sie ein starkes Interesse für neue, sich mehr oder weniger radikal und auf jeden Fall unkonventionell gebende Positionen, die mit den Namen von Harold Garfinkel, Erving Goffman, Howard S. Becker und anderen verbunden wurden. Dies galt gewiss nur für Teile der sozialen Bewegungen und der Studierenden der 1960er Jahre. Für andere war die Orientierung an den marxistischen und kritischen Theorietraditionen wesentlich wichtiger, die auch weiterhin, ähnlich wie Parsons, das „große Ganze" der gesellschaftlichen Zusammenhänge in den Blick nehmen wollten. Dagegen interessierten sich die neuen „radikalen" Soziologen nicht für abstrakte Theorieentwürfe und makrostrukturelle Gesellschaftsbetrachtungen. Vielmehr standen sie für eine Abkehr von den großen Strukturen und institutionellen Komplexen zugunsten einer Aufwertung der konkreten Situationen des Alltags, der Beschäftigung mit dem unmittelbar erfahrbaren „Hier und Jetzt" des gelebten Lebens, der sozialen Beziehungen. Ihre Forderung lautet, die Soziologie müsse ihre Distanz zu den sozialen Phänomenen aufgeben und wieder in die Niederungen des tatsächlichen Lebens zurückkehren, sich wortwörtlich die Hände schmutzig machen. Und dies nicht unbedingt dort, wo sie es sich bequem einrichten kann, sondern bei den gesellschaftlichen Außenseitern, den Kriminellen, den Jugendbanden, den Insassen psychiatrischer Anstalten.

Damit war keineswegs der Verzicht auf theoretische Grundpositionen und analytische Distanz verbunden. Obwohl viele aus der neuen jungen Soziologiegeneration mit den Außenseitern, Gruppen und zwielichtigen Gestalten an den Rändern der bürgerlich-ehrvollen Gesellschaft sympathisierten und ihre Forschungen diese

---

[8] Zu einer differenzierteren Diskussion der US-amerikanischen Landkarte der Soziologie in den 1960er Jahren vgl. Calhoun und Van Antwerpen (2007).

1.2 Der Aufstand des Konkreten

auch in ein neues Licht rückten, bedeutete dies nicht, dass sie einfach die Seiten wechselten und zu deren politischen Fürsprechern wurden. Vielmehr begannen ab Mitte der 1950er Jahre verschiedene dieser Soziologen (ja, es waren einmal mehr vor allem Männer) – neben den bereits erwähnten etwa auch Herbert Blumer, Anselm Strauss, Aaron Cicourel u. a. – mit der Entwicklung neuer, mehr oder weniger miteinander verknüpfter theoretischer Positionen, die unter den Namen des Symbolischen Interaktionismus, des Labeling Approach, der Grounded Theory, der Ethnomethodologie usw. bekannt werden sollten. Ungeachtet der Vielfalt ihrer Positionen und der Unterschiedlichkeit ihrer Forschungsinteressen im Einzelnen war diesen neuen Ansätzen zweierlei gemeinsam: Sie interessierten sich erstens für die praktisch-interpretativen Leistungen, die soziale Akteure in ihrem Handeln permanent erbringen müssen. Solche Interpretationsleistungen sind nicht nur für individuelles Handeln bedeutsam, sondern in gleichem Maße für wechselseitiges Handeln, also Interaktionen, und darüber hinaus für die Herstellung von über die jeweilige Handlungssituation hinausreichenden sozialen Phänomenen und gesellschaftlichen Ordnungen. Damit war zweitens eine Präferenz für qualitative Sozialforschung verbunden, die als Schlüssel zur Erfassung dieser Interpretationsleistungen galt.

Menschen müssen die Situationen und Beziehungen, in denen sie sich befinden und bewegen, permanent deuten und verstehen, um handeln zu können. Solche Situationen sind nicht einfach gegeben oder aus vorgefertigten Normen und Rollenschemata aufgebaut. Sie erfordern von den Beteiligten eine aktive Gestaltungs- und Deutungsleistung. Das kann durch zwei Beispiele illustriert werden: Ein Seminar an der Universität lässt sich soziologisch nicht einfach durch die Annahme fester Rollenvorgaben – derjenigen der Studierenden und der DozentInnen – beschreiben und erklären. Vielmehr sind alle Beteiligten ununterbrochen damit beschäftigt, zu deuten, was alle gerade alleine oder gemeinsam tun. Warum sitzen wir hier? Was bedeutet es, wenn da vorne jemand steht und redet oder Fragen stellt? Wieso kann sie oder er Antworten erwarten usw.? An diesen Deutungen orientieren sie dann ihr eigenes Verhalten und Handeln. Gewiss ist dieses permanente Zusammenspiel von Deuten und Handeln üblicherweise ein Routinevorgang, der keiner besonderen Aufmerksamkeit bedarf und den man nach einigen Monaten an der Universität auch gleichsam nebenbei erledigt. Dennoch sollte deutlich sein, dass solche grundlegenden Interpretationsprozesse unabdingbar sind, damit man sich „im Seminar als Seminar" mit wissenschaftlichen Themen beschäftigen kann.

Das lässt sich auch an einem anderen Beispiel verdeutlichen, bei dem zunächst weniger klar ist, um was für eine Situation es sich handeln könnte. Stellen Sie sich beispielsweise vor, Sie stehen in einer Diskothek an der Tanzfläche. Von gegenüber schaut Sie jemand über längere Zeit direkt an. Die Person geht dann an Ihnen vorbei und fragt im Vorübergehen nach Feuer. Wie reagieren Sie? Zunächst müssen Sie natürlich die Frage verstehen können. Das setzt ein gewisses Grundwissen über Rauchen, Zigaretten, Feuerzeuge, allgemeiner über Diskotheken, Musik, Tanzen usw. voraus; mittlerweile auch über die Gesetzeslage bezüglich eventueller Rauchverbote. Ihr eigenes Handeln richtet sich dann nach ihrer Interpretation des ganzen Geschehens: War das Gegenüber kurzsichtig und blickte deswegen nicht auf Sie, sondern ins Leere? Lassen Kleidung und Gesamterscheinung auf eine Person schließen, die mich – wofür auch immer – interessieren könnte? Könnte ich der Typ von Person sein, der für ein solches Gegenüber interessant wirkt? War die Frage nach Feuer tatsächlich nur aus der Not geboren, d. h. am Zweck des Rauchens orientiert? Oder sollte es ein unverbindlicher (und nicht sehr origineller) Versuch sein, mit mir ins Gespräch zu kommen? Wie auch immer Sie diese und andere Fragen für sich beantworten: Sie schließen daran ein Handeln an, auf das wiederum das Gegenüber reagiert, mit ähnlich breiten Deutungsmöglichkeiten. Vielleicht handelt es sich ja tatsächlich nur um eine kurzsichtige Person, die rauchen will – und jede weitergehende Interpretation brüsk zurückweist. Auf jeden Fall sind in all diesen Vorgängen permanente Deutungsanstrengungen der Beteiligten gefordert, und zwar sowohl im Hinblick auf die Signale oder Mitteilungen, die sie selbst aussenden, wie auch im Hinblick auf diejenigen, die sie wahrnehmen. Die Eigenleistungen der Beteiligten werden in einer solchen Perspektive sehr viel wichtiger als dies in der Theorie von Parsons angenommen wurde. Denn dort schien die Abstimmung der Verhaltens- und Handlungsweisen sich im Wesentlichen aus der gelungenen Übernahme von Rollenmustern und Normen in Sozialisationsprozessen zu ergeben. Eine Soziologie, die sich dagegen für die Situations-Deutungen der handelnden Akteure interessierte, musste auch ihren soziologischen Zugang entsprechend auf die Erfassung der Interpretationsprozesse ausrichten, ja ihr eigenes Tun selbst als Interpretationsvorgang verstehen und methodisch umsetzen. Dafür schienen die etablierten Methoden der quantitativen empirischen Sozialforschung – standardisierte Fragebogentechniken oder Analysen statistischer Variablen – ungeeignet. Stattdessen galt es, „qualitative" oder „interpretative" Vorgehensweisen zu entwickeln und einzusetzen, die in der Lage waren, die Komplexität der Deutungsprozesse im soziologischen Gegenstandsbereich zugänglich zu machen.

Wenige Jahre, nachdem Gouldner die Anzeichen einer Krise der Soziologie ausmachte, hatten sich diese neuen Ansätze soweit etabliert und soviel Zuspruch erfahren, dass Thomas Wilson (1981 [1970]) von einem *Interpretativen Paradigma* sprach und Roland Robertson (1993) wegen der darin hervorgehobenen Rolle der Deutungsprozesse eine allgemeine „wissenssoziologische Wende" in dieser Zeit ausmachte. Wilson beschrieb die Grundintention des *Interpretativen Paradigmas* mit dem Verständnis von sozialer Interaktion als interpretativem Prozess und betonte, dass auch makro-soziale Phänomene aus Interaktionen aufgebaut sind:

1.2 Der Aufstand des Konkreten

> Es gibt keine voneinander isolierten Handlungen; vielmehr sind Handlungen aufeinander bezogen, insofern der eine Handelnde auf den anderen ‚antwortet' und zugleich die Handlungen des anderen antizipiert, und dies gilt auch, wenn in situativer Einsamkeit gehandelt wird. So ist jede einzelne und besondere Handlung ein Teil eines Prozesses der Interaktion, in den verschiedene Handelnde einbezogen sind, die jeweils auf die Handlungen der anderen antworten. Makro-soziale Phänomene (wie Organisationen, Institutionen, soziale Konflikte) erscheinen in dieser Sicht als strukturierte Beziehungen zwischen den interaktiv aufeinander bezogenen Handlungen einzelner. (…) Komplexe soziale Phänomene erscheinen also als strukturierte Anordnungen und Abläufe der Interaktionen zwischen einzelnen Handelnden. (Wilson 1981, S. 55[1970])

Dem *Interpretativen Paradigma* stellte Wilson das *Normative Paradigma* gegenüber. Damit war im Wesentlichen die bereits erwähnte Soziologie von Parsons bezeichnet, in der einerseits davon ausgegangen wurde, dass Handelnde mit spezifischen erworbenen Dispositionen (wie Sprachkompetenz, Handlungskompetenz) ausgestattet sind. Andererseits wurde angenommen, dass sie Rollenerwartungen erfüllen müssen, deren Missachtung mit negativen Sanktionen belegt ist, während sie für die Beachtung und Einhaltung belohnt werden. Handlungen und Interaktionen zwischen Personen wurden hier als Beziehungen zwischen eindeutig bestimmbaren Rollen analysiert. Sie sind möglich, weil die Handelnden in ein gemeinsames Symbolsystem und einen „kognitiven Konsens" über die jeweiligen Situationen, in denen sie handeln, eingebunden sind. Als „normativ" galt dieses Modell deswegen, weil es den Rollenerwartungen, also einer spezifischen Form von Normen, einen zentralen Stellenwert einräumt: die Handelnden erfüllen die Erwartungen, die mit einer Rolle verbunden sind, oder sie weichen davon ab. In beiden Fällen ist jedoch die Bezugnahme auf die Norm der eigentliche Motor des Geschehens. Demgegenüber geht das *Interpretative Paradigma* davon aus, dass die Handelnden erst zu einer mehr oder weniger gemeinsamen Situationswahrnehmung gelangen müssen, dass sie aktiv, in einem andauernden Deutungsprozess die Art und den Ablauf ihrer Handlungen und Interaktionen begleiten. Ralph Turner spricht deswegen im Rekurs auf Überlegungen von Georg Herbert Mead vom „role taking", d. h. von der aktiven Rollen*übernahme* im Unterschied zur Annahme des passiven Rollen*vollzugs* im *normativen Paradigma*:

> *Mit der Idee der Rollenübernahme verändert sich die Perspektive: Die Betonung liegt nicht mehr auf dem einfachen Prozess des Ausführens einer vorgeschriebenen Rolle, sondern auf der Art und Weise, wie man das eigene Handeln auf der Basis einer unterstellten Rolle des anderen plant und entwirft. Der Handelnde nimmt nicht einfach einen Status ein, für den es einen wohlgeordneten Satz von Regeln oder Normen gibt; der Handelnde ist vielmehr jemand, der in einer Perspektive handeln muss, welche zum Teil durch seine Beziehungen zu anderen vorgezeichnet ist, wobei das Handeln dieser anderen ihm gegenüber Rollen reflektiert, die er identifizieren muß. Da Ego*

die Rolle von Alter nur erschließen oder schlußfolgernd ableiten, nicht aber direkt erkennen kann, gehört das Testen dieser Schlußfolgerungen über die Rolle von Alter als ständiges Element zur Interaktion. Der tentative Charakter der Rollendefinition und des Rollenspiels wird niemals gänzlich aufgehoben. (Turner 1976, S. 118 [1962])

Mit dem *Interpretativen Paradigma* ist gerade deswegen ein entschiedenes Plädoyer für qualitative Forschungsmethoden verbunden; bezogen auf Formen der Datenerhebung können das bspw. ausführliche Interviews, Aufzeichnungen „natürlicher" – d. h. nicht zum Zwecke der Untersuchung künstlich-experimentell geschaffener – Daten, Gespräche, Beobachtungen, ethnographisches Eintauchen in die jeweiligen Untersuchungsfelder, der umfassende Einsatz des eigenen Wahrnehmens, die Nutzung von Tagebüchern, Fotografien usw. sein. Diese Vielfalt an methodischen Zugängen kennzeichnet soziologisches Forschen in der Tradition des Interpretativen Paradigmas seit Anfang des 20. Jahrhunderts. Die heutige Soziologie ist also nicht notwendig auf Nachbardisziplinen angewiesen, sondern kann auf einen reichen eigenen Erfahrungsschatz des „Qualitativen" zurückgreifen, wenn sie jenseits statistischer Kenngrößen und repräsentativer Großumfragen ihren Gegenstand beforscht. Das Attribut „qualitativ" bezieht sich hier sowohl auf die „Daten", die der soziologischen Analyse zugrunde liegen, wie auch auf die Arten und Weisen ihrer Auswertung.[9]

Wenn die aktiven Interpretationen, d. h. die Sinnzuschreibungen der Beteiligten eine solch wichtige Rolle für die sozialen Interaktionen spielen, dann greift eine sozialwissenschaftliche Forschung zu kurz, die über die Auswertung statistischer Regelmäßigkeiten oder standardisierte Fragebögen mit festgelegten Antwortvorgaben in Erfahrung bringen will, warum soziale Phänomene in spezifischer Weise in Erscheinung treten und wie sie von den Handelnden hervorgebracht, gedeutet, gelebt werden. Stattdessen wird es notwendig, „ins Feld zu gehen", sich an den Interaktionen zu beteiligen oder zumindest in Form einer „teilnehmenden Beobachtung" die Bedeutungen und Interpretationsleistungen der Handelnden zu erkunden. Die Soziologinnen und Soziologen sollten „herumschnüffeln", forderten viele Protagonisten dieser Richtung immer wieder und bezogen sich damit auf journalistische Recherchestrategien, aber auch auf die Feldforschung der Ethnologen in den Stammeskulturen beispielsweise Afrikas oder Südamerikas. Oft sei es notwendig, lange Gespräche und Diskussionen mit den Beforschten einzugehen sowie auf „natürliche Daten", d. h. Dokumente aus dem untersuchten Feld (Briefe, Photographien, Zeitungsartikel usw.) zurückzugreifen, um Zugang zur Wirklichkeit des Sozialen

---

[9] Fragen der Datenerhebung und Datenauswertung werden im vorliegenden Überblick nur vereinzelt angesprochen. Insgesamt sei dazu ergänzend auf die breite Einführungsliteratur zur qualitativen Sozialforschung verwiesen.

1.2 Der Aufstand des Konkreten

zu erlangen. Auch Tonband- oder Filmaufzeichnungen von „Realhandlungen" wurden benutzt, um diese in ihrer tatsächlichen, also nicht durch standardisierte Vorgaben gebrochenen Komplexität zu analysieren (das letztere Vorgehen ist vor allem die Option der Ethnomethodologie Garfinkels; vgl. Kap. 5).

Eine schöne Illustration dieser Forderung liefert der norwegische Film „Kitchen Stories" von Bent Hamer aus dem Jahre 2003. Basierend auf tatsächlichen sozialwissenschaftlichen Untersuchungen über Möglichkeiten der Zeitersparnis im Haushalt schildert er die skurrilen Erlebnisse eines sozialwissenschaftlichen „Beobachters", der in den 1950er Jahren im Auftrag des schwedischen Forschungsinstituts für „Heim und Haushalt" nach Norwegen geschickt wird, um in einem kleinen Dorf die Küchennutzung alleinstehender norwegischer Männer zu studieren. Ziel solcher Untersuchungen ist die Optimierung der Raumgestaltung in der Küche, um Arbeitswege zu verkürzen und dadurch Zeit zu „sparen", also die Belastung durch Küchenarbeit zu verringern. Der Film erzählt höchst amüsant die verschiedenen Etappen der Herangehensweise, beginnend mit „streng wissenschaftlichen" Laboruntersuchungen über hoch formalisierte Beobachtungsbögen der in der Küche zurückgelegten Wege, die fehlschlagenden Versuche, nicht im Feld zu intervenieren, die Beobachtung des Beobachters durch den Beobachteten bis hin zum absoluten Tabubruch, dem beginnenden Gespräch zwischen Sozialwissenschaftler und Beobachteten. Erst dieser Austausch ermöglicht das Verstehen des Verhaltens.[10]

Der Unterschied zwischen dem *Normativen Paradigma* und dem *Interpretativen Paradigma* oder zwischen der dominierenden Soziologie und dem frischen Wind wird sehr schön in einem Zitat von Joseph Gusfield, einem prominenten *Vertreter des Symbolischen Interaktionismus*, deutlich, der sich 1982 rückblickend erinnerte:

---

[10] Der Film ist zeitlich situiert in einem Kontext, in dem die quantifizierend vorgehende Sozialforschung sich als dominierende wissenschaftliche Position durchgesetzt hatte. Weniger amüsant, aber mit deutlichen Parallelen hatte die österreichische Regisseurin Karin Brandauer 1988 in „Einstweilen wird es Mittag" die Durchführung einer der großen klassischen Studien der Sozialwissenschaften verfilmt: Maria Jahoda, Paul Lazarsfeld, und Hans Zeisel veröffentlichten 1933 ihre berühmte Untersuchung über den Einbruch der Arbeitslosigkeit in einem kleinen Dorf in Österreich, und die sich daraus ergebenden Veränderungen im Verhalten der Betroffenen. Auch hier begeben sich die Sozialwissenschaftlerin und ihre Kollegen vor Ort, weil sie sich einer neuen Forschungsstrategie verbunden fühlen; im Unterschied zu den „Kitchen Stories" bemühen sie sich jedoch um ‚exakte' Belege, u. a. auch in stoppuhrgenauen Beobachtungen des Gehverhaltens und der Zeitnutzung im Alltag der Arbeitslosen (vgl. Jahoda u. a. 2007 [1933]). Lazarsfeld, der in die empirische Untersuchung nicht selbst involviert war, wurde später zu einem der wichtigsten Protagonisten der quantifizierend vorgehenden Sozialforschung (nicht nur) in den USA.

We used to say that a thesis about drinking written by a Harvard student might well be entitled ‚Modes of Cultural Release in Western Social Systems'; by a Columbia student it would be entitled, ‚Latent Functions of Alcohol Use in a National Sample'; and by a Chicago graduate student as ‚Social Interaction at Jimmy's: A 55th St. Bar.' It was a methodology that held the student firmly to what he/she could see, hear, and experience at first hand (…) Abstractions and concepts ungrounded by the experience with concrete observations were suspect (…) I remember first hearing Talcott Parsons present his theoretical perspective at a lecture in Mandel Hall [on campus] at which he was introduced by Louis Wirth who then sat in the front row and proceeded to read his mail during Professor Parsons' presentation! (zit. nach Galliher 1995, S. 183)

Harvard steht im obigen Zitat für die Position von Parsons. Eine dortige Doktorarbeit über das Trinken hieße also wahrscheinlich „Formen der kulturellen Enthemmung in Westlichen Sozialsystemen". An der Universität von Columbia, wo Robert Merton, ein Vertreter funktionalistischer Theorien „mittlerer Reichweite" und der quantitativ-empirisch vorgehende Sozialforscher Paul Lazarsfeld (s. Fußnote 10) lehrten, hätte sie den Titel „Latente Funktionen des Alkoholgebrauchs in einem nationalen Datensatz". Chicago schließlich steht für das Interpretative Paradigma bzw. die Tradition der Chicago School of Sociology (s. u. Kap. 2). Dort lautete der Titel dann wohl: „Soziale Interaktion bei Jimmy's: Eine Bar in der 55. Straße". So trug auch eine der ersten Studien von Howard S. Becker, Anselm Strauss u. a., die später wichtige Vertreter des Symbolischen Interaktionismus wurden, den Titel „Boys in White" (Becker u. a. 1992 [1961]). Bei den „Jungs in Weiß" handelte es sich um junge Medizinstudenten; in der Studie ging es darum, wie sie ihr Studium verbrachten und zunehmend zu „ernsthaften" Mitgliedern des Ärztestandes wurden. Schon an den Titeln ihrer Veröffentlichungen lässt sich also ablesen, in welche Richtung diese neue SoziologInnengeneration sich bewegte.

Im deutschsprachigen Raum wurden die Positionen des *Interpretativen Paradigmas* sehr früh schon von Jürgen Habermas in seinem 1967 veröffentlichten Literaturbericht über die „Logik der Sozialwissenschaften" beachtet (Habermas 1985, S. 203 ff. und 311 ff.).[11] Eine breitere Rezeption setzte dann mit verschiedenen Sammelbänden ein, die Übersetzungen grundlegender Texte der genannten Positionen und Autoren enthielten. Dazu zählen insbesondere die Veröffentlichung „Alltagswissen, Interaktion und gesellschaftliche Wirklichkeit", die 1973 von der Arbeitsgruppe Bielefelder Soziologen herausgegeben wurde,[12] und beispielsweise der von Heinz Steinert im selben Jahr publizierte Sammelband mit dem Titel „Symbolische

---

[11] In seiner „Theorie des kommunikativen Handelns" setzt sich Habermas (1981) insbesondere mit Georg Herbert Mead auseinander und schließt über den Begriff der „Lebenswelt" an das Interpretative Pardigma an (s. u. Kap. 3 und 4).

[12] Das waren Joachim Matthes, Werner Meinefeld, Fritz Schütze, Werner Springer, Ansgar Weymann sowie der später hinzu gekommene Ralf Bohnsack.

1.2 Der Aufstand des Konkreten

Interaktion. Arbeiten zu einer reflexiven Soziologie" (Steinert 1973). Weitere Sammelbände folgten in den nächsten Jahren. [13]

Im weiteren Verlauf des vorliegenden Buches wird es nun um die verschiedenen Ansätze oder Positionen gehen, die sich hinter dem doch etwas vereinfachenden Sammelbegriff des *Interpretativen Paradigmas* verbergen. Denn trotz der erwähnten Grundannahmen und Forschungspräferenzen unterscheiden sich diese theoretischen Strömungen. Dies gilt sowohl im Hinblick auf ihre weiteren theoretischen Ausgangspositionen wie auch für die damit verbundenen Forschungsinteressen und empirisch-methodischen Vorgehensweisen. Doch verglichen mit anderen theoretischen Grundlegungen der Soziologie sind sich diese Positionen hinreichend nahe, um sie im Zusammenhang zu behandeln, und gerade in jüngerer Zeit sind vielfältige Verflechtungen zwischen ihnen beobachtbar, auch wenn es gewiss weiterhin Vertreterinnen und Vertreter „reiner Lehre" gibt. Im englischsprachigen Raum sprechen deswegen Atkinson und Housley (2003) ganz allgemein von „Interactionism", um die Bandbreite und den Zusammenhang der hier versammelten Perspektiven zu bezeichnen. Es handelt sich nicht um große Theoriegebäude, die direkt mit der Systemtheorie von Parsons oder anderen heutigen soziologischen Großtheorien in Konkurrenz treten, aber um gleichwohl entschieden theoretisch begründete Plädoyers für ein anderes Verständnis sozialer Phänomene und eine entsprechend andere soziologische Perspektive. Die unterschiedlichen Akzentuierungen des *Interpretativen Paradigmas* haben ihre *gemeinsamen sozialtheoretischen Ausgangspunkte in der Betonung des aktiven und kreativen menschlichen Zeichen- und Symbolgebrauchs, des permanenten Zusammenspiels von Deuten und Handeln in konkreten Situationen sowie der interaktiven Herstellung sozialer Ordnungen.* Sie entwickeln deswegen keine allgemeinen Theorien der Funktionsweise ihrer Gegenstandsbereiche, sondern aus deren empirischer Untersuchung heraus werden Begriffe gebildet, mit denen sich soziale Phänomene und Prozesse angemessen begreifen lassen.

Entwickelt wurden diese Ansätze allesamt von US-amerikanischen Soziologen oder – wie im Falle der phänomenologisch-wissenssoziologischen Arbeiten von Alfred Schütz, Peter L. Berger und Thomas Luckmann (vgl. Kap. 4) – doch von Soziologen, die zum damaligen Zeitpunkt in den USA lebten. Das bedeutet nicht, dass sie keine Verbindungen zur klassischen europäischen Soziologietradition aufweisen – insbesondere Arbeiten und Positionen von Georg Simmel und aus der deutschen „Verstehenstradition" (von Wilhelm Dilthey bis Max Weber) waren für

---

[13] Mit Ausnahme des weitgehend übersetzten Werkes von Erving Goffman sind viele Texte dieser Tradition in deutscher Sprache nur auszugsweise in Sammelbänden erschienen (beispielsweise Auwärter u. a. 1976).

sie wichtig. Zugleich knüpften sie an eine spezifische US-amerikanische Soziologieschule an, die Anfang des 20. Jahrhunderts, also vor dem Aufstieg Parsons, als dominierende, gar als „die" US-amerikanische Soziologie schlechthin galt und ihrerseits bereits durch die deutsche Hermeneutik- und Verstehensdebatte geprägt war – die „*Chicago School of Sociology*". Die Vorstellung des *Interpretativen Paradigmas* wird deswegen dort ihren Ausgangspunkt nehmen. Von da aus gehen die Ansätze und ihre Protagonisten dann etwa ab Ende der 1950er Jahre unterschiedliche Wege, die sich dennoch immer wieder kreuzen und mitunter – etwa in der sozialkonstruktivistischen Wissenssoziologie von Peter L. Berger und Thomas Luckmann – zu breiteren Straßen gebündelt werden. Im Einzelnen werden folgende Positionen vorgestellt:

- Im anschließenden zweiten Kapitel stehen die Positionen der *Chicago School of Sociology* im Zentrum, in denen wesentliche Grundlagen des Interpretativen Paradigmas erarbeitet wurden. Dabei handelt es sich um eine Soziologie, die unmittelbar an philosophische Argumente des *Pragmatismus* – verbunden mit den Namen von Charles S. Peirce, William Morris und John Dewey – anschloss. Die wichtigsten Vertreter der *Chicago School of Sociology* sind *William I. Thomas, Robert E. Park* und *Edward Hughes*.
- Im dritten Kapitel werden die in den 1950er Jahren und frühen 1960er Jahren entstehenden Neuanschlüsse an die Tradition der *Chicago School* vorgestellt. Eine Schlüsselrolle für die weitere soziologische Adaption des Pragmatismus spielte die in Chicago entwickelte Sozialpsychologie von *George Herbert Mead*. Hier knüpfte *Herbert Blumer* mit seiner theoretischen Grundlegung des *Symbolischen Interaktionismus* an. Spezifischere Ausarbeitungen finden sich in Gestalt des *Labeling approach* bzw. der *Etikettierungstheorie* (Howard Becker), der *Analysen kollektiver Deutungsprozesse* (Joseph Gusfield) und der *„grounded theory"* (Anselm Strauss). Neuere Studien beschäftigen sich u. a. mit unterschiedlichen gesellschaftlichen Organisationsfeldern und mit den Verbindungen des *Symbolischem Interaktionismus* mit anderen theoretischen Paradigmen.
- Im Anschluss an *Alfred Schütz* haben *Peter Berger* und *Thomas Luckmann* Mitte der 1960er Jahre eine theoretische Grundlegung der *Wissenssoziologie* vorgelegt, die vielfache Anregungen der bereits erwähnten Ansätze aufnimmt und sie mit anderen Soziologietraditionen zu einem konsistenten wissenssoziologischen Theorieprogramm verbindet. Im deutschen Sprachraum wird dieser Zweig des Interpretativen Paradigmas in der *Hermeneutischen Wissenssoziologie* weitergeführt. Die entsprechenden Positionen und Studien werden im vierten Kapitel behandelt.

1.2 Der Aufstand des Konkreten

- Eine andere Anknüpfung an die Phänomenologie von Schütz hat *Harold Garfinkel* seit den 1950er Jahren in Gestalt der *Ethnomethodologie* entwickelt, die auf das von Parsons als Gegenstand der Soziologie entworfene Problem der „Sozialen Ordnung" eine originelle, streng empirisch orientierte Antwort gibt. Sie findet Fortsetzungen in der *Konversationsanalyse*, in der neueren *Wissenschaftsforschung* und in den *Studies of Work*. Dies ist Gegenstand des fünften Kapitels.
- Die Soziologie von *Erving Goffman* wird häufig mit der Tradition des Symbolischen Interaktionismus verbunden. Obwohl er dazu gewiss Affinitäten aufweist, wird seine *„Soziologie der Interaktionsordnung"* wegen ihrer Originalität und eigenständigen Akzentsetzung in einem eigenen sechsten Kapitel vorgestellt.

Abschließend wird ein kurzes Resümee der aktuellen Bedeutung des Interpretativen Paradigmas gezogen.

Übungsaufgaben:

Was sind die beiden Grundannahmen, mit denen die Vertreter des Interpretativen Paradigmas sich gegen die etablierte Soziologie der 1950er Jahre richteten?

Was bedeuten und worin unterscheiden sich das *Normative Paradigma* und das *Interpretative Paradigma*?

Erläutern Sie an einem selbst gewählten Beispiel die Rolle von Situationsdeutungen für das Handeln der Beteiligten.

Warum besitzen die Positionen des *Interpretativen Paradigmas* eine besondere Affinität zu qualitativen Forschungsmethoden der Soziologie?

Die Chicago School of Sociology 2

Das Erste, was Studierende der Soziologie lernen müssen, ist das Beobachten und das Aufzeichnen ihrer Beobachtungen; das Lesen und dann die Auswahl und das Aufzeichnen der Daten, die als Erträge aus ihrer Lesetätigkeit hervorgehen; kurzum: die Organisation und den Gebrauch ihrer eigenen Erfahrungen. (Park und Burgess 1921, S. v f., zit. nach der Übersetzung in Christmann 2007, S. 95)

Bei der *Chicago School of Sociology* handelt es sich um einen soziologischen Arbeitszusammenhang an der University of Chicago, der in den ersten Jahrzehnten des 20. Jahrhunderts eine weltweit führende und bis heute richtungsweisende Rolle bei der Verbindung von theoretischen Grundpositionen des Interpretativen Paradigmas mit (qualitativer) empirischer Sozialforschung in großstädtischen Kontexten inne hatte. Zum Verständnis dieser Soziologie-schule, ihrer Anliegen, Fragestellungen und Vorgehensweisen ist die Kenntnis des zeitgeschichtlichen Hintergrundes ihres Wirkens durchaus hilfreich. Er wird deswegen nachfolgend in Kap. 2.1 erläutert. Die theoretischen Grundlegungen sowie exemplarische empirische Untersuchungen der Chicagoer Soziologie sind dann Gegenstand von Kap. 2.2. Abschließend folgt eine kurze Bilanzierung ihrer Bedeutung (Kap. 2.3).

2.1 Ein Sozial- und Kulturexperiment

Etwa seit den 30er Jahren des 19. Jahrhunderts befanden sich die USA in einem gewaltigen Um- und Aufbruch. Viele Millionen europäische Aussiedler suchten ihr Glück in der „neuen Welt", wo nach dem Bürgerkrieg die Wirtschaft expandierte wie nirgends sonst. Was hier stattfindet, ist ein gigantisches Gesellschaftsexperiment im Freiversuch, freilich ohne Kontrolle der Laborbedingungen, und ohne Gewähr:

> Die USA hatte im Vergleich zu allen europäischen Gesellschaften andere Voraussetzungen für die Entwicklung ihrer Sozialstruktur und politischen Kultur: Zunächst die

Tatsache der Einwanderung in und Besiedlung eines weiten, spärlich bewohnten Landes durch englische Puritaner; alle späteren Einwanderungsströme aus Europa und Asien, aus katholischen, jüdischen oder asiatischen Kulturen, so zahlreich sie auch waren, konnten den puritanisch-ethischen Charakter dieser Gesellschaft nur modifizieren, sich selbst an ihn anpassen, ihn aber nicht beseitigen. (…) In den 20er Jahren zeigte die amerikanische Kultur eine starke Spannung zwischen den puritanisch-ethischen Normen der Frömmigkeit, Enthaltsamkeit, des Erwerbs und der Respektabilität des alten Amerika und den städtisch-industriellen Tendenzen des modernen Lebens. Die ‚Roaring Twenties' waren eine schillernde Epoche mit Wirtschaftswachstum, Wohlstandssteigerung – die Städte wuchsen und entwickelten ihre typische Struktur von Geschäftszentrum und Wohn-Suburbs, Weißen- und Schwarzen-Wohngegenden, die ‚skylines' der Städte entstanden – die Massenkonsumgesellschaft wurde Wirklichkeit; Masseneinwanderung, Industrialisierung, Kapitalkonzentration und Verstädterung prägten die gesellschaftlichen Bedingungen. (…) Dadurch entstanden nicht nur große Unterschiede des Einkommens, der Macht, des Ansehens und damit große soziale Ungerechtigkeit, sondern auch eine Erosion der moralischen Standards in der Wirtschaft; Korruption, Bestechung, gewaltsame Unterdrückung der Arbeiterbewegung und der Schwarzen waren durchaus keine Seltenheit. (Mikl-Horke 1997, S. 163 ff.)

Zwischen 1870 und 1900 stieg innerhalb von nur dreißig Jahren die Zahl der Industriearbeiter im Land von 6 Mio. auf 18 Mio.; bereits 1910 waren es schon 25,7 Mio.[1] Auch die Einwohnerzahl ging rapide in die Höhe, von 1870 bis 1890 um 20 Mio. auf nunmehr 60 Mio. US-Amerikaner. Neue europäische Migranten hatten mit einem Drittel einen beträchtlichen Anteil an diesem Zuwachs; vor allem in den rasch wachsenden Großstädten stellten sie den Hauptanteil der Bevölkerung. Die ab 1890 stark zunehmende Binnenwanderung der Afroamerikaner aus dem agrarbestimmten Süden in die boomenden industriellen Großstädte veränderte zusätzlich die gesellschaftliche Landschaft der USA. Zu den negativen Begleiterscheinungen der rasanten Industrialisierung und des Wachstums gehörten schlechte Arbeitsbedingungen, niedrige Löhne und vielfaches Elend, auf das wiederum verschiedene Reformbewegungen, Arbeits- und Sozialgesetzgebungen reagierten. Kinderarbeit wurde verboten und wieder erlaubt; Höchstgrenzen für Tagesarbeitszeiten festgelegt und aufgehoben, die Wertvorstellungen der protestantischen Mittelschicht gegen die Lebensweisen der Neueinwanderer gesetzt:

> In der Einwanderungsdebatte und in der Rassenfrage verhielt sich die Mehrzahl der Reformer überdies alles andere als liberal und fortschrittlich. Viele Progressive vertraten nicht nur vehement die Forderung nach möglichst rascher ‚Amerikanisierung' der Einwanderer, was deren ethnisch-religiöse Identität zu zerstören drohte, sondern stellten sich auch an die vorderste Front der Verfechter von Einwanderungsbeschränkungen. Darin sahen sie die einzige Möglichkeit, schwere soziale Konflikte und

---

[1] Vgl. hierzu und zum Folgenden Heideking (1999, S. 199 ff.; S. 252 ff.).

2.1 Ein Sozial- und Kulturexperiment

> untragbare finanzielle Belastungen zu vermeiden, die sich aus der Überfüllung der Städte mit ‚menschlichem Müll' (*human garbage*) ergeben würde. (…) In dem Begriff der *new immigration*, der für die Masseneinwanderung des späten 19. und frühen 20. Jahrhunderts geprägt wurde, schwangen Ablehnung und Vorurteile mit, weil die Neuankömmlinge aus Italien, der Habsburgermonarchie und dem Zarenreich (…) für weniger anpassungsfähig und assimilationsbereit gehalten wurden als die ‚alten' Einwanderer aus Westeuropa und Skandinavien. (Heideking 1999, S. 253)

In den „goldenen zwanziger Jahren" entfaltet sich dann im Rahmen eines erneuten beispiellosen Wirtschaftsbooms die erste moderne Massenkonsumgesellschaft. Darin erhielten die unterschiedlichsten Vergnügungsformen einen bis dahin nicht gekannten gesellschaftlichen Stellenwert, gegen den sich das Prohibitionsgesetz (das Verbot zur Herstellung und zum Verkauf alkoholhaltiger Getränke) von 1919 nur als ein schnell sich verflüchtigender Tropfen auf den heißen Stein erwies. Ende der 20er Jahre sollte dann die Weltwirtschaftskrise dieser Entwicklung ein (vorübergehendes) jähes Ende bereiten.

Exemplarisch für all die angesprochenen Tendenzen ist die Entwicklung Chicagos – 1820 kaum mehr als ein Armeelager mit einigen Siedlungen, nur 80 Jahre später mit 1,7 Mio. Einwohnern die zweitgrößte Stadt der USA (vgl. Schmidt und Rodenberg 2006). Ursache dieser unglaublich rasanten Vergrößerung war der Zuzug von Migranten aus Europa, die auf der Suche nach Arbeit in der explodierenden Industriemetropole landeten und ein explosives Bevölkerungsgemisch bildeten. Die damalige Chicagoer Situation, vor allem dann die „Roaring Twenties" – ein geläufiger Slogan für diese Zeit des soziokulturellen Aufbruchs in den USA – lassen sich als ein brodelndes Dickicht begreifen, in dem Einwanderer aus unterschiedlichsten europäischen Ländern und ein zunehmend größerer Anteil von Afroamerikanern in mehr oder weniger friedvollem Nebeneinander lebten. Nicht zufällig ist Chicago die Stadt der großen Gangsterfiguren, mit dem legendären Al Capone an der Spitze, welche die Prohibitionsgesetzgebung unterliefen, die Bevölkerung illegal mit Alkoholika versorgten und auch sonst das Vergnügungsgeschäft kontrollierten:

> Chicago unterschied sich von Städten wie Detroit und Philadelphia unter anderem dadurch, daß es den Unterhaltsbedürfnissen aller Schichten und ethnischer Gruppen in extremem Maße entgegenkam. Chicago galt als ‚weit offene' Stadt mit einer ausgeprägten Kooperation zwischen Politikern, Polizei und Unterwelt. Daß dubiose Antihelden und Bösewichter wie der Bürgermeister ‚Big' Bill Thompson oder der Obermafioso Al Capone gerade in Chicago ihr Betätigungsfeld fanden und nicht in irgendeiner anderen Stadt, war gewiß kein Zufall; ebensowenig die Tatsache, daß das im Januar 1920 erlassene Alkoholverbot, die Prohibition, Chicagos Nachtleben nicht etwa schadete, sondern (…) immens belebte. Innerhalb von wenigen Monaten nach der Gesetzesverkündung gab es in Chicago schätzungsweise 20.000 Establissments, in denen illegal Alkohol verkauft wurde, wobei das Spektrum von hochklassigen Nachtklubs bis zu schäbigen ‚Flüsterkneipen' (speakeasies) reichte. (Jost 2003, S. 56)

Nach einem Großbrand, der 1871 große Teile der Stadt zerstörte, kam es zu einem umfassenden Neuaufbau, in dem die ersten Wolkenkratzer entstanden. Chicago lag verkehrsgünstig am Kreuzungspunkt der wichtigsten Eisenbahnlinien des Landes. „Porkopolis", die „Schweinemetropole" sollte zum Spitznamen werden, der sich der boomenden Getreide- und Viehumsätze verdankte, die neben Stahlproduktion und dem Transportwesen das Chicagoer Stadtbild und das Leben der Arbeiter prägte. Dem vermochte die zur Verbesserung des Images durchgeführte Weltausstellung von 1893 nur wenig entgegenzusetzen. Nicht nur in der Wahrnehmung von Besuchern blieben die berühmt-berüchtigten, im sozialkritischen Roman „Der Sumpf", bzw. später: „Der Dschungel" (The Jungle) von Upton Sinclair (2000 [1905/1906]) aus dem Jahre 1906 eindrucksvoll literarisch festgehaltenen Schlachthöfe, ihr Gestank und ihre Massentiertötungen das hervorstechendste Merkmal. Sinclair, der für seinen Roman mehrere Wochen in den Chicagoer Schlachthöfen gearbeitet und im Umfeld recherchiert hatte, zeichnete ein erschreckendes Bild des Unterbaus der boomenden Ökonomie, in dem 20.000 Menschen arbeiteten.[2] Er schildert die Versuche einer bäuerlichen Einwandererfamilie aus Litauen, im Dschungel der Großstadt und der Schlachthöfe zu überleben. Die drastische Beschreibung der Fleischverarbeitung genügt, um sich ein wirkmächtiges Bild der Zustände zu machen. Bei den zahlreichen Unfällen verschwindet immer wieder der ein oder andere Arbeiter im Fleischbottich. Und die skandalösen Arbeitsbedingungen finden ihre Entsprechung in den sonstigen Lebensumständen. Sinclairs Roman, der aus mehr oder weniger explizitem sozialistischem Engagement in der Tradition realistischer sozialkritischer Erzählungen gehalten war, erregte großes öffentliches Aufsehen und wurde zum Anlass von Gesetzgebungen, welche die schlimmsten Auswüchse der Fleischproduktion eindämmen sollten.

Kennzeichnend für die Chicagoer Situation einer Migrantenstadt war die starke räumliche Separierung der verschiedenen Ethnien – darunter viele Deutsche, Iren, Skandinavier, Italiener, Russen, Polen, Griechen, Ungarn (vgl. Drake und Cayton 1993, S. 8 f. [1945]). Diese Gruppen konzentrierten sich zunächst, bevor sie sich in späteren Generationen und mit Ausnahme der Polen und Italiener im „Schmelztiegel" vermischten, alle in ihren je eigenen Vierteln und Straßen. Sie lebten und arbeiteten unter armseligen Bedingungen, wurden ab Ende des 19. Jahrhunderts notdürftig von verschiedenen Fürsorgeinstitutionen unterstützt, während andere sich in ihrem neuen Reichtum sonnten und die Stadt auch zu einem Zentrum vielfältigster Vergnügungen machten. Chicago galt so als „schwarze" d. h. arme und hässliche Stadt, und als „weiße" Stadt, letzteres in Anspielung auf das Motto des Geländes der Weltausstellung („White City") mit seinen zahlreichen neuen Gebäu-

---

[2] Berthold Brechts „Heilige Johanna der Schlachthöfe" greift dieses Thema ebenfalls auf.

2.1 Ein Sozial- und Kulturexperiment

den im Renaissancestil, die das Chicago der Zukunft repräsentieren und zugleich Ausdruck seiner lebendigen Hochkultur sein sollten. Denn „Kultur" wollten die Stadtoberen nicht einfach den zahlreichen „billigen" und „anrüchigen" Vergnügungen der (einfachen) Leute, also den Saloons, Boulevardtheatern, Tanzlokalen und Bordellen überlassen, die der Reformbewegung ein Dorn im Auge waren:

> Das Chicago der Jahrhundertwende erschien vielen seiner Besucher als eine Stadt des Exzesses – von enormer Energie, ehrgeizig und gleichzeitig voller Verderbtheit. Hier tobte sich die ganze Kraft und Gewalt der Industrialisierung aus, ohne durch die sozialen und kulturellen Puffer ererbter Strukturen und Traditionen abgefedert zu werden. Der fundamentale Wandel der USA von einer vorherrschend agrarischen zu einer urbanen Gesellschaft spielte sich in der Geschichte Chicagos als Drama brutalen Wachstums und kontinuierlicher Modernisierung ab. Wie ein Magnet zog die Stadt Tausende von Einwanderern aus dem Umland und allen Teilen Europas an und veränderte sich dabei radikal, in ständiger Ausdehnung, einem konstanten Prozeß des Niederreißens und Wiederaufbaus begriffen. Vom Rauch der Schornsteine hunderter von Fabriken geschwärzt, erschien Chicago wie die personifizierte urbane Häßlichkeit: eine Stadt unerträglichen Gestanks (...) Nicht weniger exzessiv war Chicago in seinen sozialen Gegensätzen: Während die Wohnverhältnisse in den Arbeitervierteln Beobachter aller politischen Couleurs schockierten, arbeitete die Avantgarde der Architekten für eine kleine reiche Klientel an den ersten Wolkenkratzern. Die Klassengegensätze hätten größer nicht sein können: Einer vorwiegend angelsächsischen Wirtschafts- und Kulturelite stand die Masse von nichtenglischsprachigen Einwanderern der ersten oder zweiten Generation gegenüber. Chicago war die Hauptstadt des Verbrechens, eine Brutstätte der Korruption, dauernd erschüttert durch politische Skandale (...) Aber Chicago war auch das Zentrum von radikalen Protestbewegungen, von Arbeiterorganisationen und progressiven Reformbewegungen. Und schließlich war Chicago die Stadt aufgeklärten Mäzenatentums, das sich an den Handelsfürsten der italienischen Renaissance orientierte und in Selbstdarstellung seiner finanziellen Potenz durch die Gründung einer Vielfalt von kulturellen Institutionen das Potential der Stadt darzustellen trachtete. (Ickstadt 2006, S. 103)

Zahlreiche Streiks, Großdemonstrationen und Auseinandersetzungen über die Arbeitsbedingungen prägten das politische Leben, aber auch Rassenkonflikte, insbesondere weißer Rassenhass auf die wachsende Zahl der Schwarzen, der 1919 in gewalttätigen Ausbrüchen kulminierte. Nachdem der Strom der europäischen Einwanderer mit dem ersten Weltkrieg abebbte, stieg nämlich die Zahl der afroamerikanischen Zuwanderer aus dem Süden der USA stark an. Sie ließen sich im Süden der Stadt, im „schwarzen Gürtel" nieder. Um 1940 stellten sie mit über 330.000 Menschen die größte lokale ethnische Minderheit (vgl. Drake und Clayton 1993 [1945]). Das äußerte sich nicht nur in einer überaus lebendigen Jazzszene, sondern in vielen, mehr oder weniger ausschweifenden Vergnügungen:

> Der Jazz vereinigte in Klang und Rhythmus viele Momente der Lebenseinstellung jener Epoche: soziale Entwurzelung, Entfremdung von der Familie, schnelle Anpas-

sungsfähigkeit, hedonistische Freude am Genuß, ungebeugter Lebenswillen, persönliche Freiheit und Erfolgsstreben im Raum urbanen Entertainments. (...) Für die weißen Gäste wiederum bedeutete es einen besonderen Thrill, in einer Atmosphäre des Verbotenen (Gin und Marihuana), des Anrüchigen (sexuell aufgeladene Performances) und des Exotischen (Slang, ‚fremde' Musik) zu verkehren. (Schmidt 2006, S. 41; vgl. Jost 2003, S. 53 ff.; Ickstadt 2006, S. 118)

Die Kehrseite des Zustroms der Afroamerikaner bestand nicht nur im sich gewaltsam äußernden Rassismus, sondern auch in der Herausbildung und Ausdehnung eines riesigen Schwarzenghettos, das in einer Studie in der Tradition der *Chicago School of Sociology* von Drake und Cayton 1945 als „Black Metropolis. A Study of Negro Life in a Northern City" detailliert beschrieben wurde. Zunächst war in der zweiten Hälfte des 19. Jahrhunderts der bereits erwähnte „schwarze Gürtel" entstanden, in dem aber der ständig wachsende Bevölkerungsteil der Schwarzen ab 1914 keinen Platz mehr fand; seine Ausdehnung mündete 1919 in die bereits erwähnten fünftägigen Rassenkämpfe, in denen mindestens 38 Schwarze getötet wurden (vgl. Drake und Cayton 1993, S. 65 ff.; S. 174 ff. [1945]):[3]

> Pitched battles were fought in the Black Belt streets. Negroes were snatched form streetcars and beaten; gangs of hoodlums roamed the Negro neighborhood, shooting at random. Instead of the occasional bombings of two years before, this was a pogrom. But the Negroes fought back. Attacks and reprisals were particular bitter up and down the western and southern boundary between the Irish neighborhoods and the Black Belt. (Ebd., S. 66)

Drake/Cayton machen in ihrer Studie zugleich deutlich, wie differenziert nicht nur die Sozial- und Berufsstruktur, sondern auch die Normen und Wertvorstellungen der Schwarzen im „Ghetto" waren, obwohl sie in der Außenwahrnehmung der Weißen vor allem eines darstellten: das „Sozialproblem Nr. 1", das Anlass zu Warnungen vor einem möglichen „Chicagoer Adolf Hitler" gab, der die weiße Stadtbevölkerung mit Versprechen der „Säuberung" verführen würde. Einige Jahre später wurden die Afroamerikaner in der öffentlichen, „weiß dominierten" Wahrnehmung jedoch als Problem Nummer eins durch die Gangsterszene abgelöst und die zweite Hälfte der 1920er Jahre erwies sich auch für die schwarze Bevölkerung als Ära der „fetten Jahre" (ebd., S. 77 f.).

Alles in allem gleicht die damalige Chicagoer Situation einem Hexenkessel, in dem sich neue und extreme soziale Ungleichheiten, Konfrontationen zwischen

---

[3] Auf die umfangreichen Analysen der Probleme der ethnischen Segregation, der differenzierten Sozial- und Berufsstruktur der Schwarzen, ihrer Positionen im städtischen Arbeitsleben, der Kriminalität und des Lebens im Ghetto kann hier nicht eingegangen werden.

unterschiedlichsten ethnisch-kulturellen Gruppen und Wertvorstellungen, kreative Potenziale und Gegensätze zwischen offiziellen Moralvorstellungen und dem tatsächlichen Alltagsleben, der Suche nach Arbeit und Vergnügen entwickelten – eine Stadt, wie gemacht für Debatten und Sozialreformbewegungen aller Art. Schon der Chicagoer Stadtsoziologie und soziologische Klassiker Robert E. Park beschrieb wohl aus solchen Gründen 1929 die Stadt als „Laboratorium", das vom Menschen geschaffen sei und nun den Menschen neu schaffe:

> Thus, indirectly, and without any clear sense of the nature of his task, in making the city man has remade himself. It is in some such sense and in some such connection as this that we may think of the city as a social laboratory. (Park 1952a, S. 73 [1929])

2.2 Die führende US-amerikanische Soziologieschule ihrer Zeit

> It seems no exaggeration to say that for roughly twenty years, from the first world war to the mid-1930s, the history of sociology in America can largely be written as the history of the Department of Sociology of the University of Chicago. During these years, the department set the general tone of sociological inquiries, published the only major journal of the discipline, and trained most of the sociologists who made a mark on the profession and who assumed the presidency of the American Sociological Society. Its members wrote the most influential monographs and textbooks. (Coser 1978, S. 311 f.)

Die Chicago School of Sociology entstand im Kontext der sozialreformerischen Prozesse und einer zunächst sehr auf die Lösung praktischer Probleme ausgerichteten Erforschung der sozialen Probleme der vorangehend beschriebenen Entwicklungen. Dies wird nachfolgend in Unterkapitel 2.2.1 erläutert. In ihren Grundpositionen stützte sie sich auf wichtige philosophische Grundannahmen des US-amerikanischen Pragmatismus. Das ist Gegenstand von Kap. 2.2.2. Daran anschließend (2.2.3 ff.) werden wichtige Grundannahmen und exemplarische Studien der im engeren Sinne soziologischen Tradition der Chicago School vorgestellt.

2.2.1 Disziplingenese und Sozialreformen: der Entstehungskontext

Soziologisches Denken etabliert sich in den Vereinigten Staaten nach einer bereits etwa einhundertjährigen Vorgeschichte soziologienaher Lehrveranstaltungen und

Forschungen offiziell gegen Ende des 19. Jahrhunderts.[4] So hält William Graham Sumner (1840–1920) 1875 in Yale erste Soziologiekurse, und bald schon ersetzen mehr und mehr Veranstaltungen dieser neuen Disziplin die etablierten Lehrinhalte der Moralphilosophie oder der Geistesgeschichte (vgl. Coser 1978). Europäische Einflüsse von Auguste Comte (1798–1857) und Herbert Spencer (1820–1903) sind dabei sehr wichtig.[5] Doch die Soziologie wird von Anfang an in deutlich anderer Akzentsetzung als im europäischen Kontext, nämlich als unmittelbar „praktische Wissenschaft" eingeführt, d. h. als ein Mittel zur Bearbeitung der drängenden Probleme, die sich durch die bereits angedeutete rasante Entwicklung der USA ergeben hatten.[6] Dabei spielten religiöse Einflüsse, Motivlagen und familiäre Hintergründe eine zentrale Rolle. Die Sozialwissenschaften seien das „heiligste Sakrament, das dem Menschen zur Verfügung stehe", schrieb bspw. Albion Small, einer der Begründer der Soziologie in den USA (zit. nach Coser 1978, S. 283). Um die Jahrhundertwende vom 19. ins 20. Jahrhundert standen viele dieser Soziologen der Protestantischen Sozialreformbewegung, insbesondere der protestantischen Social Gospel Bewegung nahe. Dabei handelte es sich um eine intellektuelle Bewegung, die sich aus christlichen Motiven der Bekämpfung der dringendsten Probleme widmete, die mit den weiter oben beschriebenen sozialen Veränderungen entstanden waren: Armut, Elend, Not der einfachen Leute, die im Wirtschaftsboom zerrieben wurden (vgl. Coser 1978). Einer der ersten Lehrstühle für Soziologie wurde an der Columbia University (New York) Mitte der 1890er Jahre eingerichtet. In der Begründung für die Einrichtung wird die Ausrichtung der frühen US-amerikanischen Soziologie exemplarisch deutlich:

> It is becoming more and more apparent that industrial and social progress is bringing the modern community face-to-face with social questions of the greatest magnitude, the solution of which will demand the best scientific study and the most honest practical endeavor. The term ‚sociology' (…) includes a large number of the subjects which are most seriously interesting men at the present time. The effective treatment of social problems demands that they be dealt with both theoretically and concretely." Der neu eingerichtete Lehrstuhl „will provide for a thorough study of philosophical or general sociology and of the practical or concrete social questions in their relation to sociological principles (…) special courses of instruction will be offered on pauperism, poor laws, methods of charity, crime, penology and social ethics. (Nach einer Aussage des ersten Lehrstuhlinhabers Frankling Giddens, zit. in Coser 1978, S. 287)

---

[4] Vgl. zur Entstehungsgeschichte der Soziologie in den USA Coser (1978) sowie die Beiträge in Calhoun (2007).

[5] Vgl. zu den Arbeiten von Comte und Spencer Brock u. a. (2007).

[6] Auch Herbert Spencer in England oder Auguste Comte und später Emile Durkheim in Frankreich entwickelten ihre Überlegungen mit direktem Bezug auf gesellschaftliche Problemlagen und Konflikte ihrer Zeit, wenn auch ungleich abstrakter.

2.2 Die führende US-amerikanische Soziologieschule ihrer Zeit

Um 1900 setzen Ausdifferenzierungen der Soziologie ein zwischen denen, die sich weiterhin mit der direkten Analyse und praktischen Behebung sozialer Probleme beschäftigen wollen, und denjenigen, die Soziologie nunmehr als eine allgemeine akademische Wissenschaft über soziale Phänomene ausbauen möchten und sich um eine starke universitäre Verankerung dieser Perspektive bemühten. 1892 wurde die University of Chicago gegründet. Sie entwickelte sich bald zu einer der wichtigsten Universitäten der Welt. Schon in ihrem Gründungsjahr entstand auf dem Chicagoer Campus auch das erste US-amerikanische Soziologiedepartment; die dort entwickelten Positionen galten alsbald als weltweit führend. Die wichtigste Aufbaufigur der Chicagoer Soziologie war der schon erwähnte Albion W. Small (1854–1926), der bereits 1885 das *American Journal for Sociology* initiiert hatte und 1895 die *American Sociological Society* mit begründete. Obwohl in Chicago eine große Bandbreite soziologischer Positionen und Forschungsstrategien vertreten war, die sowohl quantifizierende wie qualitative Vorgehensweisen einschloss, hat sich in die Soziologiegeschichte unter dem Begriff der *Chicago School of Sociology* ein spezifischer Zusammenhang von Personen und Ansätzen eingeprägt, der nicht alle damaligen Chicagoer Soziologen versammelt.[7] Zentrale Figuren dieser Konstellation waren William I. Thomas und Robert E. Park oder später dessen Schüler Everett C. Hughes. Thomas und Park hatten u. a. in Deutschland studiert – die deutschen Universitäten galten damals als beste Lehrstätten der Welt – und dort verschiedene Denktraditionen kennen gelernt. Dazu zählten die Völkerpsychologie von Wilhelm Wundt, die Hermeneutik von Wilhelm Dilthey, die soziologischen Arbeiten von Georg Simmel und Max Webers sinnverstehende Soziologie. Gerade Simmel mit seinen Analysen des Großstadtlebens war – vor allem für Robert E. Park – ein einflussreicher Autor. Bereits um die Jahrhundertwende erschienen Übersetzungen Simmelscher Aufsätze im Chicagoer *American Journal for Sociology*. Aber auch zentrale Werke und Begriffe von Emile Durkheim oder Gabriel Tarde u. a. wurden rezipiert und herangezogen, um der neuen Disziplin der Soziologie ein breites Fundament und eine ausgewiesene theoretische Vernetzung zur Verfügung zu stellen. Die von Robert E. Park und Ernest W. Burgess 1921 herausgegebene und sogleich ungemein verbreitete, äußerst einflussreiche allgemeine *Introduction to the Science of Sociology* (Park und Burgess 1924) versammelt in einer Mischung aus Reader und theoretisch-konzeptionell verbindenden Texten der Herausgeber nahezu die gesamte Breite des soziologischen Wissens und der wichtigen Referen-

---

[7] Vgl. zur Entwicklung der Chicago School of Sociology Bulmer (1984). Ein guter Überblick über Personen und Positionen ist zu finden unter www.pragmatism.org/genealogy.htm [Zugriff vom 13.07.2011]. Lindner (1990) gibt mit seiner Studie über „Die Entdeckung der Stadtkultur. Soziologie aus der Erfahrung der Reportage" einen hilfreichen Einstieg in die Chicagoer Soziologie.

zen der Zeit. Doch das auch heute noch eindrucksvolle, mit Gewinn zu lesende Buch leistet mehr als das: zugleich skizziert es in seiner Gliederung und in den inhaltlichen Beiträgen der Herausgeber die (für Robert Park und Ernest Burgess) wichtigsten Grundlagen des Soziologieverständnisses der Chicagoer Soziologie.

Ähnlich wie Georg Simmel in Berlin interessierten sich die Chicagoer Soziologen (und wenige Soziologinnen) für das Großstadtleben, im Unterschied zu Simmel jedoch nicht so sehr für die allgemeine Erfahrung des Großstadtlebens, sondern insbesondere für das Aufeinandertreffen der verschiedenen ethnischen Gruppen und Kulturen in der expandierenden Metropole, das sie in zahlreichen, häufig multi-methodisch angelegten empirischen Fallstudien (s. u.) untersuchten. Es ging ihnen weniger um große Theorien als vielmehr um die Bearbeitung ganz konkreter Fragen nach den Erfahrungen, Konflikten, Innovationen des Großstadtlebens, auch um die Möglichkeiten und Grenzen der Gestaltung durch politisch-soziale Reformbewegungen. Bereits 1889 hatte die spätere Friedensnobelpreisträgerin Jane Addams (1860–1935) zusammen mit ihrer Freundin Ellen Gates Starr in den Chicagoer Slums ein Hilfswerk für die Immigranten gegründet, das „Hull House", in dem moralische Erbauung, politische Unterstützung, Bildungs- und Kulturangebote und andere Hilfen angeboten wurden. Hull House war das Paradebeispiel der breiteren *Settlement*-Bewegung, eines reformorientierten Ansatzes der Sozialarbeit, der auf die direkte stadtviertelbezogene Arbeit mit den jeweiligen Zielgruppen vor Ort ausgerichtet war:

> Die Settlements waren Ansiedlungen von Sozialarbeitern in den problembeladenen Vierteln der Stadt, um damit eine Art von Kommunikationszentrum für die Slum-Bevölkerung entstehen zu lassen. Sozialarbeit sollte nicht als äußerliche Intervention von Menschen auftreten, die ihr eigenes Leben in Sicherheit und Wohlstand außerhalb der Lebensbereiche ihrer Klienten verbrachten und mit diesen nur in beruflich definierte Kontakte kamen. Die Settlements boten freie Betätigungsmöglichkeiten in Neigungsgruppen für die Angehörigen der unterschiedlichen Nationalitäten, für Arbeiterinnen usw. und stellten eine zwanglose Möglichkeit der Beratung durch Sozialarbeiter dar. (Joas 1980, S. 28)

Daraus gingen auch zunehmend politische Initiativen zur Verbesserung der Situation der Slumbewohner(innen) hervor, die auf Studien der Lebenssituation der Migrant(inn)en beruhten, mit denen die engagierten Sozialreformerinnen die Soziologie der Chicago School vorbereiteten:

> Auf seinem Höhepunkt bestand Hull House aus einem Riesenkomplex mit 13 Gebäuden (…) Vor allem dank der Mitarbeit von Florence Kelley, die Friedrich Engels übersetzt hatte und sich über die Tea Parties und moralische Erbauung in Hull House lustig machte, rückte der Kampf für die Abschaffung von Kinderarbeit, den Aufbau von Gewerkschaften und die Etablierung eines öffentlichen Gesundheitswesens in den Vordergrund. Sehr zum Mißfallen der Behörden untersuchte Kelley die Aus-

2.2 Die führende US-amerikanische Soziologieschule ihrer Zeit

beuterbetriebe (*sweatshops*) vor allem in der Bekleidungsindustrie und publizierte mit Jane Addams die berühmten *Hull-House Maps and Papers*, deren Feldstudien die Chicagoer Schule der Großstadtsoziologie maßgeblich beeinflußten. (Schmidt 2006, S. 28)

Freilich zielte das Engagement des gehobenen Bürgertums, das hier organisiert wurde, vor allem auf die „moralisch saubere" Lebensweise und Integration der unterschiedlichen ethnischen Gruppen. Dennoch hatte gerade Jane Addams in ihrem 1907 erschienenen Buch *The Spirit of Youth and the City Street* mit großem soziologischen Gespür die „Heimat- und Orientierungslosigkeit" der Einwanderer im Moloch Großstadt erfasst und sie warb schon 1892 in öffentlich-akademischen Vorträgen für die Aufgaben einer „settlement sociology":[8]

> Sensibler als andere erkannte sie im Aufstieg der neuen Populärkultur den Ausdruck genuiner, wenn auch grotesk verzerrter kreativer Bedürfnisse und Wünsche insbesondere der Einwandererkinder, den sinnlosen Ansprüchen einer importierten und jetzt wurzellos gewordenen ethnischen Kultur zu entkommen. Die Leiden der Pubertät, die bedrückende Monotonie der Fabrikarbeit, das heimliche Verlangen nach einem Leben in persönlicher Freiheit und Erfüllung – all dies wurde von den sinnlichen Reizen der Großstadt intensiviert und pervertiert: ‚Die Tanzhallen mit frivolen und übermütigen jungen Leuten, die fieberhaft dem Vergnügen nachjagen, sind nur ein armseliger Ersatz für die alten Volkstänze auf dem Dorfanger, an dem alle älteren Leute teilnahmen.' (…) Was fehlte, waren ehrlichere und wahrhaftigere Mittel, um Individualität und kollektive Kreativität auszudrücken. (Ickstadt 2006, S. 118 f.)

Jane Addams arbeitete später mit den Chicagoer Soziologen zusammen, ohne allerdings selbst an der University of Chicago beschäftigt zu sein. In der *settlement sociology* waren zahlreiche Frauen aktiv, die soziologische Perspektiven mit sozialreformerischem und sozialarbeiterischem Engagement zusammenbrachten und in der Lösung der durch die Migrationssituation hervorgerufenen Probleme die Hauptaufgabe der Gesellschaftsgestaltung um die Jahrhundertwende sahen; einige der weiter unten vorgestellten Vertreter der Chicagoer Philosophie und Soziologie waren ebenfalls im Umfeld von Hull Hous engagiert, so bspw. George Herbert Mead als Schatzmeister (vgl. Joas 1980, S. 28). Doch in den disziplinären Gründungs- und Abgrenzungskämpfen zwischen universitärer Soziologie, settlement sociology und Sozialarbeit wurde die akademische Soziologie zur „Männerwissenschaft", während die Frauen auf die vermeintlich „niederen" Disziplinen des Engagements, also der Sozialarbeit und des „settlement" verwiesen wurden. Insoweit spielte sich auch hier die klassische Form der Geschlechterhomogenisierung ab:

---

[8] Vgl. zu den Verbindungen von Reformbewegungen, Sozialarbeit und früher Soziologie in den USA Lengermann und Niebrugge (2007; hier ebd., S. 65).

In this early years, there were roles for women in Chicago sociology, but those roles began to diminish as the century turned. (…) Deegan and other feminist historians (…) argue that women sociologists were systematically segregated, channeled into the neighboring fields of domestic science and social welfare, or relegated to subordinate roles in the men's projects (…) The twenties appear to be key for this gendered process of disciplinary formation: this was the decade when social welfare moved definitively out of the sociology department into the separate School of Social Science Administration (…). (Devault 2007, S. 159; vgl. Lengermann und Niebrugge 2007, S. 95 ff.; Deegan 1988, 2002)

Auch in Park/Burgess' „Introduction to the Science of Sociology" wird die Absetzung der akademischen Wissenschaften von den Sozialreformern gleich zu Beginn programmatisch vorgetragen:

Sociology, so far as it can be regarded as a fundamental science and not mere congeries of social-welfare programs and practices, may be described as the science of collective behavior. (Park und Burgess 1924, S. 42)

Die Trennung der Soziologie von der Reformbewegung bedeutete jedoch nicht eine Abkehr von deren Themen oder Gegenständen. Was sich änderte, war eher die Art und Weise, sich damit zu beschäftigen. An die Stelle der Orientierung an sofortiger Problemlösung trat die Forderung, sich unvoreingenommen mit den Verhaltensweisen der Stadtbewohner zu befassen und deren Sicht der Dinge kennen zu lernen. Aufgabe der Soziologie sei demnach die Durchführung empirischer Analysen, die neue Sichtweisen auf die sozialen Phänomene – und damit auch auf die sozialen Probleme – hervorbrächten. Noch unlängst hat der aus der Chicago-Tradition stammende Howard S. Becker diese Position bekräftigt: Soziologie sei dann am nützlichsten, wenn sie sich den gesellschaftlichen Vorstellungen über „Nützlichkeit" entziehe und ihre eigenen Wege gehe. Dann sei die Chance, neue Perspektiven auf „Bekanntes" zu entwickeln, am größten (Becker 2003; s. u. Kap. 3.2). Denn die komplizierte Situation des Großstadtdschungels galt als Ort von kultureller Kreativität und Innovation, an dem mit neuen Formen des Zusammenlebens experimentiert wurde, die es zu erkunden galt. Und das schloss Engagement in gesellschaftspolitischen Fragen keineswegs aus.

2.2.2 Das Handlungsmodell des Pragmatismus

Die Chicagoer Soziologie stand mit den erwähnten Überlegungen nicht alleine. Vielmehr konnte sie sich auf eine zur gleichen Zeit in Chicago vertretene Philosophieschule – den Pragmatismus – stützen, der ähnliche Positionen vertrat. Auch allgemeiner waren sich die Vorstellungen von menschlichem Denken und Handeln sowie von sozialen Prozessen, wie sie in der Soziologie und im Pragmatismus vertreten wurden, recht nahe. Verschiedene pragmatistische Philosophen hatten enge Kontakte zu den Chicagoer Soziologen. Das nachfolgend vorgestellte Handlungsmodell des Pragmatismus ist von zentraler Bedeutung für die verschiedenen Ansätze des Interpretativen Paradigmas auch über die Chicago School hinaus.[9]

Als Hauptvertreter der Philosophie des Pragmatismus gelten Charles S. Peirce (1839–1914), William James (1842–1910) und John Dewey (1859–1952) sowie der weiter unten in Kap. 3 ausführlicher vorgestellte George Herbert Mead (1863–1931). Zwischen ihnen und den Chicagoer Soziologen gab es vielfältige, zum Teil freundschaftliche Kontakte und wechselseitige Beeinflussungen. John Dewey lehrte von 1894–1904 in Chicago; George Herbert Mead, der einer Einladung Deweys folgte und zuvor bei William James in Harvard sowie bei Dewey in Michigan studiert hatte, war von 1894 bis 1933 am philosophischen Department der Universität. In einem autobiographischen Fragment deutet bspw. William I. Thomas an, dass weniger seine soziologischen Überlegungen durch Dewey als vielmehr umgekehrt dessen philosophischer Ansatz durch Thomas Reflexionen mitangeregt wurden (vgl. Baker 1981). Eindeutiger belegt ist der Einfluss von Dewey und James auf das soziologische Denken von Park, der bei beiden studierte, mit Dewey später befreundet war und mit ihm gemeinsame journalistische Projekte verfolgte.[10] James, der wie viele andere Vertreter der pragmatistischen Philosophie und Soziologie ebenfalls in Deutschland Vorlesungen besucht hatte, plädierte in einem Artikel mit dem Titel „On a certain blindness in human beings" u.a für eine „Verstehensperspektive" in den Wissenschaften, die der Perspektivität individueller Wahrnehmung Rechnung tragen sollte. Damit betonte er, dass Menschen in der Regel selten viel darüber wissen, wie ihre Mitmenschen die Welt erfahren und ihr Leben sehen. Die Aufgabe, eben jene Weltsichten der Anderen nicht als selbstverständlich und bekannt vorauszusetzen, sondern sie als das Unbekannte zu erkunden, wird damit zu einer wichtigen und vordringlichen Aufgabe der Forschung:

> The ‚blindness' of which James spoke is the blindness each of us is likely to have for the meaning of other people's lives. At any rate what sociologists most need to know is what goes on behind the faces of men, what it is that makes life for each of us either dull or thrilling. (Park 1950a, S. vi)

---

[9] Einen aktuellen Überblick über Einflüsse von Pragmatismus und Phänomenologie (s. u. Kap. 4) auf das Interpretative Paradigma gibt Gross (2007).

[10] Vgl. zur Bedeutung des Pragmatismus für die Chicago School und den Symbolischen Interaktionismus Rock (1979), Strauss (1991a) und die Arbeiten von Hans Joas (z. B. 1992a). Rock (1979, S. 64) erläutert auch die Herkunft des Pragmatismus aus der Auseinandersetzung mit der Philosophie von Hegel. Im Folgenden werden nur wenige Aspekte herausgegriffen. Hinzuweisen ist insbesondere auf die hier nicht behandelte Zeichentheorie von Charles Sanders Peirce (vgl. Pape 2004).

James diskutierte diese Position in seinen Seminaren, an denen Park teilnahm. Er gab letzterem auch den Rat, als Soziologe möglichst „Insiderwissen" über sein jeweiliges Untersuchungsgebiet zu erlangen, da Außenstehende niemals verstünden, was in einer sozialen Situation vor sich gehe: „Any real understanding demanded an imaginative participation in the life of others; insight demanded empathy as well as observation." (Matthews 1977, S. 33)[11]

Der Pragmatismus ist eine Philosophie des Handelns, die sich dafür interessiert, wie Menschen im Handeln der Welt begegnen, wie sie die praktischen Probleme ihres Lebens angehen. Menschen entwickeln dabei Routinen des Deutens und Handelns, aber sie zeigen auch Kreativität, wenn sie Störungen oder Irritationen erfahren. Dann probieren sie neue Deutungen der Welt und Strategien des Handelns aus. Oft wird der Pragmatismus als eine Philosophie der Nützlichkeit bezeichnet. Dies ist dann zutreffend, wenn man einen sehr weiten Begriff der Nützlichkeit anlegt und damit die Annahme bezeichnet, dass Menschen in ihrem Handeln bemüht sind, Aufgaben oder Probleme zu bewältigen und dafür die geeigneten Mittel einzusetzen. Nehmen wir dazu ein einfaches, in der Literatur wiederholt auftauchendes Beispiel (vgl. Mead 1969, S. 242): Stellen Sie sich bitte vor, Sie machen einen Spaziergang. Sie gehen aber nicht auf einem Weg, sondern querfeldein. Dabei kommen Sie an einen tiefen Bach, der zu breit ist, um einfach hinüber zu springen. Sie stehen also vor einem sehr konkreten Problem, zumindest dann, wenn Sie keine nassen Schuhe, Strümpfe, Röcke oder Hosen haben wollen. In dieser Situation werden Sie wohl Verschiedenes ausprobieren: den Bach entlang laufen, um eine schmalere Stelle zu finden und hinüber zu springen; Ausschau nach Steinen im Wasser halten, auf die Sie vielleicht treten könnten; das Gebüsch nach einem dicken Ast durchsuchen, auf dem Sie trockenen Fußes balancieren würden; oder, wenn alles nicht hilft, einfach Hose und Schuhe ausziehen, Zähne zusammenbeißen und los. Mit seinem Handlungskonzept interessiert sich der Pragmatismus für solche kreativen Situationen des Problemlösens in ihrem Zusammenspiel mit den eingeübten Routinen des Handelns und Denkens. Wichtig daran ist schließlich, dass das alles keine individuelle Angelegenheit ist, sondern immer schon im Rahmen einer sozial ausgedeuteten Welt, d. h. einem gesellschaftlichen Symbolsystem und Sinnkosmos stattfindet. Im Unterschied zu der auf ein einzelnes, weltunabhängiges Bewusstsein setzenden Philosophie von René Descartes betonten die Pragmatisten die sozialen Grundlagen der Bewusstseinstätigkeit und die gesellschaftlichen Grundlagen der Zeichenentstehung und des menschlichen Zeichengebrauchs.

---

[11] Die Auseinandersetzung mit William James ist auch für die Weiterentwicklung der sozialphänomenologischen Position von Alfred Schütz bedeutsam (s. u. Kap. 4). Vgl. zu James Diaz-Bone und Schubert (1996).

> In the pragmatists' view, the Cartesian separation of mind and body would not do, for (...) they understood thought to be a tool that human beings use to cope with and adapt to the various environments they face. Thought is merely a phase of action that the human organism as a whole sets into motion, so the notion that mind and body are different substances is untenable. (Gross 2007, S. 188)

Es sind vor allem drei Überlegungen aus dem Pragmatismus, die für die *Chicago School der Soziologie* und den späteren *Symbolischen Interaktionismus* wichtig werden: das bereits kurz vorgestellte (Denk- und) Handlungsmodell, die Betonung der Bedeutung von Kommunikationsprozessen und Reflexionen auf den Prozess der wissenschaftlichen Erkenntnisbildung selbst. Diese Punkte sollen nun etwas detaillierter erläutert werden.

Das pragmatistische Denk- und Handlungsmodell

Kennzeichnend für das Denk- und Handlungsmodell des Pragmatismus ist die Betonung der engen Verflochtenheit von Denkprozessen (Wahrnehmung, Bewusstseinstätigkeiten) und Handeln, die Kontinuität kognitiver Prozesse parallel zu Wahrnehmungen und Handlungen.[12] Menschliches Handeln ist eine Abfolge von Versuchen oder Handlungsexperimenten und Problemlösungen, die, wenn sie sich bewähren, als Routinen übernommen werden, oder aber, wenn sie scheitern oder als nicht länger bewährt erscheinen, in einem kreativen Prozess durch andere Handlungen ersetzt werden. In diesem Sinne lässt sich das Handlungskriterium des Pragmatismus als dasjenige der „Nützlichkeit" verstehen. Keineswegs ist damit also eine philosophische Position verbunden, die als Utilitarismus bezeichnet wird und den Menschen als an eigenen Nutzenmaximierungen und rationalen Nützlichkeitserwägungen (Zweck-Mittel-Kalkulationen) orientiertes Wesen begreift. Eine solche philosophische Grundidee liegt ja der ökonomischen (und soziologischen) Handlungstheorie des Rational Choice zugrunde (vgl. Hill 2002). Letztere geht davon aus, dass Individuen sich für Handlungen entscheiden, indem sie bestimmten Vorlieben (Präferenzen) folgen und dabei versuchen, die damit verbundenen Kosten und Nutzen abzuwägen und ihren individuellen Nutzen zu maximieren. Aus pragmatistischer Sicht formuliert der Utilitarismus mit seinen Vorstellungen von Zielen, Zwecken, Motiven und Kalkülen, die dem Handeln vorausgehen und es anleiten, ein theoretisches Modell, dem das tatsächliche Handeln der Menschen nur

---

[12] Wichtige Schriften sind in diesem Zusammenhang John Deweys Aufsatz über das „reflex arc concept" aus dem Jahre 1896 sowie seine späteren Arbeiten über „Human Nature and Conduct. An Introduction to Social Psychology" [„Die menschliche Natur. Ihr Wesen und ihr Verhalten", Zürich 2003] aus dem Jahre 1922 und „Experience and Nature" (1925) sowie William James' Aufsatz „On a certain blindness in human beings", der bereits 1889 erschien.

in seltenen Grenzfällen entspricht. Deswegen wird die allgemeine Angemessenheit des utilitaristischen Handlungsmodells entschieden bestritten.

Der Pragmatismus wandte sich nicht nur gegen den Utilitarismus und dessen Handlungsmodell, sondern auch gegen eine andere, psychologische Richtung der Analyse menschlichen Verhaltens, die heute als *Behaviorismus* bekannt ist und beispielsweise mit dem Namen von John B. Watson (1878–1958) verbunden wird. Der Behaviorismus ging in seiner Untersuchung des menschlichen Verhaltens und Handelns davon aus, dass dieses ebenso wie das Verhalten von Tieren von außen als *Mechanismus oder Zusammenhang von Reiz und Reaktion* beschrieben werden könne. Dabei stehen nicht so sehr angeborene bzw. genetisch bedingte Reaktionen im Mittelpunkt als vielmehr der Erwerb von neuen Reaktionsmustern durch reiz-reaktionsbasiertes Lernen im Kontakt mit der Umwelt. In Laborversuchen mit Hunden hatte der russische Forscher und Nobelpreisträger Iwan P. Pawlow (1849–1936) gezeigt, dass sich Tiere über bestimmte Kopplungen von äußeren Reizen (beispielsweise dem Klingeln einer Glocke) mit Belohnungen (Futter) oder Bestrafungen (elektrische Schläge) zu bestimmten Verhaltensweisen (wie der Speichelabsonderung) bringen ließen, die schließlich als Reaktion auch dann auftraten, wenn auf die tatsächliche Belohnung bzw. Bestrafung verzichtet wurde. Ganz ähnlich wurde angenommen, dass auch menschliches Verhalten und Handeln im selben Modell als Zusammenhang von Reizen (Stimuli) und Reaktionen zu analysieren und zu verstehen sei. Ein eindrucksvolles Beispiel für den möglichen Einsatz dieser Theorie liefert der Film „Uhrwerk Orange" von Stanley Kubrick aus dem Jahre 1971, nach dem etwa zehn Jahre zuvor erschienenen gleichnamigen Roman von Anthony Burgess. Dort wird der „böse" Protagonist dadurch „gebessert", dass man ihn zwingt, Filme und Bilder exzessiver Gewalt anzusehen, wobei ihm gleichzeitig eine Substanz injiziert wird, die Übelkeit verursacht. Danach bekommt er nicht nur bei jeder Begegnung mit Gewaltszenen (Reiz) entsprechende Anfälle von Erbrechen u. a. (Reaktion). Sondern diese treffen ihn nunmehr auch bei seiner früheren Lieblingsmusik, den Symphonien Ludwig van Beethovens – ein kleiner, nicht beabsichtigter Nebeneffekt der Behandlung, in der die Gewaltszenen mit Musik unterlegt waren.

Während aus der Sicht des Pragmatismus der Utilitarismus dem Handeln gewissermaßen ein „Zuviel an Denken" als Voraussetzung zuspricht, ist es beim Behaviorismus gerade ein „Zuwenig an Denken" bzw. ein völliger Verzicht auf Annahmen über menschliche Denkprozesse, der von den pragmatistischen Philosophen kritisiert wird:

> Dewey bestreitet, daß wir uns Handlungen summativ zusammengesetzt aus den Phasen äußerer Reizung, innerer Reizverarbeitung und äußerer Reaktion vorstellen dürfen; er setzt diesem ‚Reflexbogenmodell' die Ganzheitlichkeit der Handlung entgegen: die Handlung konstituiert erst, welche Reize in ihrem Zusammenhang relevant sind. (Joas 1992b, S. 31)

2.2 Die führende US-amerikanische Soziologieschule ihrer Zeit

Genau zwischen den beiden Positionen des Utilitarismus und des Behaviorismus situieren die Pragmatisten also ihr eigenes Handlungskonzept, das von den Verwicklungen des Denkens und Handelns in den konkreten Situationen des Handlungsvollzuges und Problemlösens ausgeht. James und Dewey betonen die permanenten, gleichsam interaktiven Abstimmungsprozesse zwischen den Bewusstseinsleistungen und dem Handeln der Menschen. Äußere Reize erzeugen demnach nicht das Handeln, sondern wirken als Impulse zur permanenten Neujustierung ablaufender Handlungsprozesse. Schon James hatte insistiert, dass sowohl das Bewusstsein wie auch die sinnlichen Erfahrungen der Außenwelt als gleichzeitig existierende Prozesse verstanden werden müssen, die wesentlich an Formen des Problemlösens entlang prozessieren. Der Soziologe Anselm Strauss (1916–1996), der aus der Tradition des Symbolischen Interaktionismus stammt, hat viele Jahre später das Denk- und Handlungsmodell in seiner soziologischen Relevanz in folgenden Punkten zusammengefasst:

- Sowohl das Handeln wie auch die damit unmittelbar verbundenen Erfahrungen müssen als fortlaufende Prozesse verstanden werden.
- Handeln besteht überwiegend aus sozial eingebetteten Routinehandlungen bzw. Gewohnheiten („habits").
- Wenn Routinehandlungen in ihrem Ablauf gestört werden, kommt es durch die dabei auftretenden Reize zur Suche nach modifizierten Handlungsweisen.
- Solche Impulse bilden den Kern, um den herum die neuen Handlungsroutinen organisiert werden.
- Dies erfolgt dadurch, dass sie kognitive Prozesse in Gang setzen.
- In diesen Prozessen werden verschiedene Handlungsmöglichkeiten durchgespielt und ausprobiert. Dewey bezeichnet diesen kognitiven Prozess als „deliberation".
- Deliberation – das (innerliche oder äußere) Abwägen von Situationseinschätzungen und Handlungsmöglichkeiten – ist also die Suche nach einer passenden Handlungsweise. Das impliziert das Nachdenken möglicher Konsequenzen von Handlungen, die Abwägung von Alternativen, die Reflexion auf das eigene Selbstverständnis, die Erkundung neuer Regeln des Handelns usw. Dies gilt sowohl für die Ebene des individuellen Handelns wie für die verschiedenen Formen kollektiven Handelns (Strauss 1991a, S. 8 ff.).[13]

---

[13] Der an die Tradition des Pragmatismus anschließende deutsche Soziologe Hans Joas spricht von einer Theorie der „Kreativität des Handelns". Damit sind nicht die künstlerischen Ausdrucksformen gemeint, sondern jedes Handeln, das angesichts von Störungen der Routinen nach Alternativen sucht, enthält ein solches Moment der Kreativität (vgl. Joas 1992).

Am Beispiel der weiter oben erwähnten Situation der Chicagoer Migranten und Migrantinnen lässt sich die Relevanz dieses Handlungsmodells gut nachvollziehen. Denn nach der Auswanderung finden sie sich in einer komplizierten Großstadtsituation wieder, in denen die Routinen ihres vorherigen Lebens nur noch bedingt – wenn überhaupt – weiterhelfen. Sie sind gezwungen, ihr Leben neu zu erfinden.

(Wissenschaftliche) Erkenntnisbildung

Nicht nur im Alltagsleben, auch in den Wissenschaften entstehen ganz analog Neuerungen des Denkens aus der Konfrontation mit Problemen. Die Pragmatisten wenden sich damit gegen eine wissenschaftliche Erkenntnistheorie, die von einer absoluten Gegenüberstellung von Geist (Bewusstsein) und Welt ausgeht und bspw. von René Descartes vertreten worden war. Letzterer hatte versucht, einen festen, stabilen Ausgangspunkt für das Denken und die Erkenntnis der Welt zu finden. Man könne, so Descartes, an allem zweifeln – an der Existenz der anderen Menschen, an derjenigen der äußeren Welt – aber nicht daran, dass man selbst es sei, der denke (vgl. Prechtl 2000).[14] Das sei der feste Ausgangspunkt, von dem aus dann Schritt für Schritt die Erkenntnis all dessen, was außerhalb des „ich denke" existiert, wieder eingeführt und begründet werden muss. In der Philosophiegeschichte gibt es eine lange Diskussion darüber, ob dieser Vorschlag tatsächlich überzeugen kann, und von den meisten späteren Positionen aus wird er kritisiert, weil Descartes nicht wirklich begründen kann, wie von der Ausgangsposition aus eine sichere Erkenntnis der Welt zu gewinnen sei, wie also vermieden werden kann, dass das denkende Ich sich über die Existenz der Welt täuscht. Auch die Pragmatisten kritisieren den Ansatz von Descartes. Sie werfen ihm insbesondere die Künstlichkeit der Ausgangssituation vor und setzten dagegen ein Denken, das im Hier und Jetzt, in konkreten Situationen verankert ist und ebenso konkrete Handlungen zu bewältigen hat:

> Die Pragmatisten argumentierten, dass der Geist, das Bewusstsein, das Denken etc. ohne das Handeln überhaupt nicht gedacht werden könnten. Oder anders formuliert: Denken entsteht erst in problematischen Handlungssituationen, Denken und Handeln sind unmittelbar aufeinander bezogen. (Joas und Knöbl 2004, S. 188)

Damit wird das Handeln in der Welt, die Frage danach, ob es erfolgreich ist, sich bewährt oder misslingt, d. h. ein „praktischer Problembezug" zum Ausgangspunkt

---

[14] Mit solchen Themen spielt bspw. die filmische Science-Fiction-Trilogie „Matrix" der Gebrüder Wachowski, deren erster Teil 1999 in den Kinos startete. Dort erfährt eingangs die männliche Hauptfigur „Neo", dass ihr bis dahin als normal und „real" unterstelltes Leben nur ein Traum ist, der ihr von Maschinen eingeflößt wird, für die sein Körper als Batterie dient. Vgl. auch Peirce (2004) und Dewey (2004).

des Erkennens. Hier ist also der Zweifel in der konkreten Situation des Handelns verankert, die Störung der Routinen wird zum Einfallstor der Suche nach Neuem, nicht ein gedanklich-abstrakt vorgestelltes Gegenüber von Mensch und Welt. Dies gilt für den wissenschaftlichen Erkenntnisprozess ebenso wie für die Erkenntnisbildung im Alltagsleben. So schreibt John Dewey in einer Zusammenfassung seiner Theorie des Denkens:

> „Das Denken nimmt seinen Ausgang von einer Stelle, die man ganz gut eine *Straßenkreuzung* nennen kann, von einer Situation, die mehrdeutig ist, die Alternativen enthält, ein Dilemma darstellt. Solange unsere Gedanken ungehindert von einem Ding zum anderen gleiten, solange wir unserer Vorstellung gestatten, nach Belieben Phantasien nachzuhängen, ist kein Zwang zur Reflexion vorhanden. Schwierigkeiten und Hindernisse auf dem Weg, etwas für wahr zu halten, veranlassen uns anzuhalten. Im bangen Zweifel der Unsicherheit erklettern wir – um ein Gleichnis zu verwenden – einen Baum. Wir versuchen einen Standort zu finden, von dem aus weitere Tatsachen überblickt werden können, der uns eine größere Übersicht über die Situation ermöglicht und es gestattet, die Beziehungen der Tatsachen untereinander zu beurteilen. *Der Wunsch, dem Zustand der Beunruhigung ein Ende zu bereiten, leitet den gesamten Reflexionsprozess.* Wo kein Problem zu lösen, keine Schwierigkeit zu überwinden ist, fließt der Strom unserer Gedanken planlos. (…) Sobald aber eine Frage zu beantworten, eine Unklarheit zu beseitigen ist, wird dem Denken ein Ziel gesetzt und der Strom der Ideen in bestimmte Kanäle geleitet. Jeder mögliche Schluss wird vor Annahme im Hinblick auf dieses regulierende Ziel betrachtet, und es wird geprüft, wieweit er mit dem Problem im Einklang steht. Dieses Verlangen, eine Beunruhigung zu beseitigen, beeinflusst auch die Art der Fragestellung. Ein Wanderer, der nach einem schönen Pfad Ausschau hält, wird andere Betrachtungen anstellen und seine Gedanken nach anderen Gesichtspunkten prüfen als der Mann, der nach einer bestimmten Stadt gelangen will. *Das Problem setzt den Gedanken ein Ziel, und das Ziel regelt den Denkprozess.*" Und wenig später heißt es knapp: „Das Denken nimmt seinen Ausgang von einer Beunruhigung, einem Staunen, einem Zweifel. (…) Es muss ein ganz bestimmter Anlass vorhanden sein, um es auszulösen." (Dewey 2002, S. 14 f. [1910])

Charles S. Peirce formuliert mit seinem Konzept der „Abduktion", der geistesblitzartigen Erschließung des Neuen, eine Theorie der Kreativität wissenschaftlicher Erkenntnisprozesse, die diesen Gedankengang im Feld der wissenschaftlichen Erkenntnisbildung verankert (vgl. Reichertz 2002). Im Unterschied zur „Deduktion", bei der konkrete Beobachtungen aus dem Wissen über allgemeine Gesetze erklärt werden, und zur „Induktion", bei der eine Beziehung zwischen einem konkreten Phänomen und einem bekannten „Gesetz" hergestellt wird, ist mit der „Abduktion" ein Schlussverfahren bezeichnet, in dem eine „neue" Deutungshypothese für ein Phänomen formuliert wird. Die Pragmatisten argumentierten gleichzeitig gegen einen objektiven Wahrheitsbegriff und damit gegen die Möglichkeit des Erkennens von absoluten Wahrheiten über weltliche Phänomene. „Wahrheit" ist immer eingebunden in selektive menschliche Perspektiven auf die Welt; wahr ist das, was funktioniert, und zwar sowohl auf der Ebene des individuellen Denkens und Handelns wie auch beim kollektiven „Denken" und Handeln.

Das Primat des Sozialen – die Bedeutung der Kommunikation
Es ist deswegen kein Zufall, dass die Pragmatisten – insbesondere Dewey (1996 [1927]) – die Bedeutung der gesellschaftlichen Öffentlichkeit, der Debatten und kollektiven Kommunikationsprozesse betonten, die kollektive Erfahrungen mit nicht vorhergesehenen Handlungsfolgen, die dadurch ausgelösten Irritationen und anschließende gemeinsame Suchprozesse nach Problemlösungen begleiten: *Gesellschaft existiert durch und in Kommunikation.* Vor allem Georg Herbert Mead hatte sich damit beschäftigt, wie sich in der Menschheitsgeschichte in Interaktionsprozessen Symbolsysteme herausbilden und wie in der frühen kindlichen Sozialisation die Fähigkeit zum Symbolgebrauch in Interaktionsprozessen erworben wird (s. u. Kap. 3.1). Auch das menschliche Denken, die Bewusstseinstätigkeit, setzt diese Fähigkeit zum Symbolgebrauch voraus; deswegen lässt sich vom sozialen Ursprung des individuellen Bewusstseins sprechen. Wegen der unhintergehbaren Einbindung des Denkens in soziale Prozesse sind das Machen von Erfahrungen und der Erwerb von Wissen immer *soziale* und keineswegs (ausschließlich) individuelle Vorgänge. Die Kompetenz der Symbolnutzung liegt dann wiederum den in sozialen Gruppen verankerten gesellschaftlichen Zeichensystemen zugrunde, deren Bedeutung und Nutzung Charles S. Peirce untersucht hatte. Das Selbstbewusstsein und die Verschiedenheit der Gesellschaftsmitglieder sind Bedingungen gelingender Kommunikation, denn sonst wäre sie nicht notwendig. „Kommunikation" ist also das, was Verbindungen stiftet, woraus die Gemeinsamkeit der Institutionen und Denkgebilde einer Gesellschaft hervorgeht. Für Park/Burgess liefert Dewey so die Erklärung für die Entstehung der „kollektiven Repräsentationen", von denen Emile Durkheim sprach:

> Not only does communication involve the creation, out of experiences that are individual and private, of an experience that is common and public but such a commen experience becomes the basis for a common and public existence in which every individual, to greater or lesser extent, participates and is himself a part. (…) The characteristic product of a group of individuals, in their efforts to communicate is, on the other hand, something objective and understood, that is, a gesture, a sign, a symbol, a word, or a concept in which an experience or purpose that was private becomes public. This gesture, sign, symbol, concept or representation in which a common object is not merely indicated, but in a sense created, Durkheim calls a ‚collective representation'. Dewey's description of what takes place in communication may be taken as a description of the process by which these collective representations come into existence. (Park und Burgess 1924, S. 37 f.)

2.2 Die führende US-amerikanische Soziologieschule ihrer Zeit

Soziale Gruppen bilden ein gemeinsames, keineswegs widerspruchsfreies Kommunikations- und Bedeutungsgefüge aus, ein *universe of discourse*, das sich in ständigem Fließgleichgewicht befindet. Dieses „Diskursuniversum" ist die Grundlage dafür, dass die Handlungs- und Erfahrungsprozesse verschiedener Individuen innerhalb einer sozialen Gruppe überhaupt aufeinander bezogen, gegeneinander abgewogen, miteinander abgestimmt werden können. Doch es gibt jeweils nicht nur ein, sondern mehrere, mehr oder weniger stark konfligierende bzw. konkurrierende oder einfach nebeneinander existierende solche Diskursuniversen – je nach Komplexität der jeweiligen Gesellschaftsstrukturen. Kommunikation kann deswegen sowohl Verbindungen stiften wie auch Trennlinien errichten: „The expression „different universes of discourse" indicates how communication separates as well as unites persons and groups." (Park und Burgess 1924, S. 423). Nicht nur die Denkweisen, auch die Handlungsroutinen sind aufgrund der engen, unauflösbaren Verflechtung von Denken und Handeln in diesem Sinne sozialer Natur. Was für das individuelle Handeln gilt, lässt sich auch für das kollektive Handeln festhalten. Hier sind es öffentliche Kommunikationsprozesse, die analog zu den individuellen Bewusstseinstätigkeiten gedacht werden und in denen sich die experimentierend-tastende Suche nach Problemlösungen vollzieht, bis hin zur „Bildung von Staaten" als „experimenteller Prozeß" zur Lösung von Handlungsproblemen, der ebenfalls immer wieder neu gestartet werden muss (Dewey 1996, S. 42 [1927]):

> Menschliches „Handeln stößt auf Probleme und führt zu unintendierten oder unantizipierten Konsequenzen, welche von dem handelnden Kollektiv reflexiv verarbeitet werden müssen. Im Rahmen gemeinschaftlicher Standards werden Handlungsfolgen von spezifisch vorgesehenen Institutionen, aber auch von allen betroffenen Individuen und Kollektiven wahrgenommen, interpretiert, bewertet und in der Vorbereitung künftiger Handlungen berücksichtigt. In diesem Prozeß der Folgeninterpretation und -bewertung spielt die Kommunikation zwischen allen Betroffenen eine wesentliche Rolle." (Joas 1992b, S. 35)

Auf die Bedeutung der Kommunikation und auf den Begriff des Diskursuniversums wird weiter unten in Kap. 3.1 zurückzukommen sein. Zunächst soll nun vorgestellt werden, wie das Denk- und Handlungsmodell des Pragmatismus in die Soziologie übersetzt wurde.

2.2.3 Das Schlüssel-Theorem: Die „Definition der Situation"

> Jede konkrete Handlung ist die Lösung einer Situation.
> (William I. Thomas und Florian Znaniecki)

Welche Entsprechung findet das pragmatistische Handlungsmodell in den soziologischen Positionen der Chicago School? Nun, es erscheint hier in Gestalt der Betonung von Interpretationsprozessen und Bedeutungszuschreibungen durch die menschlichen Handelnden. Solche Prozesse haben eine soziale, d. h. intersubjektive Grundlage. Hinzu kommt die Annahme, dass menschliches Handeln immer eine routinierte oder kreative Form der Auseinandersetzung mit einer Situation darstellt – also einer „Problembewältigung" in einem sehr grundsätzlichen Sinne. Alle Aspekte zusammengenommen ergeben ein Schlüsselkonzept – die *„Definition der Situation"*. Damit prägte der US-amerikanische Soziologe William I. Thomas (1863–1947) zusammen mit seiner Frau und Kollegin Dorothy S. Thomas (1899–1977), die später wie zuvor William Thomas ebenfalls Präsidentin der American Sociological Association werden sollte, und seinem Kollegen Florian Znaniecki (1882–1958) einen Lehrsatz, der bis heute eine zentrale Rolle im *Interpretativen Paradigma* und weit darüber hinaus spielt. Die eng mit den Arbeiten von Florian Znaniecki verflochtene Position von William Thomas soll nun näher erläutert werden.[15] Gesellschaften lassen sich – so Thomas und Znaniecki – als Wechselbeziehungen, Wechselwirkungen oder wechselseitige Abhängigkeiten zwischen der sozialen und kulturellen Ebene, d. h. den soziokulturellen Bedeutungen – die als „soziale Werte" bezeichnet werden –, und der Ebene des individuellen Handelns, das durch „Einstellungen" motiviert sei, begreifen:

> Unter einem sozialen Wert verstehen wir jede Gegebenheit mit einem empirischen, den Mitgliedern einer sozialen Gruppe zugänglichen Inhalt und mit einer Bedeutung, hinsichtlich deren diese Gegebenheit ein Objekt der Handlung sein kann. So sind z. B. ein Nahrungsmittel, ein Instrument, eine Münze, ein Gedicht, eine Universität, ein Mythos, eine wissenschaftliche Theorie soziale Werte. Sie alle haben einen Inhalt; im Falle des Nahrungsmittels, des Instruments und der Münze ist er körperlich; im Falle des Gedichtes ist er z. T. körperlich, z. T. vorgestellt, weil das Gedicht nicht nur aus den geschriebenen oder gesprochenen Worten besteht, sondern auch aus den gedanklichen Vorstellungen, die es erweckt; im Falle der Universität besteht der Inhalt aus einem ganzen Komplex von Menschen, Gebäuden, materiellem Zubehör und Gedankenvorstellungen, die ihre Tätigkeit darstellen; im Falle einer mythischen Persönlichkeit oder einer wissenschaftlichen Theorie ist schließlich der Inhalt rein imaginär. Die Bedeutung dieser Werte wird klar, wenn wir sie im Zusammenhang mit den menschlichen Handlungen sehen. Die Bedeutung des Nahrungsmittels besteht letztlich in dem Verzehr; die des Instruments in der Arbeit, für die es geschaffen wurde, (…) der soziale Wert ist also etwas ganz anderes als der natürliche Gegenstand (…). Unter

---

[15] Ich gehe nur auf die bleibenden Beiträge von Thomas zur Soziologie ein; die nachfolgenden Erläuterungen beziehen sich häufig auf den gemeinsam mit Florian Znaniecki verfassten Einführungstext in die Studie über die „polnischen Bauern" (s. u.). Zu anderen Bausteinen seines Ansatzes – bspw. das auf Motivtypisierungen bezogene Konzept der „vier Wünsche" – vgl. insgesamt Thomas (1965). Zu Znaniecki vgl. die Hinweise weiter unten in Kap. 2.2.4.

2.2 Die führende US-amerikanische Soziologieschule ihrer Zeit

einer Einstellung verstehen wir einen Vorgang des individuellen Bewußtseins, der eine reale oder mögliche Behandlung des einzelnen in der sozialen Welt bestimmt: Der Hunger, der den Verzehr des Nahrungsmittels erzwingt; der Wille des Arbeiters zur Verwendung des Werkzeugs; die Neigung des Verschwenders zum Ausgeben der Münze (…). (Thomas und Znaniecki 2004, S. 256 f. [1918])

Thomas geht davon aus, dass Menschen immer in „Situationen" handeln und dass dieses Handeln ganz im Sinne des Pragmatismus als ein situationsbezogenes „Problemlösen" verstanden werden kann. Damit ist nicht gemeint, dass es in einer konkreten Situation besondere Probleme geben muss, also etwa unvorhergesehene Pannen oder Missverständnisse. Die Rede von „Problemlösung" bezeichnet hier sehr viel grundlegender jeden aktiven menschlichen Eingriff in eine Situation (und damit natürlich auch ein Unterlassen). Auch der Fahrkartenkauf im Bus ist ein solches Problemlösen, die Zubereitung von Kaffee für den Verwandtschaftsbesuch oder der Besuch einer Vorlesung, um sich ein bestimmtes Stoffgebiet anzueignen (oder den heimlichen Schwarm endlich kennenzulernen). Solche Situationen können in dreierlei Hinsicht soziologisch beschrieben werden (vgl. dazu das nachfolgende Zitat weiter unten):

- einmal in Bezug auf die „Werte", d. h. die objektiven Faktoren und Bedingungen der Situation, wie beispielsweise der räumliche Kontext oder die Zahl der Anwesenden;
- dann im Hinblick auf die Motive oder „Einstellungen" der Beteiligten, die das Geschehen vorantreiben. Doch beide Momente wirken nicht als gleichsam unabhängige Größen in der Situation – das Handeln der sozialen Akteure kann vielmehr nur dann verstanden werden, wenn
- drittens ihrer subjektiven Wahrnehmung dieser Faktoren, d. h. ihrer *Definition der Situation* Rechnung getragen wird.[16]

Die Soziologie muss sich also darum bemühen, zu verstehen, wie sich die Wirklichkeit einer Situation aus der Sicht des oder der Handelnden darstellt. Nur dann kann sie erklären, was vor sich geht, nur dann kann sie verstehen, warum die Handelnden so und nicht anders handeln. Eine solche Forderung geht über Max Webers Formulierung der Aufgabe einer sinnverstehenden Soziologie hinaus, die nach dem „subjektiven Sinn" fragt, den Handelnde mit ihrem Tun verbinden. Das Theorem der „Definition der Situation" schließt dieses Moment zwar durchaus ein,

---

[16] Thomas und Znaniecki formulieren damit eine klassische Ausgangsposition der empirischen Wissenssoziologie und der qualitativen Sozialforschung (vgl. Hitzler 1999; Christmann 2007, S. 27).

ergänzt es jedoch um die gesamte Deutungs- und Objektrahmung, die eine konkrete Handlungssituation konstituieren. Thomas richtet sein damit verbundenes Forschungsinteresse naheliegenderweise auf die einleitend angesprochene Dynamik des Chicagoer Großstadtdschungels, die zum Hauptgegenstand der Chicagoer Soziologie werden sollte. Um zu wissen, wie sich das Leben in Chicago aus Sicht der europäischen Migranten, der Schwarzen, der Kriminellen, der Prostituierten, der Armen, der Reichen usw. darstellt, darf die Soziologie sich nicht an den Erklärungen und Moralmaßstäben der Sozialreformer und Stadtoberen orientieren, sondern ist gezwungen, sich in die Niederungen des konkreten, des tatsächlichen Lebens zu begeben und dort ihre „Ermittlungen" durchzuführen, um in Erfahrung zu bringen, wie die Handelnden selbst ihre Handlungsbedingungen und -möglichkeiten wahrnehmen. Für individuelles und kollektives Handeln gilt demnach:

> Die Situation ist der Bestand von Werten und Einstellungen, mit denen sich der Einzelne oder die Gruppe in einem Handlungsvorgang beschäftigen muß und die den Bezug für die Planung dieser Handlung und die Bewertung ihrer Ergebnisse darstellt. Jede konkrete Handlung ist die Lösung einer Situation. Die Situation beinhaltet drei Arten von Daten: 1) Die objektiven Bedingungen, unter denen ein einzelner oder eine Gesellschaft zu handeln hat, d. h. die Gesamtheit der Werte (…). 2) Die bereits bestehenden Einstellungen des einzelnen oder der Gruppe, die im gegebenen Augenblick sein Verhalten tatsächlich beeinflussen. 3) Die ‚Definition der Situation', d. h. die mehr oder weniger klare Vorstellung von den Bedingungen und das Bewußtsein der Einstellungen. Die Situationsdefinition ist eine notwendige Voraussetzung für jeden Willensakt, denn unter gegebenen Bedingungen und mit einer gegebenen Kombination von Einstellungen wird eine unbegrenzte Vielzahl von Handlungen möglich und eine bestimmte Handlung kann nur dann auftreten, wenn diese Bedingungen in einer bestimmten Weise ausgewählt, interpretiert und kombiniert werden und wenn eine gewisse Systematisierung dieser Einstellungen erreicht wird und die anderen überragt. (Thomas und Znaniecki 2004, S. 263 f. [1918])

Neben der erstmaligen Formulierung des Konzepts der „Definition der Situation" kommt in diesem Zitat auch das pragmatistische Grundverständnis des Handelns zum Ausdruck, das Handeln als „Problemlösen" (die „Lösung einer Situation") begreift. Die Auswahl von Handlungen bedarf einer begleitenden Interpretation, welche die Komplexität des Geschehens auf eine handhabbare Größe reduziert. Im weiter oben erwähnten Beispiel des Spaziergängers, der auf das Problem „breiter Wildbach" trifft, muss ja nicht die „ganze Welt" neu gedeutet werden. Die Suche nach geeigneten Mitteln zur Bachüberquerung hat nur dann Chancen auf Erfolg, wenn bestimmte Vorstellungen, Suchkriterien und Deutungen bereits vorliegen und zum Einsatz kommen – nicht zuletzt die Vorstellung, dass man durch einen Bach nicht einfach hindurchgeht. In diesem Sinne verfügt auch der Spaziergänger über eine „Definition der Situation", die den Zusammenhang von „Problem" und

2.2 Die führende US-amerikanische Soziologieschule ihrer Zeit

„Lösungsmöglichkeiten" konstituiert. Thomas hat die Idee der Situationsdefinition an mehreren Stellen formuliert. In einem der berühmtesten Zitate der Soziologiegeschichte – dem nach Autorin und Autor sogenannten „Thomas-Theorem" – kommt sie besonders prägnant zum Ausdruck. So schreiben *Dorothy* und *William Thomas* in ihrer 1928 veröffentlichten Studie über „The Child in America":

> Ein Dokument, das von jemandem stammt, der einen Minderwertigkeitskomplex besitzt oder an einem Verfolgungswahn leidet, ist denkbar weit von der objektiven Wirklichkeit entfernt, aber das Bild, das sich der Betreffende von der Situation macht, ist zweifellos ein sehr wichtiger Faktor für die Interpretation. Denn sein unmittelbares Verhalten hängt eng mit seiner Situationsdefinition zusammen, die entweder der objektiven Wirklichkeit oder seiner subjektiven Vorstellung entsprechen kann. Häufig verursacht gerade die große Diskrepanz zwischen der Situation, wie sie anderen erscheint, und der Situation, wie sie dem betreffenden einzelnen erscheint, die nach außen sichtbare Verhaltensschwierigkeit. So weigerte sich z. B. ein Gefängnisaufseher, die Anordnung eines Gerichts zu befolgen, nach welcher ein Gefängnisinsasse zu einem bestimmten Zweck nach außerhalb der Gefängnismauern zu schicken war. Er entschuldigte sich damit, daß der Mann zu gefährlich sei. Er hatte mehrere Menschen getötet, welche die unglückliche Angewohnheit hatten, auf der Straße mit sich selbst zu reden. Aus ihrer Lippenbewegung schloß der Mörder, daß sie ihn beschimpften und er benahm sich so, als ob dies wahr wäre. *Wenn die Menschen Situationen als real definieren, so sind auch ihre Folgen real.* (Thomas und Thomas, The Child in America, 1928, zit. nach Thomas 1965, S. 113 f.; Hervorh. des Thomas-Theorems durch R.K.)

Man darf das von Thomas/Thomas hier vorgestellte Beispiel nicht dahingehend missverstehen, dass es sich nur um Ausnahmen oder psychische Störungen handele, bei denen die „Definition der Situation" Probleme schaffe und wichtig werde. Vielmehr gilt der beschriebene Zusammenhang von Situationsdefinition und anschließenden Handlungen bzw. Folgen für alle menschlichen Handlungssituationen: Die Definition einer Situation, wie falsch oder irreführend sie in den Augen anderer auch scheinen mag, liegt den Aktionsweisen der darin Handelnden und damit auch den beobachtbaren „realen Folgen" dieser Situation zugrunde. Erinnern wir uns an die im vorangehenden Kapitel beschriebene „Feuer-Situation": Wenn sie von der um Feuer gebetenen Person als Flirtsituation definiert wird, so wird diese Person in der ein oder anderen Weise vielleicht versuchen, den Flirt aufzugreifen und weiterzuführen, oder aber ihn brüsk zurückweisen. In beiden Fällen hat also die Situationsdefinition reale Folgen, selbst dann, wenn es „ursprünglich" tatsächlich nur um die einfache Frage eben nach „Feuer für eine Zigarette" ging.

Situationsdefinitionen sind keineswegs Ausdruck einer im strengen Sinne subjektiven Vorstellung oder Bedeutungszuweisung. Thomas nimmt vielmehr an, dass jede Kultur den handelnden Individuen sozial verfestigte und damit mehr oder weniger stark vorgegebene Situationsdefinitionen zur Verfügung stellt, etwa in Gestalt von Verhaltensrichtlinien, Vorschriften, Traditionen oder „standardisierten Sozialbeziehungen" (Volkart 1965, S. 21). Situationsdefinitionen haben also, ganz ähnlich wie die Kollektivvorstellungen im soziologischen Denken von Emile Durkheim, eine Existenz sui generis, d. h. aus eigenem Recht: Sie entstehen aus sozialen Prozessen der Institutionalisierung und treten dem Einzelnen in seinem Handeln als äußerliche, soziale Muster mit Ansprüchen an angemessenes Verhalten gegenüber.[17] Gleichzeitig gesteht Thomas den Handelnden durchaus Möglichkeiten der Beeinflussung oder Modifikation von Situationsdefinitionen zu. In besonderen sozialen Positionen – beispielsweise bei Richtern, die prüfen, ob ein Verdächtiger eine Tat begangen hat, bei Wissenschaftlern, die nach den gesellschaftlichen Ursachen von schlechten Schulnoten fragen, oder bei Propheten, die bestimmte religiöse Erfahrungen deuten – können solche Möglichkeiten Einzelner weitaus stärker zum Tragen kommen als im gewöhnlichen Fluss des Alltagslebens. Die maßgeblichen Akteure in der Genese von Situationsdefinitionen sind hier soziale Gruppen mit unterschiedlichster Ausdehnung und Einbindung in umfassendere soziale Prozesse. Eine besondere Bedeutung für die Vermittlung von Situationsdefinitionen kommt gleichwohl spezifischen „Agenten der Gesellschaft" im Alltagsleben zu. Thomas schreibt:

> Dieses Definieren der Situation wird von den Eltern begonnen, indem sie befehlen, verbieten und lehren, es wird von der Gemeinschaft mit Lob und Tadel fortgeführt und wird formal repräsentiert durch die Schule, das Gesetz, die Kirche. (Thomas 1965, S. 298 [1917])

Thomas' soziologisches Forschungsinteresse richtete sich auf den Zusammenhang von sozialen Verhaltensregeln, den Institutionen bzw. der sozialen Organisation einer Gruppe und dem tatsächlichen Handeln sowie den Situationsdefinitionen der Gruppenmitglieder. Spezifischer analysierte er – und das kommt in seinen Studien deutlich zum Ausdruck – Konstellationen, in denen die individuell vorgenommenen Situationsdefinitionen von den kollektiven und „öffentlichen" Gruppenvorgaben oder -erwartungen abweichen, etwa die Frage, warum aus gesetzestreuen und anpassungswilligen jungen polnischen Männern Kriminelle wurden. Die Ursachen solcher Abweichungen sind vielfältig. Sie können beispielsweise, wie bei den polnischen Bauern, in sozialen Transformationserfahrungen, in der Empfindung von sozialer Desorganisation, im Aufeinandertreffen unterschiedlichster sozialer Gruppen oder allgemeiner in sozialen Krisenlagen begründet liegen, die die ge-

---

[17] Thomas nimmt Überlegungen der späteren Wissenssoziologie von Peter L. Berger und Thomas Luckman (s. u. Kap. 4) vorweg (vgl. auch Hitzler 1999).

2.2 Die führende US-amerikanische Soziologieschule ihrer Zeit

samte Gruppe zu Modifikationen oder Anpassungen ihrer Situationsdefinitionen an veränderte Umstände zwingt. Eine weitere Möglichkeit, die Thomas am Beispiel des „schlecht angepassten Mädchens", einer 1923 erschienenen Untersuchung über „unkonventionelles weibliches Sexualverhalten" und Prostitution erläutert, ist das Aufeinandertreffen unterschiedlicher Moralvorstellungen und damit verbundener unklarer Handlungsorientierungen. Das Thema dieser und anderer Studien ist deutlich von Emile Durkheims Ideen über „Werteklarheit" oder „-verbindlichkeit" bzw. deren Fehlen, die Anomie beeinflusst. Thomas identifiziert unterschiedliche Situationsdefinitionen und Reaktionen auf die Problemlagen („Verzweiflung, Revolte, ungewöhnlich wildes Verhalten"), die auch als Vorläufer der Ende der 1930er Jahre von Robert K. Merton entwickelten *Anomietheorie des Abweichenden Verhaltens* gelesen werden können (vgl. Lamnek 2007). Chicago bot dafür einen paradigmatischen Nährboden:[18]

> Die moderne Revolte und Unruhe beruht auf dem Gegensatz zwischen der geringen Wunscherfüllung des einzelnen und der Fülle – oder scheinbaren Fülle – des Lebens um ihn herum. Alle Stufen des Lebensalters werden von dem Gefühl erfaßt, daß ihnen viel, allzu viel vom Leben entgeht. Diese Unruhe wird am tiefsten von denjenigen empfunden, die bisher von der allgemeinen Teilnahme am Leben am meisten ausgeschlossen waren: von der reifen Frau und dem jungen Mädchen. Manchmal drückt sich dies in Verzweifelung und Niedergeschlagenheit aus, manchmal aber in der Durchbrechung aller Grenzen. In dieser Hinsicht stellen die Einwanderer eine besondere Klasse dar. In ihrer Hast, sich dem neuen System anzupassen, werfen sie oft das alte völlig über Bord. (Thomas 1965, S. 316 [1923])

> Die Situationsdefinition gleicht einer Bestimmung des Unbestimmten. (…) Ob die Ehe unauflöslich ist, ob ein außereheliches Geschlechtsleben gestattet ist, ob bereits Kinder über Geschlechtsdinge aufgeklärt werden sollten, ob die Kinderzahl begrenzt werden darf – alle diese Fragen sind unbestimmt geworden. Es gibt konkurrierende Situationsdefinitionen, von denen keine bindend ist.
> Auch in die ehelichen Beziehungen ist ein Element der Individualisierung eingedrungen. Verheiratete Frauen ergreifen jetzt ungehindert und aus eigenem Antrieb Berufe und verfolgen Amateurinteressen, die früher als unvereinbar mit der Ehe galten. Und das ist offenbar gut und stabilisiert die Ehe. Die Ehe allein ist kein Leben, insbesondere seit die Gemeinschaft als Organisationsform verschwindet. Der Schrei der Verzweiflung in Dokument Nr. 37 kommt von einer Frau, die ihr Leben auf die Ehe

---

[18] Die im nachfolgenden Zitat angegebenen Dokumentnummern beziehen sich auf im Originaltext zitierte Aussagen von Frauen über ihr (Liebes-)Leben. Allgemein konzipierte Thomas seine Untersuchung über die „unangepaßten Mädchen" als Studie zur „Individualisierung" des Verhaltens; er nimmt gerade im Bereich der Geschlechterbeziehungen einige Thesen der heutigen Individualisierungsdiskussion vorweg (vgl. Beck und Beck-Gernsheim 1994; Poferl 2008).

beschränkt – wahrscheinlich aus eigenen Antrieb – und jetzt anscheinend zu alt ist, um andere Interessen zu haben. Dagegen finden wir in Dokument Nr. 49 eine Definition der Ehe als Mittel zur Erfüllung persönlicher Wünsche und zur Vermeidung von Pflichten." (Ebd., S. 324 f. [1923])

Auf der Seite der Individuen sorgen schon die Zufälligkeiten und Kontextbedingungen individueller biografischer Verläufe dafür, dass mehr oder weniger unterschiedliche Kompetenzen und Muster für Situationsdefinitionen erworben werden. Im Rahmen von sozialen Beziehungen erscheint es so geradezu als Normalfall, dass divergierende und mitunter konkurrierende Situationsdefinitionen aufeinander treffen. Kulturen sind im Verständnis von Thomas keineswegs vollständig reglementierte, konfliktfreie und starre Vorräte an solchen Schemata. Sie zeichnen sich vielmehr durch eine hohe interne Heterogenität, Konflikthaftigkeit und auch Flexibilität der Situationsauslegungen aus. Eine wichtige Aufgabe der Soziologie besteht dann im Herausarbeiten der unterschiedlichen Standpunkte oder Situationsdefinitionen, die in konkreten sozialen Situationen aufeinander treffen. Solche Definitionen können aus der Situation bzw. aus Aufzeichnungen und Materialien herausgearbeitet werden, welche von den Handelnden selbst erzeugt wurden (wie Tagebücher, persönliche Briefe oder Briefe an Zeitungen). Sie können auch durch Gespräche von Wissenschaftlerinnen und Wissenschaftlern mit den Beteiligten einer Situation ermittelt werden. Die Ergebnisse solcher „Ermittlungen" sind ihrerseits wieder Bestandteile der wissenschaftlichen Situationsdefinition – auch die Forscherinnen und Forscher sind ja von Definitionsprozessen nicht ausgenommen. Wenn schon für den Normalfall komplexer Gesellschaften von einer großen Heterogenität und „Unübersichtlichkeit" der Situationsdefinitionen auszugehen ist, so gilt dies umso mehr für Gesellschaften, die sich beispielsweise durch Migrationsprozesse in schnellen Phasen des Wandels befinden. So beschreibt Thomas bereits in der damaligen Situation eine Dynamik der Individualisierung, die zu zahlreichen moralischen Verurteilungen – beispielsweise der gelebten Sexualität der „nichtangepassten jungen Mädchen" – und gesellschaftlichen Konflikten führte, letztlich ihren Ort aber in der Vervielfältigung und zunehmenden „Unverbindlichkeit" der verfügbaren Situationsdefinitionen hatte.

Vor dem Hintergrund der enormen Wandlungsdynamik, wie sie exemplarisch in Chicago zum Ausdruck kam, benennt Thomas schließlich als Forschungsprogramm der Soziologie das Studium von „Anpassungsprozessen", also von Neuausrichtungen des individuellen und/oder kollektiven Handelns angesichts neuartiger Handlungsprobleme:

1) Die Kultursituation, an welche sich der einzelne anpassen soll (Kulturstudien).
2) Die Mittel und Methoden der Anpassung des einzelnen an die Kultursituation (soziale Organisation und Bildung). 3) Die Fähigkeit und Gelegenheit des einzelnen

zur Anpassung (anlagebedingte Faktoren, Reize, soziale Position). 4) Die mangelnde Anpassung; für den einzelnen heißt das: Abhängigkeit, Vagabundentum, Verbrechen, Alkoholismus, Rauschgiftsucht, Psychoneurose usw.; für die Gruppe bedeutet es: Niedergang, Unterordnung, Vernichtung. 5) Wandlungen der Kultursituation (z. B. innere Bevölkerungsmobilität, Verstädterung, Wanderung, Invasion, Kolonisierung, die Verbreitung kultureller Wesenszüge, Rassenvorurteil, technischer Fortschritt, Berufswechsel, Veränderungen der Einstellungen und Werte usw.), die von dem einzelnen eine ständige Neuanpassung verlangen und eine Neuordnung der Kultur und des Lernens erfordern, wobei Fragen der Teilnahme von einzelnen und Gruppen an der Förderung und Beeinflussung des Kulturwandels auftauchen. (Thomas 1965, S. 137 f. [1937])

Dieses Programm richtet sich zum damaligen Zeitpunkt sehr deutlich gegen die Vertreter des erwähnten Behaviorismus, die menschliches Verhalten als Reiz-Reaktions-Prozess analysierten. Zwar bestreitet Thomas keineswegs die Existenz und Notwendigkeit biochemischer Prozesse in Gestalt von Wahrnehmungsabläufen, Muskelstimuli usw. Sie besitzen jedoch keine kausale Erklärungskraft für die Analyse des menschlichen Verhaltens und Handelns. Wichtig ist vielmehr – und hier trifft sich die Position von Thomas direkt mit dem weiter unten vorgestellten „Sozialbehavioristen" George Herbert Mead – die gerade erläuterte „Zwischenebene" der Interpretation bzw. Situationsdefinition, die zwischen dem Reiz und der Reaktion steht. Es gibt also weder für die SoziologInnen noch für die sozialen Akteure selbst eine unmittelbare soziale Wirklichkeit, die als Reiz auf ihr Handeln wirkt und bei ihnen spezifische Reaktionen hervorruft. Dazwischen geschaltet sind vielmehr immer die Interpretationsprozesse, mit denen die Handelnden das deutend wahrnehmen, „was vor sich geht". Dies gilt nicht nur für objektiv-materielle Bestandteile von Handlungssituationen, sondern gerade auch für die Wahrnehmung dessen, was die jeweils anderen (scheinbar) tun. Deswegen sind für die soziologische Analyse die erwähnten zwei Aspekte notwendig: die Untersuchung äußerer Bedingungen oder Faktoren der Situation – das kann auch in Gestalt von Statistiken erfolgen (Volkart 1965, S. 42 f.) – ebenso wie die Erfassung der individuell und/oder gemeinsam durch die involvierten Akteure gehandhabten Situationsdefinitionen. Erst die Zusammenführung dieser beiden Ebenen der Analyse ermöglicht eine adäquate Herangehensweise an soziale Phänomene. Eine wichtige Möglichkeit des Zugangs zu solchen Situationsdefinitionen bieten beispielsweise qualitative Analysen persönlich-biographischer Dokumente, wie sie William I. Thomas und Florian Znaniecki in ihrer klassischen Studie der qualitativen Sozialforschung über die polnischen Bauern einsetzten. Diese Studie wird deswegen im anschließenden Abschnitt vorgestellt.

William Isaac Thomas (1863–1947)
William I. Thomas wurde 1863 in einer abgelegenen ländlichen Gegend als Sohn eines Methodistenpredigers und Farmers geboren. Er verglich in einem autobiographischen Text seinen Weg von dort in die großstädtische Lebenswelt von Chicago als das Durchleben von „drei Jahrhunderten", als eine Migration in „höhere kulturelle Gefilde" (vgl. Baker 1981). Seine biographische Erfahrung entspricht so in Vielem dem Thema seiner berühmten Studie über die „polnischen Bauern". 1880 begann Thomas sein Studium der zeitgenössischen und klassischen Literatur an der University of Tennessee und lehrte dort nach ersten Abschlüssen für kurze Zeit Griechisch, Latein, Deutsch und Französisch. 1888–1889 hielt er sich in Berlin und Göttingen auf, wo sein Interesse für Ethnographie und Ethnologie geweckt wurde, beispielsweise anhand der Arbeiten von Wilhelm Wundt (1832–1920) zur „Völkerpsychologie". Nach einem kurzen Zwischenstopp am (aus einer religiösen Stiftung entstandenen) Oberlin College (Ohio) als Professor für Englische Sprache entschloss er sich zum Graduiertenstudium am Soziologiedepartment der University of Chicago. 1895 erhielt er dort eine Stelle als Assistant Professor; 1910 wurde er „Full Professor". In diesen Jahren reiste er erneut mehrmals nach Europa, insbesondere auch nach Polen.

Methodisch an ethnologischen und vergleichenden Studien interessiert, lernte er Polnisch und entschloss sich, gemeinsam mit Florian Znaniecki mit angebotenen Finanzierungen für die Erforschung von Immigrationsproblemen die polnische Community in Chicago zu untersuchen. Zusammen mit seiner Frau beteiligte sich Thomas rege am sozialen und geistigen Leben Chicagos und unterhielt Kontakte zu den verschiedenen städtischen Reformprojekten der damaligen Zeit, wenn auch seine Ansichten – bspw.

über die Unvermeidlichkeit der Prostitution – nicht im Einklang mit Positionen der Reformatoren standen und sein extrovertierter Lebensstil für Kontroversen sorgte. Beschrieben wird er als Lebemann mit Sinn für distinguierte Kleidung, gutes Essen und Trinken. 1918 wurde er vom FBI wegen „unmoralischen Verhaltens" verhaftet. Zwar wurde die Anklage später aufgehoben, aber – nicht zuletzt in Folge entsprechender Pressekampagnen – sein Ruf war damit ruiniert und er wurde von seiner Professur entlassen. Die University of Chicago Press stoppte die Veröffentlichung der noch nicht erschienenen Bände von „The Polish Peasant", der heute klassischen Studie über die polnischen Migranten. Thomas ging nach New York und lehrte dort an der New School for Social Research. Verschiedene Stipendien erlaubten ihm weitere Forschungen. 1926 wurde er mit großer Mehrheit zum Präsidenten der American Sociological Society gewählt. 1936–1937 übernahm er noch eine Gastprofessur in Harvard. Thomas starb 1947 im Alter von 84 Jahren.

Lektürevorschlag:
Thomas, William I. & Znaniecki, Florian (2004). In Strübing, Jörg & Schnettler, Bernt (Hrsg.), *Methodologische Vorbemerkung* (S. 245–264). [1918] [klassischer Grundlagentext der Soziologie]

Vertiefung:
Thomas, William I. (1965). *Person und Sozialverhalten.* Neuwied am Rhein: Luchterhand [enthält Aufsätze und Auszüge aus verschiedenen Arbeiten].
Volkart, Edmund H. (1965). Einführung: Soziales Verhalten und Definition der Situation. In Thomas, William I. (Hrsg.), *Person und Sozialverhalten* (S. 9–52). [Erläuterungen zu Leben und Werk].

Originalwerke (Auswahl):
Thomas, William I. & Znaniecki, Florian (1958). *The Polish peasant in Europe and America.* New York: Dover Publications [1918].
Thomas, William I. (1967). *The unadjusted girl. With cases and standpoint for behavior analysis.* New York/London: Harper & Row [1923].
Thomas, William I. & Thomas, Dorothy S. (1928). *The child in America.* New York.
Bildnachweis: Homepage der American Sociological Association (Stand: 17.07.12; www.asanet.org/about/presidents; diese und alle folgenden Abbildungen von den Seiten der ASA mit freundlicher Genehmigung der American Sociological Association).

2.2.4 Die polnischen Bauern in der Neuen Welt

Die Allgegenwart der Migrationsfolgen, die Bemühungen der Stadtpolitiker um die Aufrechterhaltung sozialer Ordnung und die Durchführung verschiedenster Sozialreformen beeinflussten die Forschungsinteressen der Chicagoer Soziologie. Deswegen ist es wenig verwunderlich, dass sich eine der ersten großen und klassischen soziologischen Studien des 20. Jahrhunderts aus der Chicago School mit Migrationserfahrungen oder allgemeiner: mit Modernisierungsprozessen, deren Folgen und „Bearbeitung" im Handeln der sozialen Akteure befasste. Thema und Vorgehensweise dieser Arbeit sind noch heute von ungebrochener Aktualität. Es handelt sich dabei um die in den Jahren 1918–1920 publizierte, mehrbändige und berühmte Untersuchung über „The Polish Peasant in Europe and America", die William I. Thomas zusammen mit Florian Znaniecki durchführte. Angestoßen wurde diese Untersuchung durch eine Finanzierungsmöglichkeit, die Thomas 1908 von Helen Culver aus dem Kontext der bereits erwähnten reformerischen Bewegung des *Hull House Settlement* um Jane Addams und andere erhielt, und die zur Untersuchung von Problemen der polnischen Immigrant(inn)en eingesetzt werden sollte (DeVault 2007, S. 159). Interessanterweise kommt im methodologischen Vorwort, das Thomas und Znaniecki verfassten, der schon angesprochene Konflikt zwischen einer anwendungsorientierten, der Sozialarbeit nahestehenden Sozialwissenschaft und der sich etablierenden akademischen Soziologie zum Ausdruck. Gegen die „Trugschlüsse der Soziologie des gesunden Menschenverstandes", d. h. mit anderen Worten: gegen die soziologischen Perspektiven der „settlement sociology", wie sie von den Reformerinnen vertreten wurden, betonen die Autoren die Notwendigkeit einer umfassenden soziologischen Perspektive, die nicht „willkürlich" isolierte „Tatsachengruppen" herausgreife, sondern „das gesamte Leben einer gegebenen Gesellschaft" berücksichtige (Thomas und Znaniecki 2004, S. 247 ff. [1918]).[19] Dies stehe keineswegs im Gegensatz zu den legitimen gesellschaftlichen Forderungen nach Anwendungsbezug, nach praktischer Nützlichkeit einer solchen Wissenschaft. Doch gelte es, erst nach umfassender Untersuchung zu entscheiden, wie ein Problem beschaffen sei, und nicht vorweg, aus ungeprüften Vorurteilen heraus:

> Aber wenn auch praktische Ziele nicht von vorneherein in die wissenschaftliche Untersuchung eingeführt werden sollten, so hat die soziale Praxis trotzdem das Recht,

---

[19] Dabei gestehen Thomas und Znaniecki zu, dass die kritisierte Vorgehensweise oft gar nicht anders kann, insbesondere da, wo es um Situationen geht, wo nicht erst eine wissenschaftliche Untersuchung abgewartet werden kann, sondern aufgrund von Problemdringlichkeiten jetzt und hier entschieden, gehandelt, geholfen werden muss.

2.2 Die führende US-amerikanische Soziologieschule ihrer Zeit

von der Sozialtheorie zu verlangen, dass wenigstens einige ihrer Ergebnisse sofort anwendbar sind und dass die Zahl und die Bedeutung solcher Ergebnisse ständig wachsen. Das praktische Leben muß, wie es ein Pragmatist ausgedrückt hat, der Wissenschaft Kredit gewähren, aber früher oder später muß die Wissenschaft ihre Schulden zurückzahlen (…) Die Forderung letztlich praktischer Anwendbarkeit ist für die Wissenschaft selbst genauso wichtig wie für die Praxis; sie ist ein Prüfstein nicht des praktischen, sondern des theoretischen Wertes der Wissenschaft. (Ebd., S. 253 [1918])

Wie kann nun ein entsprechend umfassender soziologischer Ansatz aussehen? Auch diese Frage wird von den Autoren erläutert:

Um willkürliche Begrenzungen und subjektive Interpretationen zu vermeiden, gibt es nur zwei Möglichkeiten. Wir können monographisch ganze Gesellschaften mit der gesamten Komplexität der Probleme und Situationen, die ihre Kultur darstellen, untersuchen; oder wir können uns auf besondere Sozialprobleme konzentrieren und jedes Problem in einer bestimmten begrenzten Anzahl konkreter sozialer Gruppen verfolgen und es in jeder Gruppe in Bezug auf die besondere Form, die es unter dem Einfluß der in dieser Gesellschaft herrschenden Bedingungen annimmt, studieren, wobei wir die komplexe Bedeutung eines konkreten Kulturphänomens in einer bestimmten kulturellen Umgebung berücksichtigen müssen. Wenn wir die Gesellschaft untersuchen, so gehen wir von dem gesamten sozialen Zusammenhang an das Problem heran, untersuchen wir aber das einzelne Problem, so gehen wir von ihm aus an den gesamten sozialen Zusammenhang heran. In beiden Arbeitsweisen aber ist es am sichersten, von der Annahme auszugehen, daß wir über die Gruppe oder das zu untersuchende Problem überhaupt nichts wissen, außer einigen rein formalen Kriterien, welche uns in die Lage versetzen, das zu unserem Interessenbereich gehörende Material von dem nicht dazugehörenden zu unterscheiden. (Ebd., S. 254 f.)

Die in der heutigen qualitativen Sozialforschung prominente Forderung nach einer soziologischen Haltung der „künstlichen Dummheit" (Hitzler 1988, S. 58) in Bezug auf den Untersuchungsgegenstand hat also eine lange Tradition. Thomas hatte den Philosophen Znaniecki während einer Reise nach Polen kennengelernt. Letzterer war damals Direktor der *Polish Emigrants Protective Association* und kannte sich gut mit dem Leben der polnischen Bauern aus. Nach dem Ausbruch des ersten Weltkrieges verließ er Polen und arbeitete in Chicago mit Thomas zusammen. Beide interessierten sich für die Erfahrungen der polnischen Immigrant(inn)en, die sich aus dem ländlichen und bäuerlichen Umfeld in Polen, aus der Sicherheit und Verwurzelung in ihren Heimatdörfern nun in die sich rapide wandelnde, chaotische und expandierende nordamerikanische Großstadt versetzt sahen. Die damit aufgeworfenen Fragen nach den Prozessen und Mechanismen der ganze soziale Zusammenhänge betreffenden „sozialen Desorganisation" und des anschließenden „sozialen Neubaus" sind auch heute, in einer globalisierenden Welt, von enormer Bedeutung: Wie verlaufen Eingliederungsprozesse im Einwanderungsland? Welche Beziehungen zum Herkunftsland entstehen bzw. werden aufrechterhalten? Welche Rolle spielten ethnische Identitäten und die Herausbildung ethnischer Subkulturen? Als Datenquellen dienten Thomas und Znaniecki insbesondere Briefe, die polnische Migranten in ihre Heimat schrieben bzw. von dort erhielten. Nach einer Suchanzeige in einer in Chicago erscheinenden Zeitschrift polnischer Immigranten erhielten sie über 700 solcher Schriftstücke. Thomas und Znaniecki führten damit die *biographische Methode*, d. h. die Nutzung von Lebensgeschichten und -erfahrungen als soziologisches Datenmaterial, nachdrücklich in die moderne Soziologie ein.[20] Außerdem standen ihnen 8000 Dokumente aus den Unterlagen einer polnischen Tageszeitung zur Verfügung. Zusätzlich zogen sie Daten von Immigrantenverbänden, sozialen Organisationen, Autobiographien und aus Tagebüchern heran. Sammlung, Auswertung und Interpretation der Daten nahmen etwa ein Jahrzehnt in Anspruch und wurden schließlich in einem ursprünglich fünf-, in späteren Auflagen dann zweibändigen Werk unter dem Titel *The Polish Peasant in Europe and America* veröffentlicht (vgl. Bulmer 1984, S. 45 ff.).[21]

Florian W. Znaniecki (1882–1958)
Florian Znaniecki studierte Soziologie und Philosophie u. a. in Warschau, Genf, Paris und Krakau. Nach seinem Studium arbeitet er als Direktor einer Vereinigung, die sich um polnische Auswanderer kümmert. 1913 lernte er William Thomas bei dessen Europareise kennen. Von 1914–1919 kommt er auf dessen Einladung an die University of Chicago, wo die Studie über die „polnischen Bauern" beginnt. 1919–1939 lebte Znaniecki wieder in Polen

---

[20] In der europäischen Volkskulturforschung des 19. Jahrhunderts arbeiteten bereits verschiedene Autoren, etwa Wilhelm Heinrich Riehl (1823–1897), mit biographischem Material.
[21] Vgl. zur Darstellung und Würdigung insgesamt Bulmer (1984, S. 45 ff.) sowie die Zusammenfassungen in Kaesler und Vogt (2000, S. 470–477), Papcke und Oesterdiekhoff (2001, S. 485–488).

und lehrt als Professor für Soziologie an der Universität von Poznan; er entfaltet zahlreiche Aktivitäten zur Institutionalisierung der Soziologie im polnischen akademischen Leben. Nach einem Gastaufenthalt an der Columbia Universität in New York Anfang der 1930er Jahre übernimmt er dort ab 1939 Gastprofessuren und Lecturer Stellen. 1940 wechselt er an die University of Champaign, Illinois, wo er bis 1958 Professor für Soziologie ist. 1954 wird er Präsident der American Sociological Association. Auch wenn die Idee der „Definition der Situation" als Thomas-Theorem in die Soziologiegeschichte eingegangen ist, so sollte doch der Einfluss von Znaniecki nicht übersehen werden. So hat er in „Social Action" (1936) die Perspektive der Bauern-Studie nach eigener Einschätzung korrigiert und weiterentwickelt, 1940 eine wichtige und klassische wissenssoziologischen Studie über „The social role of the man of knowledge" verfasst (Znaniecki 1986 [1940]) und sehr früh schon eine wissenssoziologisch äußerst interessante Analyse der Konstitution der menschlichen Welt als einer „cultural reality" (Znaniecki 2010 [1919]) vorgelegt, die als ein Grundlagentext des Realitätsverständnisses der Chicagoer Tradition gelten kann.

Lektürevorschlag:
Halas, Elbieta (1983). Florian Znaniecki – Ein verkannter Vorläufer des Symbolischen Interaktionismus. *Zeitschrift für Soziologie, 12* (4), (S. 341–352) [Überblicksartikel über wichtige Werkaspekte und Bezüge zur Chicagoer Tradition].
Znaniecki, Florian (1986). *The social role of the man of knowledge.* New York: Columbia University Press [klassische wissenssoziologische Studie zur gesellschaftlichen Rolle wissenschaftlicher Experten] [1940].

Vertiefung:
Kaczynski, Grzegorz J. (2008). *La Connaissance Comme Profession.* Paris: L'Harmattan [Einführender Werküberblick].
Znaniecki, Florian (1969). Hrsg. von R. Bierstedt, *On humanistic sociology.* Chicago [Auswahl von wichtigen Schriften].
Znaniecki, Florian (1934). *The method of sociology.* New York: Farrar & Rinehart [Originäre Einführung und Begründung einer soziologischen Forschungsmethodik].
Znaniecki, Florian (1936). *Social Actions.* Poznan: Universität Poznnan, und New York: Farrar & Rinehart [von Znaniecki als Weiterführung der seiner Einschätzung nach „unzureichenden Konzeption" der mit Thomas ver-

> fassten Studie „The Polish Peasent..." konzipiert; entwirft eine umfangreiche Klassifikation von Typen sozialen Handelns.].
> Znaniecki, Florian (2010). *Cultural reality*. Milton Keynes: Bibliolife [1919] [philosophische Grundlegung einer interpretativ-konstruktivistischen Kulturtheorie mit vielen Anklängen an phänomenologische und spätere sozialkonstruktivistische Überlegungen. Nach einer Aussage von Howard S. Becker die „umfassendste und überzeugendste Grundlegung soziologischer Kulturtheorie"].
> Vgl. auch die im Fließtext gegebenen Erläuterungen sowie die Literaturhinweise bei W. I. Thomas zur Studie über die „Polnischen Bauern" [insbesondere die methodologische Vorbemerkung].
> Bildquelle: Homepage der American Sociological Association [http://www2.asanet.org/governance/znaniecki.html; Zugriff vom 26.3.2012].

Die Untersuchung beschäftigte sich ausgehend von den überwiegend aus dem bäuerlichen Milieu stammenden polnischen Migrantinnen und Migranten in den USA (insbesondere in Chicago) in vergleichender Perspektive mit den Lebensformen im Ankunftsland und im Auswanderungsland, also in Polen selber. Die ersten Bände behandeln das jeweilige Familienleben und das nähere soziale Umfeld. Der dritte Band stellt die Autobiographie eines Immigranten vor. Im vierten Band werden Transformationsprozesse des bäuerlichen Lebens in Polen untersucht. Der fünfte Band schließlich analysiert die Wandlungsprozesse der Immigrantengemeinschaften in den USA. Durch alle Bände hindurch zieht sich ein Frageinteresse, das sich auf die Erfahrungen des beschleunigten Wandels bezieht, welche die jeweiligen Gruppen und ihre Lebenswelten im Übergang von der bäuerlich-traditionalen zur modernen Welt erleben. Genauer geht es um anomische Prozesse, Krisen, Destabilisierungen aller Art, die die traditionalen Vergemeinschaftungsbeziehungen[22] betreffen, und ihr – in den USA bzw. in Polen sich deutlich unterscheidendes – Auffangen durch neue, moderne Formen der Vergesellschaftung. Besonders deutlich wird dies am Phänomen der Auflösung der traditionellen Großfamilien und Dorfgemein-

---

[22] In der Soziologie bezeichnet der Begriff der „Vergemeinschaftung" (und entsprechend „Gemeinschaft") seit den Klassikern Ferdinand Tönnies und Max Weber eine Form der In-Beziehung-Setzung der Einzelnen zueinander, die wesentlich auf Zugehörigkeitsgefühlen und Traditionen beruht, während sich „Vergesellschaftung" auf zweckbezogen eingegangene Verbindungen oder abstrakte Zusammengehörigkeiten (bspw. als Staatsbürger) bezieht.

schaften im Übergang zu individualistischen Formen der Lebensführung. In diesem Zusammenhang entwickeln die Autoren eine idealtypische Unterscheidung von drei Persönlichkeitstypen, die in ihrem Umgang mit den Erfahrungen der Transformation beträchtlich differieren: den *Philister* (Spießer), der in einem engen Korsett von Einstellungen und Situationsdefinitionen gefangen ist, den *Bohemien*, der keine moralische Position bezieht, über Moralapostel spöttelt und sich unendlich und bis zur Orientierungslosigkeit flexibel gibt sowie schließlich den *Kreativen*, dessen Lebensführung und Wertvorstellungen eine permanente Orientierung auf neue Situationen beinhalten, d. h. immer wieder überdacht, abgewogen, entwickelt werden.

Die bereits zitierte „methodologische Vorbemerkung", die Thomas und Znaniecki ihrer Studie über die polnischen Migranten voranstellten (Thomas und Znaniecki 2004 [1918]), verdeutlicht exemplarisch die soziologische Haltung der Chicago School. Um kausal wirksame Interventionsmöglichkeiten auszuloten, dürfe, so die Autoren, die Soziologie selbst nicht naiv, aus dem Alltagswissen heraus betrieben werden, sondern müsse als unabhängige, sozialreformatorisch und moralisch nicht voreingenommene Wissenschaft angelegt sein. Nur so könne sie ein Wissen über die tatsächlichen Lebensweisen und -umstände liefern und der gesellschaftlichen Öffentlichkeit anbieten, das diese dann zur weiteren „Selbstgestaltung" nutzen kann (oder auch nicht). Eine solche Position richtete sich – wie viele Arbeiten der Chicago School – gegen naiven moralischen Reformeifer „von oben". Für ihre Umsetzung wählten die Verfasser einen deutenden (interpretativen) Zugang. Es ging darum, zu verstehen, wie die ehemaligen Bauern selbst ihre Situation wahrnahmen und wie sie – denken Sie an das pragmatistische Handlungsmodell! – mit den erlebten Störungen ihrer traditionellen Handlungsroutinen unter den harten Bedingungen des großstädtischen Lebens in Chicago praktisch-kreativ umgingen. Keinesfalls solle man sich dazu auf eine von außen herangetragene Einschätzung verlassen, die auf eine genaue Kenntnis der wirklichen Lebensumstände verzichte. Der spätere Begründer des *Symbolischen Interaktionismus*, Herbert Blumer, hat die Studie über die polnischen Bauern kurz nach ihrem Erscheinen ausführlich gewürdigt, aber auch schon damals einer Kritik insbesondere im Hinblick auf ihren unsystematischen und undurchsichtigen Umgang mit den empirischen Materialien unterzogen. Dieser Einschätzung kann man sich anschließen, ohne die soziologische und gesellschaftliche Bedeutung der Untersuchung abzuwerten. Zu Blumers Rezension fand 1938 ein Symposium zu Methodenfragen statt, das nach wie vor mit Gewinn gelesen werden kann. Thomas und Znanniecki haben später Blumer in wichtigen Kritikpunkten Recht gegeben.[23]

---

[23] Vgl. den Abdruck der Rezension, der Diskussion und der Statements in Blumer (1979).

2.2.5 Hinein in die Abenteuer der Großstadt!

> The city is a state of mind. (Robert E. Park)

Im Folgenden kann nicht auf alle wichtigen Vertreter, Studien und Konzepte der Chicago School eingangen werden. Nach William I. Thomas, Robert E. Park und Ernest W. Burgess (1886–1966) zählten in den 1930er Jahren neben einer Vielzahl von Doktoranden und Forschungsarbeitern auch deren Schüler Louis Wirth (1897–1952), Herbert Blumer (1900–1987; s. u. Kap. 3.2), Ellsworth Faris (1874–1953), später auch der Anthropologe W. Lloyd Warner (1898–1970), E. Franklin Frazier (1894–1964) und Everett C. Hughes (1897–1983) zu diesem Arbeitszusammenhang, von den zahlreichen Verfassern einschlägiger Fallstudien (s. u.) ganz zu schweigen. Einen Überblick dazu geben verschiedene umfangreiche Porträtierungen der Chicagoer Soziologie. Bulmer (1984) etwa verdeutlicht insbesondere die Heterogenität des damaligen Soziologiedepartments und konzentriert sich auf die empirischen Forschungsprogramme sowie die davon ausgehenden Impulse. Faris (1967) stellt die interne Entwicklungsgeschichte der Positionen in den Vordergrund. Harvey (1987) beschäftigt sich kritisch mit den „Mythen", die um die Chicago School existieren. Becker (1999) betont die Heterogenität der damaligen Soziologinnen und Soziologen, die sich keineswegs selbst als zusammengehörige „Schule" verstanden. In Fine (1995) wird diskutiert, inwiefern die neueren interpretativen Ansätze eine „zweite" Chicago School bilden.[24]

In den Jahren zwischen 1920 und 1932 entwickelte sich die Chicagoer Soziologie zum führenden Soziologie-Institut der Welt. Die früheste Bezeichnung als „Chicago School" findet sich bereits 1930 (Bulmer 1984, S. 229). Zwar waren im soziologischen Department sehr unterschiedliche Positionen vertreten. Doch insbesondere die an den Pragmatismus und Thomas, aber auch an kulturanthropologisch-ethnologische Forschungen sowie journalistische Vorgehensweisen anschließenden Soziolog(inn)en bildeten mit ihren Vorgehensweisen den Kern dessen, was heute als *Chicago School of Sociology* gilt. Darin nutzten sie zwar unterschiedlichste Formen der Datenerhebung, zeigten aber doch deutliche Präferenzen für qualitative Forschungsstrategien und ihr Interesse für Fallstudien über städtische soziale Milieus und Orte. Die Soziologie der Chicago School ist also im Wesentlichen eine Soziologie des Großstadtlebens. Nicht zufällig hatte William I. Thomas in seiner Präsidentschaftsansprache vor der *American Sociological Association* im Jahre 1926

---

[24] Weitere Erläuterungen zur Chicago School finden sich auch in den im vorliegenden Text an anderer Stelle zitierten Arbeiten, die sich auf einzelne Vertreter und Positionen – bspw. Robert E. Park oder den *Symbolischen Interaktionismus* – beziehen.

2.2 Die führende US-amerikanische Soziologieschule ihrer Zeit

entschieden eine umfassende und detaillierte Untersuchung der Großstädte gefordert – und damit doch nur für die Soziologie insgesamt das proklamiert, was in Chicago seit längerem praktiziert wurde:

> Wir sollten ausgewählte Stadtviertel in bestimmten Städten vornehmen, darunter z. B. die Zwischenraum-Zonen, in denen die Jugendkriminalität am höchsten ist, und die guten Stadtviertel, wo die Jugendkriminalität am niedrigsten ist, und wir sollten alle Faktoren, die einen sozialen Einfluß enthalten, untersuchen. Eine Studie dieser Art würde alle Institutionen umfassen – Familie, Banden, soziale Einrichtungen, Erholungsstätten, Jugendgerichte, die Tagespresse, das kommerzialisierte Vergnügen usw. – und würde sie mit allen zur Verfügung stehenden Methoden durchforschen (…). (Thomas 1965, S. 99 [1927])

Und bei seinem Mitstreiter Robert E. Park heißt es bereits ein Jahrzehnt zuvor:

> Anthropology, the science of man, has been mainly concerned up to the present with the study of primitive peoples. But civilized man is quite as interesting an object of investigation, and at the same time his life is more open to observation and study. Urban life and culture are more varied, subtle, and complicated, but the fundamental motives are in both instances the same. The same patient methods of observation which anthropologists like Boas and Lowie have expended on the study of the life and manners of the North American Indian might be even more fruitfully employed in the investigation of the customs, beliefs, social practices, and general conceptions of life prevalent in Little Italy on the lower North Side in Chicago, or in recording the more sophisticated folkways of the inhabitants of Greenwich Village and the neighborhood of Washington Square, New York. (Park 1952a, S. 15 [1915/1925])

Die Chicagoer Soziologen gingen zunächst von einer allgemeinen evolutionstheoretischen Perspektive aus. Ganz so wie die damaligen europäischen Soziologen[25] betrachteten sie die gesellschaftliche Entwicklung als – in den Worten von Tönnies – Übergang von der „Gemeinschaft" zur „Gesellschaft", von einfachen und homogenen Einheiten zu komplexen und differenzierten Sozialbeziehungen. Chicago galt ihnen zu Recht als Prototyp dieser Prozesse. Sie wandten sich diesem „Laboratorium der Moderne" mit Hilfe von Fallstudien zu, die allerdings sehr unterschiedlicher Art sein konnten und auch verschiedenste Datenmaterialien – von teilnehmender Beobachtung über Interviews bis hin zu Statistiken – nutzten. Aber *„to see the world – the world of men"*, d. h. in der direkten Begegnung gewonnenes Anschauungswissen sollte die Basis jeder soziologischen Erkenntnis bilden. Goethes

---

[25] Wichtige Referenzen waren etwa Herbert Spencer (1820–1903), Ferdinand Tönnies (1855–1936), Gabriel Tarde (1843–1904), Emile Durkheim (1858–1917) und insbesondere Georg Simmel (1858–1918), u. a., von denen wichtige Schriften bekannt waren. Auch die Werke von Auguste Comte (1798–1857), Karl Marx (1818–1883) oder Charles Darwin (1809–1882) wurden rezipiert (vgl. dazu insgesamt Park und Burgess 1924 [Neuauflage 1969]).

„Faust" sei das große Vorbild seiner Soziologie, sagte Park – wie jenem ginge es auch ihm darum, die Studierstube zu verlassen um zu verstehen, „was die Welt im Innersten zusammenhält." (vgl. Park 1950a, S. v)

Neben William I. Thomas und angesichts dessen verfrühtem Ausscheiden aus dem Department wohl mehr noch als jener war Robert Ezra Park der wichtigste Anreger von soziologischen Fallstudien über die Lebensweisen im Moloch Großstadt. Immer wieder forderte er seine Studenten zum „nosing around" auf, zum Umherstreifen, Beobachten, Herumschnüffeln, die Nase direkt in die Stadtgesellschaft zu stecken – sie sollten keine theoretischen Studien betreiben, sondern sich „in wirklicher Forschung die Hände schmutzig, die Füße nass machen". Das war, wenn man sich die Slumgegenden des damaligen Chicago vor Augen hält, durchaus wörtlich zu nehmen:

> The world had been discovered. This adventure is finished. But the world is still young, still eager for adventure; what next? There are other worlds to be discovered; even more interesting. The world of great cities. The immigrant colonies. The Ghettos and the Chinatowns. (Robert E. Park 1915, zit. nach Lindner 1990, S. 98)

In all dem ist eine enge Verbindung von Soziologie und Kulturanthropologie deutlich, auf die Park seine Studierenden immer wieder verweist. Nur galt es, die Vorgehensweisen der Kulturanthropologen, also die Feldforschung, auf die eigene Gesellschaft, den urbanen Dschungel Chicagos auszurichten. Der Park-Schüler Everett C. Hughes sollte hier später wichtige „Trainings in Feldforschung" initiieren (s. u. Kap. 3). In der damaligen Chicagoer Soziologie entstanden so u. a. Untersuchungen über

- die „Gang" (Frederic Thrasher 1927), eine mit vielen Photos angereicherte Untersuchung der sozialen Selbstorganisation der Jugendlichen in den „ganglands" der Großstadtviertel, anhand von 1313 Gangs,
- das jüdische „Ghetto" (Louis Wirth 1928) als neue Form der segregierten „natural area", d. h. der sich naturwüchsig herausbildenden ethnischen Enklaven in der Großstadt,
- die „Taxi Dance Hall" (Paul Cressey 1932), in der Mädchen zum Tanzen „gemietet" werden konnten,
- den „Hobo" (Wanderarbeiter und Landstreicher; Nels Anderson 1923) und seinen Erfindungsreichtum bei seiner Lebensbewältigung in „Hobohemia",
- die reichen und armen Chicagoer Stadtviertel „The gold coast and the slum" (Harvey Zorbaugh 1929),
- das Familienleben der Schwarzen („The Negro Family in Chicago", E. Franklin Frazier 1932),

2.2 Die führende US-amerikanische Soziologieschule ihrer Zeit

- den „Jack Roller" (Glücksspieler) (Clifford Shaw 1930), eine „life history", d. h. biographische Studie über einen jugendlichen Kriminellen, seine Situationsdefinition und Handlungsweisen
- bis hin zur komplexen Analyse der „Black Metropolis", die weiter oben schon erwähnt wurde (Drake und Cayton 1993 [1945]).[26]

Neben die soziologischen Fallstudien treten auch literarische Adaptionen dieser Vorgehensweisen, etwa bei James T. Farrell (1904–1979), der bei Park, Burgess und Mead studiert hatte und in einer Romantrilogie um die Hauptfigur „Studs Lonigan" das irische Viertel der Chicagoer Southside porträtiert (Klepper 2006). Farrell schrieb zu seinem Studium: „In Soziologie begannen wir die Chicagoer Methode zu erfinden, d. h. die Universität zu verlassen und die Huren zu fragen – bei allem Respekt für die Wissenschaft – warum sie Huren waren. Wie Du siehst, war es eine großartige Zeit, um in den Pforten Chicagos zu lernen!" (zit. nach Klepper 2006, S. 199 f.)

Den allgemeinen Rahmen für die gerade erwähnten Forschungen im städtischen Raum bietet das stadtsoziologische und auch gesellschaftstheoretische Programm, das Park 1915 in seiner Antrittsvorlesung „The City: Suggestions for the Investigation of Human Behavior in the Urban Environment" entwarf (Park 1952a [1915/1916 bzw. überarbeitet 1925]). Die Stadt sei, so heißt es da,

> something more than a congeries of individual men and of social conveniences – streets, buildings, electric lights, tramways, and telephones, etc.; something more, also, than a mere constellation of institutions and administrative devices – courts, hospitals, schools, police, and civil functionaries of various sorts. The city is, rather, a state of mind, a body of customs and traditions, and of organized attitudes and sentiments that inhere in these customs and are transmitted with this tradition. The city is not, in other words, merely a physical mechanism and an artificial construction. It is involved in the vital processes of the people who compose it; it is a product of nature, and particulary of human nature. (Park 1952a, S. 13)

Park unterschied in seinem Aufsatz zwischen den sich physikalisch-räumlich ausformenden, geographisch bestimmten Organisationen von Gemeinschaften einerseits und der sich auf dieser Grundlage entwickelnden moralischen oder kulturellen Ordnung bewusster Sinnbezüge, Kommunikationen und sinnbehafteter Institutionen andererseits. Die Soziologie solle sich damit beschäftigen, wie beides ineinander spiele, wie sich bspw. Nachbarschaften naturwüchsig, ohne gezielte Planung als „natural areas" entfalteten, d. h. als ethnisch homogene und voneinander abgegrenzte Stadtviertel, wie sich die Bevölkerung in Bezug auf Wirtschaftsprozes-

---

[26] Vgl. die Hinweise zu den genannten Studien in Park (1952b).

se verteile, welche Mobilitätsprozesse, Krisen und Aufstände stattfänden, welche Formen sozialer Kontrolle und gesellschaftlicher Beziehungen jenseits der Primärbeziehungen zu finden seien, wie sich die kommerzielle Vergnügungskultur entwickele u. a. m.

Darin kommt eine Haltung zum Ausdruck, die derjenigen der kulturanthropologisch-ethnologischen Feldforschung, wie sie bis dahin in Bezug auf „Eingeborenenvölker" zum Einsatz kam, sehr affin ist und auch dem investigativen Journalismus entspricht, der seine Wurzeln in Robert E. Parks journalistischen Erfahrungen hat (Lindner 1990, S. 11; vgl. auch Christmann 2007 und die biographische Notiz zu Park). Denn Park selbst hatte in seinem Leben immer wieder die Studierstube und akademische Welt mit der „Welt da draußen" getauscht, ob in Reformprojekten, zahlreichen Forschungsreisen, die ihn durch die ganze Welt führten, oder eben im journalistischen Arbeiten. Was den Unterschied dazu ausmachte, war jedoch die Einbindung der soziologischen Analysen in Grundannahmen der klassischen soziologischen Modernisierungsdiagnosen, der theoretische Unterbau des Pragmatismus, die Entwicklung diagnostischer Konzepte und den Anspruch der umfassenden Untersuchung, die mehr sehen will als das, was sich dem schnellen Blick der Klatschpresse darbietet, oder was die städtischen Reformer in ihren Wertvorstellungen gelten lassen wollten. Das alles war im einführenden Standardwerk von Park und Burgess, in der erstmals 1921 erschienenen *Introduction to the Science of Sociology* erläutert. Wenn die Chicago School heute vor allem in ihren Fall- und Feldstudien nachwirkt, so bedeutet das nicht, sie hätte über keine theoretischen Grundlegungen verfügt. Park und Burgess zeichnen die soziologischen Analysen der Transformationen zur modernen Gesellschaft nach, wie sie von Comte, Spencer, Tarde, Durkheim, Simmel und anderen vorlagen. Diskutiert wurden auch die Analysen von Wilhelm Wundt, William Graham Sumner (1840–1910) und vielen anderen. Park und Burgess verbanden deren Überlegungen mit der skizzierten Tradition des US-amerikanischen Pragmatismus, insbesondere mit Argumenten von Dewey, James, Cooley (s. u. Kap. 3.1) und Mead (s. u. Kap. 3.1). Zudem schlagen sie eine Vielzahl von Arbeitsbegriffen (wie: soziale Interaktion, soziale Distanz, Wettbewerb, Konflikt, Anpassung, soziale Kontrolle, kollektives Verhalten) für die soziologische Forschung vor.[27]

Am Ausgangspunkt der von Park und Burgess konzipierten Soziologie steht zunächst die Charles Darwin und Herbert Spencer entlehnte evolutionstheoretische Auffassung vom „Kampf ums Dasein" als Antriebsprinzip der Entwicklung des Lebens. Unter den verschiedenen Basismechanismen sozialer Prozesse, die die Auto-

---

[27] Vgl. dazu neben dem Buch selbst auch die Zusammenfassung der Argumentationsschritte in Christmann (2007, S. 33 ff.).

ren in ihrem Buch beschreiben, ist das Prinzip der „Konkurrenz" derjenige Mechanismus, in dem sich pflanzliche, tierische und menschliche Populationen gleichen. Das ist die „humanökologische" Startposition, an der die Autoren ansetzen:

> Park fragt danach, ob es unterhalb dessen, was als Gesellschaft bezeichnet wird (die sich für ihn, Dewey folgend, in und durch Kommunikation konstituiert), ein funktionales Beziehungsgeflecht gibt. Er findet dies in der in Analogie zur Tier- und Pflanzenwelt als (sym)biotisch bzw. ökologisch bezeichneten Gemeinschaft, die Resultat der sich aus dem Kampf um Existenz und Arterhaltung ergebenden Wechselbeziehungen ist. (…) Die Unterscheidung zwischen der aus dem Konkurrenzkampf resultierenden biotischen Substruktur und der sich in und durch Kommunikation herausbildenden kulturellen Superstruktur ist grundlegend für Parks Sozialökologie. Die ökologische (biotische) Ordnung bildet das Fundament dessen, was das eigentliche Untersuchungsgebiet des Soziologen ausmacht: jenes über Kommunikation und Interaktion geschaffene Gebilde von Sitten und Überzeugungen, Gewohnheiten und Traditionen, kurz von Kultur, das erst die menschliche Gesellschaft von Pflanzen- und Tiergemeinschaften unterscheidet. Die sozialräumliche Gliederung der Stadt ist Effekt der Konkurrenz um knappe materielle und räumliche Ressourcen. (Lindner 1990, S. 78 f.)

Menschliche Gesellschaften unterscheiden sich jedoch von pflanzlichen und tierischen Milieus durch die Rolle der Kommunikationsprozesse, die andere Verbindungen zwischen Menschen stiften, als sie zwischen Tieren und Pflanzen beobachtbar sind. Gesellschaft besteht für Park und Burgess im Anschluss an John Dewey durch Kommunikationsprozesse und in Kommunikationsprozessen. Kommunikation ist die Brücke zwischen den Individuen, der Prozess, in dem ein „öffentliches Diskursuniversum" entsteht, ein Bereich, in dem die verschiedenen Perspektiven aufeinander treffen und gemeinsame Symbole und Situationsdeutungen entwickeln können:

> Society not only continues to exist *by* transmission, *by* communication, but it may fairly be said to exist *in* transmission, *in* communication. There is more than a verbal tie between the words common, community, and communication. (John Dewey 1916, zit. nach Park und Burgess 1924, S. 36)

Für Park und Burgess gilt bereits 1921 selbstverständlich, dass die neuen Kommunikationstechnologien ihrer damaligen Zeit die Weltgesellschaft hergestellt haben und damit umfassende Transformationen der „angeschlossenen" Kulturen angestoßen sind:

> World-society of today, which depends upon the almost instenteneous communication of events and opinion around the world, rests upon the invention of telegraphy and the laying of the great ocean cables. Wireless telegraphy and radio have only perfected these earlier means and render impossible a monopoly or a censorship of inter-

communication between peoples. The traditional cultures, the social inheritances of ages of isolation, are now in a world-process of interaction and modification as a result of the rapidity and the impact of these modern means of the circulation of ideas and sentiments. (Park und Burgess 1924, S. 343 [1921])

Kommunikation ist eine Form der sozialen Interaktion, in der Individuen ihre individuellen Erfahrungen in öffentliche und gemeinsame Erfahrungen, Zeichen, Symbole, in „kollektive Repräsentationen" (Emile Durkheim) und all das übersetzen, was als Werte, Normen, Verhaltensmuster, eine spezifische „Kultur" ausmacht. Durch Kommunikation schaffen sich Individuen ein gemeinsames Zeichenuniversum, ein „universe of discourse", das wiederum zur Grundlage ihres individuellen Zeichengebrauchs wird, der sich in Sozialisationsprozessen entwickelt:

> Jedes natürliche Gebiet [‚natural area'] hat bzw. hat tendenziell seine eigentümlichen Traditionen, Bräuche, Konventionen, Anstandsregeln [‚decency'] und Anstandsformen [‚propriety'], und wenn es nicht eine eigene Sprache hat, so verfügt es zumindest über ein Diskursuniversum, in dem Worte und Handlungen eine Bedeutung haben, die sich je nach lokaler Gemeinschaft merklich unterscheidet. (Park 1952c, S. 201, zit. nach der Übersetzung von Christmann 2007, S. 80)

Die kulturelle Ordnung, von der schon die Rede war, wird, so nahmen Park und Burgess an, über die zwei bereits erwähnten Basisprozesse erzeugt: die Kommunikation, die integrierend und vergesellschaftend wirke, und die Konkurrenz, die individualisierend und arbeitsteilend wirke. Zusammen genommen ergibt dies vier Basistypen der Interaktion oder Formen der Vergesellschaftung, die in der Art eines „Interaktionszirkels" miteinander verbunden sind: den konkurrenz- und damit gleichsam instinkthaften Wettbewerb, den Konflikt (als bewusst gewordener Wettbewerb), die Akkommodation (d. h. die Entstehung von Einigungen) und die Assimilation (also das Verschwinden der Unterschiede). In letzterem sah Park den Fluchtpunkt der Migrationsentwicklungen, auch wenn dafür die aktuelle Chicagoer Situation noch wenig Anhaltspunkte gab. Doch handelt es sich dabei nach Ansicht der Autoren um Sozialprozesse, die in der einen oder anderen Weise jedes soziale Gebilde betreffen, nicht nur die Einwanderergesellschaft.

Städte erscheinen in dieser humanökologischen Perspektive als große Menschenzusammenballungen in einem labilen Gleichgewicht, in ständiger Bewegung und chronischer Krise. Ähnlich wie bei Georg Simmel, dessen Konzept der ständigen „Wechselwirkung" zwischen den Individuen als Grundlage des Sozialen hier ungemein einflussreich ist (vgl. Simmel 1992 [1908]) gilt Park und Burgess die Ebene des Sozialen als permanenter Prozess, auf den die Gesellschaft Stabilisierungsversuche sozialer Kontrolle richtet – soziale Kontrolle nicht verstanden als Überwachung des Verhaltens, sondern als gelingende gesellschaftliche Selbstgestaltung. Bezogen auf die Stadtentwicklung bedeutet dies, dass sich städtische Milieus durch Prozesse räumlicher Segregation stabilisieren und dadurch zu einem Puzzle kleiner Welten werden, das einerseits Distanzen zwischen kulturellen Mustern etabliert, andererseits aber auch gerade die Freisetzung und Entfaltung von Individualität für diejenigen ermöglicht, die der spezifischen Zugehörigkeit entgehen. Die soziologische Analyse kann diese Prozesse sowohl im Hinblick auf sozialstrukturelle Merkmale – z. B. Bevölkerungsverteilungen, Berufsstrukturen – wie auch im Hinblick auf die sich entwickelnden, beispielsweise stadtteilspezifischen und migrationsbedingten kulturellen Muster beschreiben. Im städtischen Labor entstehen nicht nur neue Berufe und Persönlichkeitstypen, Mentalitäten und Verhaltensweisen. Es wandeln sich auch die institutionellen Formen und die Probleme sowie Möglichkeiten der sozialen Kontrolle. Die Kommunikationsprozesse übernehmen in dieser Abfolge von Interaktionskonstellationen eine zentrale Rolle, denn über sie entsteht die neue Form des sozialen Zusammenhalts. Park interessierte sich deswegen gerade für die „ethnische Presse", d. h. für die spezifischen Medienkulturen der einzelnen Migrantengruppen und für die Frage, inwieweit dort Unterschiedlichkeiten fortgeschrieben oder auch Bezüge zur US-amerikanischen Kultur und Gesellschaft hergestellt wurden.

Kommunikationsprozesse bilden nicht nur – etwa in Gestalt der massenmedialen Öffentlichkeit – eine insgesamt historische Grundlage des sozialen Zusammenhalts, sondern sind auch die Vorbedingung jeglicher Ausbildung der menschlichen Persönlichkeit. Die Entwicklung der menschlichen Kompetenz des Symbolgebrauchs setzt Kommunikation voraus und wird durch Kommunikation vermittelt. In ihrer Theorie der Person bzw. der Identitätsbildung übernehmen Park und Burgess insbesondere die diesbezüglichen Überlegungen von Charles H. Cooley, der eine entsprechende Sozialisationstheorie entwickelt hatte (s. u. Kap. 3.1). Schon Thomas und Znaniecki hatten in ihrer Studie über die Polnischen Bauern betont, dass die menschliche Persönlichkeit keine feststehende Größe sei, sondern sich in sozialen Kontexten permanent weiterentwickele und deswegen eher einer „Karriere" gleich komme, immer wieder auf neue Herausforderungen treffe und sich daran und dadurch verändere:[28]

> The sociological conception of personality, so far as sociologists have formulated any independent conceptions of their own, may be said to take its departure from the observations of Thomas and Znaniecki that ‚personality is the subjective aspect of culture'. The customs of the community inevitably become the habits of the individu-

---

[28] Vgl. zu den Einflüssen von Thomas auf Park Matthews (1977, S. 97 ff.).

als who compose it (…). What may be described as the processes of socialization (…) are therefore not merely the processes by which an individual is incorporated into a society, but they are the processes by which the individual, in achieving social status, becomes not merely a human being but a person. That is to say, an individual, conscious of rights and duties and more or less concerned about the common welfare of the group to which he belongs. (Park 1950c, S. 358 f.)

Nach Parks Einschätzung begegnen wir Anderen zunächst immer als Träger von Rollen oder „Masken" – das ist die ursprüngliche Bedeutung des Begriffs „Person" –, d. h. als soziale Typen, hinter der wir die Besonderheit des Einzelnen nicht sehen und häufig auch gar nicht sehen können, wenn sich Begegnungen und Kontakte nicht vertiefen. Auch betonte er, dass Individuen immer Eigenwilligkeiten und Eigenanteile haben, d. h. sie bilden sich nicht vollständig in der Interaktion und sozialen Beziehungen, sondern setzen solchen Bezügen auch Eigenes, Widerständigkeiten usw. entgegen. Jedes Individuum verfüge über eine Art Restgeheimnis, darin bestehe seine Freiheit und Tragödie zugleich – eine Position, die über die Vermittlung des Park-Schülers Everett C. Hughes einen starken Nachhall im Werk von Erving Goffman finden wird (vgl. Kap. 6).

Robert Ezra Park (1864– 1944)
Robert Park gilt als einer der einflussreichsten amerikanischen Soziologen seiner Zeit. Er wurde 1864 in Harveyville, Pennsylvania geboren. Park studierte Philosophie bei William James in Harvard und John Dewey in Michigan. Mit letzterem befreundete er sich und gründete bereits in Michigan die Zeitschrift „The thought news", die eine reformorientierte Sozialberichterstattung mit pädagogisch-karitativen Zielsetzungen befördern sollte, doch nie erschien. Später in Chicago bleibt Dewey ein wichtiger Begleiter von

2.2 Die führende US-amerikanische Soziologieschule ihrer Zeit 67

Parks Soziologie. Zwischen 1890 und 1899 arbeitete Park bei verschiedenen Zeitungen und Zeitschriften als Journalist, u. a. beim Chicago Journal. In seinen Gerichts-, Polizei- und Lokalreportagen und später als Soziologe interessierte er sich sowohl für Sensationen wie auch für die Lebenssituation und das Alltagsleben von sozialen Randgruppen.

1898 ging Park zur Fortsetzung des Philosophiestudiums nach Havard. Dort hinterlässt insbesondere William James mit seiner Kritik an abstrakten, universalen Kategorien und seinem Plädoyer für Erfahrungsnähe der Aussagen bei ihm großen Eindruck. Ab 1899 hielt Park sich mit seiner Frau und seinen Kindern vier Jahre lang in Deutschland auf, wo er u. a. Soziologie bei Georg Simmel in Berlin studierte. Im Herbst 1903 gingen sie zurück in die USA. Park arbeitete als Assistent für Philosophie in Harvard und promovierte von dort aus bei Wilhelm Windelband in Heidelberg mit einer Arbeit über „Masse und Publikum". Gegen Ende des Jahres 1904 verlässt er erneut den Universitätsbetrieb, dieses Mal übernimmt er die Stelle des Sekretärs und chief publicity agent bei der Congo Reform Association, einem Verband, der sich für eine Verbesserung der Situation im damaligen Belgisch-Kongo einsetzte. Park arbeitet damit auch wieder journalistisch. 1905 lernte er den schwarzen Bürgerrechtler Booker T. Washington vom reformorientierten Tuskegee Institute kennen. Über lange Jahre war er dann dessen Pressereferent, Assistent und Ghostwriter. Das führte ihn zu seinem Interesse an der Untersuchung der Probleme und des Lebens der Schwarzen. 1910 reiste er mit Washington durch Europa, um das Leben der Arbeiter in den verschiedenen Ländern zu verstehen und mit der Lebenssituation der Schwarzen in den USA zu vergleichen. 1913 trat er, mittlerweile 49 Jahre alt, auf eine Anfrage von William Thomas, mit dem er sich befreundet hatte, seine erste Stelle als Soziologe an der University of Chicago an und hält auf dessen Bitte hin Vorlesungen über „The Negro in America"; 1923 erhält er eine Professur für Soziologie. 1925 wird Park zum Präsidenten der American Sociological Association gewählt. Auch wenn er eine reformorientierte Soziologie betreibt und selbst praktisch engagiert ist, etwa in der Frage der Rassenbeziehungen oder lokal-städtischen Demokratiebewegungen, so fordert er doch für die Soziologie das Absehen von moralischen Urteilen: moralische „Gutmenschen" ergäben keine guten Soziologen. 1934 verlässt er die University of Chicago und lehrt in den letzten Lebensjahren an der Fisk University. Zahlreiche Studienreisen führten ihn im Laufe seines Lebens u. a. nach Deutschland, England, Italien, Ungarn, Polen, Hawaii, China, Indien, Brasilien oder Südafrika. Vielleicht schrieb er auch deswegen (und vor dem

Hintergrund seiner Einschätzung der Bedeutung der Massenmedien) schon: „Amerika, das einst in einem exklusiven Sinne der Schmelztiegel der Rassen war, ist dies heute nicht mehr länger. Der Schmelztiegel ist die Welt." (Park 1950d: 149 [1926]; hier zit. nach der Übersetzung in Christmann 2007, S. 90)

Park hat zusammen mit seinem jüngeren Schüler und Kollegen Ernest W. Burgess ein zum damaligen Zeitpunkt überaus einflussreiches Einführungsbuch in die Soziologie verfasst (das Standardwerk seiner Zeit). Seine 1915 gehaltene Antrittsvorlesung über „The City" ist ein Gründungstext der modernen Stadtforschung, wenn nicht gar der empirischen Sozialforschung überhaupt; der von ihm im Hinblick auf die Migrationsbeziehungen entwickelte Sozialtypus des „Marginal Man" stellt eine ungebrochen aktuelle Diagnose der Implikation von Migrationsprozessen in modernen Gesellschaften dar.

Lektürevorschlag:
Park, Robert E. (1928). Human migration and the marginal man. *American Journal of Sociology, 33*, S. 881–893. (Wiederabdruck Park 1950b) [klassische Perspektive auf die Lebenssituation von Migranten und Migrantinnen als diejenigen, die nirgens dazu gehören].

Vertiefung:
Christmann, Gabriele (2007). *Robert E. Park*. Konstanz: UVK [eine informative Darstellung von Leben und Werk].
Joas, Hans (1992). Von der Philosophie des Pragmatismus zu einer soziologischen Forschungstradition. In Hans Joas (Hrsg.), *Pragmatismus und Gesellschaftstheorie* (S. 23–65). Frankfurt/Main: Suhrkamp [ursprünglich 1988 als Artikel in *der Kölner Zeitschrift für Soziologie und Sozialpsychologie*].
Lindner, Rolf (1990). *Die Entdeckung der Stadtkultur. Soziologie aus der Erfahrung der Reportage*. Frankfurt/Main: Suhrkamp [eine gut lesbare, ausführliche Erläuterung der Bedeutung von Park für die Chicago School of Sociology].
Plummer, Ken (Hrsg.) (1997). *The Chicago school. Critical assessments*. London: Routledge [eine über 1000 Seiten umfassende Textsammlung mit Beiträgen zur Entwicklung, theoretischen Orientierung und Bedeutung der Chicago School].

Originalwerke (Auswahl):
Park, Robert E. & Burgess, Ernest W. (1969). *Introduction to the science of sociology*. Chicago: University of Chicago Press [1921].

> Park, Robert E. (2005). *Race and culture*. London: Routledge [Aufsatzsammlung, zuerst erschienen als Vol. I der Collected Papers 1950; enthält u. a. den Aufsatz über den „Marginal Man"].
> Park, Robert E. (1952). *Human communities. The city and human ecology* (Collected Papers Vol. II). Glencoe: The Free Press [enthält u. a. den Aufsatz über „The City" aus dem Jahre 1915 bzw. 1925].
> Park, Robert E. (1955). *Society* (Collected Papers Vol. III). Glencoe: The Free Press [Aufsatzsammlung, enthält u. a. Auszüge aus der *Introduction to the Science of Sociology* sowie Beiträge über die Massenmedien und kollektives Verhalten].
> Bildnachweis: Homepage der American Sociological Association, www.asanet.org/about/presidents (Stand vom 17.7.2012)

Zwar machten solche Überlegungen – wie sie wesentlich allgemeiner und umfassender auch in der *Introduction to the Science of Sociology* (Park und Burgess 1924) ausgeführt sind – das theoretische Grundgerüst der Chicagoer Stadtsoziologie aus, doch in den bereits erwähnten Studien stellen sie eher einen selbstverständlichen Hintergrund oder nicht weiter explizierten Ausgangspunkt dar, an dem die empirische Forschung ansetzt. Das soziologische Interesse Parks und der von ihm beeinflussten Chicagoer Soziologie gilt dem Wandel auf der Ebene des Handelns, der Gruppen und Institutionen, weniger den festen Strukturgebilden. Park hatte dabei vor allem die Folgen der Migrationsprozesse vor Augen und untersuchte nicht nur die Vielfalt der städtischen Lebensformen, die Lebenssituation der Afroamerikaner(innen) oder der europäischen Migrantinnen und Migranten, die ihre Verhaltensweisen aus der „alten Welt" mit in die neue Großstadterfahrung einbrachten. Auch die Rolle der Massenmedien und der dadurch hergestellten Öffentlichkeit für die Separation oder Integration der verschiedenen Einwanderergruppen bildete neben Analysen von soziokulturellen Grundlagen der Rassenbeziehungen und Rassenkonflikte ein ungebrochen aktuelles Thema seiner Arbeiten. Das alles ließ sich vortrefflich auf die Chicagoer Situation beziehen und dort studieren.

2.2.6 Kosmopolitische Realitäten

Wenn in der heutigen deutschsprachigen Soziologie insbesondere von Ulrich Beck mit Blick auf Phänomene globaler Vernetzung, Transnationalisierung und Migration auf die gegenwärtige „Kosmopolitisierung" unserer Gesellschaften hingewiesen wird (Beck 2000), dann ist eine solche Erfahrung vor fast hundert Jahren im

Kontext der US-amerikanischen Einwanderungen für Park bereits selbstverständlich:

> Particulary in a cosmopolitan country like our own, where the individuals vary so widely in respect to their cultural backgrounds, as well as in their vocations, things do not have for each and every individual, no more than for each and every community, the same relative value. (Park 1952a, S. 19)

Park war im Rahmen seiner Stadtsoziologie insbesondere an den Migrationsphänomenen und an der damit zusammenhängenden sozialen, kulturellen und räumlichen Mobilität interessiert. Unter dem Eindruck von Georg Simmels Essay über den „Fremden" faszinierte ihn die Idee, aus den Mobilitätsprozessen könne eine neue soziale Figur entstehen, diejenige des kosmopolitischen Intellektuellen, des „marginal man", Grenzgängers oder „Randseiters" (Merz-Benz und Wagner 2002), der sich seiner Situation „zwischen den Welten" bewusst ist und von da aus neue Kreativität entwickelt. Der „Marginal Man" ist ein kultureller Hybrid, der gegenüber allen Welten, denen er begegnet, die Rolle des Fremden und Kosmopoliten einnehmen muss und einzunehmen versteht. Ähnlich wie der „Fremde" ist er eine soziale Figur, die kommt und bleibt, aber wurzellos und mobil, ohne völlig mit seiner Herkunft zu brechen oder in der Ankunftsgruppe vollständig aufzugehen. Ja, er kann darin nicht aufgehen, weil unter den Bedingungen des städtischen Laboratoriums überhaupt keine homogene Ankunftsgesellschaft existiert. Er befindet sich insoweit in einer ambivalenten Situation, ist Fremder unter Fremden. Die ethnisch gemischten Großstadtviertel der Gegenwart sind exemplarische Beispiele für solche Konstellationen.

> What took place in Greece first has since taken place in the rest of Europe and is now going on in America. The movement and migration of peoples, the expansion of trade and commerce, and particulary the growth, in modern times, of these vast meltingpots of races and cultures, the metropolitan cities, has loosend local bonds, destroyed the cultures of tribe and folk, and substituted for the local loyalties the freedom of the cities; for the sacred order of tribal custom, the rational organization which we call civilization. In these great cities, where all the passions, all the energies of mankind are released, we are in position to investigate the processes of civilization, as it were, under a microscope. (…) It is in the mind of the marginal man that the moral turmoil which new cultural contacts occasion, manifests itself in the most obvious forms. It is in the mind of the marginal man – where the changes and fusions of culture are going on – that we can best study the processes of civilization and of progress. (Park 1950b, S. 353 und 356)

Mit der soziokulturellen Lage des marginal man (und natürlich der marginal woman) ist ein prekärer Balanceakt auf der Trennlinie zwischen Kulturen angesprochen, der gewiss schwierige Probleme der Identitätsfindung und -behauptung mit

2.2 Die führende US-amerikanische Soziologieschule ihrer Zeit

sich bringen kann. Ein gutes Beispiel dafür liefert der Film „Gegen die Wand" von Fatih Akin aus dem Jahre 2004. Dessen Protagonisten, ein deutschtürkischer Mann und eine deutschtürkische Frau aus Hamburg, sind in einen schmerzlichen Prozess der Ortlosigkeit und Selbstfindung eingebunden, in dem unterschiedliches Nichtdazugehören, die Zwänge eines spezifischen türkischen Milieuhintergrundes in Deutschland und die Suche nach Wurzeln in der Türkei dramatisch miteinander verflochten werden. Das ist die negative Variante des Marginal Man, von der Park eben auch spricht: „But in the case of the marginal man the period of crisis is relatively permanent." (Park 1952b, S. 356)

Park betont nicht nur die negativen Seiten, sondern die neuen, kreativen Möglichkeiten der Erfahrung und des Handelns, die eine solche gesellschaftliche Situation bietet. Deswegen könnte man vielleicht sagen, dass der „Marginal Man" den Prototyp der modernen Subjektivität, mehr noch: des kosmopolitischen Nomaden unserer Zeit abgibt (Makropulus 2004):

> The marginal man is a personality type that arises at a time and a place where, out of the conflict of races and cultures, new societies, new peoples and cultures are coming into existence. The fate which condemns him to live, at the same time, in two worlds is the same which compels him to assume, in relation to the worlds in which he lives, the rôle of a cosmopolitan and a stranger. Inevitably he becomes, relatively to his cultural milieu, the individual with the wider horizon, the keener intelligence, the more detached and rational viewpoint. The marginal man is always relatively the more civilized human being. (Park 1950e, S. 375 f.)

Das Konzept des „Marginal Man" ist ein Beitrag Parks zur Erforschung des Migrationsgetümmels in Chicago, zugleich Ausdruck seiner eigenen Lebensgeschichte und einer utopischen Hoffnung, die auch und gerade heute von ungebrochener Aktualität ist. Der „marginal man" im zuletzt erwähnten Sinne ist weniger der randständige, nicht richtig zugehörige Mensch, sondern derjenige, der seine Möglichkeiten daraus zieht, im Schnittpunkt, im Mischungsbereich oder auf der Konfrontationslinie zwischen verschiedenen Kulturen zu leben:

> Die marginale Persönlichkeit wird zur Schlüsselfigur des Kulturkontakts, weil dieser in sie hineinverlagert ist, ja sie verkörpert ihn, bildet sie doch den Schmelztiegel, in dem die kulturellen Prozesse stattfinden. Das Leben in der Schwebe führt zunächst zu einer psychischen Krise, die das Gefühl der Entwurzelung und Desorientierung dominiert. Aber die Verarbeitung dieser Krise eröffnet dem Randseiter eine Chance, die dem Verwurzelten nicht so leicht zufällt. (…) Aufgrund seiner dualen Kultursituation verliert der Randseiter jene naive Selbstgewißheit, die den in seiner Kultur festverwurzelten, bodenständigen Typus auszeichnet; mangels entsprechender Kulturtechniken ist er zugleich nicht in der Lage, einfach in das neue kulturelle Milieu einzutauchen. (…) In seiner Person vereinigt der Mensch in der Schwebe das Wissen und den Einblick des Eingeweihten mit der kritischen Attitüde des Außenstehenden, was ihn für die Rolle des Mittlers und Interpreten prädestiniert. (Lindner 1990, S. 203 f.)

2.2.7 Where the action is: Soziologie als „Fieldwork"

Field work refers (...) to observation of people *in situ*; finding them where they are, staying with them in some role which, while acceptable to them, will allow both intimate observation of certain parts of their behavior, and reporting it in ways useful to social science but not harmful to those observed. (Hughes 1993b, S. 496)

„Where the action is" – „Wo was los ist", so lautet ein Aufsatztitel des kanadischen Soziologen Erving Goffman aus dem Jahre 1967, der sich auf Untersuchungen in Spielkasinos bezog (vgl. Kap. 6). Goffman sah sich als „urban ethnographer" in der Tradition von Everett C. Hughes (1897–1983).[29] Er betont damit die Feldforschung in urbanen Kontexten, die als die eigentliche Besonderheit der Chicagoer Soziologie betrachtet werden kann.[30] Diese an der Ethnologie und der Kulturanthropologie geschulte Forschungshaltung überträgt deren „Fieldwork" in die Großstadt und deren vielfache soziale Milieus oder räumliche Subeinheiten. Dort Feldforschung zu betreiben, dass hieß zum einen, eine soziologisch neue Nähe zu den Forschungsgegenständen zu riskieren, und das implizierte zum anderen, auf unterschiedlichste Daten und Verfahren der Datenerhebung zu setzen – einfach alles einzubeziehen, was verfügbar war oder verfügbar gemacht werden konnte. Hughes und Herbert Blumer (vgl. Kap. 3.2) gehören zur Mittlergeneration zwischen der ersten und der „zweiten" Chicago-School (Fine 1995). Sie hatten in Chicago unter anderem bei Park Lehrveranstaltungen besucht und wurden, wie Blumer, sofort Mitarbeiter der Chicagoer Soziologie, oder, wie Hughes, nach einer zwischenzeitlichen Lehrtätigkeit in Montreal dann ab Ende der 1930er Jahre. Bei ihnen wiederum studierten Joseph Gusfield, Howard S. Becker, Erving Goffman und Anselm Strauss, die später zu wichtigen Protagonisten des *Symbolischen Interaktionismus* und anderer Ansätze des *Interpretativen Paradigmas* avancierten (vgl. Kap. 4.3 und 7). Der Einfluss von Blumer und Hughes auf die Chicagoer Tradition war sehr unterschiedlich. Während Blumer mit seinem Theoriekonzept des „Symbolischen Interaktionismus" zum hauptsächlichen Theorie-Stichwortgeber dieses Paradigmas werden sollte, war der Einfluss von Hughes eher subkutan und spielte sich auf der Ebene der konkreten Anregung und Durchführung der Feldforschungen in Chicago und in den später anschließenden Arbeiten ab. Denn obwohl Park ein großer Initia-

---

[29] Vgl. zu Goffman Raab (2008a, S. 41 ff.). Obwohl Goffman mit seinen frühen Arbeiten mitunter dieser ‚zweiten Chicago School' zugerechnet wird (Fine 1995), hat er selbst seine Einordnung in den Symbolischen Interaktionismus abgelehnt. Tatsächlich kommt seinem Werk eine große Originalität zu, so dass es weiter unten als eigenständige Position innerhalb des Interpretativen Paradigmas vorgestellt wird (vgl. Kap. 6). Vgl. zum zeitgenössischen Überblick auch den frühen Sammelband von Rose (1962).

[30] Vgl. zu einem Überblick über die Ethnographien der Chicago School Deegan (2007).

2.2 Die führende US-amerikanische Soziologieschule ihrer Zeit 73

tor soziologischer Feldforschung in den städtischen Lebenswelten war und äußerst entschieden den Gang in die Praxis forderte, gab es in der Chicago School bis auf ein 1928 erschienenes Buch von Vivien Palmers (Palmers 2007) über *Field Studies in Sociology* keine weiteren Hilfestellungen für die konkrete Durchführung der empirischen Forschungen. Die von William I. Thomas präferierten Interviews und Dokumentanalysen erschöpften ja die Forschungsmöglichkeiten keineswegs. Palmers hatte viele der frühen Chicagoer Feldstudien betreut und in ihrem Band die verschiedenen Vorgehensweisen zusammengetragen. Ihr Buch galt neben der von Park und Burgess vorgelegten *Introduction to the Science of Sociology* als das einschlägige (und bis heute nützliche) Methodenwerk der Chicagoer Soziologie. Das beinhaltete auch die Auswertung statistischer Daten und aller möglichen zugänglichen Datenformate, die zu einer Fragestellung Auskunft geben konnten, einschließlich der teilnehmenden Beobachtung. Insoweit waren die Feldstudien nicht notwendig nur auf ethnographische Zugänge beschränkt, sondern bezogen je nach Thema vielfältige Quellen mit ein.

Doch was bedeutete es, tatsächlich „ins Feld" zu gehen? Wie sollten die angehenden Soziologen und Soziologinnen an diese schwierige und unklare Aufgabe herangeführt werden? Die entsprechende Anleitung kam neben den Ermunterungen durch Park und Burgess sowie den wichtigen methodischen Hilfestellungen von Vivien Palmers dann vor allem dem Park-Schüler Hughes zu. Dieser initiierte nach längeren Universitätsveranstaltungen zur Einführung in die Feldforschung Anfang der 1950er Jahre ein umfangreiches „Field Training Project" (vgl. Hughes 1993b) für die angehenden Soziologinnen und Soziologen. Hughes wurde insgesamt in seinem Chicagoer Wirken ab 1938 durch sein großes Interesse für die empirische Forschung und seine Lehrforschungsinitiativen zum wesentlichen Mentor der späteren Studien des *Symbolischen Interaktionismus* (und auch der Soziologie Goffmans): „The Field Training Project was the moment of invention of an interactionist methodology in fieldwork in sociology and of an articulation of most of the questions one still finds today in fieldwork manuals." (Cefaï 2002, S. 25)

Hughes interessierte sich weniger für Theorie und Methodologie als für empirisch substantielle Beobachtungen. Dabei sollten die feldforschenden Soziologinnen und Soziologen sich von allem inspirieren lassen, was ihnen in den Sinn kam: „Observation" und „Imagination" – in Anlehnung an das berühmte Buch von Charles W. Mills (1916–1962) über *The Sociological Imagination* aus dem Jahre 1959 (Mills 1973) – sind die beiden Stichworte, die ihm retrospektiv als zentrale Marker seiner soziologischen Perspektive gelten (Hughes 1993a, S. XVI [1971]) Dazu konnte bspw. auch gewagte Parallelen zwischen Personenkategorien dienen, wenn es darum ging, Ähnlichkeiten und Unterschiede ihrer jeweiligen Arbeitsfelder und Arbeitsaufgaben zu erkunden bzw. die spezifische Funktionsweise eines sozialen

Feldes durch die Referenz auf ein scheinbar völlig anderes zu erhellen (Riesman und Becker 1993, S. XI). Vergleiche von „Extremgruppen", z. B. von Psychotherapeuten mit Prostituierte, deren Kunden beide besondere Zuwendungen erwarten würden, oder der Einsatz von Metaphern sollte seiner Ansicht nach soziologische Einsichten über Gegenstandsbereiche befördern (vgl. Raab 2008a, S. 41 ff.). Als ausgezeichnete klassische Studie gilt seine Untersuchung über den Wandel von Quebec, „French Canada in Transition", die er in seiner Zeit an der Montrealer McGill-Universität verfasste (Hughes 2009 [1943]).

Hughes arbeitete vorwiegend auf den Feldern der Berufs- und Arbeitssoziologie, beschäftigte sich mit Institutionen und Organisationen, die als kollektive Akteure begriffen wurden, oder auch mit den Fragen der Rassenproblematik und der ethnischen Beziehungen, mit den Gefahren des Nationalsozialismus oder der Arbeiterbewegung im Rheinland (vgl. Hughes 1993). Nach dem zweiten Weltkrieg nahm er an Programmen der Chicagoer Universität zum Wiederaufbau der deutschen Universitäten (durch die Förderung von Lehrenden) teil und hatte 1948–1958 drei Gastprofessuren in Frankfurt/Main inne.[31] In seiner inhaltlichen Arbeit führte er u. a. das Park'sche Konzept der Marginalität weiter aus und übertrug es auf die Situation von Frauen. Auch beeinflusste er die Human Relations-, Arbeits- und Berufsforschung. Sein Einfluss äußerte sich weniger durch Schriften, wie bei seinem Kollegen Herbert Blumer, sondern in der Auswahl der Forschungsgegenstände des späteren *Symbolischen Interaktionismus,* und in den konkreten Methoden der Forschung:

> Hughes' Aufmerksamkeit richtet sich speziell auf die Professionen, die akademischen Berufe (…) Er untersucht ideologiekritisch die Berufsideologien verschiedener Gattungen akademischer Berufe als Mittel, Kontrollfreiheit und hohen Status zu erreichen; ihn interessieren die Techniken und Taktiken, ungeliebte Arbeit abzuschieben und Fehler vor nachgeordneten Beschäftigten und Klienten zu verschleiern. (Joas 1992b, S. 52)

Das Studium von Institutionen, Organisationen und anderen sozialen Gebilden war immer mit der Forderung verknüpft, sich mit dem jeweiligen Innenleben dieser Phänomene zu beschäftigen und gleichzeitig auf die eigene Tätigkeit der soziologischen Beobachtung und Analyse zu reflektieren:[32]

---

[31] Vgl. die biographischen Angaben auf der Webseite der University of Chicago Library aus dem Jahre 2006 (Guide to the Everett Cherrington Hughes Papers, 1922–1982; http://ead.lib.uchicago.edu/learn_on3.php?eadid=ICU.SPCL.ECHUGHES&format=raw-xml&collection=project/SCRC; Zugriff vom 13.07.2011).

[32] Vgl. dazu die Beiträge zu den unterschiedlichen Arbeitsfeldern von Hughes in der von Howard S. Becker u. a. herausgegebenen Gedächtnis-Festschrift (Becker u. a. 2009).

2.2 Die führende US-amerikanische Soziologieschule ihrer Zeit 75

> If sociology is conceived as the science of social interaction and of the cultural and institutional results of interaction (which become factors conditioning future interaction), then field observation is applied sociology. Insofar as the field observer becomes a conscious observer and analyst of himself in the role of observer, he becomes also a pure sociologist. (Hughes 1993b, S. 505)

2.2.8 Die Gesellschaft an der Straßenecke

Ein exemplarisches Echo und Anwendungsbeispiel fand die Feldforschungstradition der Chicago School, als sie, zumindest was ihre ursprüngliche Bedeutung betraf, bereits längst im Niedergang begriffen war. Es handelt sich dabei um William F. Whytes (1914–2000) berühmte Untersuchung über „Die Street Corner Society. Die Sozialstruktur eines Italienerviertels", mit der er an der University of Chicago 1942 seinen Doktorgrad, den PhD erlangte. Whyte hatte in Harvard studiert, stammte also keinesweges direkt aus der Chicagoer Soziologie. Dennoch wurde seine Studie mit deren Tradition in Verbindung gebracht, nicht nur wegen ihrer Vorgehensweise und ihres Inhaltes, sondern wohl auch, weil Whyte sie in zwei Jahren an der Chicagoer Universität fertig stellte und damit bei Everett C. Hughes und W. Lloyd Warner promovierte. Whyte, der später Professor an der Cornell University und ebenfalls, wie schon Park und Thomas, Präsident der *American Sociological Association* werden sollte, präsentiert in seiner 1939/1940 durchgeführten Untersuchung die Ergebnisse einer teilnehmenden Beobachtung im Bostoner Slum-Stadtviertel North End, in dem er über zwei Jahre hinweg gelebt hatte. Er porträtiert vor allem das Alltagsleben zweier Straßengangs, der Corner Boys und der College Boys in dem heruntergekommenen Viertel, das von „anständigen" Amerikanern gemieden wurde. Weitere Kapitel sind den Beziehungen zwischen der Unterwelt und der Politik – den „big shots" – in Bezug auf mehr oder weniger illegale Geschäfte und Glücksspiele gewidmet. Bei den „little guys", also den Corner Boys und den College Boys handelt es sich um „Jugendliche mit Migrationshintergrund", d. h. um Kinder italienischer Einwanderer, die im Viertel und in ihren Gangs ihre eigene, „lokale Kultur" (Peter Atteslander) herausbilden und leben:

> Die corner boys, die Eckensteher, sind Gruppen von jungen Männern, deren gesellschaftliche Aktivitäten sich an bestimmten Straßenecken konzentrieren, die nächstgelegenen Friseurläden, Imbissstuben, Billardsalons oder Clubs eingeschlossen. Sie bilden in ihrer Altersgruppe die unterste Stufe der Gesellschaft und stellen zugleich die große Mehrheit der jungen Männer von Cornerville dar. Während der Wirtschaftskrise waren die meisten arbeitslos oder nur unregelmäßig beschäftigt. Wenige hatten die Oberschule (High School) abgeschlossen, und viele von ihnen waren schon vor dem Ende der achten Klasse abgegangen. Die college boys sind eine kleine Gruppe junger Männer, die sich durch eine bessere Ausbildung über die Stufe der corner boys

erhoben haben. Sie versuchen, sich Positionen in besseren Berufen zu schaffen, und ihr sozialer Aufstieg ist noch nicht abgeschlossen. (Whyte 1996, S. 4)

Gegenstand des Buches sind nicht nur die Beziehungen innerhalb der „little guys" und innerhalb der „big shots", sondern auch die Begegnungen zwischen den Vertretern dieser beiden sozialen Gruppen. So „wissen wir, wie die Gesellschaft von Cornerville organisiert ist. Auf der Grundlage dieses Wissens wird es möglich, die Loyalitäten und Bindungen der Bewohner des Viertels und die Bedeutung der Aktivitäten von Politikern und Gangstern zu erklären." (Ebd., S. 6) Bspw. zeigt Whyte in einer eindrucksvollen dichten Beschreibung, wie die Rangordnung der Gruppe die Leistung der Mitglieder im Bowlingspiel, einer der häufigsten Freizeitaktivitäten, beeinflusst. Spieler, die, wenn sie alleine spielen, sehr gut und den Ranghöchsten deutlich überlegen sind, agieren in gemeinsamen Spielen nur noch so, wie es ihrer Gesamtstellung in der Gruppe entspricht. Die ungebrochene Aktualität dieser Arbeit liegt darin, dass Whyte deutlich machen kann, wie die verschiedenen Gangs ihre eigenen Kulturen des Viertels aufbauen und sich damit ihr Leben gestalten, aber dadurch gleichzeitig in Konflikte mit anderen geraten – ein Thema, das auch in den heutigen Großstädten allgegenwärtig ist. Interessant bleibt das Buch auch wegen seiner offenen Behandlung methodischer Fragen: Whyte schildert seine mehrfach missglückenden Versuche, einen guten Zugang in sein Feld zu finden und er verschweigt auch nicht die Irrtümer, das tastende und suchende Vorgehen, die Schwierigkeiten und Probleme, die ein entsprechendes Forschungsprojekt mit sich bringen kann. Bevor es ihm gelingt, über einen Anführer der Corner Boys, der im Text als „Doc" erscheint und dessen Vertrauen er gewinnt, einen Platz im Viertel zu finden, gilt es, Rückschläge zu verkraften:

> Dann traf ich in Harvard einen jungen Wirtschaftswissenschaftler, dessen Selbstbewusstsein und Vertrautheit mit Eastern City mich beeindruckten. Er war früher in einem Gemeindezentrum des Viertels ein und aus gegangen und erzählte beiläufig von seinem Umgang mit den harten jungen Burschen und den Frauen dort. Er erzählte auch, wie er gelegentlich in eine Bar in der Gegend reinschauen, dort ein Mädchen ansprechen, sie zu einem Drink einladen und sie dann ermutigen würde, ihm die Geschichte ihres Lebens zu erzählen. Er behauptete, dass die Frauen, die man so kennenlernte, eine solche Gelegenheit zu schätzen wüssten, und daß das keine weitere Verpflichtungen zur Folge hätte.
>
> Dieser Annäherungsversuch erschien mir zumindest genauso plausibel wie alles andere, das mir bis jetzt eingefallen war. Ich beschloß, es auszuprobieren und entschied mich für das Regal Hotel am Rande von Cornerville. Etwas beklommen stieg ich die Treppe zur Bar und zur Tanzfläche hinauf und schaute mich um. Nun befand ich mich in einer Situation, auf die mich mein Berater nicht vorbereitet hatte. Es gab zwar viele Frauen, aber keine von ihnen war alleine. Sie waren immer zu zweit da, und manchmal standen zwei oder drei Paare von Frauen zusammen. Ich dachte kurz über

meine Situation nach. Ich hatte kein allzu großes Vertrauen in meine Fähigkeit, hier rasch mit einer Frau bekannt zu werden, und es schien mir nicht ratsam, es gleich mit zweien auf einmal zu versuchen. Trotzdem war ich entschlossen, mich nicht gleich geschlagen zu geben. Ich schaute mich noch einmal um und entdeckte nun ein Trio: einen Mann und zwei Frauen. Das schien mir ein statistisches Mißverhältnis, welches ich möglicherweise korrigieren könnte. Ich näherte mich der Gruppe und sagte als Eröffnung etwas in der Art von ‚Verzeihung, darf ich mich zu Ihnen gesellen?' Einen Augenblick lang herrschte Schweigen, und der Mann starrte mich an. Dann fragte er mich, ob er mich vielleicht die Treppe hinunterschmeißen solle. Ich versicherte ihm, das sei nicht notwendig, und bewies das auch sogleich, indem ich ohne fremde Hilfe das Lokal verließ. (Whyte 1996, S. 291)

Whytes Untersuchung unterscheidet sich von den Feldstudien der unmittelbar mit Park arbeitenden Stadtsoziologen durch seine starke Konzentration auf die ethnographischen Daten und deren allgemeinverständliche Aufbereitung, die auf soziologisches Fachvokabular und lange Literaturlisten verzichtet. Demgegenüber hatten die weiter oben erwähnten Forschungen meist einen großen Datenmix aus Statistiken, Zeitungsanalysen, Interviews und Beobachtungen versammelt. Die „Street Corner Society" hat seit ihrem Erscheinen eine Vielzahl von ähnlichen Analysen angeregt, nicht nur in der Soziologie, sondern auch in Nachbardisziplinen wie beispielsweise den Cultural Studies. Zu den bekanntesten „Nachfolgern" zählt Paul Willis' Mitte der 1970er Jahre verfasste Studie über die Schulerfahrungen englischer Jugendlicher des Arbeitermilieus mit dem Titel „Spaß am Widerstand" (Willis 1979).

Lektürevorschlag:
Whyte, William F. (1996): Die Street Corner Society. Die Sozialstruktur eines Italienerviertels. Berlin [1943] (insbes. S. 18–28, 259–359)

2.3 Bilanz und Aktualität der Chicago School

Für die Soziologie insgesamt und das *Interpretative Paradigma* im Besonderen liegt der spezifische Beitrag der *Chicago School* zum einen in ihrem deutlich pragmatistischen und konstruktivistischen Verständnis menschlichen Handelns und seiner unumgänglichen Einbettung in soziale Situationen und weitere Kontexte. Exemplarisch dafür steht das Theorem der *Definition der Situation*. Zum zweiten ist die Anwendung dieser Perspektive auf die *sozialen Situationen, Typen und Milieus der (kosmopolitischen) Großstadt* und deren Untersuchung in *qualitativ-explorativen Forschungsdesigns* zu betonen. Und drittens schließlich sollte festgehalten werden, dass dies nicht gleichsam theorielos betrieben wurde, sondern eingebettet war in eine umfassendere theoretische *Grundlegung der Konstitution, Dynamik, Konflikthaftigkeit und Modernisierung menschlicher Gesellschaften*, auch wenn deren Bestandteile, so wie sie von Thomas oder Park und Burgess ausargumentiert wurden, heute nicht mehr in allen Punkten zeitgemäß erscheinen mögen. Die Bedeutung der *Chicago School of Sociology* in der Entwicklung des soziologischen Denkens und Forschens lässt sich abschließend in folgenden Punkten zusammenfassen:[33]

- Mit dem pragmatistischen Handlungsmodell wird eine Konzeption des Handelns in die Soziologie eingeführt, die das Forschungsinteresse auf konkretes, alltagspraktisches Handeln als Problemlösen und kreativen Prozess lenkt.
- Die Betonung von Interaktions- und Kommunikationsprozessen unterstreicht, dass dieses Handeln kein isoliertes Einzelgeschehen ist, sondern in sozialen Prozessen eingebettet stattfindet.
- Das Konzept der „Definition der Situation" (Thomans & Thomas; Thomas & Znaniecki) weist Affinitäten zur Verstehenden Soziologie Max Webers auf. Damit werden die Deutungs- bzw. Interpretationsleistungen der Handelnden als zentrale Größe soziologischer Analysen etabliert. Gleichzeitig wird betont, dass diese Interpretationen keine individuellen Erfindungen sind, sondern immer auf gesellschaftlich bereitgestellte Interpretationsmuster zurückgreifen.
- Die Chicago School richtet den soziologischen Blick auf die konkrete praktische Bewältigung von Deutungs- und Handlungsproblemen. Sie interessiert sich dabei insbesondere für Störungen und Innovationen, die aus Konstellationen des sozialen und kulturellen Wandels, dem Kontakt bzw. der Konfrontation unterschiedlicher soziokultureller Konfigurationen entstehen. Dafür bot die Großstadt Chicago mit ihren segregierten Migrantenkulturen und vielfältigen Sozialphänomenen einen exemplarischen Untersuchungsgegenstand.
- Robert Parks Konzept des „marginal man" beschreibt so nicht nur eine spezifische Konstellation der Migrationsprozesse, sondern kann allgemeiner als prototypische Leitfigur des modernen, enttraditionalisierten Menschen gelesen werden.
- Mit ihrer Hinwendung zur Teilnahme an den „sozialen Welten der Großstadt", dem Eintauchen in die konkrete Realität der sozialen Phänomene, der Kombination unterschiedlichster Forschungsmethoden im Analyseprozess entwickelt die Chicago School einen neuen Stil der soziologischen Analyse, der prägend für die weitere Entfaltung der gesamten qualitativen Sozialforschung werden sollte.

---

[33] Vgl. insgesamt auch die umfangreichen Textbeiträge in Plummer (1997).

2.3 Bilanz und Aktualität der Chicago School

Etwa Mitte der 1930er Jahre, nach unzähligen ethnographischen Studien (vgl. Deegan 2007) verloren die Chicagoer Soziologen ihre Vorrangstellung in der nordamerikanischen Soziologie. Der Neuaufbau soziologischer Abteilungen an anderen Universitäten, das damit einhergehende Interesse an statistischen Methoden oder alternativen theoretischen Traditionen, eine Mischung aus Surveyforschung und funktionalistischer Soziologie beförderte ihren „Niedergang". Dafür mögen manche Defizite ihrer Arbeiten verantwortlich sein, etwa das, von wenigen Ausnahmen abgesehen, durchgängige Problem, aus den empirischen Untersuchungen heraus neue theoretische Konzepte zu generieren. Auch der weitgehend unbekümmerte Umgang mit den Methoden der Datensammlung und -auswertung trug dazu bei. Dafür liefert die erwähnte Untersuchung von Thomas über die „unangepassten Mädchen" ein gutes Beispiel, wo Aussagen aus Gesprächen, Briefen usw. als Illustrationen für die Ausführungen von Thomas eingestreut werden, ohne dass der Analyseprozess näher erläutert würde. Diese Vorgehensweisen, die bereits von Herbert Blumer (1939) in den 1930er Jahren kritisiert wurden, konnten gewiss nicht mit den Vorgaben der aufsteigenden quantifizierenden Sozialforschung konkurrieren und lassen auch aus der Sicht der heutigen qualitativen Sozialforschung einige Fragen offen. Schließlich mag die aus der Auseinandersetzung mit dem Behaviorismus resultierende Abarbeitung an psychologischen Handlungskonzepten oder Parks humanökologischer Ansatz zum Niedergang beigetragen haben. Das alles fand seinen institutionellen Ausdruck: Während noch in den 1920er Jahren mit Park und Thomas (und vielen weiteren der genannten Soziologen) die Leitfiguren der Chicago School als Präsidenten des US-amerikanischen Soziologieverbandes fungierten und mit dem Chicagoer *American Journal for Sociology* die soziologischen Debatten bestimmten, wird 1935 die *American Sociological Review* als Alternative dazu gegründet und als Vereinszeitschrift der *American Sociological Association* etabliert. Erst Anfang der 1950er Jahre kommt es zu einem Neuaufschwung, der unter dem Etikett des *Symbolischen Interaktionismus* ansetzt und an dem viele ehemalige Studierende aus der früheren Phase der Chicago School nunmehr als Lehrende und Forschende beteiligt sind. Gerade deswegen ist auch von einer „zweiten Chicago School" die Rede (Fine 1995). Und heute existiert (wieder) eine lebendige Forschungsszene (nicht nur) in den USA, die an die alte Fallstudientradition der Chicagoer Soziologie anknüpft. Allerdings entsprechen ihr im deutschsprachigen Raum bislang kaum soziologische Studien. Ein paar Beispiele mögen exemplarisch die Unterschiedlichkeit und Lebendigkeit der ethnographischen Feldforschungstradition anzeigen:

- Duneier (1999), der bei Howard S. Becker (s. u.) studierte, nahm am Leben obdachloser Schwarze in Manhatten teil, die auf der Straße einen mobilen Second

Hand Buchhandel betreiben; u. a. passte er dabei auf ihren Buchstand auf, wenn sie kurzzeitig weg mussten. Anderson (1999), ebenfalls aus dem Umfeld von Becker, legt eine Analyse von heftigen Ghetto-Familienfehden in Philadelphia vor. Newman (1999) verdeutlicht die alltäglichen Überlebenskämpfe der Armen in Harlem.[34] Venkatesh (2008) untersucht die Gangstruktur und Untergrundökonomie in der Chicagoer South Side bis Ende der 1990er Jahre. Bernstein (2007) untersuchte verschiedene Formen und Transformationen der Prostitution in San Francisco, Amsterdam und Stockholm.

- In Frankreich hat Daniel Bizeul mehrere Studien verfasst, die deutliche Akzente der Chicagoer Tradition tragen. Dazu zählt bspw. die Untersuchung einer Lokalgruppe der Front National, an der er über mehrere Jahre teilnehmende Beobachtungen durchführte (Bizeul 2003).[35]
- Im deutschsprachigen Raum stellt sich der österreichische Soziologe Roland Girtler explizit in die Chicagoer Tradition. Neben Handreichungen zur Vorgehensweise bei der Feldforschung (Girtler 2001; 2004a) hat er zahlreiche Einzeluntersuchungen, u. a. zum Wiener Prostituiertenmilieu der 1980er Jahre (Girtler 2004b) oder zu den „feinen Leuten" (Girtler 2002) vorgelegt.
- Weiterhin sind bspw. die Arbeiten von Werner Schiffauer zu nennen, die zwar eine stärkere disziplinäre Verortung in der Europäischen Ethnologie aufweisen, aber in ihrem ethnographischen Zugang Nähen zur Feldforschung der Chicagoer Soziologietradition aufweisen, etwa die Studien über türkische Migranten und ihre Organisationen in Deutschland (bspw. Schiffauer 1991). In mancherlei Hinsicht verfolgen die Europäische Ethnologie, aber auch jüngere soziologisch-ethnographische Studien Arbeitsweisen und Forschungsgegenstände, die zu Forschungstraditionen der Chicago School (die ja ihrerseits ethnologisch-kulturanthropologisch inspiriert waren) affin sind (z. B. Löw und Ruhne 2011; Benkel 2010).
- Die weiter unten in Kap. 4 behandelte „Lebensweltliche Ethnographie", wie sie Ronald Hitzler und Anne Honer konzipiert haben, ist ebenfalls in der Tradition der Chicagoer Feldforschung zu sehen, auch wenn sie hier stärker mit der deutschsprachigen Tradition der Hermeneutischen Wissenssoziologie im An-

---

[34] Im Rahmen eines Review-Symposiums hat der in der Tradition der Bourdieuschen Soziologie stehende französische Soziologe Louic Wacquant eine scharfe Kritik der Studien von Duneier, Anderson und Newman vorgelegt (Wacquant 2002), auf die die Kritisierten mit ihrerseits heftigen Kritiken der Position und Rezension Wacquants reagiert haben (Duneier 2002; Anderson 2002; Newman 2002). An der Diskussion lassen sich exemplarisch die unterschiedlichen soziologischen Positionen und ihre Implikationen verdeutlichen.

[35] Vgl. auch die für die Rezeption in Frankreich einschlägigen Arbeiten von Chapoulie (2001).

2.3 Bilanz und Aktualität der Chicago School

schluss an Alfred Schütz und spezifischen sozialphänomenologischen Fundierungen verknüpft wird (vgl. Honer 1993; Hitzler 1999a). Eine neuere Studie zur „Kultur der Spielhallen" (Reichertz u. a. 2010) zeigt deutlich die Bezüge zur Chicagoer Tradition.

Übungsaufgaben:

Erläutern Sie das Handlungsmodell des Pragmatismus an einem eigenen Beispiel.
Wenden Sie die Handlungsmodelle des Utilitarismus und des Behaviorismus auf dieses Beispiel an. Wie verändert sich dadurch das Verständnis der Beispielsituation?
Welches der Modelle erscheint Ihnen am plausibelsten, um das Beispiel aus theoretischer Perspektive zu erklären? Begründen Sie Ihre Einschätzung.
Wie werden die Annahmen des Pragmatismus in die Chicagoer Soziologie übertragen?
Wenden Sie das Konzept der „Definition der Situation" auf empirische Beispiele an, in denen konkurrierende Situationsdefinitionen aufeinander treffen. Was hat das für Folgen?
Worin liegen Besonderheit und Aktualität der damaligen Chicagoer Situation?
Warum sind soziologische Untersuchungen tatsächlicher Lebensweisen notwendig, wenn gesellschaftliche Reformen beabsichtigt sind?
Erläutern Sie die Rolle von Kommunikationsprozessen und den Begriff des „univers of discourse" in der Chicagoer Soziologie.
Was sind für Park Kennzeichen des „marginal man" und wie lässt sich seine gesellschaftliche Situation erklären?
Inwiefern lässt sich das Konzept des „marginal man" auf die heutigen gesellschaftlichen Erfahrungen übertragen? [Hinweis: Diskutieren Sie die Frage anhand von aktuellen künstlerischen Ausdrucksformen, bspw. anhand des Filmes „Gegen die Wand" von Fatih Akin aus dem Jahre 2004.]
Unterscheiden sich heutige „ethnische Szenen" und (bspw. jugendkulturelle) Lebensweisen in der Großstadt von der damaligen Chicagoer Situation? Wäre es lohnenswert, sie zu untersuchen? Was sind mögliche Fragestellungen? Welche theoretischen Grundlagen brauchen Sie dazu? Wie würden Sie vorgehen?

Symbolischer Interaktionismus 3

Anfang der 1950er Jahre beginnt in den USA die Renaissance der *Chicago School of Sociology*. Zwei bereits erwähnte ehemalige Chicagoer Soziologen spielen darin eine wichtige Rolle – Herbert Blumer und Everett C. Hughes. Blumer war ein Assistent des Sozialphilosophen und Sozialpsychologen George Herbert Mead. Er prägte bereits Ende der 1930er Jahre in einem Handbuch-Artikel über Sozialpsychologie den Begriff des „Symbolischen Interaktionismus" bzw. der „Symbolischen Interaktionisten" (Blumer 1938) und formulierte im Anschluss an Überlegungen von Mead die theoretische Grundlegung dieses Ansatzes für die Soziologie. Tatsächlich hatten die Philosophen James und Dewey zahlreiche Elemente einer Handlungstheorie entwickelt, ohne jedoch eine soziologisch ausgerichtete Argumentationsfigur zum Zusammenhang der Ebene des individuellen Handelns mit derjenigen der kollektiven Regeln und Deutungsmuster anzubieten. Dies leisten die soziologisch bzw. sozialpsychologisch orientierten Pragmatisten Charles H. Cooley und insbesondere dann George Herbert Mead mit ihren Überlegungen zum Ablauf von Sozialisationsprozessen, zur Herausbildung von Identitäten sowie zur Genese und Bedeutung des Symbolgebrauchs. Insbesondere das Werk von Mead gilt heute – nicht zuletzt dank der Bemühungen von Blumer u. a. im Rahmen des Symbolischen Interaktionismus – als auch für die Soziologie grundlegender Beitrag.[1] Darauf wird weiter unten noch eingegangen.

Everett C. Hughes war, wie erwähnt, stärker ethnographisch-sozialanthropologisch orientiert als Blumer; er interessierte sich weniger für soziologische Theorie und Methodologie als für empirisch-substantielle Beobachtungen. Während Blumer mit dem Begriff des „Symbolischen Interaktionismus" die Theorieperspektive prägte – für viele, schreibt Fine (1993, S. 63), „Herbert Blumer *was* symbolic in-

---

[1] Vgl. zum Zusammenhang der Arbeiten von James, Cooley und Mead Fabermann (1985). Thomas und Park hatten sich schon an den Überlegungen von Cooley und Mead orientiert und deren „Soziologisierung" und „Intersubjektivierung" des pragmatistischen Handlungsmodells genutzt.

teractionism" –, äußerte sich der Einfluss von Hughes in den Forschungsgegenständen und der Art und Weise ihrer Bearbeitung, der sich die „zweite Generation der Chicago School" annahm. Häufig handelt es sich hier eben auch, wie schon bei den Chicagoer Vorläufern, um teilnehmende Beobachtungen und ethnographische Vorgehensweisen (vgl. Rock 2007). Die Forschungen von Howard S. Becker oder Anselm Strauss, die am Beginn ihrer Karrieren mit Hughes zusammenarbeiteten, standen bspw. unmittelbar in dieser Tradition (Fine 1995; Joas 1992b, S. 50). Erving Goffman betrachtete sich trotz seiner Distanz zum Symbolischen Interaktionismus als „Großstadtethnographen in der Tradition von Hughes". Wichtige erste Arbeiten dieser „zweiten Chicago School" erscheinen Ende der 1950er/Anfang der 1960er Jahre, u. a. Goffmans *Wir alle spielen Theater* (1956/1959) und *Asyle* (1961), die Studie von Becker, Geer, Hughes und Strauss über *Boys in White* (1961), Beckers Arbeit über *Außenseiter* (1963) oder Gusfields Analyse *Symbolischer Kreuzzüge* (1963). Statt einer großformatigen *Kritischen Theorie* im Sinne der Frankfurter Schule (Dubiel 1992; Brock u. a. 2009, S. 127 ff.) wurde hier u. a. eine „kritische" Haltung insofern verfolgt, als es darum ging, bislang nicht bekannte oder gehörte Perspektiven der „underdogs" und allgemeiner: der „einfachen" Gesellschaftsmitglieder als soziologischen Untersuchungsgegenstand ernst zu nehmen (vgl. etwa Becker 1967). Blumer und Hughes haben gewiss die breitere Wahrnehmung des Symbolischen Interaktionismus als einer neuen, erfrischenden, radikalen und pragmatistisch inspirierten Soziologie des Konkreten vorbereitet. Die eigentlichen Anstöße zum (soziologie-)öffentlichen Interesse daran gehen jedoch wohl eher auf die Vielzahl ihrer äußerst aktiven und kreativen Schüler zurück. Dazu zählen neben Becker, Strauss, Goffman oder Gusfield viele andere, die hier nicht alle mit ihren Studien vorgestellt werden können; inzwischen ist mit Soziologinnen und Soziologen wie Adele Clarke, Juliette Corbin, Arlie Hochschild, Gary Alan Fine, Norman Denzin und vielen weiteren eine „dritte Generation" hinzugekommen.

Die Studien, die hier entstehen, zeichnen sich durch einige Gemeinsamkeiten aus: einen entschiedenen Fokus auf die Untersuchung des tatsächlichen Geschehens in konkreten Situationen, eine dichte und erfahrungsgesättigte Analyse sowie eine Tendenz zur Identifikation mit den untersuchten „Außenseitern" (Howard S. Becker), die mit einer gewissen Respektlosigkeit gegenüber den gesellschaftlichen aber auch gegenüber dem soziologischen Establishment der Zeit einhergeht. Was aus den in teilnehmender Beobachtung gewonnenen Daten und Analysen gemacht wurde, hing weitgehend von den allgemeinen Interessen, Fragestellungen und wohl auch von den Talenten der Forscher ab.[2] Eine systematisierte Reflexion

---

[2] Im Rezeptionskanon bzw. in der Prägung von Konzepten und Vorgehensweisen für die allgemeinere soziologische Diskussion spielen einmal mehr Soziologinnen eine untergeord-

auf die Prozesse der Theoriegewinnung aus den Daten findet sich bspw. bei Anselm Strauss und Barney Glaser; Howard S. Becker hat sich neben seinen Studien ebenfalls mit Analysestrategien und vor allem mit der Ergebnisdarstellung und den Formen des wissenschaftlichen Schreibens beschäftigt.

Soziologische Untersuchungen in symbolisch-interaktionistischer Perspektive behandeln von Anfang an ein breites Feld von Gegenständen, angefangen bei Studien zu Prozessen der Identitätsbildung und -darstellung, zu Gefühlen und Gefühlsarbeit, zur gesellschaftlichen Konstruktion abweichenden Verhaltens und sozialer Probleme, zur Soziologie der Kunst, zur Analyse von Organisationen und kollektivem Handeln, später auch zu Fragestellungen der feministischen und kritischen Soziologietraditionen sowie zu Poststrukturalismus und den Cultural Studies (Sandstrom u. a. 2001). In jüngerer Zeit wird die Situation des Symbolischen Interaktionismus ambivalent eingeschätzt: Einerseits habe er einen unglaublichen Siegeszug hinter sich und die von ihm entwickelten Ideen fänden sich heute in nahezu allen soziologischen Ansätzen; andererseits wird eine Form der kollektiven soziologischen Amnesie konstatiert, d. h. ein weitreichendes Vergessen dessen, was in dieser Theorie bereits erarbeitet worden ist, ein Verblassen ihrer Einheit als Theorieperspektive, wodurch so Manches als neu gelte, was doch schon längst erkannt worden sei – Grund genug also, sich damit zu beschäftigen (vgl. Fine 1993; Atkinson und Housley 2003; Maines 2001).

Worin liegt nun das Besondere dieser „first and most distinctively American sociological theory" (Sandstrom u. a. 2001)? Allgemein lassen sich dazu zunächst folgende Punkte festhalten:

- Der Symbolische Interaktionismus fragt danach, wie soziale Phänomene aus Interaktionen aufgebaut sind und welche Rolle dabei Deutungsprozesse der Beteiligten und die wechselseitige Abstimmung dieser Deutungsprozesse spielen.
- Er schließt an das pragmatistische Handlungsmodell an und betont die Verwicklung von Deuten (Denken) und Handeln sowie das Primat der Interaktions- und Kommunikationsprozesse vor dem Einzelhandeln.
- Eine zentrale Rolle spielt deswegen die Aufnahme des Konzepts der „Definition der Situation" und die Frage danach, wie Situationsdefinitionen in sozialen Situationen zum Einsatz kommen und in routinierter bzw. kreativer Weise durch soziale Akteure gehandhabt werden.
- Diesen Fragestellungen liegt die von dem pragmatistischen Philosophen und Sozialpsychologen George Herbert Mead entwickelte umfassende Theorie des

---

nete Rolle. Dies ändert sich gegenwärtig insbesondere im Kontext der *grounded theory* in der Nachfolge von Anselm Strauss.

menschlichen Symbolgebrauchs und der sozialen Bedingungen des Selbst zugrunde, die gegenüber der früheren Chicago School nunmehr explizit zur erweiterten theoretischen Fundierung des Ansatzes herangezogen wird.
- Daran anschließend werden die methodologischen Implikationen der Vorgehensweise stärker reflektiert und ausgearbeitet.
- Im Symbolischen Interaktionismus geht es also darum, wie soziale Phänomene durch den menschlichen Gebrauch von Symbolen konstituiert werden.
- „Gesellschaft" erscheint dann als ein vernetztes, stabilisiertes, dynamisches und komplexes Gefüge von symbolisch vermittelten Interaktionsprozessen.

Nachfolgend werden die wichtigsten Bestandteile dieser Theorieperspektive erläutert. Zunächst steht dabei die Meadsche Theorie des menschlichen Symbolgebrauchs und der sozialen Konstitution des Selbst im Vordergrund (Kap. 3.1). Daran anschließend wird der Theoriestandort des Symbolischen Interaktionismus vorgestellt, wie er von Herbert Blumer formuliert wurde (Kap. 3.2).[3] Die empirische Anwendung dieses Theorieparadigmas hat verschiedene Forschungstraditionen (etwa den *Etikettierungsansatz* oder die *grounded theory*) hervorgebracht, die in Kap. 3.3 diskutiert werden. Abschließend wird eine knappe Bilanz des Symbolischen Interaktionismus gezogen und mit einem Ausblick auf seine gegenwärtige Bedeutung verbunden (Kap. 3.4).

3.1 Symbolgebrauch und soziale Konstitution des Selbst

Die pragmatistischen Philosophen hatten ihre Vorstellung vom kollektiven Handeln in sozialen Gruppen bzw. Gesellschaften ihrem Modell des Einzelhandelns nachempfunden. So wie auf der Ebene dieses Einzelhandelns Denken bzw. Bewusstseinstätigkeiten und Handlungen unmittelbar ineinander verwoben sind und sich kreative Denkprozesse aus Situationen der Störung oder Irritation des Routinehandelns ergeben, kommt auf der Ebene des kollektiven Handelns öffentlichen Kommunikationsvorgängen eine vergleichbare Rolle zu. Deswegen interessierten sie sich sowohl für Denkprozesse wie für Kommunikationsprozesse. Allerdings ist ihr Handlungsmodell letztlich „individualistisch". Damit ist gemeint, dass es das einzelne handelnde Individuum zum Ausgangspunkt nimmt und dann das „Gruppenhandeln" diesem Einzelhandeln nachbildet. Thomas und Park hatten jedoch

---

[3] Hier wird nur auf die Blumer-Tradition des Symbolischen Interaktionismus eingegangen. Ausgehend von Mead entstand auch die „Iowa School of Symbolic Interactionism" um Manford E. Kuhn (1911–1963), die quantifizierend vorgeht und größere Strukturzusammenhänge untersucht.

3.1 Symbolgebrauch und soziale Konstitution des Selbst

darauf hingewiesen, dass die Situationsdefinitionen normalerweise keineswegs eine Erfindung des individuellen und isolierten Bewusstseins sind, sondern einem sozialen, mehr oder weniger verbindlichen und geteilten Deutungsvorrat entstammen (vgl. Kap. 2.2.3). Trotz dieser wichtigen Hinweise fehlt jedoch in den soziologischen Ansätzen von Thomas und Park eine genauere Betrachtung dazu, wie die Handelnden über diese sozialen „Situationsdefinitionen" verfügen und inwieweit sie selbst als gesellschaftliche Wesen gedacht werden können. Genau dies leisten der in Michigan lehrende Sozialpsychologe und Soziologe Charles H. Cooley und insbesondere dann der Chicagoer Pragmatist und Sozialpsychologe George Herbert Mead mit ihren Überlegungen zum Ablauf von Sozialisationsprozessen, zur Herausbildung von Identitäten und zur Bedeutung des menschlichen Symbolgebrauchs. Sie unterscheiden zwei Komponenten des menschlichen Bewusstseins, die als „I" und „Me" bezeichnet werden.

Charles Horton Cooley (1864–1929) kann als der eigentliche Begründer einer soziologischen, prozessualen Sozialisations- und Identitätstheorie gelten. Bereits der pragmatistische Philosoph William James trennte in seiner Bewusstseinsanalyse zwischen „I" (dem wissenden Selbst) und „Me" (dem Selbst als reflexiver Gegenstand des eigenen Denkens). Cooley und später dann Mead greifen diese Idee auf und entwickeln sie weiter. Zunächst wendet Cooley gegen die pragmatistische Analyse, die William James vorgelegt hatte, ein, dass man nicht vom individuellen Bewusstsein, von individuellen Erfahrungen und Handlungen ausgehen könne; tatsächlich handele es sich hier entstehungsbedingt immer schon um *soziale Prozesse*. Denn, so argumentierte Cooley, Individuen und Kollektive sind untrennbar miteinander verbunden, ja die Idee „persönlicher Individualität" sei nur eine aus dem sozialen Hin und Her abgeleitete Vorstellung, deren Ursprung wohl darin läge, dass es sich bei Menschen um „voneinander getrennte Hautsäcke" handele (vgl. Farbermann 1985, S. 16). Jede Vorstellung einer eigenen Identität setze ja gerade das Gegenüber und die Gruppe voraus, ohne die sie als Differenzierung sinnlos sei. Ausgehend von der Beobachtung der Entwicklung seiner Tochter formulierte Cooley eine Konzeption der Selbstwerdung und Selbststabilisierung, die unter dem Begriff des „Spiegel-Selbst" („looking-glass self") berühmt wurde. Demnach verläuft die Selbstwahrnehmung als Spiegelungsprozess, der in drei Komponenten zerlegt werden kann: die Vorstellung davon, wie andere uns sehen; unsere Vorstellung davon, wie andere über dieses Erscheinungsbild urteilen und schließlich unser eigenes Gefühl, das wir mit dieser Vorstellung verbinden. Die Gesellschaft und das individuelle Selbst oder die Ich-Identität sind also nicht unabhängig voneinander denkbar; es handele sich vielmehr, so Cooley, um zwei unterschiedliche Erscheinungsweisen desselben Phänomens. Auch sei eine Vorstellung vom eigenen Ich ohne deren Relationierung zu Anderen nicht denkbar. Eine besonders wichtige Rolle in diesem Prozess spielen nach Cooley die „Primärgruppen". Das sind Gruppen, die durch häufige face-to-face-Kontakte, enge Beziehungen und Kooperationen ausgezeichnet sind, z. B. die Familie oder die Freundesgruppe (peer group). Für die Identitätsbildung kommt den Primärgruppen eine ganz besonders wichtige Rolle zu. Gesellschaften betrachtete Cooley schließlich als „Netzwerk von Kommunikationen" zwischen zusammengesetzten, also kollektiven Akteuren oder Teilgruppen (vgl. Helle 2001, S. 50 ff.; Coser 1977, S. 306 ff.; Mikl-Horke 1997, S. 176 ff.).

Auch wenn Cooley die Idee einer sozialen und interaktiven Konstitution der personalen Identität entwickelte, so ist es doch das Verdienst von George Herbert Mead, die theoretischen Grundlagen einer solchen Annahme ausgearbeitet zu haben. Deswegen gilt heute seine Sozialisations- und Symboltheorie als wegweisende Fundierung (nicht nur) des Symbolischen Interaktionismus. Einfluss auf die Chicagoer Soziologie übte Mead in den 1920er Jahren aus, als viele Studierende der Soziologie seine Seminare besuchten. Die spätere Rezeption im Symbolischen Interaktionismus ist jedoch vor allem durch seinen ehemaligen Assistenten Herbert Blumer beeinflusst und greift selektiv einige zentrale Aspekte seines Werkes auf. Meads Symboltheorie und seiner Grundlegung der sozialen Konstitution des Selbst und des Bewusstseins werden wir uns nun zuwenden.

Georg Herbert Mead (1863–1931)
Georg Herbert Mead wurde 1863 als Sohn eines protestantischen Pfarrers in South Hadley, Massachussetts (USA) geboren; er wuchs in einer puritanischen Umgebung auf. Bevor er 1887 sein Philosophiestudium in Harvard begann, hatte er als Vermessungsingenieur bei einer Eisenbahngesellschaft

gearbeitet. Während des Studiums war Mead Hauslehrer der Kinder des pragmatistischen Philosophen William James. 1888 reiste er nach Deutschland und studierte Psychologie und Philosophie in Leipzig und Berlin (u. a. den deutschen Idealismus; die experimentelle Psychologie von Wilhelm Wundt). Eine Dissertation war bei Wilhelm Dilthey geplant, wurde jedoch nicht abgeschlossen, da Mead 1891 kurzfristig wegen einer Stelle in die USA zurückkehrte. 1894 wechselte er mit seinem Freund und Mentor John Dewey nach Chicago. Dort hatte er bis zu seinem Tod 1931 einen Lehrstuhl für Philosophie und Psychologie inne. Politisch engagierte sich Mead in sozialreformerischen Bewegungen, u. a. in dem weiter oben erwähnten *Hull House Mouvement* um Jane Addams, für die Ausweitung von Frauenrechten oder die Reform des Jugendstrafrechts. Mead war wohl ein begeisternder Dozent, aber ein eher zögerlicher Verfasser von Texten. Er hat zeitlebens keine Bücher, sondern nur Aufsätze veröffentlicht. Bei den vorliegenden Publikationen handelt es sich um Sammelbände, die bspw. von ehemaligen Studenten herausgegeben wurden und Aufsätze oder Vorlesungsmitschriften enthalten.

Lektürevorschlag:
Mead, George H. (1969). Hrsg. von Anselm Strauss, *Sozialpsychologie* [1956] (S. 218–225, 235–306) [Entfaltung zentraler Grundannahmen der Meadschen Theorie]

Vertiefung:
Joas, Hans (1980). *Praktische Intersubjektivität. Die Entwicklung des Denkens von G.H. Mead*. Frankfurt/Main: Suhrkamp [Fundierter Werküberblick].
Wenzel, Harald (1990). *George Herbert Mead zur Einführung*. Hamburg: Junius [Einführung in Leben und Werk].

Originalwerke (Auswahl):
Mead, George H. (1969). Hrsg. von Anselm Strauss, *Sozialpsychologie* [1956] [enthält, zum größten Teil auf Vorlesungen basierend, die Grundlagen der Symbol- und Sozialisationstheorie; auch sind Teile von „Geist, Identität und Gesellschaft" (Mead 1973) in anderer Übersetzung abgedruckt; dazu kommen einige wichtige Aufsätze von Mead, insbesondere derjenige über „Die objektive Realität von Perspektiven"].
Mead, George H. (1969a). Hrsg. von Hansfried Kellner, *Philosophie der Sozialität*. Frankfurt/Main: Suhrkamp [dt. Übersetzung der Vorlesungsunterlagen zu „Philosophy of the Present", 1932].

> Mead, George H. (1973). Hrsg. von Charles W. Morris, *Geist, Identität und Gesellschaft*. Frankfurt/Main: Suhrkamp [1934] [Andere Übersetzung von Mead-Vorlesungen].
>
> *Wichtige Anschlüsse und Weiterführungen:*
> Habermas, Jürgen (1981). *Theorie des kommunikativen Handelns* (Bd. 2). Frankfurt/Main: Suhrkamp [Habermas, der schon früh an den Pragmatismus anschloss, entwickelt hier im Rückgriff auf und intensiver Diskussion von Mead seine Kommunikationstheorie].
> Joas, Hans (1992). *Die Kreativität des Handelns*. Frankfurt/Main: Suhrkamp [sozialtheoretische Diskussion und Ausarbeitung des pragmatistischen Handlungsmodells].
>
> *Webseiten:*
> - www.pragmatism.org/genealogy.htm [Stand vom 13.07.2011]
> - The Mead project. Foundational documents in sociological social psychology. Department of Sociology, Brock University, St. Catharines, Kanada: http://spartan.ac.brocku.ca/~lward/ [Stand vom 13.07.2011]
> Bildnachweis: http://de.www.wikipedia.org/wiki/George_Herbert_Mead (Zugriff vom 17.7.2012)

Das von Charles W. Morris herausgegebene Buch mit Vorlesungsmitschriften Meads, „Geist, Identität und Gesellschaft" (Mead 1973), trägt den ergänzenden Untertitel „aus der Sicht des Sozialbehaviorismus". Doch Mead selbst, der nach heutigen Maßstäben wohl als Sozialpsychologe und Sozialphilosoph gelten könnte, hat dieses Etikett, das wegen des Wortteils „-behaviorismus" leicht zu Missverständnissen seiner Position einlädt, nur selten verwendet und als Bezeichnung für einen spezifischen sozialpsychologischen Ansatz setzte es sich auch nicht durch. Der wegen einiger Übersetzungsprobleme kritisierte Band versammelt Meads Vorlesungen zur „Sozialpsychologie". Darin entwickelt er Überlegungen zur Kommunikation und Sozialisation, die den Symbolischen Interaktionismus maßgeblich beeinflussten.[4] Die ebenfalls darin enthaltenen Ausweitungen seiner Theorie auf Gesellschaften

---

[4] Joas kritisiert, der Symbolische Interaktionismus enthalte nur eine reduktionistische und „subjektivistische" Rezeption Meads, die in zentralen Punkten – dem „Verständnis gesellschaftlicher Organisation und menschlicher Bedürfnisse sowie der Gleichsetzung von Interaktion mit menschlichem Handeln insgesamt" – von Mead abweiche; es handele sich um eine „fragmentarische Rezeption"; stattdessen vertrete der ‚eigentliche' Mead einen „konsequent intersubjektivistischen Pragmatismus." (Joas 1980, S. 12)

3.1 Symbolgebrauch und soziale Konstitution des Selbst

und deren Institutionengefüge, auch seine an anderer Stelle entfaltete Theorie der Dingkonstitution und der Erkenntnisprozesse dagegen wurden weniger stark rezipiert (vgl. Joas 1980).

Bereits im ersten Satz seiner Vorlesungen über Sozialpsychologie setzt Mead seine These:

> In der Regel befaßt sich die Sozialpsychologie mit den verschiedenen Phasen gesellschaftlicher Erfahrung aus der psychologischen Sicht der individuellen Erfahrung. Ich möchte einen anderen Ansatz vorschlagen: die Erfahrung vom Standpunkt der Gesellschaft aus zu betrachten, zumindest unter dem Gesichtspunkt der Kommunikation als der Voraussetzung für eine Gesellschaftsordnung. (Mead 1973, S. 39)[5]

Die soziologische Bedeutung von Mead beruht auf seiner Betonung des Vorrangs der Kommunikationsprozesse und damit der Interaktion bzw. des Gesellschaftlichen oder Sozialen vor dem einzelnen Bewusstsein. Letzteres kann sich als Denken und Ich-Identität nur dann entwickeln, wenn bereits ein gesellschaftliches „universe of discourse", eine Kommunikationsgemeinschaft existiert.[6] Der Schlüssel zum spezifisch menschlichen Vermögen der Kommunikation liegt in der sozial konstituierten Fähigkeit und Kompetenz zum Symbolgebrauch. Mead entwickelt diese Überlegungen in drei Schritten:

- Er interessiert sich erstens für die evolutions- und gattungsgeschichtlichen (phylogenetischen) Hintergründe der menschlichen Fähigkeit zum Symbolgebrauch und nimmt deswegen eine genaue, bis in physiologische Grundlagen reichende Analyse des Gestengebrauchs bei Tieren und Menschen vor.
- Er fragt zweitens danach wie „signifikante" Symbole, d. h. Symbole, die von verschiedenen Interaktionspartnern in gleicher Weise benutzt und interpretiert werden, in Interaktionsprozessen entstehen.
- Schließlich interessiert er sich drittens für die ontogenetische Ebene des einzelnen Menschen, für die in jedem individuellen Lebenslauf erfolgende Herausbildung der Kompetenz zum Symbolgebrauch.

---

[5] Diese Vorlesungen liegen in zwei unterschiedlichen Übersetzungen vor. Im Folgenden wird abwechselnd nach Mead (1973) bzw. nach Mead (1969; enthält nur Auszüge der Vorlesungen, ergänzt um Artikel) zitiert.
[6] Im genannten Buch wird der Begriff des „universe of discourse" missverständlich als „logisches Universum" übersetzt, in dem von Strauss herausgegebenen Band ist von einem „sprachlichen Universum" die Rede.

3.1.1 Die menschliche Fähigkeit zum Symbolgebrauch

Mead kritisiert, wie die Pragmatisten generell, zunächst das bereits erwähnte behavioristische Modell des menschlichen Handelns von John B. Watson. Dieses Modell erklärte tierisches und menschliches Handeln durch ein Reiz-Reaktions-Schema. Als Datum wird nur das anerkannt, was von außen sichtbar ist: ein Reiz kann gemessen, eine Reaktion aufgezeichnet oder gesehen werden. Auf Tiere oder Menschen wirken Reize und die Organismen reagieren darauf. Das lässt sich beobachten, im Unterschied zur „black box" des tierischen und menschlichen Bewusstseins, die nicht einsehbar ist. Zwar sah auch Mead, wie die Behavioristen im Allgemeinen und eben auch sein Freund Watson den Menschen als biologisches Wesen in einer spezifischen Umwelt an. Mead betonte jedoch wie Dewey oder Thomas, dass zwischen den aus der Umwelt kommenden Reiz und die Reaktion des Menschen etwas anderes tritt, das die Besonderheit des Menschen ausmache: die Wahrnehmung des Reizes, die zugleich immer eine Interpretation, ein aktives Handhaben von Zeichen und Symbolen im Hinblick auf die Bewältigung einer Situation ist: „Die Situation, in der man nach auslösenden Reaktionen sucht, stellt sich, wie ich glaube, immer – soweit es um effektive Intelligenz geht – in Form eines Problems." (Mead 1969, S. 242) Er spricht von „mind" – in den deutschen Übersetzungen als „Geist" oder „Bewusstsein" wiedergegeben -, um die besondere Fähigkeit des Menschen zur Erzeugung und Verwendung von signifikanten Symbolen zu bezeichnen. Symbole sind in diesem Verständnis ganz einfach alle Zeichen, die auf etwas verweisen, die Träger einer über sie selbst – d. h. über ihr konkretes materiales Erscheinungsbild etwa als Folge von Lauten oder Folge von Linien auf Papier – hinausweisenden Bedeutung sind. Signifikante Symbole sind solche, die von mehreren oder allen Mitgliedern einer sozialen Gruppe in gleicher Weise benutzt und verstanden werden, und dadurch den Umgang mit „Welt" koordinieren: „Der Mechanismus der menschlichen Gesellschaft besteht darin, daß leibliche Individuen sich durch Manipulation mit physischen Dingen bei ihren kooperativen Handlungen gegenseitig unterstützen oder stören." (Mead 1969a, S. 221) Deswegen kann im Hinblick auf Meads Theorie von „praktischer Intersubjektivität" (Joas 1980) gesprochen werden.

Symbole vermitteln die Reizwahrnehmung und entscheiden darüber, was den „Reiz des Reizes" ausmacht. Wie lässt sich jedoch die menschliche Fähigkeit zum Zeichen- bzw. Symbolgebrauch evolutionär bzw. evolutionstheoretisch erklären? Wie und wo erfolgt der Übergang vom Tier zum Menschen, vom Gestengebrauch zur Lautgebärde und dann zur Sprache als Symbolsystem? Das sind zunächst die Fragen, auf die Mead eine Antwort geben will. Dazu diskutiert er vergleichend und in Auseinandersetzung mit Charles Darwin und Wilhelm Wundt das tierische und menschliche Ausdrucksverhalten. Während Menschen über „Bewusstsein"

3.1 Symbolgebrauch und soziale Konstitution des Selbst

und Intentionen verfügen, die das Ausdrucksverhalten konstituieren, zeigen Tiere instinkthaftes bzw. reflexhaftes Verhalten. Dabei kann nicht ernstlich von Zielen, Absichten usw. gesprochen werden, zumindest nicht im Sinne einer gedanklich bewussten Vorstellung.[7] So kann ein Hund gegenüber einem zweiten Hund durch Zähnefletschen zwar einen drohenden Angriff ankündigen, aber man kann schwerlich sagen, dass er absichtlich die Zähne fletscht, um seiner Umgebung zu drohen. Das gerade erwähnte Verhalten des Hundes lässt sich dennoch als „Geste" verstehen:

> Ich habe den Kampf zwischen Hunden angeführt, um die Methode zu erklären, wie man zum Begriff der Gesten kommen kann. Die Handlung jedes der beiden Hunde wird zu einem Reiz für die Reaktion des anderen. Es besteht also eine Beziehung zwischen beiden; und so, wie die Handlung vom anderen Hund beantwortet wird, wandelt sie sich selbst. Die bloße Tatsache, daß ein Hund den anderen angreifen will, wird zu einem Reiz für diesen, seine eigene Stellung oder Haltung zu verändern. Kaum hat er dies vollbracht, veranlaßt die veränderte Haltung des anderen den ersten Hund, auch seine Haltung wieder zu ändern. Wir haben es mit einer Verständigung nur durch Gesten zu tun. Es sind jedoch nicht Gesten in dem Sinne, daß sie eine bestimmte Bedeutung hätten. Wir nehmen nicht an, daß der Hund sich selbst sagt: ‚Wenn das Tier aus dieser Richtung kommt, wird es mir an die Kehle springen, also werde ich mich entsprechend drehen.' Er wird lediglich seine eigene Position ändern, je nach dem, aus welcher Richtung der andere Hund gerade kommt. (Mead 1969, S. 210)

Gesten sind wahrnehmbare äußerliche Körperreaktionen, die zwischen Tieren reflexhaft oder instinkthaft aufeinander folgen und „Interaktionen" oder „Verständigungen" zwischen Tieren ermöglichen. Auch im menschlichen Verhalten lassen sich vergleichbare Phänomene beobachten, am ehesten da, wo – wie beispielsweise im Boxkampf – ein schneller Schlagabtausch erfolgt, der kaum bewusst gesteuert ist, sondern auf eingeübten Reflexen beruht. Doch zwischen tierischen und menschlichen Gesten gibt es einen entscheidenden Unterschied. Menschliche Gesten sind immer in soziale Handlungen und Handlungs- sowie Deutungszu-

---

[7] Es wäre genauer zu diskutieren, wie sich diese Annahme heute vor dem Hintergrund der weiterlaufenden Forschungen zu Tierverhalten darstellt. In der philosophischen Tradition des Pragmatismus hat in jüngerer Zeit Robert B. Brandom vorgeschlagen, zwischen „diskursiven und nichtdiskursiven Wesen" zu unterscheiden, um „den Ähnlichkeiten und den Unterschieden zwischen den Urteilen und Handlungen von Begriffsverwendern einerseits und dem Aufnehmen von Umweltinformationen und den instrumentellen Interventionen durch nicht-begriffliche Organismen und Artefakte andererseits" auf die Spur zu kommen (Brandom 2001, S. 11). Demnach bestehe der Wesensunterschied zwischen Menschen einerseits und bspw. Papageien andererseits darin, dass bei ersteren der Begriffsgebrauch in einen Bedeutungshorizont eingebunden ist und damit vom Verwender im Rahmen einer Sprachgemeinschaft durch Gründe angereichert werden kann. Brandom nennt seine Position „Inferentialismus".

sammenhänge eingebunden. Das gilt auch für das gerade erwähnte Beispiel des Boxkampfs. Deswegen hat hier der Interaktionsprozess Vorrang. Die tatsächliche Bedeutung der menschlichen Gesten ergibt sich aus diesem Zusammenhang, nicht aus dem individuellen Wollen. Gewiss können dabei der individuelle Vollzug der Geste und die externe Bedeutungszuweisung unterschieden werden: Jemand, der reflexhaft einen Schlag abwehrt, indem er seinen Arm zum Schutz vor das Gesicht hält, hat im Moment des Vollzugs seiner Geste nicht unbedingt eine Vorstellung davon, was er gerade tut. Die Bedeutung der Geste wird in diesem Fall zunächst durch einen Beobachter des Handlungszusammenhangs zugeschrieben; allerdings kann auch der Ausführende der Geste eine entsprechende bewusste Vorstellung seines Tuns haben. Dann stimmen die „innere" und die „äußere" Bedeutungszuweisung überein. In Bezug auf tierische Gesten wird nicht unterstellt, sie könnten in gleichem Maße „bewusst" oder „geplant" und „absichtsvoll" sein. Das ist ein wesentlicher, *von menschlichen Beobachtern unterstellter Unterschied* zwischen menschlichem und tierischem Verhalten.

3.1.2 Die Funktionsweise signifikanter Symbole

Sieht man von Ausnahmen wie derjenigen des Abwehrreflexes beispielsweise im Boxkampf ab (der im Übrigen ja durchaus auch antrainiert wird), dann wirkt im menschlichen Reagieren auf einen Reiz eine gewisse Verzögerung. Dies ist der Moment der Denk- oder Bewusstseinsprozesse, der Deutung. Doch schon in Bezug auf die Abwehrgeste selbst kann davon gesprochen werden, dass sie für beide Boxkämpfer die gleiche Bedeutung hat, wenn man davon absieht, dass sie den einen schützt und den anderen behindert: beide können sie als Abwehrgeste deuten. Wenn zwei Gegenüber einer Geste die gleiche Bedeutung zuschreiben, ist sie zu einem „signifikanten Symbol" geworden. Ein Sprachlaut ist eine Geste, die dann als signifikantes Symbol funktioniert, wenn er von den Beteiligten mit gleicher Bedeutung versehen wird. Sprache ist nichts anderes als ein zu signifikanten Symbolen geronnener Vorrat an Lautgesten bzw. Zeichen:

> Wenn nun die Geste gleichbedeutend ist mit der Vorstellung, die ihr zugrunde liegt, und beim anderen Individuum die gleiche Vorstellung hervorruft, haben wir es mit einem signifikanten Symbol zu tun. Beim Kampf zwischen den Hunden handelt es sich um eine Geste, die eine entsprechende Reaktion hervorruft, hier aber um ein Symbol, dem eine Bedeutung in der Erfahrung des einen Individuums entspricht und das den gleichen Bedeutungsinhalt beim anderen Individuum weckt. Wenn die Gesten dieses Stadium erreicht haben, sind sie zu dem geworden, was wir ‚Sprache' nennen. Eine Geste ist nun ein signifikantes Symbol, es signalisiert eine bestimmte Bedeutung. (Mead 1969, S. 213)

3.1 Symbolgebrauch und soziale Konstitution des Selbst

Eine wesentliche Bedingung der Möglichkeit zur Entwicklung signifikanter Symbole sieht Mead in der Sprachfähigkeit: Laute, die man ausspricht, hört man in etwa so, wie andere sie hören (was beispielsweise nicht für Gesichtsausdrücke und die Wahrnehmung von Körperbewegungen gilt), zumindest hört man sie gleichzeitig. Dies gilt für Menschen und Tiere gleichermaßen. Mead verweist auf den Löwen, der laut brüllt und dadurch seine Feinde abschreckt. Doch führt das Brüllen dazu, dass der Löwe gleichsam vor sich selbst Angst bekommt, also in sich die gleiche Reaktion auslöst wie bei einem Gegenüber? Das erscheint wenig überzeugend. Aber wie unterscheidet der Löwe zwischen dem eigenen und dem fremden Brüllen? Auch Menschen hören die eigene Stimme anders als ihr soziales Gegenüber; das kann man leicht mit einem Aufnahmegerät ausprobieren. Tatsächlich erscheint Meads Argumentation hier nicht überzeugend (vgl. zur Kritik Habermas 1981, Bd. 2, S. 25; Joas 1980, S. 115).

Die Geste funktioniert im menschlichen Gestengebrauch als Zeichen, das auf etwas verweist – sie hat eine Bedeutung. Signifikant ist ein Symbol, wenn es für verschiedene Handlungsbeteiligte die gleiche Bedeutung hat, wenn sie also wissen, was damit üblicherweise gemeint ist. Denn ein solcher Bedeutungsinhalt ist sozial festgelegt, also geregelt. Dies gilt nicht nur für Körpergesten und „Körpersprache", sondern in gleicher Weise für stimmliche Gesten oder Lautgebärden, und damit für die gesprochene (und davon abgeleitet: die verschriftete) Sprache: Ein Wort, ein Begriff lassen sich als signifikantes Symbol begreifen, insofern sie für den Äußernden wie für Zuhörer den gleichen Bedeutungsinhalt hervorrufen, also in gleicher Weise einen Bezugspunkt, ein Ding, eine Referenz bezeichnen und damit bei allen Beteiligten miteinander vereinbare Reaktionen nahe legen. Erst dadurch können Einzelhandlungen aufeinander bezogen sein und Teil von umfassenderen Handlungszusammenhängen oder Interaktionen werden.

(…) denn die signifikanten Gesten rufen beim Individuum, das sie ausführt, die gleiche Haltung (zumindest ihrem Sinn gegenüber) hervor wie bei den anderen Individuen, die an der betreffenden sozialen Handlung beteiligt sind. So wird sich das Individuum (als Komponente seines Verhaltens) seiner Haltung gegenüber der Geste bewußt; und die Geste ermöglicht ihm, ausgehend von dieser Haltung, sein folgendes Verhalten auf die Haltung der anderen einzustellen. Kurzum, die bewußte oder signifikante Verständigung mit Gesten ist ein weit adäquaterer und effektiverer Mechanismus zur gegenseitigen Anpassung innerhalb der sozialen Handlung als die unbewußte und nichtsignifikante Verständigung mit Gesten; denn tatsächlich ist darin enthalten, daß jedes Individuum, das die soziale Handlung weiterführt, die Haltung der anderen gegenüber seiner Person übernimmt. Wenn in einer gegebenen sozialen Handlung oder Situation eine Person einer anderen mit einer Geste indiziert, was sie tun soll, dann ist sie sich der Bedeutung ihrer eigenen Geste bewußt – oder die Bedeutung ihrer Geste wird Teil ihrer Erfahrung –, sofern sie die Haltung der anderen gegenüber dieser Geste in sich aufnimmt und bereit ist, implizite in der gleichen Weise zu reagieren, wie die anderen dies explizite tut. Gesten werden zu signifikanten Symbolen, wenn sie implizite im Individuum, das sie ausführt, die gleichen Reaktionen bewirken, die sie explizite bei den anderen Individuen hervorgerufen [haben; eigene Ergänzung d. Verf.] (oder hervorrufen sollen), an die sie gerichtet sind. (…) Nur wo Gesten signifikante Symbole sind, ist Bewußtsein und Intelligenz möglich. Denn nur wo Gesten signifikante Symbole sind, kann es Denken geben – das nichts anderes ist als die internalisierte oder implizite, durch Gesten vermittelte Verständigung des Individuums mit sich selbst. (Mead 1969, S. 213 f.)

Dabei handelt es sich um eine evolutionäre Errungenschaft von kaum zu unterschätzender Bedeutung. Die Bewusstseinstätigkeit des Individuums, das Denken setzt seinerseits signifikante Symbole sowie die Kompetenz ihrer Nutzung voraus. Es ist letztlich eine Art Verständigung des Individuums mit sich selbst mit Hilfe signifikanter Symbole (vgl. Mead 1969, S. 213 f.). Deswegen können Individuen die Fähigkeit entwickeln, sich „in die Rolle" oder „Haltung des Gegenüber" („taking the attitude of the other") zu versetzen, deren Verhalten zu antizipieren und selbst Rollen aktiv zu gestalten (das „role making" in den Worten von Ralph Turner).

Fassen wir die Überlegungen kurz zusammen: Bewusstsein bzw. Denken funktioniert nur, weil es signifikante Symbole gibt. Es setzt Kommunikation voraus, die ihrerseits nach Mead erst dann möglich ist, wenn signifikante Symbole existieren. Woher kommt also dann die „Bedeutung" (meaning), deren Träger solche Symbole sind, und wie wird ein Symbol zum „signifikanten Symbol"? Meads Antwortet lautet: Die Bedeutung rührt keineswegs aus dem Einzelbewusstsein – der soziale Handlungszusammenhang, die Interaktion ist die Quelle der Bedeutung. Wie lässt sich das verstehen? Stellen Sie sich dazu eine einfache, in einen Handlungszusammenhang eingebettete Geste vor, deren Bedeutung zunächst unbestimmt ist: das Ausstrecken der rechten Hand. Ein Gegenüber ergreift die Hand und schüttelt sie. Die Bedeutung wird nun klar: Es handelt sich um eine in unserem Kulturkreis geläufige Form der Begrüßung. Nach Mead ist es genau die Reaktion des Gegenübers, nicht die ursprüngliche individuelle Absicht, durch welche die Bedeutung der Geste konstituiert wird. Diese Reaktion erfolgt jedoch nur deswegen, weil die Geste zuvor erschien. Deswegen gehört dies alles zusammen, um die Entstehung von Bedeutung verständlich zu machen:

> Die Geste eines Organismus, die daraus resultierende soziale Handlung in der die Geste ein frühes Stadium bildet, und die Reaktion eines anderen Organismus sind die Elemente einer dreifachen Beziehung; einer Beziehung zwischen Geste und dem einen Organismus, zwischen Geste und dem anderen Organismus und zwischen der Geste zu den Phasen der betreffenden sozialen Handlung, die auf sie folgen; diese dreifache Beziehung ist das Netz, aus dem die Bedeutung entsteht, sie bildet die Matrix, die sich zu einem Bedeutungsfeld entwickelt (…) Bedeutung läßt sich also als Reaktion fassen oder formulieren. (…) Der Mechanismus der Bedeutung liegt also

3.1 Symbolgebrauch und soziale Konstitution des Selbst

> in der sozialen Handlung, noch ehe Bewußtsein entsteht oder man dieser Bedeutung gewahr wird. Die Handlung oder Anpassungsreaktion des zweiten Organismus gibt der Geste des ersten Organismus ihre Bedeutung. (…) Bedeutung ist also in erster Linie nicht als ein Bewußtseinszustand oder eine Reihe von Beziehungen zu sehen, die geistig außerhalb des Erfahrungsbereichs lägen, in den sie eingehen; im Gegenteil: man sollte Bedeutung objektiv als etwas betrachten, das unmittelbar in diesem Bereich selbst existiert. Die Reaktion eines Organismus auf die Geste eines anderen konstituiert in einer gegebenen sozialen Handlung die Bedeutung dieser Geste. (…) Genauso wie beim Fechten die Parade eine Interpretation des Gegenstoßes ist, so ist bei der sozialen Handlung die Anpassungsreaktion des einen Organismus auf die Geste des anderen die Interpretation dieser Geste durch diesen Organismus. Tatsächlich ist es die Bedeutung dieser Geste. Auf der Ebene des Bewußtseins des Selbst wird diese Geste zu einem Symbol, zu einem signifikanten Symbol. (…) Die Basis für eine Bedeutung liegt also objektiv im sozialen Verhalten oder in der Art der Beziehung zu solchem Verhalten. (Mead 1969, S. 219 ff.)

In diesem Zitat klingt auch die pragmatistische Zeichentheorie von Charles S. Peirce an, die ab den späten 1930er Jahren von Charles W. Morris, dem Herausgeber der Vorlesungsmitschriften von Mead (1973), weiter entwickelt wurde. Diese Zeichentheorie betont in deutlichem Kontrast zum abstrakten Zeichenmodell des Strukturalismus die interpretativen und handlungsbezogenen, pragmatischen Momente des tatsächlichen Zeichengebrauchs (vgl. Morris 1972; Peirce 1993; Prechtl 1994).[8]

Meads Argumentation zur Entstehung und Funktionsweise signifikanter Symbole lässt sich plausibel kritisieren: Denn die Übereinstimmung der Reaktion zweier menschlicher Organismen auf eine Geste kann zwar durch einen Beobachter festgestellt werden, aber damit ist noch nicht nachgewiesen, dass es sich nunmehr für beide um dieselbe Bedeutung handelt (vgl. Habermas 1981, Bd. 2, S. 25; Joas 1980, S. 108; Schneider 2002a, S. 185 f.):

> Ein Beobachter kann der Geste eine für beide Organismen *objektiv* übereinstimmende Bedeutung zuschreiben, weil er sich in die Handlungsperspektive jedes Organismus versetzen und deshalb feststellen kann, daß beide auf einen Stimulus gleicher Art in übereinstimmender Weise reagieren. Ohne die Fähigkeit der Perspektivenübernahme wäre die Feststellung einer solchen Übereinstimmung nicht möglich, weil dann kein Vergleich angestellt werden könnte zwischen den Reaktionen der beiden Organismen. Für die interagierenden Organismen gilt entsprechendes: Sie müssen ihre eigene Reaktion bzw. Reaktionstendenz mit der Reaktion der anderen vergleichen können, um zu bemerken, daß sie eine Geste durch ihr Verhalten auf übereinstimmende Weise interpretieren; und sie können einen solchen Vergleich nur anstellen, wenn sie in der

---

[8] Zwischenzeitlich hat die Saussure-Forschung jedoch zeigen können, dass auch der Begründer des sprachwissenschaftlichen Strukturalismus sich stark für den Sprachgebrauch interessierte, dass dieser Aspekt jedoch in den veröffentlichten Vorlesungsmitschriften kaum beachtet wurde (vgl. Jäger 2010).

Lage sind, nicht nur aus der eigenen Perspektive zu reagieren, sondern sich auch in die Handlungsperspektive des anderen zu versetzen. (Schneider 2002a, S. 186 f.)

Man muss ja schon die „Perspektive des Gegenüber" kennen, also wissen, welche Bedeutung er zuschreibt, um darüber urteilen zu können, ob die eigene Bedeutung damit übereinstimmt. Wenn jemand meine ausgestreckte Hand nicht ergreift, so kann das sehr unterschiedliche Gründe haben: er kennt die Geste nicht, er hat eine ansteckende Krankheit, er kann mich nicht leiden, er hat schmutzige Hände usw. Die alleinige Beobachtung des Nichtergreifens sagt noch wenig über die Bedeutung aus. Dieses Argument trifft jedoch „nur" den gattungsgeschichtlichen Teil von Meads Überlegungen. Es bleibt also ungeklärt, wie die Entstehung signifikanter Symbole im Übergang von der tierischen zur menschlichen Ebene von Verhaltenszusammenhängen erklärt werden kann.[9] Sobald jedoch auf der menschlichen Verhaltensebene entsprechende Symbolsysteme existieren, kann der Prozess ganz so funktionieren, wie Mead ausführte. Damit signifikante Symbole tatsächlich im erwähnten Sinne übersituativ signifikant sein können, muss ein gesellschaftliches Umfeld vorausgesetzt sein, innerhalb dessen sie zum Einsatz kommen. Mead nennt diesen Kontext, innerhalb dessen Symbole ihre Bedeutung zukommt, ein „universe of discourse".[10] Ein solches Diskursuniversum (oder „Sprachuniversum") entsteht aus den Interaktionen von Menschen innerhalb sozialer Beziehungen. Es ist eine „Redegemeinschaft", in der permanent Bedeutungen, also signifikante Symbole produziert und reproduziert werden. Dies schließt eine gewisses Maß an „kommen und gehen" ein: immer wieder verschwinden Symbole, also beispielsweise Wörter oder Ausdrücke, die nicht mehr benutzt werden, und neue kommen hinzu. Ein solches Diskursuniversum

> „wird aus einer Gruppe von Individuen gebildet, die an einem gemeinsamen Erfahrungs- und Verhaltensprozeß teilnehmen, in dem diese Gesten oder Symbole für alle Mitglieder dieser Gruppe den gleichen oder einen allen gemeinsamen Sinn haben, ob sie sie nun setzen und an andere Individuen richten, oder ob sie sichtbar auf sie reagieren, wenn sie von anderen Individuen gesetzt wurden." Ein Diskursuniversum „ist einfach ein System gemeinsamer oder gesellschaftlicher Bedeutungen." (Mead 1973, S. 129 f.)

---

[9] Vgl. die philosophischen Überlegungen bei Brandom (2001) oder die soziologischen Reflexionen zur Sprachgenese bei Günter Dux (2000), dazu auch Wenzel u. a. (2003).

[10] Vgl. zur Diskussion des Konzepts im Zusammenhang von Diskurstheorie und Diskursforschung Keller (2005); in der Sprache der Sozialphänomenologie von Alfred Schütz handelt es sich bei solchen Zeichensystemen bzw. signifikanten Symbolen um „kollektive Wissensvorräte" (s. u. Kap. 4).

In diesem Prozess haben die Symbole für alle Mitglieder dieser Gruppe den „gleichen oder einen allen gemeinsamen Sinn", egal ob es sich um die Benutzer oder Adressaten signifikanter Gesten handelt. Das Diskursuniversum ist ein im historisch-gesellschaftlichen Prozess in mehr oder weniger voneinander abgrenzbaren Kollektiven entstandenes und veränderliches System gemeinsamer Bedeutungen bzw. der Gebrauchsweisen von Symbolen.

3.1.3 Die kommunikative Konstitution des Bewusstseins und die Entwicklung des Einzelnen zum sozialen Selbst

Das Vermögen, die Kompetenz zum Gebrauch signifikanter Symbole lässt sich nicht erklären, wenn man annimmt, dass ein Individuum mit seinem Bewusstsein außerhalb oder vor dem sozialen Prozess existiert. Ein lebendiger menschlicher Körper hat noch keine Vorstellung von sich, ist nicht gleichzusetzen mit den Denkprozessen im Bewusstsein. Vielmehr setzen Denkprozesse die Verfügung über signifikante Symbole voraus – sonst wäre Denken nicht sinnhaft. Da signifikante Symbole jedoch nur in sozialen Erfahrungs- und Handlungszusammenhängen entstehen, ist das Phänomen des Bewusstseins nunmehr eine *sekundäre* Erscheinung – das ist das zentrale Argument der Meadschen Position. Deswegen müsse man das denkende „Ich"

> aus dem sozialen Prozeß und aus der Kommunikation heraus beschreiben. (…) Wenn man (…) dem sozialen Prozeß der Erfahrung (in einer rudimentären Form) und nicht dem Bewußtsein die Priorität gibt und die Entstehung des Bewußtseins aus der Interaktion zwischen den Individuen erklärt, hört nicht nur die Entstehung von Bewußtsein, sondern auch die Interaktion zwischen dem Bewußtsein verschiedener Personen auf, weiterhin rätselhaft oder verwunderlich zu sein. (…) Das Bewußtsein entsteht durch Kommunikation, durch Verständigung im sozialen Prozeß oder im Zusammenhang der Erfahrung – nicht Kommunikation durch Bewußtsein. (Mead 1973, S. 217)

Die Bedeutung der Objekte oder Dinge in der Welt ergibt sich nicht aus diesen selbst, sondern sie wird durch die kommunikativ induzierten Bewusstseinsprozesse und die „Organisation von Haltungen" der Individuen diesen Dingen gegenüber konstituiert, denen gleichwohl innere Widerständigkeit zugeschrieben werden muss, damit sie als Objekte in der Erfahrung konstituiert werden können. Mead nimmt in diesem Kontext Überlegungen vorweg, die in neueren techniksoziologischen Theorien, genauer: in der Aktor-Netzwerk-Theorie von Bruno Latour u. a. zum Teil weniger differenziert neuerarbeitet wurden (s. u. Kap. 5.4):[11]

---

[11] Vgl. zur Aktor-Netzwerk-Theorie Belliger und Krieger (2006); Latour (2007).

> Der Techniker, der eine Brücke konstruiert, spricht mit der Natur genauso, wie wir mit dem Techniker sprechen. Es gibt dabei Elemente, die er einkalkulieren muß, und dann kommt die Natur mit anderen Reaktionen, die wiederum anders unter Kontrolle gebracht werden müssen. In seinem Denken nimmt er die Haltung physischer Objekte ein. Er spricht zur Natur, die Natur antwortet ihm. Die Natur ist insofern intelligent, als es bestimmte Reaktionen der Natur auf unsere Handlungen gibt, die wir uns selbst darlegen und beantworten können und die sich auf Grund unserer Antwort verändern. Das ist eine Veränderung, auf die wir zu reagieren vermögen, und schließlich erreichen wir einen Punkt, an dem wir mit der Natur zusammenarbeiten. (Mead 1973, S. 229)

Die erwähnten Bewusstseinsprozesse und „Haltungen" sind im beschriebenen Sinne Ergebnisse der sozialen Bedeutungskonfiguration in gesellschaftlichen Handlungs- und Erfahrungszusammenhängen, in sozialen „Diskursuniversen". Dabei spielt auch der Organismus eine Rolle, denn seine Erfahrungsmöglichkeiten, beispielsweise sein Geruchsempfinden, die Organisation seines Sehapparates usw. sind zentral für den „Erfahrungsinhalt" eines Objekts. Die Eigenschaften der Welt oder Wirklichkeit für soziale Gruppen und Gesellschaften sind jedoch immer nur Eigenschaften im Hinblick auf ihre besondere Perspektive, ihr besonderes System signifikanter Symbole, mittels derer sie sich ihre Erfahrung der Welt vergegenwärtigen. Das unterscheidet sich dann auch zwischen verschiedenen Organismen bzw. Lebensformen. Mead spricht deswegen in vergleichsweise „revolutionärer" Weise davon, dass einzig „Objektive" sei die „objektive Realität von Perspektiven". Eine solche Position nimmt einige Erkenntnisse der modernen sozialwissenschaftlichen Wissenschaftsforschung und auch Donna Haraways Plädoyer für die Unhintergehbarkeit von „situiertem Wissen" vorweg (Haraway 1995). Sie ist deswegen so bedeutsam, weil sie die Erkennbarkeit einer „objektiven", für alle Organismen in gleicher Weise bestehenden „Natur" bestreitet:

> Also ist der Organismus in gewissem Sinne für unsere Umwelt verantwortlich. Und da Organismus und Umwelt einander bestimmen und jeweils in ihrer Existenz voneinander abhängen, folgt daraus, daß der Lebensprozeß, um adäquat verstanden zu werden, als Wechselbeziehung zwischen beiden begriffen werden muß. In der sozialen Umwelt entstehen Bedeutungen aus dem Prozeß des sozialen Handelns; soziales Handeln besteht aus einer Struktur objektiver Beziehungen innerhalb der Gruppe von Organismen, die an solchem Handeln, an Prozessen sozialer Erfahrung und sozialen Verhaltens, beteiligt sind. Die Außenwelt besitzt bestimmte Eigenschaften nur in Relation zu einer interagierenden sozialen Gruppe von einzelnen Organismen; ebenso hat sie andere Eigenschaften nur für jeweils einzelne Organismen. (Mead 1969, S. 248)

Bewusstsein entsteht in tatsächlichen Interaktionen, im sozialen Prozess und setzt die Fähigkeit zur Reflexion voraus; Erfahrungen der Individuen sind nur möglich, sofern sie Mitglieder eines sozialen Zusammenhangs, einer Gesellschaft sind – hier setzt Meads Sozialisationstheorie an. Menschen werden geboren in bestehende

3.1 Symbolgebrauch und soziale Konstitution des Selbst

„Diskursuniversen", d. h. in soziale Gruppen und Gemeinschaften, die bereits über ein ausgebildetes System signifikanter Symbole verfügen. Diese Symbole sind innerhalb eines sozialen Kollektivs „universal", das heißt allen Teilnehmerinnen und Teilnehmern in ihrer Bedeutung hinreichend geläufig. Im Prozess der individuellen Entwicklung, insbesondere in den frühesten Phasen der Kindheit, werden Kinder in dieses Symbolsystem eingeführt, „hineinsozialisiert". Sie internalisieren seine wichtigsten Elemente und Anwendungsweisen. Dabei entwickeln sie ihre Denkfähigkeit und die Vorstellung von ihrer „Ich-Identität", d. h. ein „Selbst-Bewusstsein" sowie die Fähigkeit zur Rollenübernahme. Mead spricht vom „Self", das aus den Komponenten des „I" (Ich) und des „Me" (Mich) besteht. Das „I" steht für die individuellen kreativen, aktiven und auch antriebshaften Elemente des Bewusstseins, für das, was das Individuum selbst überraschen kann („Hoppla, das wollte ich jetzt gar nicht!"; „So kenne ich mich gar nicht."), was aber auch seine Motivationen bewirkt. Dabei ist dieses „I" keineswegs von den sozialen Einbindungen unabhängig: Trauer, Wut, Liebe sind Empfindungen, die in sozialen Beziehungen entstehen. Das „Me" ist der Blick, den ich auf mich durch die Perspektive der Anderen einnehmen kann, also die Art und Weise, wie ich sehe, wie andere mich wahrnehmen und auf mich reagieren. Insofern bilden unterschiedliche soziale Einbindungen verschiedene Varianten des „Me" aus, die zu einer mehr oder weniger konsistenten Gesamtfigur synthetisiert werden. Das „Selbst" ist das Gesamt, die Identität, die aus dem Zusammenspiel von „I" und „Me" entsteht. Es ist keineswegs Ergebnis einer individuellen Entwicklung, sondern es „entsteht aus dem Prozeß sozialer Erfahrung und sozialen Handelns; d. h. es entwickelt sich im betreffenden Individuum als Ergebnis seiner Beziehungen zum sozialen Prozeß insgesamt und zu den anderen Individuen in diesem Prozeß." (Mead 1969, S. 263) Dieses Schema erinnert zwar an Sigmund Freuds Unterscheidung von „Es" (den lustsuchenden oder zerstörerischen Trieben), „Ich" (dem steuernden, kontrollierenden Selbstbewusstsein) und „Über-Ich" (der internalisierten sozialen Kontrolle bzw. der Moral). Doch sowohl die Aufgabenzuschreibung wie auch die Gesamtkonstellation der drei Komponenten ist bei Mead eine völlig andere. Insbesondere geht es nicht um die erfolgreiche Triebkontrolle, die für Freud das zentrale Ereignis darstellt:

> Meads Modell ist anders als das Freuds an einem Dialog von Triebimpulsen und gesellschaftlichen Erwartungen orientiert; nicht kulturnotwendige Repression oder anarchische Triebbefriedigung als ausweglose Alternative, sondern eine offene Auseinandersetzung, in der die gesellschaftlichen Normen kommunikativer Änderung und die Triebimpulse einsichtsvoller und freiwilliger, weil befriedigender Umorientierung zugänglich sind. (Joas 1980, S. 117)

Das Ich-Bewusstsein ist zwar im Körper lokalisiert, aber es ist nicht mit diesem Körper identisch. Vielmehr kann man sich ja gerade aus einer gewissen Distanz auf den eigenen Körper beziehen, sich ihm reflexiv zuwenden, seine Reaktionen beobachten.[12] Dies gilt ähnlich für die gedankliche Beschäftigung mit den eigenen Gefühlen, Empfindungen, Stimmungen, Erlebnissen, Erinnerungen usw. Natürlich ist unser Alltagsleben nicht durchgängig von solchen Momenten der Reflexion durchzogen. Viele Handlungen vollziehen wir ganz routiniert, ohne uns damit zu beschäftigen: ich gehe, rede dabei, sondiere nebenbei, ob ich Passanten ausweichen muss; gleichzeitig atmet mein Körper, mein Blut zirkuliert usw.. Meads Grundannahme ist ähnlich wie schon bei Cooley, dass die Erfahrung des eigenen „Selbst" nicht unmittelbar erfolgt, sondern vermittelt wird über den Standpunkt anderer Individuen bzw. den verallgemeinerten Standpunkt einer sozialen Gruppe, der man angehört:

> Das Ich ist – in der Form, in der es ein Objekt seiner selbst sein kann – im Grunde eine gesellschaftliche Struktur, es entsteht in sozialer Erfahrung. Nachdem ein Ich entstanden ist, sorgt es gleichsam selbst für seine gesellschaftlichen Erfahrungen, und daher können wir uns ein völlig auf sich gestelltes Ich vorstellen. Aber es ist völlig unmöglich, ein Ich anzunehmen, das außerhalb sozialer Erfahrung entstünde. (…) Wir verfolgen ständig, wie wir auf andere Menschen wirken: indem wir verstehen, was wir sagen und dieses Verständnis zur Orientierung unserer weiteren Rede gebrauchen. Während wir etwas sagen und tun, stellen wir fest, was wir dann sagen und tun wollen; dabei kontrollieren wir diesen Prozeß ständig. (Mead 1969, S. 268)

Denken ist in diesem Sinne eine nach innen genommene Interaktion, ein Selbst-Gespräch, das die Kompetenz zur Nutzung signifikanter Symbole voraussetzt: nur dann kann ich Zeichen benutzen, deren Bedeutung hinreichend konstant ist, damit mein Bewusstsein damit arbeiten und bspw. „meinen Körper" vom Hemd unterscheiden kann, das ich trage, oder auch vom Hund, der mir gerade ins Bein beißt. Im Prinzip funktioniert diese Kommunikation mit sich selbst wie die tatsächliche Kommunikation mit anderen. Bedeutsam ist weiterhin, dass wir mit verschiedenen Anderen auch unterschiedliche Interaktionen und Beziehungen unterhalten. Menschen verfolgen ständig, wie sie auf andere Menschen wirken; sie orientieren sich, ihr Sprechen und ihr nicht-sprachliches Verhalten am Verständnis signifikanter Symbole und bemühen sich dadurch um eine Kontrolle der Anschlusshandlungen. Nach Mead kann deswegen von verschiedenartigen Formen des Ich gesprochen werden, die aus den jeweiligen sozialen Prozessen entstehen. Die Ich-Identität besteht also aus vielen, in unterschiedlichen Zusammenhängen ausgebildeten elementaren Teil-Ichs; sie ist keineswegs einmal erreicht und dann komplett stabil,

---

[12] In der deutschen Tradition der Philosophischen Anthropologie spricht man im Anschluss an Helmuth Plessner (1975) von der „exzentrischen Positionalität" als dem konstitutiven Merkmal des Menschlichen, d. h. von der Fähigkeit, sich selbst von außen, als Objekt zu betrachten, nicht nur „Leib zu sein", sondern seinen „Körper zu haben".

3.1 Symbolgebrauch und soziale Konstitution des Selbst

sondern ein Prozess, der nach Maßgabe von sozialen Erfahrungszusammenhängen auch Veränderungen unterliegt. Sie setzt signifikante Symbole und damit ein hinreichend stabilisiertes Diskursuniversum voraus, nicht zuletzt auch die Fähigkeit, sich in die Perspektiven der Anderen hineinzuversetzen und sich mit deren Augen zu sehen.

In der sozialisatorischen Ausbildung dieser Fähigkeiten kommt dem kindlichen Spielen und dem Erlernen von Gesellschaftsspielen eine besondere Funktion zu. Im freien Rollenspiel („play") mit häufigen Rollenwechseln lernen Kinder, sich aus den Augen der Mutter, des Vaters oder anderer Bezugspersonen zu sehen und aus der Fremdperspektive zu formulieren, was diese von ihnen erwarten, etwa beim „Mutter-Vater-Kind-Spiel". Vater und Tochter spielen dann z. B. mit mehr oder weniger großer Hingabe und Puppenarsenal „Kindergartenausflug". In diesem Stadium der Ich-Entwicklung orientiert sich das Individuum an genau bestimmten Anderen, meist an den wichtigsten Bezugspersonen seiner unmittelbaren Kindheits-Umgebung. Es handelt sich dabei in Meads Verständnis um „signifikante Andere", d. h. um konkrete Andere mit – aufgrund der frühkindlichen Abhängigkeiten und Machtasymmetrien – besonderer Nähe zum und Einflusschancen auf das Kind. Bspw. verkörpert in dieser Phase und unter den gegenwärtigen soziohistorischen Bedingungen im westlichen Kulturkreis die Mutter nach wie vor häufig die Welt der Anderen schlechthin. Erst später entdeckt das Kind die Welt jenseits des oder der signifikanten Anderen. Das geschieht dann wesentlich im regelorientierten Spiel („game"), also in Wettkampfspielen bzw. Gesellschaftsspielen nach festen Regeln. Hier ist zunächst die eigene Rolle festgelegt: Torwart oder Stürmer, aber nicht beides zugleich, und es gibt ein vergleichsweise enges Regelkorsett, das beachtet werden muss, damit das Zusammenspiel erfolgreich ist:

> Wenn es sich an einem Baseballspiel beteiligt, muß es die Reaktionen aller anderen Positionen in seine eigene Position einbeziehen. Um selbst mitspielen zu können, muß es wissen, was jeder andere tun wird. Es muß diese Rollen ganz in sich aufnehmen. (…) Das Spiel nach Regeln stellt einen Übergang im Leben des Kindes dar; einen Übergang vom Spielen fremder Rollen zur organisierten Teilnahme, die erst das Selbstbewußtsein im vollen Sinne des Wortes ausmacht. (Mead 1969, S. 279 f.)

Auch dabei wird die Perspektivenübernahme eingeübt, freilich in einem anderen Sinne: das Kind lernt, dass die verschiedenen Rollen aufeinander angewiesen sind, es muss die Haltung der anderen in dieser Hinsicht einnehmen können und auch seine Position im Zusammenhang erkennen. Mead nennt diese Berücksichtigung der allgemeinen Perspektive die Einnahme der Position des „generalisierten Anderen". Wo das Kind vorher nur sah, dass Mutter oder Vater nicht wollen, dass es bei Tisch rülpst, weiß es nun: „man" tut das nicht:

> Die organisierte Gemeinschaft oder soziale Gruppe, die dem Individuum die Einheit seines Ichs gibt, kann der ‚generalisierte Andere' genannt werden. Die Haltung des generalisierten Anderen entspricht der Haltung der gesamten Gemeinschaft. Bei einer sozialen Gruppe, wie z. B. einer Baseballmannschaft, ist also die Mannschaft insofern der generalisierte Andere, als sie – als organisierter Prozeß sozialen Handelns – in die Erfahrung jedes einzelnen Mitglieds eingeht. (Ebd., S. 282)

Dabei geht es nicht nur um die Einübung der Perspektiven der anderen auf das eigene Ich, sondern auch um deren Orientierung auf den Ablauf und das Gesamtziel des Spiels. Die Einnahme dieser vielen Perspektiven oder allgemeiner: der Haltung des generalisierten Anderen ist die Voraussetzung dafür, auch das eigene Ich zu bestimmen. Das Ich entwickelt sich so in sozialen Gruppen, in sozialen Beziehungen und deren Aktivitäten. Umgekehrt sind koordinierte Aktivitäten sozialer Kollektive nur möglich, insoweit ihnen Individuen angehören, die die entsprechenden Kompetenzen der Rollenübernahme und die damit verknüpften Ich-Identitäten ausgebildet haben. Denken

> kann der einzelne überhaupt nur, indem er sich auf diese oder jene Weise in die Haltung des generalisierten Anderen zu seiner Person versetzt; denn nur so kommt es zum Denken, zur internalisierten Verständigung mit Gesten, die für das Denken konstitutiv ist. Und nur, wenn die Individuen die Haltung oder die Haltungen des generalisierten Anderen ihnen selbst gegenüber übernehmen, kann es eine universale Mitteilung geben, wie das System allgemeiner bzw. sozialer Symbole, das Voraussetzung für den Zusammenhang des Denkens ist. (Ebd., S. 287)

Die Einnahme dieser vielen Perspektiven oder allgemeiner: der Haltung des generalisierten Anderen ist die Voraussetzung dafür, auch das eigene Ich zu bestimmen. Das Ich entwickelt sich in sozialen Beziehungen. Das bedeutet nicht, dass Ich bestehe nur aus dieser von Außen induzierten „Struktur der Haltungen". Zwar „können (wir) nur dann wir selbst sein, wenn es eine Gemeinsamkeit der Haltungen gibt, die die Haltungen aller Mitglieder einer Gemeinschaft kontrollieren." (Ebd., S. 291) Und koordinierte Aktivitäten sozialer Kollektive sind nur möglich, insoweit ihnen Individuen angehören, die die entsprechenden Kompetenzen der Rollenübernahme und die damit verknüpften Ich-Identitäten ausgebildet haben. Doch in der weiter oben erwähnten Identitäts-Komponente des „I" wurzelt etwas Unvorhersehbares, Unbestimmtes, es ist der Sitz der Freiheit, Spontanität, Kreativität. Das den Ball auf dem Fußballfeld spielende „I" kann unkonzentriert einen Fehlpass schlagen; es kann sich über einen gelungenen Spielzug freuen und darüber vergessen, dass das Spiel weiter geht. Demgegenüber steht das „Me" für die übernommenen Normen und Konventionen der sozialen Gruppe, der man angehört, für das, was „man" tun darf oder nicht, wenn man sich an allgemeinen Regeln orientiert. In ihrem Zusammenspiel lassen „I" und „Me" zu, dass das Individuum zugleich einmalig, individuell sein kann und doch im selben Moment durch und durch sozial konstituiert. Im gesellschaftlichen Rollengefüge gibt es Positionen, welche die Kreativität des „I" besonders hervorheben: dies ist der gesamte Bereich der Kunst. In vielen Situationen des alltäglichen Handelns spielen entweder das „I", also der spontane oder impulsive Ausdruck des Individuellen, oder das „Me", also die Befolgung der sozialen Konventionen, eine größere Rolle. Deswegen gelten wir in den Augen anderer als mehr oder weniger „besonders" oder „sonderbar", deswegen erhalten wir Anerkennung für eine spezifische Art von Individualität, die uns unverwechselbar, beliebt, unsichtbar oder verhasst macht im Kreis der sozialen Gruppen und Beziehungen, in denen wir uns bewegen.

3.1.4 Identität und Rollenspiel

Meads Sozialisationstheorie, seine Analysen des Symbolgebrauchs und der Fähigkeit zur Rollenübernahme liegen der Neuformulierung der Rollentheorie zugrunde, die, wie eingangs erläutert, grundlegend für die Unterscheidung zwischen dem *Interpretativen* und dem *Normativen Paradigma* war. Im Normativen Paradigma, d. h. vor allem: in der Systemtheorie von Talcott Parsons, waren Rollen als Bündel von Regeln bzw. Erwartungen definiert worden, die an die Inhaber von spezifischen Positionen in einer Gesellschaft gerichtet sind. Ihre Erfüllung bzw. Befolgung wird belohnt, also „positiv sanktioniert"; ihre Missachtung wird bestraft, „negativ sanktioniert". Menschliches Rollenhandeln wurde hier als Regelbefolgung konzipiert, welche die Koordination von Handlungen bspw. in Organisationen, aber auch in der Familie, letztlich in allen möglichen Sozialbeziehungen erlaubt. Aus Sicht der Gesellschaft galt es sicherzustellen, dass genügend Individuen verfügbar und in der Lage sind, die bestehenden Rollen auszufüllen. Typische Beispiele für ein solches Rollenverständnis sind die Vorstellungen über die Rolle der Ärztin, des Patienten, des Ehemanns und der Ehefrau usw. Welches Verhalten wird in diesen Rollen jeweils erwartet? Wie ist es auf das Rollenverhalten der Gegenüber bezogen?

Im *Interpretativen Paradigma* wird die Idee des Rollenhandelns nicht aufgegeben, aber doch in verschiedenen Punkten entscheidend modifiziert (vgl. Joas 1992d; vgl. auch Shibutani 1961). Dies betrifft erstens die Frage der „Aufführung" oder „Einnahme" von Rollen. Die Regeln des Rollenverhaltens erklären ja nicht von selbst ihre eigene Anwendung. Vielmehr muss die Kapazität und Kompetenz des Individuums in Rechnung gestellt werden, soziale Positionen/Rollen und damit verknüpfte Erwartungen zu erkennen, zu deuten und „aufzuführen". Dies lässt sich leicht am Beispiel eines Fußballspiels darstellen. Gewiss sind hier allgemeine Spielregeln definiert und auch bestimmte Positionen auf dem Feld (wie Torwart,

Schiedsrichter, Stürmer). Doch daraus wird noch kein Spiel – es bedarf erst der aktiven Ausfüllung dieser Regeln und Positionen durch Spielerinnen und Spieler, die daraus eine unendliche Vielfalt von Spielzügen und Spielabläufen generieren können, die wir doch alle als mehr oder weniger spannendes Fußballspiel erkennen. Vergleichbares lässt sich von allen Situationen sozialer Interaktionen festhalten, ob diese nun in Freizeit oder Beruf, im Privatleben oder in der Öffentlichkeit, in informellen Zusammenhängen oder in Organisationen stattfinden. Ralph Turner (1976 [1962]) hat gerade bezüglich dieser notwendig aktiven Ausführung von Rollen vom „role-making" gesprochen.[13]

Damit ist eine weitere Möglichkeit gegeben, die vor allem Erving Goffman (s. u. Kap. 6) betont hat: die Fähigkeit zur Rollendistanz, d. h. zur deutlich sichtbaren Handhabung und Distanzierung von Elementen des Rollenhandelns, bspw. durch „ironische Brechungen", in denen das gerade vollzogene Handeln kommentiert und relativiert wird. Die Fähigkeit zur Rollendistanz bedeutet nicht, dass uns die Rollen, die wir aufführen, nicht „im Innersten berühren". So schreibt Peter L. Berger in einer Zusammenfassung der entsprechenden Argumente des Interpretativen Paradigmas:

> Wie fühlen leidenschaftlicher, wenn wir küssen, demütiger, wenn wir knien, zorniger, wenn wir die Fäuste ballen. Das bedeutet, daß der Kuß die Leidenschaft nicht nur ausdrückt, sondern verstärkt, wenn nicht gar hervorbringt. Zu Rollen gehören eben nicht nur bestimmte Handlungen, sondern auch das entsprechende Gefühl und die innere Verfassung. Ein Professor, der weise auf dem Katheder sein soll, fühlt sich allmählich auch weise. Der Prediger auf der Kanzel glaubt schließlich an das, was er sagt. Der Soldat entdeckt kriegerische Gefühle in seiner Brust, wenn er die Uniform anzieht. Gefühl und Einstellung mögen zwar allemal schon vorhanden sein, bevor die Rolle angelegt wurde. Aber unbedingt verstärkt sie, was vorher da war. In vielen Fällen spricht sogar alles dafür, daß dem Bewußtsein des Akteurs gar nichts vorausgegangen ist. So wird man denn also wohl weise, wenn man Professor wird, gläubig, wenn man etwas tun muß, was Glauben voraussetzt, kriegerisch, wenn man in einer Kampfformation marschiert. (…) Entscheidend bei unserem Beispiel ist, daß einem solchen Vorgang kaum jemals ein Entschluß oder eine Überlegung zugrunde liegt. (…) Gerade in der Unreflektiertheit und Unbewußtheit des Prozesses liegt ja seine Kraft. (Berger 1971, S. 108 f. [1963])

Insgesamt ist also von einem komplexen Verhältnis zwischen dem „Selbst" im Sinne Meads und seinen sozialen Begegnungen im gesellschaftlichen Rollenhandeln auszugehen. Stellt man die weiter oben erläuterte Prozesshaftigkeit der Selbst-Wahr-

---

[13] Vgl. zum soziologischen Verständnis des Menschen als „Rollenspieler" auch den Klassiker von Ralf Dahrendorf (2006 [1959]). In der deutschsprachigen Soziologie fand Anfang der 1970er Jahre eine intensivere Diskussion über verschiedene Varianten des Rollenbegriffs statt.

nehmung in Rechnung, dann sind wir als Personen mit einer „unverwechselbaren" Identität nur begrenzt stabil; viel eher sind wir „Treibende" mit sich permanent verändernder Gestalt im Meer der verschiedenen sozialen Situationen, die nur durch einen „dünnen Faden der Erinnerung" (Peter L. Berger) und die gesellschaftlichen Zuschreibungen, diese und jene Person zu sein, und niemand anderes, zusammengehalten werden.[14]

3.1.5 Kommunikation und Gesellschaft

Mead führt seine Überlegungen schließlich bis hin zur Ebene der Gesellschaft, der Institutionen und ihres Zusammenhangs. Gegen Marx, der das Wesen des Menschen in seiner tätigen Auseinandersetzung mit der Natur in Gestalt von „Arbeit" sah und dies als primäres gesellschaftliches Verhältnis betrachtete, betont Mead, dass die Abstimmung der Arbeitsprozesse, der religiösen Rituale, des Wirtschaftens usw. der Kommunikation bedarf: „Der Kommunikationsprozeß ist also in gewissem Sinn universaler als diese verschiedenen kooperativen Prozesse. Er ist das Medium, durch das die kooperativen Tätigkeiten in einer ihrer selbst bewußten Gesellschaft abgewickelt werden können." (Mead 1973, S. 306) Erst die Inhalte der Kommunikation entwickeln sich aus den Situationen und den durch sie gestellten Problemen, in denen sich Gesellschaften wiederfinden. Gesellschaftliche Institutionen sind nichts anderes als „eine gemeinsame Reaktion bei allen Mitgliedern einer Gesellschaft auf eine bestimmte Situation." (Mead 1969, S. 319) Konkret bestimmt sich dies natürlich nach den Praxisfeldern oder Handlungsbereichen, die in den Blick genommen werden: die Organisation einer Fußballweltmeisterschaft erfordert andere Bündelungen von Reaktionen als der Umgang mit abweichendem Verhalten, Diebstählen usw., bei denen Staatsanwälte, Richter, Polizisten zum Einsatz kommen. Doch in allen Fällen handelt es sich um mehr oder weniger weit reichende „organisierte Reaktionsketten", die auf der menschlichen Fähigkeit zum Symbolgebrauch aufruhen. Mit der Kompetenz des Gebrauchs signifikanter Symbole wird zugleich die Fähigkeit zur Rollenübernahme erworben. Menschen kön-

---

[14] In seinem Buch „Spiegel und Masken" entwickelt Anselm Strauss (1968 [1959]) einen Überblick über die Identitäts- uns Rollentheorie der interpretativen Tradition. Schon mit seinem Titel greift er bereits erwähnte Ideen von Cooley (das „Spiegel-Selbst") und Park (die Person, das Gegenüber als „Maske") auf. Stanley Cohen und Laurie Taylor geben in ihrer Studie „Ausbruchsversuche. Identität und Widerstand in der modernen Lebenswelt" aus der Tradition des interpretativen Paradigmas eine eindrucksvolle und sehr lesenswerte Schilderung unterschiedlichster Strategien von Individuen, sich Identitätsmustern und Rollenvorgaben zu entziehen (vgl. Cohen und Taylor 1977).

nen sich dann in die „Rolle des Gegenüber" versetzen. Erst dadurch wird die Abstimmung und Vernetzung von Rollenhandeln möglich. Ein Individuum muss im Sinne der Kenntnis des signifikanten Symbols beispielsweise wissen, was ein „Verkäufer" ist, um sich als „Kunde" in seinem Handeln darauf zu beziehen – und umgekehrt (vgl. ebd., S. 320 f.). Institutionen sind deswegen im Verständnis von Mead

> organisierte Formen des Gruppenhandelns oder des sozialen Handelns – Formen, die so organisiert sind, daß die einzelnen Mitglieder dieser Gesellschaft, indem sie Haltungen von anderen übernehmen, adäquat und im gesellschaftlichen Rahmen an diesem Handeln mitwirken können. (…) Soziale Institutionen sind, ebenso wie das Ich der Individuen, Entwicklungen innerhalb des sozialen Lebensprozesses oder dessen besondere, formalisierte Manifestationen auf der Stufe der Evolution, die der Mensch erreicht hat. (Mead 1969, S. 320 f.)

Das lässt sich schließlich auf das Verständnis von *Gesellschaft* insgesamt beziehen: letztere ist, um es noch einmal zu wiederholen, nicht mehr und nicht weniger als eine „organisierte Gruppe von Reaktionen auf bestimmte Situationen", wie die bereits gerade eben zitierte Passage in einer anderen Übersetzung lautet (Mead 1973, S. 317). Perspektivisch deutet Mead hier bereits an, dass ein Gefühl der Zugehörigkeit zur Welt-Gemeinschaft im Entstehen begriffen sei, dass also die lokalen Beziehungen und Institutionen sich mehr und mehr mit denen in allen Teilen der Welt verknüpfen und daraus – dies ist seine Hoffnung – entsprechende Orientierungen an einem generalisierten Anderen auf der Ebene der Weltgesellschaft, in einer „Konstellation der universalen Nachbarschaft" (ebd., S. 321) entstehen könnten: „Gerade die Universalität der Prozesse, die für die menschliche Gemeinschaft typisch sind, ob sie nun vom Standpunkt der Religion, des Handels oder des logischen Denkens aus gesehen werden, bildet die Ansätze zu einer Universalgesellschaft." (Ebd., S. 331)

3.2 Der Symbolische Interaktionismus

Meads sozialpsychologische und philosophische Theorie der praktischen Intersubjektivität, des Symbolgebrauchs, der interaktiv-kommunikativen Konstitution des Bewusstseins und der Abstimmung sozialer Handlungsvollzüge wird von seinem Assistenten Herbert Blumer zum Ausgangspunkt einer eigenständigen soziologischen Position gemacht und mit einem spezifischen Eigennamen verbunden: Der *Symbolische Interaktionismus* (SI) nutzt Meads Arbeiten zur Ausarbeitung einer allgemeinen soziologischen Theorie der Interaktion und der interaktiven Verkettung von Deutungs- und Handlungszusammenhängen, in der weiterhin sowohl das Handlungsmodell des philosophischen Pragmatismus wie auch die Forschungstra-

3.2 Der Symbolische Interaktionismus

dition der *Chicago School of Sociology* eine wichtige Rolle spielen (Blumer 1969a, b). Dabei fließen zusätzlich Ideen von Georg Simmel über die beständigen „Wechselwirkungen zwischen den Individuen" als Grundlage aller sozialen Gebilde und aus der deutschen Verstehenstradition ein, die mit den Namen Wilhelm Dilthey und Max Weber verbunden ist. Dilthey hatte, wie im ersten Kapitel erwähnt, die Besonderheit der Geisteswissenschaften in der Aufgabe des „Verstehens" kultureller Erscheinungen gesehen. Diese ergibt sich deswegen, weil soziale bzw. kulturelle Phänomene immer aus Bedeutungen bestehen, die ihrerseits nur deutend analysiert werden können. Der Symbolischen Interaktionismus (SI) interessiert sich dafür, wie Individuen in Interaktionsprozessen und durch Symbolgebrauch ihre Annahmen über die Wirklichkeit bzw. allgemeiner: die symbolische Ordnung ihrer Welt erzeugen, stabilisieren und verändern. Größere soziale Gebilde wie Organisationen, Institutionen oder gar „die" Gesellschaft gelten ihm als permanenter, vernetzter Prozess der Herstellung und Veränderung solcher Ordnungen. Der SI gehört bis heute zu den wichtigsten Teilströmungen des Interpretativen Paradigmas der Soziologie; unter seinem „Dach" versammeln sich eine Vielzahl von Positionen und Forschungen, die, ausgehend von den nachfolgend erläuterten Grundannahmen, spezifischere Forschungsgegenstände wählen und im Rückgriff auf qualitative methodische Zugänge – d. h. vor allem: nicht standardisierte Interviews, teilnehmende Beobachtung – erkunden. Das reicht dann – um nur wenige, weiter unten genauer vorgestellte Beispiele herauszugreifen – von theoretischen und methodologischen Ausarbeitungen (bei Howard S. Becker, Anselm Strauss, Adele Clarke oder Norman Denzin), organisationsbezogenen Studien über Restaurantküchen (Gary Alan Fine) oder Interaktionsprozesse auf Krankenstationen (Barney Glaser/ Anselm Strauss), Analysen zur sozialen Organisation der Kunstproduktion und des Kunstmarktes (Howard S. Becker), der gesellschaftlichen Karriere sozialer Probleme (Joseph Gusfield), dem Gefühls- und Ausdrucksmanagement an Arbeitsplätzen oder den Beziehungen zwischen Arbeits- und Familienleben (Arlie Hochschild) bis hin zur Beschäftigung mit der Verkörperung und Darstellung sexueller organismischer Lust in intimen Beziehungen (Sue Scott/Stevi Jackson).

Erste Aufsatzsammlungen zum Symbolischen Interaktionismus erschienen Anfang der 1960er Jahre in den USA (Rose 1962). Als theoretische Grundlegung des Ansatzes gilt das gleichnamige Buch von Herbert Blumer („Symbolic Interactionism", 1969), das Ende der 1960er Jahre erschien und Texte von Blumer aus mehreren Jahrzehnten enthielt. Besonders wichtig sind seine darin enthaltenen Aufsätze über „Der methodologische Standort des Symbolischen Interaktionismus" (Blumer 1981) und „Society as Symbolic Interaction" (Blumer 1969a; ursprünglich in dem erwähnten Band von Rose erschienen). Die dort ausgearbeiteten Annahmen bilden den „theoretischen Kern". Unter dem von Blumer skizzierten Dach versammelt sich eine Vielzahl von eigenständigen Autoren, die den SI nutzten und auch weiterentwickelten. Viele dieser Protagonisten hatten selbst noch in Chicago studiert oder später dann bei den an andere Universitäten gewechselten „Ex-Chicagoern". Blumer wurde wiederholt vorgeworfen, eine sehr reduzierte Aufnahme der Meadschen Sozialpsychologie und -philosophie im Sinne „mikro-soziologischer Orientierungen" befördert zu haben. Ob dieser Vorwurf tatsächlich zutrifft, sei dahingestellt. Zumindest die deutschsprachige Rezeption des Symbolischen Interaktionismus leidet jedoch darunter, dass weder das Werk Blumers – etwa seine Arbeiten zum Film, zur Industrialisierung, zu ethnischen Konflikten und Rassimus oder zu sozialen Konflikten und kollektiven Akteuren – in seiner inhaltlichen Breite aufgegriffen wurde (vgl. Blumer 2000, 1969c, 1970, 1990), noch viele der Entwicklungen und Anwendungen, die aus der Tradition des Symbolischen Interaktionismus heraus in den USA seit dem entstanden sind (vgl. dazu weiter unten Kap. 3.3 und 3.4). Nach der Diskussion der Position Blumers werden nachfolgend zunächst drei Weiterführungen in den Feldern des abweichenden Verhaltens (Howard S. Becker), der kollektiven Definition sozialer Probleme (Joseph Gusfield) und der Interaktionsprozesse in Organisationen (Anselm Strauss) vorgestellt. Daran anschließend werden einige aktuelle Forschungsbeispiele und Entwicklungstrends erläutert.

Herbert George Blumer (1900–1987)
Herbert Blumer wurde in St. Louis, Missouri, geboren. Er studierte und lehrte zunächst bis 1925 an der dortigen Universität. 1923 begann er seine Promotion an der University of Chicago; gleichzeitig wurde er professioneller Football-Spieler bei den „Chicago Cardinals". Seine soziologischen Arbeiten sind stark durch William I. Thomas, Ellsworth Faris und George Herbert Mead beeinflusst und versuchen, deren Positionen zu verbinden (Helle 2001, S. 96). Als Mead Anfang der 1930er Jahre schwer erkrankte, über nimmt er dessen Lehrveranstaltung in Chicago; insgesamt lehrte er dort 1925–1952.

Von 1941–1952 war Blumer Herausgeber des *American Journal of Sociology*. 1956 wurde er Präsident der *American Sociological Association*. Später war er Präsident der *Society for the Study of Social Problems*, der *Pacific Sociological Association* und Vizepräsident der *International Sociological Association*. Sozialpolitisch engagierte er sich als Konfliktvermittler zwischen Arbeitgebern und Gewerkschaften. 1952 wechselte er an die University of California (Berkeley) und übernahm die Leitung des dort neu gegründeten soziologischen Departments. Blumer arbeitete seit Ende der 1930er Jahre über Rassenkonflikte, Kollektivverhalten, industrielle Beziehungen und die Auswirkungen von Filmen auf das menschliche Verhalten. Er interessierte sich beispielsweise für die Entwicklung kollektiver Definitionen in herrschenden Gruppen, die dadurch ihre Macht und ihren Status erhalten wollen (vgl. Wacker 1995, S. 143).

Lektürevorschlag:
Blumer, Herbert (1981). Der methodologische Standort des Symbolischen Interaktionismus. In Arbeitsgruppe Bielefelder Soziologen (Hrsg.), *Alltagswissen, Interaktion und gesellschaftliche Wirklichkeit*, Reinbeck: rowohlt, S. 80–101 [1969]; 1973 für die deutsche Erstausgabe; Neuabdruck in Strübing und Schnettler 2004, S. 319–388 [Grundlegende Erläuterung der Perspektive mit Diskussion der Implikationen für die Sozialforschung]
Blumer, Herbert (1969a). Society as Symbolic Interaction. In ders. (1969), S. 78–89 [Entfaltet die entsprechende Sichtweise auf Gesellschaft]

Vertiefung/Originalwerke (Auswahl):
Blumer, Herbert (1969). *Symbolic Interactionism. Perspective and Method.* Englewood Cliffs (Aufsatzsammlung mit den wichtigsten Beiträgen Blumers zur Grundlegung des SI)
Blumer, Herbert (1970). *Movies and Conduct.* New York: Arno Press [1933] [Eine frühe Studie Blumers zu den Rezeptionsfolgen des neuen Massenmediums Film]
Blumer, Herbert (1979). *Critiques of Research in the Social Sciences. An Appraisal of Thomas and Znanniecki's „The Polish Peasant in Europe and America". With a new Introduction of the Author.* New Brunswick [Ausführliche Diskussion, Würdigung und Vorgehensweise der Studie von Thomas & Znaniecki]

Blumer, Herbert (1990). Industrialization as an Agent of Social Change: A Critical Analysis. Hrsg. von D. Maines & T J. Morrione. New York: Aldine de Gruyter [Zuvor unveröffentlichtes Manuskript, das die eher „makrosoziologischen" Aspekte des SI anhand von Blumers Analysen von Industrialisierungsprozessen beleuchtet]

Blumer, Herbert (2000). Selected Works of Herbert Blumer. A Public Philosophy for Mass Society. Hrsg. von Stanford M. Lyman/Arthur J. Vidich. Urbana/Chicago: University of Illinois Press [1988] [Aufsatzsammlung mit einer ausführlichen, über hundert Seiten umfassenden Präsentation der Soziologie von Blumer, die nicht den Anschluss an Mead, sondern seine inhaltlichen Arbeiten zu Massenmedien (Zeitungen, Film), Öffentlichkeit, Rassenkonflikten und industriellen Beziehungen in den Vordergrund stellt; hinzu kommen ausgewählte Originalbeiträge Blumers zu den genannten Themen]

Blumer, Herbert (2004). George Herbert Mead and Human Conduct. Hrsg. von Thomas J. Morrione. Walnut Creek: Alta Mira Press [zuvor unveröffentlichtes Manuskript, in dem Blumer die Position von Mead diskutiert]

Morrione, Thomas J. (2004a). Editors Introduction. In: Blumer (2004), S. 1–13

Morrione, Thomas J. (2004b). Herbert Blumer – A Biography. In: Blumer (2004), S. 179–184

Plummer, Ken (Hrsg.) (1991a). Symbolic Interactionism. Vol. I: Foundations and History. Aldershot [enthält zahlreiche Beiträge zur Geschichte des und Auseinandersetzung mit dem SI bis Ende der 1980er Jahre]

Plummer, Ken (Hrsg.) (1991b). Symbolic Interactionism Vol. II: Contemporary Issues. Aldershot [enthält zahlreiche Diskussionsbeiträge zum SI, insbesondere auch zur Bedeutung und Analyse von Emotionen]

Shibutani, Tamotsu (1973). Human Nature and Collective Behavior. Papers in Honor of Herbert Blumer [Enthält verschiedene Beiträge von Schülern Blumers aus dem Kontext des SI, die Werkaspekte und Weiterführungen diskutieren]

Bildnachweis: Homepage der American Sociological Association (www.asanet.org/about/presidents; Stand vom 17.7.2012)

3.2.1 Grundannahmen

Gesellschaft als „symbolische Interaktion" zu betrachten, das bedeutet für Herbert Blumer (1969a), den Ausgangspunkt soziologischer Analysen in der Symbolver-

3.2 Der Symbolische Interaktionismus

mitteltheit und Interpretationsabhängigkeit der menschlichen Weltbezüge zu nehmen. Dies gilt sowohl für die direkte Ebene der Handlungen von und Interaktionen zwischen Individuen als auch für die Ebene von Organisationen oder kollektiven Akteuren, d. h. für unterschiedliche Erscheinungsformen von „Handlungseinheiten":

> Human society is to be seen as consisting of acting people, and the life of the society is to be seen as consisting of their actions. The acting units may be separate individuals, collectivities whose members are acting together on a common quest, or organizations acting on behalf of a constituency. Respective examples are individual purchasers in a market, a play group or missonary band, and a buisiness corporation or a national professional association. (…) I would add that any scheme of human society claiming to be a realistic analysis has to respect and be congruent with the empirical recognition that a human society consists of acting units. (Blumer 1969a, S. 85)

Menschliches Handeln findet innerhalb von und in Bezug auf Situationen sowie die Definition dieser Situationen statt. Dabei kann häufig auf Erfahrungen und Deutungsroutinen zurückgegriffen werden; immer wieder sind jedoch auch neue Deutungsanstrengungen notwendig. Dabei wird die Existenz von Strukturbildungen, Organisationen und anderen emergenten Ebenen des Sozialen keineswegs geleugnet. Was jedoch bestritten wird, ist die Annahme einer davon ausgehenden „determinierenden Wirkung auf das Handeln". Menschen handeln in Bezug auf Situationen, nicht im Hinblick auf Strukturen, auch wenn Strukturmuster wie „Kultur", „soziale Schichtung" oder „soziale Rollen" Rahmenbedingungen für das jeweilige Handeln vorgeben. Und je komplexer Gesellschaften sind, desto vielfältiger sind die entsprechenden Rahmenbedingungen – und umso deutungsbedürftiger (vielleicht auch deutungsoffener) sind die Situationen, in denen Menschen sich bewegen. Vom Standpunkt des Symbolischen Interaktionismus aus bildet

> the organization of a human society [is] the framework inside of which social action takes place and is not the determinant of that action. Second, such organization and changes in it are the product of the activity of acting units and not of „forces" which leave such acting units out of account. (Blumer 1969a, S. 87)

Die Grundposition des *Symbolischen Interaktionismus* lässt sich etwas differenzierter mit drei Prämissen Blumers kennzeichnen, die an Mead anschließen:

> Die *erste* Prämisse besagt, daß Menschen ‚Dingen' gegenüber auf der Grundlage der Bedeutungen handeln, die diese Dinge für sie besitzen. Unter ‚Dingen' wird alles gefaßt, was der Mensch in seiner Welt wahrzunehmen vermag – physische Gegenstände, wie Bäume oder Stühle; andere Menschen, wie eine Mutter oder einen Verkäufer; Kategorien von Menschen, wie Freunde oder Feinde; Institutionen, wie eine Schule oder eine Regierung; Leitideale wie individuelle Unabhängigkeit oder Ehrlichkeit; Handlungen anderer Personen, wie ihre Befehle oder Wünsche; und solche

Situationen, wie sie dem Individuum in seinem täglichen Leben begegnen. Die *zweite* Prämisse besagt, daß die Bedeutung solcher Dinge aus der sozialen Interaktion, die man mit seinen Mitmenschen eingeht, abgeleitet ist oder aus ihr entsteht. Die *dritte* Prämisse besagt, daß diese Bedeutungen in einem interpretativen Prozeß, den die Person in ihrer Auseinandersetzung mit den ihr begegnenden Dingen benutzt, gehandhabt und abgeändert werden. (Blumer 1981, S. 81)

Was bedeuten zunächst diese Prämissen? Beginnen wir mit einer kurzen Diskussion des ersten Punktes. Zunächst erinnert sie einerseits an das weiter oben bereits erwähnte Konzept der „Definition der Situation"; zusätzlich auch an die Idee der Bedeutungen, die sich beim Menschen zwischen den äußeren Reiz und seine Reaktion darauf schieben, so wie das Mead entwickelt hatte. „Dinge" sind hier nicht nur tatsächliche materielle Objekte, sondern auch sehr abstrakte Ideen (Freiheit, Fortschritt, Frieden), soziale Handlungszusammenhänge (Institutionen und Organisationen), Verhaltensweisen und Tätigkeiten (arbeiten, faulenzen, helfen), menschliche oder tierische Lebewesen, Pflanzen, Hergestelltes und „Natürliches" usw. Blumer unterscheidet deswegen zwischen physikalischen (Baum), sozialen (Freund) und abstrakten (Freiheit) Objekten. Mit dem Hinweis auf die „Bedeutung" dieser Dinge ist keine besondere „Wichtigkeit" bezeichnet, etwa in dem Sinne, wie beispielsweise ein bestimmtes Buch, eine bestimmte Person, der man begegnet ist, für einen „von Bedeutung" war. Der Begriff der Bedeutung verweist vielmehr auf den Sinn oder die Sinndimension solcher „Dinge". Wenn wir von einem Baum, einer Mutter, einem Freund, einer Schule usw. sprechen, dann beinhalten diese Begriffe ja mehr als das jeweilige Wort. Das Wort oder Zeichen ist nur der Träger der Bedeutung, des Sinngehaltes, den wir mit dem Begriff verbinden, und den wir darüber hinaus verwenden, um etwas Tatsächliches, ein Ding, ein Phänomen, ein Handeln oder einen Prozess zu benennen. Das schließt nicht aus, dass wir mit dem Bezeichneten in manchen Fällen auch eine „besondere Bedeutung" verbinden: „mein Kind" hat für mich eine andere Bedeutung als „die Kinder auf dem Spielplatz". Aber in beiden Fällen ist mit dem Wort „Kind" auch ein ungefähres Alter und eine spezifische gesellschaftliche Stellung zu den Erwachsenen usw. bezeichnet. Das alles (und noch viel mehr) gehört zur Bedeutung des „Dinges" „Kind". Will man das Handeln von Menschen verstehen, muss man wissen, wie ihre „Welt von Objekten" aufgebaut ist. Diese Objekte sind „soziale Schöpfungen", die betrachtet werden müssen „als in einem Definitions- und Interaktionsprozess, wie er in der Interaktion zwischen Menschen abläuft, geformt und aus ihm hervorgehend." (Blumer 1981, S. 91)

Die „Objekte" und „Welten", die für Menschen bzw. menschliche Kollektive existieren, sind das Produkt symbolischer Interaktionen. Dies gilt auch für „eine Armee", eine „Körperschaft", eine „Nation" (ebd., S. 96). Blumer unterscheidet drei Kategorien solcher Objekte:

> „(a) physikalische Objekte, wie Stühle, Bäume oder Fahrräder; (b) soziale Objekte, wie Studenten, Priester, ein Präsident, eine Mutter oder ein Freund; und (c) abstrakte Objekte, wie moralische Prinzipien, philosophische Lehrmeinungen, oder Ideen, wie Gerechtigkeit, Ausbeutung oder Mitleid." Und er insistiert weiter: „Ich wiederhole, dass ein Objekt jedes beliebige Ding sein kann, das man anzeigen oder auf das man sich beziehen kann." (Blumer 1981, S. 90)

Die Beschaffenheit eines Objektes ergibt sich also nicht aus diesem selbst, sondern aus der Bedeutung, die ihm durch eine Person bzw. mehrere Personen, eine Gruppe, ein Kollektiv verliehen wird. Dies gilt auch dann, wenn das Objekt sich als resistent gegen so manche Bedeutungszuweisungen zeigt: Ich kann mir lange einreden, dass die Rückenflosse, die das Wasser teilt und auf mich zukommt, von einem Delphin stammt – irgendwann wird sich zeigen, ob das so stimmt. Ich kann auch annehmen, der Weg zur Haltestelle des Busses sei in fünf Minuten zu bewältigen und ich hätte also noch Zeit. Schon beim nächsten Mal weiß ich es vielleicht besser. Wichtig dabei ist immer, dass es sich um menschliche Kapazitäten des Deutens handelt. Denn die Suche und das Finden einer „angemessenen Bedeutung", auch die Beurteilung der Angemessenheit, findet ja durch die Person oder eine Gruppe von Personen, ein Kollektiv statt – aber niemals durch das Objekt selbst.[15] In einer gegebenen Gesellschaft, in einem bestehenden „Diskursuniversum" sind natürlich viele solcher Bedeutungen bereits aus dem historischen Prozess heraus bis auf Weiteres festgelegt und müssen nicht im strengen Sinne immer wieder neu ausgehandelt oder erprobt werden – tatsächlich ist ja jeder „gelungene Einsatz" eine solche Probe, die die Gültigkeit einer Bedeutung bis auf weiteres bestätigt. Dennoch finden Abstimmungen von Bedeutungszuweisungen in unserem Alltag permanent statt, nicht nur da, wo wir mit Partnerinnen oder Partnern darüber streiten, welches Wäschestück auf welchen Schmutzberg gehört, wer die Aufgabe des Waschens heute übernimmt (vgl. Kaufmann 2005 [1992]), oder ob der Firmenausflug nächste Woche nicht doch eine verkappte Strategie des Chefs ist, auszutesten, wer sich zum Lieblingsmitarbeiter eignet. Doch auch hier geht es keineswegs um eine „Spontantheorie" der Bedeutungszuweisung. Der Prozess der „Aushandlung von Situationsdefinitionen" sollte nicht wörtlich als tatsächlicher Argumentationsprozess verstanden werden, wie dies bspw. Jürgen Habermas (1981) in seiner Theorie des kommunikativen Handelns konzipiert. „Aushandlung" meint vielmehr eine sukzessive Abfolge mehr oder weniger impliziter, unbewusster und mitunter auch expliziter Justierungen, der wechselseitigen Entäußerung und Interpretation von Zeichen in Interaktionsprozessen, also eine intersubjektive und fortlaufende Abstimmung von Interpretationsprozessen zwischen Bestätigung und Korrektur von *hinreichend*

---

[15] Das wird von der Akteur-Netzwerk-Theorie (ANT) nicht hinreichend berücksichtigt.

übereinstimmenden Situationsdeutungen. Dies muss nicht notwendig sprachlich vermittelt sein, sondern kann über Körperausdruck, Gesten u. a. erfolgen.

Zugleich liegt in Spielräumen des Problematischen oder Unbestimmten das kreative Potential des Handelns, die Möglichkeit zur Veränderung. Will man das Handeln von Menschen verstehen, muss man wissen, wie ihre „Welt von Objekten" aufgebaut ist. Beispielsweise sieht ein Problem wie das des „nächtlichen Randalierens" aus der Sicht einer Jugendgang völlig anders aus als aus der Sicht der lokalen Polizeibehörde (Berger 1971); ein soziales Problem ist für die Soziologie etwas anderes als für das Sozialamt oder eine Politikerrunde. Ja im letzten Fall besteht die Relevanz der Soziologie gerade im Insistieren darauf, dass es sich für sie um ein „anderes Problem" handelt (Becker 2003). Doch immer sind solche Objekte „soziale Schöpfungen", die betrachtet werden müssen

> als in einem Definitions- und Interaktionsprozess, wie er in der Interaktion zwischen Menschen abläuft, geformt und aus ihm hervorgehend. (…) Vom Standpunkt des Symbolischen Interaktionismus aus ist, kurz gesagt, das menschliche Zusammenleben ein Prozess, in dem Objekte geschaffen, bestätigt, umgeformt und verworfen werden. Das Leben und das Handeln von Menschen wandeln sich notwendigerweise in Übereinstimmung mit den Wandlungen, die in ihrer Objektwelt vor sich gehen. (Blumer 1981, S. 91)

Menschen steuern ihr Handeln in einem permanenten Prozess der Abstimmung von Bedeutunganzeigen bzw. -zuweisungen. Ihr Deuten kann durch „Wirklichkeit" korrigiert werden; das führt dann jedoch nicht zu einem Ausstieg aus der bedeuteten Welt, sondern „nur" zur Ersetzung der eingesetzten Wahrnehmungs-, Deutungs- und Handlungsschemata – was im Sinne des Symbolischen Interaktionismus durchaus auf ein und dasselbe hinauslaufen mag:

> Im wesentlichen besteht das Handeln eines Menschen darin, dass er verschiedene Dinge, die er wahrnimmt, in Betracht zieht und auf der Grundlage der Interpretation dieser Dinge eine Handlungslinie entwickelt. Die berücksichtigten Dinge erstrecken sich auf solche Sachen wie seine Wünsche und Bedürfnisse, seine Ziele, die verfügbaren Mittel zu ihrer Erreichung, die Handlungen und die antizipierten Handlungen anderer, sein Selbstbild und das wahrscheinliche Ergebnis einer bestimmten Handlungslinie. Sein Verhalten wird durch solch einen Prozess des Anzeigens und der Interpretation geformt und gesteuert. In diesem Prozess können gegebene Handlungslinien in Gang gesetzt oder gestoppt werden, sie können aufgegeben oder verschoben werden, sie können auf reine Planung oder auf das innerliche Leben einer Träumerei beschränkt werden, und sie können, falls sie schon ausgelöst sind, umgeformt werden. (Blumer 1981, S. 95)

In der zweiten Prämisse heißt es nun, dass diese Bedeutung aus der sozialen Interaktion mit Anderen abgeleitet ist oder entsteht. Erinnrn wir uns: Weiter oben

3.2 Der Symbolische Interaktionismus

hatten wir erläutert, wie George Herbert Mead ganz allgemein die geschichtlich-evolutionäre Entstehung von „signifikanten Symbolen", also Symbolen, die für die Mitglieder einer sozialen Gruppe die gleiche Bedeutung haben, aus der Interaktion ableitet. Mein Tun, die Reaktion des Gegenüber und mein Wahrnehmen dieser Reaktion – alles in allem also: der Interaktionsprozess – entscheiden über die Bedeutung eines Tuns, eines Dings, einer Handlung. Da wir als menschliche Wesen in soziale Kollektive hinein geboren werden, in denen bereits in einem historisch langwierigen Prozess ein oder mehrere Systeme von signifikanten Symbolen herausgebildet wurden (die sich im übrigen in permanentem Umbau befinden), übernehmen wir im Sozialisationsprozess diese Symbolsprachen bzw. wir entwickeln in Interaktionen die Kompetenz, sie selbst einzusetzen und in interpretierenden Prozessen mit solchen Symbolen umzugehen. Das sind die üblichen Deutungsroutinen, auf die wir in unserem Handlungsvollzug gleichsam nebenbei zurückgreifen, uns wechselweise permanent Bedeutungsangebote machen und bestätigen, ohne die wir schon bei kleinsten Handlungs- und Interaktionszusammenhängen hoffnungslos überfordert wären. Doch das ist nur die eine der in dieser Prämisse enthaltenen Lesarten. Denn sie lässt sich auch so verstehen, dass wir tatsächlich im gemeinsamen Handeln mit anderen, in Interaktionen die Bedeutung von Dingen erzeugen. Das kann für abstrakte Ideen wie „Frieden" nachvollzogen werden, etwa dann, wenn zwischen zwei Gegnern erst Übereinstimmung gestiftet werden muss, was darunter in einem konkreten Fall verstanden werden soll. Das passiert bei der wissenschaftlichen Entdeckung neuer Phänomene, etwa, wenn Astronomen aus bestimmten Messgrößen auf die Existenz eines Sternes, eines Planetensystems oder eines schwarzen Loches usw. schließen. Das stimmt für unsere schon etwas konkreteren alltäglichen Vorstellungen etwa davon, was eine „beste Freundin" ausmacht und auf wen diese Bezeichnung unter welchen Bedingungen anzuwenden (oder aufzugeben) ist. Das gilt aber auch für ganz „handfeste" Dinge wie beispielsweise einen Stuhl oder einen Tisch, deren „Bedeutung" wir uns ja Tag für Tag wechselweise bestätigen. Dadurch reproduzieren wir sie zugleich, wir vergewissern uns gegenseitig der Gültigkeit genau dieser Bedeutung. In mehrfacher Hinsicht kann man also feststellen: „Die Bedeutung eines Dinges für eine Person ergibt sich aus der Art und Weise, in der andere Personen ihr gegenüber in Bezug auf dieses Ding handeln." (Blumer 1981, S. 83) Das meint bspw. nicht (nur) kindliches Verhalten: Wenn andere mein Lieblingsschmusetier wollen, will ich es noch viel mehr. Sondern das meint auch: Für mich ist ein Tisch ein Tisch, weil ich durch andere erfahren habe, was ein Tisch ist und was man damit macht. Und: Ich liebe diese Musik, weil meine Eltern sie schrecklich finden und meine Freunde und Freundinnen sie mögen.

In der dritten Prämisse spricht Blumer von einem interpretativen Prozess, innerhalb dessen wir die Bedeutung „handhaben" oder auch verändern. Normalerweise funktioniert unser alltägliches Deuten weitgehend reibungslos: ein Tisch ist ein Tisch, ein Stuhl ein Stuhl, ein Schmerz ein Schmerz, eine Rose eine Rose usw. Mead hatte darauf hingewiesen, dass die Denkprozesse im Einzelbewusstsein als eine Art „innere Interaktion" verstanden werden können. Sie sind nur möglich, wenn und insoweit wir über die Kompetenz der Nutzung „signifikanter Symbole" verfügen. Bedeutungen liegen nicht „an sich" in den gegenständlichen oder nichtgegenständlichen Objekten und Prozessen in der Welt, sondern sie werden von uns im Kontakt und Wechselprozess, also in der Begegnung mit der Welt durch „Interpretation" zugewiesen. Das hatte ähnlich bereits das weiter oben erwähnte Handlungsmodell des Pragmatismus so beschrieben.[16] Blumer betont, dass dieser Prozess aus „zwei Schritten" bestehe.

> Zunächst zeigt der Handelnde sich selbst die Gegenstände an, auf die er sein Handeln ausrichtet; er hat sich selbst auf die Dinge aufmerksam zu machen, die eine Bedeutung haben. Die Vornahme solchen ‚Anzeigens' ist ein internalisierter sozialer Prozess, in dem der Handelnde mit sich selbst interagiert. (…) Zweitens wird die Interpretation aufgrund dieses Kommunikationsprozesses des einzelnen mit sich selbst eine Frage des Handhabens von Bedeutungen. In Abhängigkeit von der Situation, in die er gestellt ist, sowie der Ausrichtung seiner Handlung sucht der Handelnde die Bedeutungen aus, prüft sie, stellt sie zurück, ordnet sie neu und formt sie um. Demgemäß sollte die Interpretation nicht als eine rein automatische Anwendung bestehender Bedeutungen betrachtet werden, sondern als ein formender Prozess, in dessen Verlauf Bedeutungen als Mittel für die Steuerung und den Aufbau von Handlung gebraucht und abgeändert werden. (Blumer 1981, S. 84)

Die Handelnde macht sich selbst auf die für sie bedeutsamen Dinge (beispielsweise Bestandteile einer Situation) aufmerksam und prüft dann weiter deren Bedeutung für ihr Handeln. In beiden Fällen handelt es sich um einen „internalisierten sozialen Prozess", eine Interaktion der Handelnden mit sich selbst, die „nicht als rein automatische Anwendung bestehender Bedeutungen", sondern als „formender", für Veränderungen offener Prozess gedacht werden muss (ebd., S. 84). Von „symbolischer Interaktion" zu sprechen, bedeutet hier keinen Gegensatz zu einer „realen Interaktion" und bezeichnet auch keine besondere Form des Handelns (etwa die „symbolische" Kreuz-Geste des katholischen Priesters bei der Vergebung der Sünden), sondern bezeichnet die Art und Weise, wie alle menschlichen Interaktionen vermittelt und koordiniert werden: über den Gebrauch signifikanter Symbole.

Die Interpretationsleistungen der menschlichen Akteure enthalten also ein starkes kreatives Moment. Nur dann sind sie im Sinne des Pragmatismus in der Lage, auf Störungen, Irritationen, Probleme, kurz: Widerständigkeiten der Wirklichkeit

---

[16] Alfred Schütz (s. u. Kap. 4) hat die Feinheiten dieses Zuschreibungsprozesses analysiert.

3.2 Der Symbolische Interaktionismus

und Welt zu reagieren. Bedeutungszuschreibungen können nämlich an der Realität „scheitern" (ebd., S. 103 f.). Das lässt sich durch ein einfaches Beispiel erläutern: Nehmen wir an, Sie gehen durch eine Geschäftsstraße und sehen plötzlich eine maskierte Person mit einer Tasche und einer Pistole aus einer Bank herauslaufen. Vermutlich werden Sie diese Situation als Banküberfall wahrnehmen (also deuten). Kurz nach Verlassen der Bank stoppt jedoch die Person, zieht sich die Maske vom Gesicht, und ruft: „War das gut so?" Sie wenden sich um und erkennen (deuten!), dass sie in ein Filmset hineingeraten sind. Sie verändern also ihre Deutung der Situation. Kriminalgeschichten spielen damit, dass sie beständig zunächst nahe liegende Deutungen von Situationen durch die Hinzufügung von Details oder Hintergrundwissen verändern. Im Alltag verfügen wir über enorme Kompetenzen der reaktionsschnellen Umdeutung; in systematisierter Form wird das Suchen nach „angemessenen" Interpretationen beispielsweise in den Wissenschaften betrieben. Der Symbolische Interaktionismus ist also eine Theorieperspektive, die die Bedeutung der durch Symbole vermittelten menschlichen Interaktionen für den Aufbau der gesellschaftlichen Wirklichkeit hervorhebt.

3.2.2 Von der Symbolischen Interaktion zur Gesellschaft

Aufbauend auf den erläuterten Prämissen entwirft Blumer nun ein Theorie-Gerüst der „Kernvorstellungen" des Symbolischen Interaktionismus von Gesellschaft und menschlichem Verhalten (Blumer 1981, S. 86 ff.). Menschliche Gruppen und Gesellschaften bestehen demnach nur in Handlungen; sie müssen soziologisch deswegen in einem handlungs- bzw. genauer: interaktionstheoretischen Ansatz, mit „Handlungskategorien" analysiert werden. Der Mensch wird hier als Organismus betrachtet, der sowohl zu nicht-symbolischem Tun (Bsp.: mit dem Hammer einen Nagel in die Wand schlagen) wie zu symbolischem Handeln, d. h. zur Zeichennutzung (etwa: Sprechen, sich unterhalten, flirten) fähig ist. Dies impliziert, dass er eine Ich-Identität bzw. ein „Selbst" sowie die Kompetenzen zur Körpersteuerung, zur Werkzeug-, Zeichen- und Symbolnutzung ausbilde, und dass er in der Lage ist, mit sich selbst im beschriebenen Sinne zu „interagieren" bzw. zu kommunizieren, sich also eine Situation und ihre Bestandteile anzuzeigen und darauf wiederum zu reagieren. Menschen sind deswegen nicht in reflexartigen Reiz-Reaktionsketten gefangen, sondern handeln und entwerfen entsprechende Handlungspläne – ein Prozess, der häufig als eingeübte Routine unterhalb großer Aufmerksamkeitsschwellen verläuft.

Ähnlich wie Georg Simmel schreibt Blumer: „Das Leben einer jeden menschlichen Gemeinschaft besteht notwendigerweise in einem fortlaufenden Prozess des

Aufeinander-Abstimmens der Aktivitäten ihrer Mitglieder." (Blumer 1981, S. 86) Bei den erwähnten individuellen oder kollektiven Handlungen handelt es sich überwiegend um symbolische Interaktionen, die Bestandteile von Interaktionsketten sind. Alles, was über längere Zeit als stabile gesellschaftliche Wirklichkeit existiert, also sowohl Deutungsstrukturen (die ihrer Entstehung nach ja ebenfalls soziale Strukturen sind) als auch soziale Strukturen im üblichen Sinne (beispielsweise Institutionen, Organisationen, gesellschaftliche Statusgefüge), entsteht aus dem permanenten deutenden Tun der Menschen und wird darin reproduziert oder transformiert.

In der Konsequenz bedeutet dies, dass man die „Definitionsprozesse der Handelnden" erfassen muss, um Handeln und Interaktionen zu verstehen; dies gilt sowohl für das Individualhandeln wie für kollektives Handeln von „Gruppen, Institutionen, Organisationen oder sozialen Schichten", das im Mittelpunkt der soziologischen Aufmerksamkeit steht. Der Gegenstand der Soziologie, also soziale Phänomene wie Heirat, Handel, Krieg, Gottesdienst usw. lassen sich als „gemeinsames Handeln" begreifen, das tatsächlich aus mitunter weit reichenden Verkettungen von Einzelhandlungen zusammengesetzt ist. Blumer spricht deswegen auch von „komplexen Netzwerken von Handlungen", beispielsweise im Hinblick auf die gesellschaftliche Arbeitsteilung:

> Mag die Gesamtheit eine Armee sein, die an einem Feldzug teilnimmt, eine Körperschaft, die ihre Unternehmungen ausweiten will, oder eine Nation, die eine ungünstige Handelsbilanz auszugleichen versucht: sie alle müssen ihr Handeln durch eine Interpretation dessen, was in ihrem Tätigkeitsfeld geschieht, aufbauen. (Blumer 1981, S. 96)

Der größte Teil sozialen Handelns besteht aus sich „wiederholenden Mustern gemeinsamen Handelns", die deswegen stattfinden, weil alle Beteiligten auf die gemeinsamen signifikanten Symbole bzw. Deutungen zurückgreifen. Schon das bedeutet keinen Automatismus des bloßen Abspulens, denn jede Wiederholung eines Musters ist doch gleichwohl als aktiver Prozess der Interpretation zu begreifen. Es gibt – aus den verschiedensten Gründen: der Technikentwicklung, der Kulturbegegnung, der Komplexität sozialer Beziehungen – viele und immer wieder neue Phänomene, Situationen, Störungen von Handlungsroutinen, Handlungsprobleme, die eine aktive Suche nach angemessenen Bearbeitungsformen im Deuten und Handeln auslösen. Dies gilt auch für Werte und Normen: diese sind Ergebnis sozialer Interaktionen, nicht deren unbedingte Voraussetzung. Ähnliches lässt sich so für die Betrachtung von Institutionen und Organisationen festhalten: sie funktionieren nicht auf der Grundlage einer inneren, bspw. systemischen Dynamik, sondern weil Personen in ihnen aufeinander abgestimmte Situationsdefinitionen vornehmen

3.2 Der Symbolische Interaktionismus

und handeln. Solches gemeinsames Handeln geht immer schon aus historisch vorangehenden Handlungs- und Bedeutungszusammenhängen hervor; es stellt also eine je spezifisch zu bestimmende Mischung aus Anschluss, Wiederholung und Neuerung dar. Gleichwohl impliziert das nicht die Kontrolle der Beteiligten über die ablaufenden Prozesse; und keineswegs sind emergente, nicht intendierte Effekte ausgeschlossen, die sich aus den zahlreichen Interaktionsvollzügen ergeben. Ein mehrfach untersuchtes Beispiel dafür aus dem Feld des abweichenden Verhaltens liefert die Verstärkung der Illegalität von Drogengebrauch, die sich aus spezifischen polizeilichen Bearbeitungsstrategien ergeben kann: Versuche, sich Kontrollen zu entziehen, führen dann zum Treffen an „halbseidenen" Orten.

3.2.3 Methodologische Konsequenzen

Die erläuterten theoretischen Grundannahmen des Symbolischen Interaktionismus besitzen methodologische Implikationen. Aus der Art und Weise, wie eine Theorie den Gegenstand der Soziologie bestimmt, ergeben sich spezifische Schlussfolgerungen für die Art und Weise, wie sie diesen Gegenstand empirisch untersuchen kann und sollte. Das gilt für jeden Ansatz der soziologischen Theorie. Auch für Herbert Blumer folgten aus den erläuterten Grundannahmen spezifische Konsequenzen für die Möglichkeiten der empirischen soziologischen Forschung.[17] Aus der Theorie des Symbolischen Interaktionismus ergibt sich alles in allem die Forderung an die Soziologie,

> die soziale Interaktion ernst zu nehmen. Es ist notwendig, den jeweiligen zu untersuchenden Lebensbereich als einen dynamischen Prozess zu betrachten, in dem die Teilnehmer die Handlungen der jeweils anderen definieren und interpretieren. (Blumer 1981, S. 136)

Dabei handelt es sich nicht um konkrete Arbeitsanweisungen oder Tipps für das tatsächliche Forschen. Hier war er wohl ähnlich zurückhaltend wie schon Robert E. Park. Anselm Strauss, einer der wichtigsten Schüler Blumers, hat in diesem Sinne in einem Interview erwähnt, Blumer habe wenig Hinweise zum konkreten Vorgehen gegeben: „Blumer besaß überhaupt keine Methode. Er sagte einfach: ‚Mach mit

---

[17] Im Interpretativen Paradigma wurden mehrfach Kritiken quantifizierender bzw. messender und hypothesentestender Forschungsstrategien vorgelegt, auf die hier nicht weiter eingegangen werden kann (vgl. dazu neben Blumer 1981 auch Helle 2001, 99 ff.; Baugh 1990). Die bekannteste und ausführlichste kritische Auseinandersetzung mit den „Methoden und Messungen" findet sich bei Aaron Cicourel (1970 [1964]), der in der ethnomethodologischen Tradition arbeitet.

den Daten, was du willst'." (Strauss, zit. in Legewie 2004, Abs. 22) Und wie man zu den Daten gelangen konnte, dafür waren wohl die bereits erwähnten Anleitungen von Hughes hilfreicher. Allerdings war es für Blumer unstrittig, was das Ziel der qualitativen Vorgehensweisen sein sollte, in denen Sozialwissenschaftler letztlich auf die Deutungskompetenzen zurückgreifen, die auch die Handelnden selbst einsetzen (vgl. Blumer 1981, S. 117 ff):

> Die Metapher, die mir gefällt, ist die, daß man die Schleier lüftet, die das Geschehen verdunkeln oder verdecken. (…) Die Schleier werden nicht dadurch gelüftet, daß man die direkte Kenntnis, in welchem Ausmaß auch immer, durch vorgeformte Vorstellungen ersetzt. Die Schleier werden vielmehr dadurch gelüftet, daß man nahe an diesen Bereich herankommt und durch sorgfältige Forschung tief in ihn eindringt. Methodologische Schemata, die dies nicht ermutigen oder ermöglichen, verraten das Grundprinzip, die Beschaffenheit der empirischen Welt zu berücksichtigen. (Ebd., S. 121)

Deswegen gehen, so Blumer mit Blick auf Talcott Parsons, Theorien des sozialen Systems (und, so ließe sich ergänzen: makrostrukturell argumentierende Kritische Theorien und neuere Systemtheorien), aber auch Konflikttheorien oder Theorien rationaler Wahl, die spezifische Handlungsformen zum allgemeinen Modell erheben, in ihrer Analyse des Sozialen „wunderliche" und falsche Wege. Demgegenüber liege der Weg der soziologischen Erklärung ganz im Sinne des Thomas-Theorems „in der Art, in der die Teilnehmer die Situationen in ihren jeweiligen Positionen definieren, interpretieren und ihnen begegnen." (Ebd., S. 141) Das schließt Rekurse auf „ungesehene" oder „tieferliegende" Strukturen (bspw. Klassenstrukturen) als Erklärungen aus, wenn nicht gezeigt werden kann, wie solche Strukturen oder Systemlogiken in der Deutung der Interaktionsteilnehmer in Gestalt der Definition der Situation zum Einsatz kommen.

Dabei gilt, wie für jede empirische Wissenschaft, dass die Existenz einer empirischen tatsächlichen Welt vorausgesetzt wird, die gegenüber den menschlichen – auch wissenschaftlichen – Deutungsversuchen fügsam oder widerspenstig sein kann. Sie ist uns jedoch nur durch menschliche Deutungen zugänglich. Eine solche Annahme verknüpft „idealistische Annahmen" – wir haben keinen direkten Zugang zur Welt an sich, sondern nur zu menschlichen Deutungen der Welt – mit „realistischen Annahmen": die empirische Welt kann auf unsere Vorstellungen und Deutungsversuche zurückwirken, uns vor Probleme stellen, die Unangemessenheit unserer Deutungen nahelegen, uns zwingen, nach Alternativen zu suchen:

> Dieser Widerstand verleiht der empirischen Welt einen eigensinnigen Charakter, der das Kennzeichen der Wirklichkeit ist. Die Tatsache, daß man den Widerstand dadurch umgehen kann, daß man lediglich eine neue Vorstellung oder Konzeption entwickelt, ändert nichts an dem eigensinnigen Charakter der empirischen Welt. Es

3.2 Der Symbolische Interaktionismus

ist dieser eigensinnige Charakter der empirischen Welt – ihre Fähigkeit, zu widerstehen und zurückzuwirken – der eine empirische Wissenschaft zugleich notwendig macht und rechtfertigt. Empirische Wissenschaft ist im wesentlichen ein Unterfangen, das Vorstellungen und Konzeptionen zu entwickeln sucht, die erfolgreich mit dem von der untersuchten empirischen Welt gezeigten Widerstand umgehen und mit ihm fertig werden können. (…) Es ist jedoch notwendig, zwei Konzeptionen zu vermeiden, die den traditionellen Realismus belastet und seine Fruchtbarkeit ernstlich eingeschränkt haben. Eine dieser Konzeptionen ist, dass der eigensinnige Charakter, d. h. die Wirklichkeit der empirischen Welt in einer endgültigen Form, deren Freilegung das Ziel der empirischen Wissenschaft ist, festgesetzt und unveränderlich ist. Im Gegensatz zu dieser Annahme zeigt jedoch die Geschichte der empirischen Wissenschaft, daß die Wirklichkeit der empirischen Welt im ‚hier und jetzt' erscheint, und daß sie mit der Erlangung neuer Entdeckungen ständig umgeformt wird. (…) Die zweite die Fruchtbarkeit des Realismus zerstörende Konzeption geht davon aus, daß die Wirklichkeit der empirischen Welt in der Form der Ergebnisse der modernen Naturwissenschaften gesehen und ihr nachgebildet werden muß – dies ist eine Konzeption, die sich in ihren Auswirkungen auf die Sozialwissenschaft und die Psychologie als besonders nachteilig erwiesen hat. (…) Das eigentliche Bild der empirischen Wissenschaft ist meines Erachtens das eines gemeinsamen Suchens nach Antworten auf Fragen, die an den widerstrebenden Charakter der jeweiligen untersuchten empirischen Welt gerichtet werden. (Blumer 1981, S. 103 f.)

Gegen das Insistieren auf der Rolle der Deutungsprozesse für die Wahrnehmung und Handhabung von Situationen, Objekten, Akteuren usw. gibt es eine alte und immer wiederkehrende Polemik, die bspw. bei Karl Marx und Friedrich Engels in der Deutschen Ideologie gegen die Positionen der idealistischen Philosophie in Stellung gebracht wird:[18]

Ein wackrer Mann bildete sich einmal ein, die Menschen ertränken nur im Wasser, weil sie vom *Gedanken der Schwere* besessen wären. Schlügen sie sich diese Vorstellung aus dem Kopfe, etwa indem sie dieselbe für eine aber-gläubige, für eine religiöse Vorstellung erklärten, so seien sie über alle Wassergefahr erhaben. Sein Leben lang bekämpfte er die Illusion der Schwere, von deren schädlichen Folgen jede Statistik ihm neue und zahlreiche Beweise lieferte. Der wackre Mann war der Typus der neuen deutschen revolutionären Philosophen. (Marx und Engels 1845/1846, Vorrede)

Edwards u. a. (1995) sprechen diesbezüglich von den „Tod und Möbel"-Argumenten. Doch wie die obigen Ausführungen deutlich machen, bestreitet der Symbolische Interaktionismus keineswegs, dass Wirklichkeit unseren Deutungen Widerstände entgegenbringt oder daß sich innerhalb etablierter Deutungskontexte und daraus entstandener Strukturvorgaben spezifische weitere Deutungszwänge ergeben. Wie Erving Goffman schreibt: „Ob man nun ein Theater oder eine Flugzeug-

---

[18] Hier zitiert nach der Online-Ausgabe http://www.mlwerke.de/me/me03/me03_009.htm, (Zugriff v. 27.3.2012)

fabrik auf die Beine stellen will, man muß für Parkplätze und Garderoben sorgen, und das sollten wirkliche Parkplätze und Garderoben sein, für die man auch eine wirkliche Diebstahlversicherung abschließen sollte." (Goffman 1980, S. 9)

Aus der Grundposition des Symbolischen Interaktionismus folgt eine soziologische Vorgehensweise, die soziale Phänomene im berühmten Diktum Max Webers dadurch „verstehen und erklären" will, dass sie die Deutungsleistungen oder „Situationsdefinitionen" der an den Interaktionsprozessen Beteiligten untersucht, allerdings nicht verstanden als deren „subjektiven" im Sinne von „privatem, ideosynkratischen Sinn", sondern als den interaktiv erzeugten und prozessierten „sozialen Sinn". Das ist Voraussetzung zur Analyse des sozialen Geschehens. Konsequent benutzen dann Symbolische InteraktionistInn/en neben ausführlichen Interviews und Dokumentenanalysen insbesondere die Methode der teilnehmenden Beobachtung. SozialwissenschaftlerInnen machen sich damit in ihrem Arbeiten die gleiche Kompetenz zu nutze, über die auch die sozialen Akteure selbst verfügen, wenn sie auf unbekannte Situationen treffen: Sie erkunden (und erzeugen interaktiv), was vor sich geht. Die Vorgehensweise der WissenschaftlerInnen unterscheidet sich von derjenigen der Alltagsakteure dann nur insoweit, als sie diese Kompetenz systematisch einsetzen und die Ergebnisse ihrer Erkundungen zu einer neuen Form der Beschreibung (also Interpretation) und für einen anderen Handlungsbereich – eben denjenigen der Sozialwissenschaften (und mitunter die öffentliche Arena) – zusammenstellen (vgl. Blumer 1981, S. 117 ff.).

Dies vorausgesetzt, ist für Blumer dann alles gut, was die „Exploration" sozialer Phänomene ermöglicht: direkte Beobachtung, zuhören, die Analyse von Lebensgeschichten, Briefen, öffentlichen Protokollen, Gruppendiskussionen, Interviews mit gut informierten Teilnehmern usw. SozialwissenschaftlerInnen müssen dem Untersuchungsfeld mit Engagement und Neugier begegnen, nicht zuletzt auch mit der Bereitschaft, Vorurteile beiseite zu lassen und im Gang der Untersuchung Revisionen von Grundannahmen und früheren Erkenntnissen zuzulassen. Solche Explorationen münden in mehr oder weniger dichte „Darstellungen" sozialer Phänomene. Das ist jedoch noch nicht der Abschluss der Analyse. Vielmehr folgt darauf, so Blumer, ein Schritt, den er „Inspektion" nennt und als eine „intensive, konzentrierte Prüfung des empirischen Gehalts aller beliebigen analytischen Elemente" erläutert, die als Kategorien zu Analysezwecken benutzt werden, und der „Beziehungen zwischen solchen Elementen" (Blumer 1981, S. 126). Freilich wird Blumer hier in seinen Ausführungen nicht besonders genau. Wie entsprechende Vorgehensweisen konkreter beschrieben werden können, dafür hat insbesondere Anselm Strauss (in Zusammenarbeit mit Barney Glaser) hilfreiche Vorschläge entwickelt (s. u. Kap. 3.3.4).

Lektürevorschlag:
Eine amüsante Anwendung und Explikation des SI anhand eines Sketches von Loriot hat Dirk Koob verfasst: „Loriot als Symbolischer Interaktionist. Oder: Warum man selbst in der Badewanne gelegentlich soziale Ordnung aushandeln muss." Dieser Text ist online verfügbar unter Forum Qualitative Sozialforschung 8 (1), Art. 27: http://www.qualitative-research.net/fqs-texte/ 1–07/07–1-27-d.htm [Stand vom 13.07.11]

3.3 Die vielfältige Praxis des Symbolischen Interaktionismus

Aus der Tradition des Symbolischen Interaktionismus sind zahlreiche Studien über Gruppenprozesse entstanden, die methodisch häufig mit teilnehmender Beobachtung ansetzten.[19] Das bedeutet, über einen längeren Zeitraum in einem bestimmten Untersuchungsfeld – etwa einem Stadtviertel, einem Unternehmen, einer Jugendgang usw. – zu leben, sich an den dortigen Aktivitäten zu beteiligen, Bekanntschaft (und mitunter Freundschaft) mit den Menschen zu schließen und so vielfältige Daten (einschließlich offener Interviews) in eine Untersuchung einzubeziehen. Solche Vorgehensweisen haben dem Symbolischen Interaktionismus auch literarischen Spott eingebracht. So erforschen die beiden soziologischen Protagonisten des Romanes „Varna oder Imaginäre Freunde" von Alison Lurie aus dem Jahre 1967 eine kleinstädtische religiöse Sekte, die sich auf die Ankunft gottähnlicher Wesen aus dem All vorbereitet:

> Als ich zum erstenmal hier an die Uni kam (…), da habe ich immer diese Tür angeschaut und bei mir gedacht: Dahinter sitzt Thomas B. McMann, von dem das Buch *Wir und Sie: Rollenkonflikt in River City* stammt, eines der ersten auf dem Gebiet und eines der besten, ein Klassiker der beschreibenden Soziologie. (…) Das Eis [zwischen den Protagonisten, Anm. d. Verf.] bekam den ersten Sprung, als ich mich eines Tages zufällig über die Parsons-Anhänger mokierte. Ich sagte etwas von Kästchen und Pfeilen, denn so hatten wir als Studenten diese Arbeitsmethode betitelt, und da taute er regelrecht auf. (…) Wir hatten auch einen Namen für die soziologische Schule, aus der McMann kam – die Stapel von Fallstudien und leicht einfältigen sozialen Diagnosen, die in meiner Collegezeit noch Pflichtlektüre waren: ‚Nulpen und Nutten'. *River City*

---

[19] Der Blumer-Schüler Tamotsu Shibutani hat sich insbesondere um die Ausarbeitung eines soziologischen Konzeptes der „Bezugsgruppe" bemüht. Er unterscheidet in der Begriffsverwendung zwischen Gruppen, an denen man sich vergleichend orientiert, solchen, denen man angehören möchte und schließlich denjenigen, deren Sicht der Welt, deren Perspektive man übernimmt. In der letzteren Fassung liegt für ihn die soziologische Bedeutung des Konzepts (Shibutani 1955, 1962; vgl. insgesamt Helle 2001, S. 144 ff.).

war auf seine Art ein Nulpen-und-Nutten-Buch; aber das waren Die *Straßeneckengesellschaft* [= Die Streetcorner Society von Whyte] und *Die einsame Masse* [von David Riesman] ja doch auch. (Lurie 1990, S. 7 ff.)

Der berühmte McMann, der natürlich in Chicago Soziologie studiert hatte, und dessen geschildertes Erscheinungsbild an Herbert Blumer erinnert, avanciert schließlich selbst zum Anführer der Sekte und zur Verkörperung der Gottheit aus dem All – allerdings wird er dies dann erst aus der Psychiatrie heraus verbreiten.

Doch Untersuchungen von Gruppen- und Interaktionsprozessen bilden nur einen Teil der Forschungen. Blumer selbst hatte sich – das wird oft übersehen – auch mit der Ebene des kollektiven Handelns befasst. Die Analyse kollektiver Prozesse im Zusammenspiel von Institutionen, Organisationen, Massenmedien und gesellschaftlichen Öffentlichkeiten bildet so schon von Anfang an ein zweites Standbein (vgl. Sandstrom/Martin/Fine 2001). Bereits in der zweiten Hälfte der 1920er Jahre beschäftigte bspw. die amerikanische Öffentlichkeit der Einfluss des neuen Massenmediums Film auf die Menschen, insbesondere auf Kinder und Jugendliche. Wie üblich wurde bei letzteren ein Verfall der Sitten und zuviel Sex-Orientierung befürchtet:

> In 1928, the University of Wisconcin's preeminent sociologist, Edword Alsworth Ross, had warned that movies had already made ‚more of the young people who were town children sixteen years ago or less… sexwise, sex-excited, and sex-absorbed than… any generation of which we have knowledge.' (…) ‚Thanks to their premature exposure to stimulating films, their sex instincts were stirred into life sooner than used to be the case with boys and girls from good homes, and as a result in many the ‚love chase' has come to be the master interest in life.' (Lyman und Vidich 2000, S. 37)

Zwischen 1929 und 1932 unternahm eine Gruppe Chicagoer Soziologen (Robert E. Park, Paul Cressey, Frederick M. Trasher, Herbert Blumer u. a.) eine Reihe von Analysen über die Einflüsse des Films (Lyman und Vidich 2000, S. 36 ff.). Blumer (1970) etwa betonte in seinen Studien über das Kinopublikum die Vielfalt der Rezeptions- und Interpretationsweisen des Gesehenen und die Offenheit der jeweiligen Einbindung in die Welt außerhalb des Films. So argumentierte er gegen kurzschlüssige Rezeptionsstudien, die von direkten „Effekten" auf Zuschauer ausgingen, und insistierte auf den aktiven Aneignungsweisen der Filme durch die Individuen. Letztere nutzten bspw. Liebesfilme als Ressource, um sich ein eigenes Handlungsrepertoire für Liebes-Konstellationen und die „Kunst des Liebens" zuzulegen (z. B. Blumer 1970, S. 50; Blumer 1969c). In anderen Untersuchungen beschäftigte er sich vor dem Hintergrund eines längeren Aufenthaltes in Brasilien mit (frühen) Industrialisierungen und sozialem Wandel (Blumer 1990), sozialstrukturellen Phänomenen und Machtkonflikten zwischen gesellschaftlichen Interessengruppen oder auch mit Rassenbeziehungen und sozialer Ungleichheit, also mit der Entstehung

3.3 Die vielfältige Praxis des Symbolischen Interaktionismus

sozialer Probleme in gesellschaftlichen Definitionsprozessen zwischen kollektiven Akteuren (Blumer 2000). Wenn etwa hierarchische Sozialstrukturen und bestimmte Deutungen für Rassenproblem existieren, dann prägen diese Deutungen auch die Wahrnehmungen entsprechender Phänomene, tendieren zur Selbstverstärkung u. a. m.[20]

„Doing things together" – „etwas zusammen machen", so lautet später Howard S. Beckers Variante des SI (Becker 1986), von einer „Perspektive auf soziale Welten", einer „social world perspective" schrieb Anselm Strauss (1991b) in seiner Akzentuierung. Nachfolgend werden Anwendungen und Weiterentwicklungen des Symbolischen Interaktionismus in verschiedenen Gegenstandsfeldern vorgestellt. Die Zusammenstellung orientiert sich dabei einerseits an paradigmatisch wichtigen Autoren wie eben Becker oder auch Anselm Strauss und deren Arbeiten.[21] Darüber hinaus werden – wenn auch nicht in gleicher Ausführlichkeit – jüngere Entwicklungen, Autorinnen und Autoren vorgestellt, die neue Forschungsfelder erschließen oder Verbindungen mit anderen soziologischen Theorie- und Methodenentwicklungen herstellen. Dies illustriert zugleich die Reichweite der Themen und Fragestellungen, die ausgehend vom Symbolischen Interaktionismus bearbeitet werden, ohne dass damit ein tatsächlich vollständiger Überblick anvisiert ist. Dazu zählen bspw.

- der Zusammenhang von abweichendem Verhalten, gesellschaftlichen Normsystemen, der kollektiven Herstellung von symbolischen Ordnungen und der Konstruktion sozialer Probleme;
- die Untersuchung sozialer Welten am Beispiel der Kunst;
- die Analyse institutionell-organisatorisch eingebetteter Interaktionsvollzüge und Arbeitsprozesse;
- die Soziologie des Körpers und der Emotionen;
- die Soziologie der Mediengesellschaft;
- theoretisch-methodologische Reflexionen und Anschlüsse an andere soziologische Paradigmen.

---

[20] Vgl. auch Shibutani (1970) und Maines (2001, S. 55 ff.).

[21] Dass dabei andere hervorragende damalige und aktuelle Protagonisten wie Tamotsu Shibutani (der zu Identitätsfragen arbeitete), Thomas Scheff, der das „Etikett Geisteskrankheit" und die Mikrosoziologie der Gefühle zum Gegenstand nahm, Paul Atkinson (der viele Schriften zur Frage ethnographischer Vorgehensweisen vorlegte), Peter M. Hall (der sich mit der Sphäre der Politik und Fragen der Macht sowie Organisationen auseinandersetze; vgl. Hall 2003) und viele andere mehr nicht vorgestellt werden können, ist der Anlage des vorliegenden Bandes geschuldet, der ja nur einführen kann. Dazu sei deswegen auf die angegebene Sekundärliteratur verwiesen.

3.3.1 „Doing things together"

Zu den wichtigsten Protagonisten des Symbolischen Interaktionismus gehört zweifellos Howard S. Becker, der in Chicago Pianist in einer Jazzkappelle war und dort auch Soziologie studierte. Die zentralen Einflüsse auf seine soziologischen Perspektive gingen von Robert Park, Everett Hughes, Lloyd Warner und Georg Simmel aus. Ähnlich wie sein Freund Erving Goffman verzichtet auch Becker auf das Etikett „Symbolischer Interaktionismus". Er wisse nicht, was das bedeuten solle, so seine Auskunft in einem Interview. Stattdessen beschäftige er sich mit dem, was die Leute zusammen tun. Man könne das, was passiert, immer als Tun oder Arbeit von Jemandem analysieren (Plummer 2003, S. 23 ff.). „Doing things together" (Becker 1986), so lautet der Titel eines Sammelbandes mit unterschiedlichen Illustrationen dieser Perspektive. Dass dem aber eben doch die Theorie der symbolischen Interaktion und deren Konzeption von „collective action" – als dem häufig verwirrenden und keineswegs abgestimmten Zusammenspiel unterschiedlichster Akteure, Handlungszüge, Situationsdefinitionen und Kontextfaktoren – zugrunde liegt, wird an anderer Stelle deutlich (Becker o.J.). So können institutionelle Kontexte der Ausbildung ebenso untersucht werden wie die gesellschaftliche Erzeugung abweichenden Verhaltens oder der Prozess der sozialen Herstellung von „Kunst". Es sind insbesondere diese beiden letzten Arbeitsfelder, mit denen Becker Konzepte geprägt hat, die für die anschließende Soziologieentwicklung große Bedeutung bekommen haben. Darüber hinaus hat sich Becker in mehreren Veröffentlichungen mit der Praxis des soziologischen Forschens und Schreibens beschäftigt. In einer berühmt gewordenen Rede auf dem US-amerikanischen Soziologietag von 1966 forderte er, die Soziologie solle die Perspektiven der gesellschaftlichen Außenseiter, der Benachteiligten untersuchen, nur daraus ließe sich etwas lernen – die Perspektive der „Herrschenden" sei ohnehin bekannt. Anselm Strauss habe einmal – so Becker im Interview – die Frage nach „Freiheit" (liberty, freedom) zutreffend als Beckers Hauptinteresse charakterisiert (Plummer 2003, S. 36). Dazu zählt auch seine strikte Weigerung, sich an gesellschaftlichen Auftragsinteressen und Relevanzvorgaben auszurichten und gerade dadurch die eigentliche Relevanz der Soziologie zurückzugewinnen:

> While I don't think sociology should be irrelevant, I do think the usual ways of talking about these questions take too much for granted, especially what sociology should be relevant to, and how we ought to try to maximize that relevance. My basic fear ist that trying to make sociology relevant will inevitably and necessarily make it irrelevant. Why? Because we will look at ‚problems' as they are framed by others. That will, in turn, lead us to ignore those elements of a situation that might actually be relevant to the solution of serious problems. (…) We found, in our research on educational institutions and elsewhere, that our most relevant suggestions for what to do about a

problem someone had defined for us – the suggestions we thought most likely to produce the results we had been told were wanted – were usually dismissed as not relevant at all, because they were ‚impractical'. ‚Impractical', in such a context, means that established arrangements make the suggested action too expensive, that the action would disrupt some way of doing things that is satisfactory to the participants in the situation as it now exists, a disruption they are not prepared to tolerate. (…) In fact, it's useful to study what most people think is irrelevant. (…) Do the best research you can, look at everything that might be worth looking at even when others think you're wrong, and don't worry about whether anyone finds your results useful. It's the best way to produce knowledge that will really work, if anyone is willing to try it. (Becker 2003, S. 1 ff.)

Howard S. Becker (geb. 1928)
Howard S. Becker wurde in Chicago geboren. Er studierte dort an der Universität vor allem bei Lloyd Warner, Everett Hughes und Herbert Blumer, war später auch mit Erving Goffman befreundet. Weitere wichtige Einflüsse auf sein Werk kamen von Georg Simmel und Robert Park (Plummer 2003, S. 23). Gleichzeitig arbeitete er als professioneller Pianist in einer Jazzkappelle, die in der Barszene Chicagos auftrat. In seiner PhD-Thesis (1951) untersuchte er Schullehrer. Nach seiner Zeit in Chicago lehrte und forschte er an verschiedenen Universitäten, zuletzt von 1965–1991 als Professor für Soziologie und dann „Kunst und Wissenschaft" an der Northwestern University, danach nahm er mehrfach Gastprofessuren u. a. an Kunsthochschulen wahr (etwa in Rio de Janeiro). Beckers Studien beschäftigen sich mit Interaktionsprozessen und Karriereverläufen in Bildungsinstitutionen, abweichendem Verhalten oder den sozialen Arenen und „Welten der Kunst". Außerdem verfasste er eine Anleitung zum sozialwissenschaftlichen Schreiben. Sein Buch „Tricks of the Trade" enthält Vorschläge zur Konkretisierung der methodischen Vorgehensweisen des Symbolischen Interaktionismus. Zeitweilig war er Vorsitzender der „Society for the study of social problems". Für seine Studien hat er zahlreiche Auszeichnungen bekommen. Seit langem lebt Becker in San Francisco. Jedes Jahr hält er sich mehrere Monate in Frankreich auf, wo insbesondere seine Arbeiten zur Kunstproduktion in den

letzten Jahren sehr stark rezipiert und ihm zwei Ehrendoktortitel verliehen wurden. Kürzlich ist eine CD erschienen, auf der Becker als Jazzpianist zu hören ist (Becker 2003a).

Lektürevorschlag:
Becker, Howard S. (1981). *Außenseiter.* Frankfurt/Main: Fischer, S. 36–52.

Vertiefung/Originalliteratur (Auswahl):
Becker, Howard S. (1981). *Außenseiter.* Frankfurt/Main: Fischer [Enthält die den Labeling Approach wesentlich mit begründenden Studien zu Jazz- und Tanzmusikern sowie Marihuanarauchern].
Becker, Howard S. (1986a). In H. S. Becker (Hrsg.), *Photography and sociology* (S. 223–271) [1974] [Grundlegende Diskussion des Verhältnisses von Photographie und Soziologie als Herangehensweise an die Analyse gesellschaftlicher Phänomene; klassischer Aufsatz der visuellen Soziologie].
Becker, Howard S. (1998). *Tricks of the trade. How to think about your research while you're doing it.* Chicago: University of Chicago Press [Beckers Tipps zum Vorgehen bei der soziologischen Forschung und Analyse].
Becker, Howard S. (2000). *Die Kunst des professionellen Schreibens. Ein Leitfaden für die Geistes- und Sozialwissenschaften.* Frankfurt/Main: Campus [1986] [Eine sehr hilfreiche Handreichung zum Verfassen sozialwissenschaftlicher Texte].
Becker, Howard S. (2007). *Telling about society.* Chicago: University of Chicago Press [Versammelt jüngere Aufsätze, die sich mit der Darstellung bzw. Repräsentation von gesellschaftlichen Sachverhalten und Prozessen in unterschiedlichen Genres wie Soziologie, Theater, Literatur und andere Kunstformen, Statistik, Photographie usw. beschäftigen].
Becker, Howard S. (2008). *Art worlds.* Aktualisierte und erweiterte Jubiläumsausgabe zum 25jährigen Erscheinen. Berkeley: University of California Press [1982] [Grundlegende Arbeit zur Analyse der Kunstproduktion als komplexer Interaktionsprozess].
Becker, Howard S., Geer, Blanche, Hughes, Everett C. & Strauss, Anselm L. (1992). *Boys in white. Student culture in medical school.* New Brunswick: Transaction Publishers [1961] [Eine der ersten berühmten Studien des SI zu Bildungskarrieren in institutionellen Kontexten].
Becker, Howard S. & McCall, Michal M. (Hrsg.) (1990). *Symbolic interaction and cultural studies.* Chicago: University of Chicago Press [Diskussionen

des Verhältnisses zwischen SI und den Cultural Studies und der Vorteile des SI].

Becker, Howard S. & Ragin, Charles (Hrsg.) (1992). *What is a case? Exploring the foundations of social inquiry*. New York: Cambridge University Press [Überlegungen zur sozialwissenschaftlichen Strategie der Fallanalyse].

Pessin, Alain (2004). *Un sociologue en liberté. Lecture de Howard S. Becker.* Laval: Presse universitaire [Einführung in Leben und Arbeiten von Becker].

Plummer, Ken (2003). Continuity and change in Howard S. Becker's work. An interview with Howard S. Becker. *Sociological Perspectives*, 46 (1), S. 21–39.

Webseite:
www.home.earthlink.net/~hsbecker [Webseite mit umfangreichen Hinweisen zu Beckers Werk und Wirken, einschließlich *zahlreicher* Download-Möglichkeiten].

Bildnachweis: Howies Homepage Earthlink, (Stand v. 17.07.12).

Abweichendes Verhalten als Ergebnis von gesellschaftlichen Normsetzungen und Etikettierungen: der *Labeling Approach*

Becker hat am Beginn seiner Karriere zunächst an einer Vielzahl von Studien mitgearbeitet, die sich mit Interaktionsprozessen und Karriereverläufen in Bildungsinstitutionen u. a. m. beschäftigen. Berühmt ist bspw. die frühe, zusammen mit Blanche Geer und (unter der Anleitung von) Everett Hughes sowie Anselm Strauss verfasste Studie zu den Sozialisationsprozessen in der Studentenkultur an medizinischen Fakultäten, die unter dem Titel „Boys in White" erschien und methodisch in erster Linie mit dem Mittel der teilnehmenden Beobachtung sowie mit teilstandardisierten und leitfadengestützten Interviews arbeitete. Dort ging es einerseits darum, wie die „medical school" als Institution verstanden werden kann, die aus kollektiven Handlungsweisen entsteht, und andererseits wie nach und nach die Studierenden zu Mitgliedern der medizinischen Profession werden, welche Effekte also die Institution auf darin lebende Studenten ausübte:

> In becoming medical students, the boys enter upon one of the longest rites of passage in our part of the world. A rite of passage is that series of instructions, ceremonies, and ordeals by which those already in a special status initiate neophytes into their charmed circle, by which men turn boys into fellow men, fit to be their own companions and successors. (Becker u. a. 1992, S. 4 [1961])

Einige Jahre später erschien „Making the Grade", eine Untersuchung, die sich mit den Deutungs- und Handlungsweisen beschäftigte, mit denen Studierende im Verlaufe ihres Studiums auf die Anforderungen und „Unterwerfungen" durch die Institution des College reagierten (Becker u. a. 1995, S. 12 f.). Zwischenzeitlich hatte Becker jedoch ein Buch veröffentlicht, welches die Beschäftigung mit „Bildungs- und Karriereprozessen" – die schon bei den Studien der Chicago School auf unterschiedlichste soziale Phänomene bezogen worden war – auf einen ganz anderen Schauplatz verlegen und ihn weltberühmt machen sollte. In diesem Text über „Außenseiter", der Anfang der 1960er Jahre erscheint und z. T. auch bereits zehn Jahre ältere Aufsätze enthält, versammelt er mehrere Untersuchungen über Jazz- und Tanzmusiker und Marihuana-Konsumenten (was vielfach in eins fiel). Er wird damit zum wesentlichen Mitbegründer des „labeling approach" bzw. *Etikettierungsansatzes*, dem Beitrag des Symbolischen Interaktionismus zur soziologischen Analyse abweichenden Verhaltens und sozialer Probleme (Becker 1981 [1963]). In dieser Perspektive werden drei Argumente miteinander verknüpft:

1. Es gibt kein abweichendes Verhalten „an sich", das unabhängig von einem sozialen Bezugsrahmen als „abweichend" gelten könnte. Die Bestimmung eines Verhaltens als abweichend ist immer Ergebnis eines (kollektiven) Prozesses der Unterscheidung bzw. Definition von Normalität und Abweichung sowie der anschließenden Anwendung dieser Definition auf ein konkretes Verhalten. Becker spricht hier (wie bspw. auch Joseph Gusfield, s. u.) von „moralischen Unternehmern" und „moralischen Kreuzzügen". Gesellschaftliche Gruppen schaffen abweichendes Verhalten dadurch,

   daß sie Regeln aufstellen, deren Verletzung abweichendes Verhalten konstituiert, und daß sie diese Regeln auf bestimmte Menschen anwenden, die sie zu Außenseitern abstempeln. Von diesem Standpunkt aus ist abweichendes Verhalten *keine* Qualität der Handlung, die eine Person begeht, sondern vielmehr eine Konsequenz der Anwendung von Regeln durch andere und der Sanktionen gegenüber einem ‚Missetäter'. Der Mensch mit abweichendem Verhalten ist ein Mensch, auf den diese Bezeichnung erfolgreich angewandt worden ist; abweichendes Verhalten ist Verhalten, das Menschen so bezeichnen. (Becker 1981, S. 8)

2. Abweichendes Verhalten resultiert damit auch nicht aus einer individuellen Verhaltensdisposition, sondern aus Sozialisationsprozessen in spezifischen gesellschaftlichen Teilkulturen; es wird darin sukzessive erlernt. Becker illustriert dies am Marihuanarauchen: Man muss die richtigen Rauchtechniken erwerben, die Effekte wahrnehmen, und diese schließlich als angenehm empfinden: „Mit einem Wort, das Individuum *lernt*, an einer Subkultur zu partizipieren, die um

das jeweilige Verhalten gruppiert ist." (Becker 1981, S. 27) Das alles gilt ganz analog beispielsweise für den Genuss von Alkohol.

3. Aus dem Zusammenspiel von 1. und 2. lässt sich ein *Karrieremodell abweichenden Verhaltens* entwickeln, das verschiedene Stufen umfasst, über die sukzessive die Qualitäten von „Abweichungen" entstehen. Becker spricht in diesem Zusammenhang von „abweichenden Laufbahnen". Solche Laufbahnen sind weder Einbahnstraßen noch vollständig das weitere Handeln bestimmende, gleichsam auswegslose Kanäle – auf jeder Stufe ist auch der Ausstieg aus der Karriere möglich.

Wie lassen sich diese Überlegungen verstehen? Die erwähnten Annahmen implizieren, dass es zunächst gesellschaftliche Regeln und Normen geben muss, deren Einhaltung als wünschenswert oder notwendig erscheint – zumindest in den Augen derjenigen, die diese Normen durchgesetzt und etwa in Gesetzesform gebracht haben, aber gewiss auch für den damit befassten (polizeilich-juristischen) Kontrollapparat. Doch was man nicht weiß, macht einen nicht heiß: Noch nicht die Verletzung einer Regel macht jemanden zum Aussenseiter, sondern erst die gesellschaftliche Wahrnehmung und Etikettierung dieser Regelverletzung. Umgekehrt kann jemand gesellschaftlich so behandelt werden, als habe er eine Regel gebrochen, ohne dass er das tatsächlich getan hat. Die Qualität der „Abweichung" entsteht, ganz in Analogie zur Theorie Meads, in der Interaktion zwischen mehreren Handelnden. Becker untersuchte das am Beispiel des Marihuanakonsums. So ist es erstens kultur- bzw. gesellschaftsabhängig, ob die Einnahme dieser Droge verboten ist oder nicht. Ist die Einnahme verboten, so schließt das keineswegs aus, dass sie nicht doch tatsächlich genommen wird. Und nicht alle Fälle der Einnahme werden polizeilich bekannt. Tatsächlich folgen Polizisten bestimmten Suchstrategien, um eventuelle Verdächtige aufzuspüren. Nur ein Teil der Drogennutzer wird „erwischt" und den verschiedenen Anklage- und Strafprozeduren unterworfen. Gleichzeitig konstituiert die Drohung der Verfolgung einen besonderen Gruppenzusammenhalt, ein besonderes Wir-Gefühl der „Gesetzesbrecher", die ihre geheimen Orte finden müssen, um dem (häufig gemeinsamen) Drogenkonsum zu frönen.

Becker spricht von „moralischen Unternehmern", „Regelsetzern", „Regeldurchsetzern" und „moralischen Kreuzzügen", um gesellschaftliche Akteure und Prozesse zu beschreiben, die darauf zielen, bestimmte Verhaltensweisen als „abweichend" zu definieren und einen rechtlichen Rahmen der Sanktionen zu etablieren oder umgekehrt: einen bestehenden Rahmen abzubauen. Auch wird nicht in jedem Fall eine Abweichung durch das Strafrecht verfolgt werden; andere Sanktionsmöglichkeiten bestehen in verschiedenen Formen der sozialen Missbilligung (etwa früher: von Müttern unehelicher Kinder). Die Unterscheidung von Normalität und Abweichung sowie die daran geknüpften Konsequenzen sind also Gegenstand von gesellschaftlichen Konflikten und Auseinandersetzungen. Sie verändert sich im historischen Prozess. Für soziologische (und gesellschaftspolitisch motivierte) Analysen kann es zudem von besonderem Interesse sein, die Faktoren zu ermitteln, die zu Ausstiegen aus den erwähnten Laufbahnen beitragen bzw. die Karrieren unterbrechen oder umgekehrt: sie verfestigen. Die Etikettierung von Abweichungen ist jedoch keineswegs nur eine Angelegenheit der Politik, des Staates oder der moralischen Institutionen. Sie findet sich auch auf der Ebene der Interaktionsbeziehungen innerhalb von Gruppen und zwischen Gruppen. Dort geht es nicht notwendig um gesetzliche Normvorgaben, sondern sehr viel häufiger um die informellen Normgefüge, die sich aus Gruppendynamiken heraus entwickeln und nur für die Gruppen selbst Geltung haben. Der Ehrenkodex der Jazzmusiker, mit denen Becker sprach und spielte, kennt ebenfalls seine Außenseiter: diejenigen, die sich, um Geld zu verdienen, als Tanzmusiker verdingen und sich nicht zu schade sind, für ein Publikum von Ignoranten aufzuspielen.

Wenn die Theorie des „labeling approach" das Analyseinteresse auf die erwähnten Definitionskonflikte und Laufbahnen abweichenden Verhaltens richtet, so beansprucht sie damit nicht, alle Arten der Abweichung zu erfassen bzw. alle Aspekte abweichenden Verhaltens in den Blick nehmen zu können. Ein Mord im Affekt lässt sich so gewiss nicht soziologisch analysieren. In einem engagierten Nachwort zur Neuauflage seiner Arbeit hat Becker deswegen auch so manche verzerrte oder übertrieben „romantische" Rezeption des Ansatzes kritisiert:

> Es wäre lächerlich, zu behaupten, daß Räuber andere Leute einfach deswegen überfallen, weil sie irgend jemand als Räuber bezeichnet hat, oder daß alles, was ein Homosexueller tut, aus der Tatsache resultiert, daß jemand ihn homosexuell genannt hat. (Becker 1981, S. 161)

Worauf aber das Interesse in der Tradition des Symbolischen Interaktionismus gelenkt wird, das sind die komplexen Handlungs- bzw. Interaktionsverflechtungen, durch die soziale Phänomene der Abweichung konstituiert werden. Untersucht werden nicht nur die Angeklagten, sondern der gesamte interaktive Komplex der Situationsdefinitionen, Regelsetzungen, -verletzungen und -durchsetzungen:

> Der interaktionistische Zugang zur Verhaltensabweichung dient nicht nur dazu, die Phänomene zu klären, die gewöhnlich unter dieser Rubrik untersucht worden sind, sondern auch dazu, unsere moralische Einschätzung dieser Phänomene zu komplizieren. Die interaktionistische Methode sucht diese doppelte Aufgabe der Klärung und Komplizierung zu erfüllen, indem sie den Soziologen klarmacht, daß ein größerer Kreis von Menschen und Ereignissen in unser Studium abweichender Phänomene einbezogen werden muß, und indem sie uns empfindlicher macht für die Bedeutung eines größeren Faktenbereichs. Wir untersuchen alle Beteiligten dieser moralischen

Schauspiele, Ankläger wie Angeklagte, und bieten niemandem, unbeschadet seiner Ehrbarkeit oder seiner hohen Stellung, bei unseren beruflichen Nachforschungen konventionelle Sonderrechte an. Wir beobachten sorgfältig die in Frage stehenden tatsächlichen Aktivitäten und versuchen, die Handlungsbedingungen eines jeden Beteiligten zu verstehen. (...) Auf einer zweiten Ebene zeigt die interaktionistische Methode den Soziologen, daß ein wichtiges Element aller Seiten des Schauspiels der Verhaltensabweichung das Aufzwingen von Definitionen – der Situationen, der Handlungen und der Menschen – durch jene Beteiligten darstellt, die mächtig genug oder hinreichend legitimiert sind, solche Definitionen aufzuerlegen. Ein vollständiges Verstehen erfordert ein gründliches Studium der Definitionen und jener Prozesse, in deren Verlauf sie entstehen, Legitimität gewinnen und als erwiesen angesehen werden. (Becker 1981, S. 186 f.)

Die Etikettierungstheorie bzw. der Labeling Approach, der von Becker und weiteren Arbeiten aus dem SI begründet wurde, hat sich in den Folgejahren trotz einiger Kritiken, welche auf ihre begrenzte Erklärungsreichweite verweisen, zu einer wichtigen Grundlagenperspektive der Soziologie des abweichenden Verhaltens und auch der kriminologischen Forschung entwickelt. Dabei bestehen viele Nähen zur Analyse der kollektiven Definition sozialer Probleme, auf die weiter unten eingegangen wird (vgl. Kap. 3.3.2 sowie Becker 1966). Weitergehende Hinweise zur Bedeutung des Labeling Approach für die Analyse abweichenden Verhaltens finden sich bspw. bei Dotter (2004), Meuser und Löschper (2002) oder Haferkamp (1975). Eine exemplarische Studie zum „Etikett Geisteskrankheit" hat Thomas Scheff (1983) vorgelegt. Auch die Analysen des Drogenhandels bei Werse (2008) knüpft an entsprechende Überlegungen an.

In vielen Veröffentlichungen hat sich auch *Jack Douglas* mit Fragen des moralischen Urteilens, der „situierten Moralität" und des abweichenden Verhaltens (Douglas 1970a, b, 1971, 1973; Douglas und Waksler 1982; Douglas u. a. 1977) sowie mit Grundlagen des Symbolischen Interaktionismus (Douglas und Johnson 1977), mit dem Verhältnis von Liebe, Intimität und Sexualität (Douglas 1988) und einer Analyse des Wohlfahrtsstaates als „Mythos" beschäftigt (Douglas 1989). In seiner Studie über den Selbstmord unternimmt Douglas (1973) bspw. im Rekurs auf Harold Garfinkel und Aaron Cicourel (s. u.: Kap. 5) eine detaillierte Analyse und Kritik offizieller Statistiken und skizziert dann einen originellen soziologischen Zugang, der sich mit den Bedeutungszuschreibungen und Konstruktionen von Selbstmordhandlungen im Alltag beschäftigt. „Nude Beach" (Douglas u. a. 1977) analysiert die Körper- und Sexualitätscodes der US-amerikanischen FKK-Bewegung – und damit durch Kontrastierung auch diejenigen des kulturellen Mainstream – auf der Grundlage von ethnographischen Studien und Interviews.

Zusammen Kunst machen

Anfang der 1970er Jahre wendet sich Becker von der Untersuchung von Bildungsprozessen ab – aus Langeweile angesichts drohender immergleicher Studien und

Fragestellungen, wie er selbst angibt (Becker 2008, S. X). Die Kunst, oder genauer: Kunst-Welten werden sein neues Arbeitsgebiet. Im gleichnamigen, 1982 erscheinenden Buch stellt Becker einen umfassenden Zugang zur Kunst als einer „sozialen Welt" vor. Der Begriff der sozialen Welt („social world"), der auch und vor allem von Anselm Strauss prominent benutzt wird (s. u. Kap. 3.3.3), bezieht sich hier auf den Zusammenhang all derjenigen Tätigkeiten (und die Zusammenarbeit der sie ausübenden Personen), die in einem bestimmten Wirklichkeitsausschnitt zu einem gemeinsamen „Produkt" beitragen. Wenn eine Bildhauerin ein Werk schafft, so setzt das voraus, dass bspw. Steine gebrochen und zur Verfügung gestellt werden müssen; auch die Werkzeuge, die sie einsetzt, müssen hergestellt werden. Benötigt werden Vertriebswege, Informationskanäle, wohl auch Kunstmärkte, Zeitschriften und Museen, die entsprechende Werke abnehmen und ausstellen:

> All artistic work, like all human activity, involves the joint activity of a number, often a large number, of people. Through their cooperation, the art work we eventually see or hear comes to be and continues to be. (…) The existence of art worlds, as well as the way their existence affects both the production and consumption of art works, suggests a sociological approach to the arts. (…) It is not an approach that produces aesthetic jugdments (…) It produces, instead, an understanding of the complexity of the cooperative network through which art happens (…). (Becker 2008, S. 1)

Den Begriff der „artworld" übernimmt Becker aus der Kunstphilosophie von Arthur Danto, der bereits Anfang der 1960er Jahre die Existenz einer Kunst-Welt als Voraussetzung für die Wahrnehmung von Kunst als Kunst beschrieb. Becker definiert spezifischer für seine Zwecke:

> Art worlds consist of all the people whose activities are necessary to the production of the characteristic works which that world, and perhaps others as well, define as art. Members of art worlds coordinate these activities by which work is produced by referring to a body of conventional understandings embodied in common practice and in frequently used artifacts. (…) Works of art, from this point of view, are not the products of invidiual makers, ‚artists', who possess a rare and special gift. They are, rather, joint products of all the people who cooperate via an art world's characteristic conventions to bring works like that into existence. (…) Art worlds produce works and also give them aesthetic value. (…) From this point of view, the interaction of all the involved parties produces a shared sense of the worth of what they collectively produce. Their mutual appreciation of the conventions they share, and the support they mutually afford one another, convince them that what they are doing is worth doing. If they act under the defintion of ‚art', their interaction convinces them that what they produce are valid works of art. (Ebd., S. 34 ff.)

Becker stützt sich in seiner Analyse auf zahlreiche Beispiele aus der Literatur und auf eigene Beobachtungen, die von der Hochkunst bis hin zur Sonntagsmalerei, von der Musik über das Schreiben, Malen und Bildhauen zur Performancekunst

3.3 Die vielfältige Praxis des Symbolischen Interaktionismus

reichen. Es handelt sich also nicht um eine ethnographische Studie, sondern um die Erarbeitung eines allgemeinen begrifflichen Rahmen, der in der Zwischenzeit bereits vielfache Anwendungen bei der Untersuchung von Kunstproduktionen gefunden hat (vgl. Becker u. a. 2006; Faulkner und Becker 2009; Faulkner und Becker 2008; Grazian 2008; Rothenberg und Fine 2008).[22] So schlägt Becker vor, die Entstehung von etablierten Praktiken und Konventionen der Zusammenarbeit in den Blick zu nehmen, die Mobilisierung von Ressourcen, den Prozess der Verbreitung eines Werkes, die Seite der Kunstkritik und des ästhetischen Urteils, die Reputation von KünstlerInnen, die staatliche Regulierung der Kunstproduktion, die Strategien der Veröffentlichung und die unterschiedlichen Typen der Kunsterzeugung, angefangen bei der Laienkunst bis hin zu hochprofessionellen Netzwerken des Kunstbetriebes. Er spricht von den „integrated professionals", welche die Spielregeln des Betriebes wunderbar beherrschen und einhalten, während die „mavericks" Werke jenseits aller Konvention abliefern und sich dem Risiko der Nichtbeachtung aussetzen. Daneben steht die „folk art" der einfachen Leute unterhalb der Schwelle von Kunstwelten, aber auch die „naive artists", die Kunst herstellen, ohne sich am Kunstbetrieb zu orientieren. Obwohl es in seiner Begrifflichkeit anders angelegt ist, kann man der so formulierten Idee der Untersuchung von Kunstwelten eine gewisse Affinität zur Aktor-Netzwerk-Theorie (ANT) und deren Ansatz der Erforschung der wissenschaftlichen Wissensproduktion in Netzwerken und Mobilisierungsprozessen attestieren, bei denen unterschiedlichste „Aktanten" miteinander verflochten werden. Während der bekannteste Protagonist der ANT, der französische Philosoph, Anthropologe und Soziologie Bruno Latour sich zwar vom Symbolischen Interaktionsmus distanziert, unterstreicht Becker nicht nur seine Bewunderung für Latours Studien, sondern betont auch deren Nähe zu seiner eigenen Position, obgleich er vermutet, Latour habe leider die pragmatistische Tradition der Philosophie und Soziologie nicht zur Kenntnis genommen (vgl. Plummer 2003, S. 27; zur ANT Latour 2007 sowie Belliger und Krieger 2006):[23]

---

[22] Faulkner und Becker (2009) ist eine Studie über professionelle Jazzmusiker in Massachusetts und in San Fransisco, die in Bars, Nachtclubs, auf Privatparties, Hochzeiten, in Jazzclubs und bei anderen Gelegenheiten auftreten. Die Autoren interessiert insbesondere, wie die Musiker Stücke auswählen, ihre Beiträge aufeinander abstimmen, woher sie ihre Erfahrungen beziehen und ähnliche Fragen. Fine (2004) unternimmt im Anschluss an Becker eine detaillierte ethnographische Studie der Produktion von „Laienkunst".

[23] In diesem Interview weist Becker generell auf die Nähen zwischen der Ethnomethodologie (s. u. Kap. 5) und dem SI hin, die allerdings durch Garfinkel, den er seit langem kenne, immer bestritten werde. Becker deutet dabei auch ein paar schwierige Persönlichkeitszüge Garfinkels an.

> Tatsächlich ähnelt die Welt der Kunst sehr dem Netzwerk, das Bruno Latour beschreibt. Wissen Sie, ich stehe Latour sehr nahe, wir haben sehr freundschaftliche Beziehungen, wir lesen uns wechselseitig. Ich habe Bruno kennen gelernt, als er gerade ‚Les Microbes' veröffentlicht hatte. In gewisser Weise ist das wie zwischen der Ethnomethodologie und dem Symbolischen Interaktionismus, wir haben ziemlich die gleichen Positionen, aber von sehr unterschiedlichen Ausgangspunkten aus. (Becker im Interview mit Bourmeau und Heurtin 1997, S. 165)

Erwähnenswert ist noch ein anderer, jedoch deutlich abgrenzender Theoriebezug, den Becker in einem Interview mit dem französischen Soziologen Alain Pessin vornimmt, das in der Wiederveröffentlichung der „Art Worlds" enthalten ist. Dort geht es um den Vergleich der soziologischen Perspektive Beckers mit der Theorie Pierre Bourdieus, insbesondere mit dessen Begriff des sozialen Feldes (vgl. Becker 2008a). Soziale Felder sind bei Bourdieu ausschnittartige Bereiche des Sozialen, in denen gesellschaftliche Akteure im Rückgriff auf unterschiedliche Kapitalressourcen und Habitusausstattungen (je individuell bzw. klassenspezifisch zusammenhängende, sozialisatorisch erworbene Wahrnehmungs-, Deutungs- und Handlungsschemata) um Vorherrschaft kämpfen. Bourdieus Soziologie der Kunst interessiert sich nicht für die konkrete Herstellung von Kunstwerken und die Vielfalt der daran beteiligten Berufsgruppen, sondern für den Macht- und Anerkennungskampf um die am höchsten dotierten Positionen und für das „kulturelle Kapital", das unterschiedlichen Rezeptionsweisen der Kunst zugrunde liegt. Bourdieus Soziologie der Kunst erklärt deswegen den Kunstprozess von außen: durch eine modernisierte nachmarxistische Theorie des Klassenkampfes – Vorannahmen, die Becker zufolge völlig reduktionistisch und schematisch ansetzen und an der Realität der Kunstproduktion vorbeizielen (Becker 2008a, S. 372 ff.).

Über die Gesellschaft berichten
Gewiss haben Soziologinnen und Soziologen eine gesellschaftlich herausgehobene Position im Bemühen, über die Gesellschaft zu berichten. Doch steht die Soziologie damit nicht alleine. Zahlreiche andere Disziplinen und Berufsgruppen tun dies ebenfalls: Schriftsteller, Filmemacherinnen, bildende KünstlerInnen, Photographen, Statistiker, Journalistinnen usw. Wie diese unterschiedlichen Berichterstattungen über das, was in Gesellschaften vor sich geht, funktionieren, wie sie ihre Grundlagen finden, sich in ihren Aussagen behaupten, ihre Diagnosen aufbauen, Bild, schematische Darstellung und Text verbinden, und in welchem Verhältnis sie zueinander stehen, ist das Thema einer Aufsatzsammlung, die Becker kürzlich veröffentlicht hat. Neben Analysen der Erzähl- und Plausibilisierungsstrategien im Werk von Jane Austen, Georges Perec und anderen, oder Reflexionen der verschiedenen

Strategien der Evidenzherstellung in der mit Photographien arbeitenden Visuellen Soziologie oder in der dokumentarischen Photographie entwickelt Becker hier ganz ähnlich wie in den „Kunst-Welten" mehrere Dimensionen und Prozesse, die jeweils zusammen die Evidenz einer „Repräsentation von Gesellschaft" ergeben. Dazu zählen organisatorische Prozeduren und die Zusammenarbeit unterschiedlichster sozialer Akteure ebenso wie die Rezeptionsarbeit der Adressaten, dazu gehören unterschiedliche Strategien zur Formulierung von Lehren und Schlussfolgerungen, die aus dem Vorgestellten gezogen werden sollen, u. a. m. Becker selbst hat verschiedentlich für die Soziologie entsprechende methodologische Hilfestellungen angeboten und die „Geschäftstricks" verraten – Tips zum Vorgehen bei sozialwissenschaftlichen Analysen und den Einsatz einer „Logik von Fallstudienforschung" (Becker 1998; Becker und Ragin 1992). In diesem Zusammenhang verfasste er auch eine lesbare und lesenswerte Anleitung zum wissenschaftlichen Schreiben für Studierende und NachwuchsforscherInnen (Becker 2000 [1986]) und streitet für die Spezifik qualitativer Zugänge. Ganz allgemein rät er, Soziologe solle sich eigene Relevanzen von Themen und Fragestellungen setzen und nicht den Restriktionen folgen, die ihr von Auftraggebern zugemutet werden. Das sei der beste Weg, soziologisches Arbeiten gesellschaftlich relevant zu machen, denn nur so bestehe die Chance, dass neue Perspektiven und Ideen über einen Gegenstand generiert werden. Besonders hervorzuheben ist schließlich sein frühes Plädoyer für eine Verbindung von Soziologie und Photographie, die er aus einer ausgezeichneten Kenntnis der frühen Soziologieentwicklung (in der bereits photographisch gearbeitet wurde) heraus entfaltet und die ihn, der selbst bereits seit Anfang der 1970er Jahre mit Photographien arbeitet (Becker 1986a), zu einem der Vorreiter des gegenwärtig-allgegenwärtigen „visual turn" macht.

3.3.2 Symbolische Kreuzzüge: Die Karriere und Kultur öffentlicher Probleme

Schon durch die bisherigen Erläuterungen sollte deutlich geworden sein, dass sich der SI nicht auf Situationsanalysen, Interaktionsprozesse und Bedeutungskonstitutionen in gesellschaftlichen Mikrosituationen beschränkt, sondern darüber hinausgehend kollektive Verhaltensweisen, öffentliche Debatten und Konflikte um Situationsdefinitionen oder den Aufbau unterschiedlichster sozialer Welten analysiert. Während Becker in seiner Studie über die „Außenseiter" die öffentliche Konstruktion von Abweichungen und sozialen Problemen nur kurz anspricht und auch als Herausgeber eines Sammelbandes über Soziale Probleme in Erscheinung tritt (Becker 1966), haben sich andere Vertreter stärker auf entsprechende Untersuchungen der öffentlichen oder wissenschaftlichen Definition von sozialen Sachverhalten – unter anderem auf Mobilisierungsprozesse sozialer Bewegungen – konzentriert.[24] Auch Herbert Blumer, Malcolm Spector und John Kitsue hatten vorgeschlagen, soziale Probleme als soziale Konstruktionen zu untersuchen (Spector und Kitsue 1977). Soziale Probleme sind – so lässt sich die Perspektive knapp zusammenfassen – Ergebnisse von kollektiven Definitionskämpfen zwischen gesellschaftlichen Akteuren, die in mehr oder weniger öffentlichen Diskursen und Diskursarenen konstituiert und ausgetragen werden (vgl. Keller 2005, S. 74 ff.).

Hilfreich zur Annäherung an diese Teilrichtung des SI ist zunächst das weiterentwickelte Karrieremodell sozialer Probleme von Hilgartner und Bosk (1988). Soziale Probleme sind demnach Phänomene, die in Arenen öffentlicher Diskurse und öffentlichen Handelns als problematisch etikettiert werden. Ihre Karriere wird durch die Kontexte öffentlicher Aufmerksamkeit (mit) bestimmt. Dazu zählen die institutionellen Strukturen der Medien und die Aufmerksamkeitsökonomie des Publikums. Soziale Probleme konkurrieren mit anderen Themen/Problemen um die entsprechende Zuwendung und sind eingebettet in komplexe Definitionsverhältnisse der Problemformulierung und -zirkulation. Die Konkurrenz um Problemdefinitionen und zwischen Problemen gilt als Konkurrenz sozialer Gruppen:

> In its most schematic form, our model has six main elements:
> - a dynamic process of competition among the members of a very large ‚population' of social problem claims;
> - the institutional arenas that serve as ‚environments' where social problems compete for attention and grow;
> - the ‚carrying capacities' of these arenas, which limit the number of problems that can gain widespread attention at one time;
> - the ‚principles of selection' or institutional, political, and cultural factors that influence the probability of survival of competing problem formulations;
> - patterns of interaction among the different arenas, such as feedback and synergy, through which activities in each arena spread throughout the others; and
> - the networks of operatives who promote and attempt to control particular problems and whose channels of communication crisscross the different arenas. (Hilgartner und Bosk 1988, S. 56).

Dies ist freilich schon eine vergleichsweise späte Zusammenfassung der wichtigsten Ergebnisse dieser Forschungstradition. Zu den Protagonisten einer solchen Analyserichtung gehört Joseph Gusfield mit einer klassischen Studie zur „Kultur öffentli-

---

[24] Vgl. dazu Snow und Davis (1995), die Einführung in die soziologische Analyse der „Karriere sozialer Probleme" von Michael Schetsche (1996) und den Überblick über den „constructionist view" bei Schneider (1985).

cher Probleme", in der die US-amerikanische öffentliche Diskussion über „Alkohol am Steuer" analysiert wird. Alkohol ist das Thema vieler Studien Gusfields.[25] Seine 1955 angenommene Dissertation erschien 1963 unter dem Titel „Symbolic Crusade: Status Politics and the American Temperance Movement" (Gusfield 1986). Er untersuchte darin „symbolische Kreuzzüge", d. h. die Rolle, Ziele und Strategien sozialer Bewegungen und moralischer Reformer aus dem historischen Kontext der Prohibitionszeit beim „making of meaning" und der Definition von Abweichungen auf dem weiten Feld des Alkoholkonsums. Dabei zeigt er, wie die „symbolischen Kreuzzüge" der Prohibitionsbewegung zu Gesetzen führen, die sich dazu eignen, die ländlich-protestantischen Anhänger des Alkoholverbots von den trinkenden Immigranten aus Irland und Deutschland zu unterscheiden und in die jeweiligen Lebensführungen sowie Arbeitsbedingungen zu intervenieren.

Neben der Einbettung in den Symbolischen Interaktionismus schließt Gusfield an Paul Ricoeur, Erving Goffman, Berger/Luckmann (s. u. Kap. 4 u. 6) und den US-amerikanischen Literaturwissenschaftler, Musik- und Literaturkritiker Kenneth Burke (1897–1993) an. Burke (1989; 1966; 1969 [1945]) hatte in seinem Werk wichtige Elemente einer Theorie des menschlichen Symbolgebrauchs im Handeln und in der Sprachverwendung entwickelt, die Bedeutung umfassender symbolischer Ordnungen für die konkreten Situationsdefinitionen der Individuen betont sowie die Rolle unterschiedlicher sprachlicher Elemente (bspw. von Metaphern) bei der Herstellung solcher Ordnungen betont. Er bezog sich dabei nicht auf Mead, sondern orientierte sich an den Literaturwissenschaften und dem Theater. Dazu schlug er vor, soziale Situationen im Hinblick auf fünf Bausteine zu untersuchen, die den Bedeutungszusammenhang des jeweiligen Phänomens ergeben: „1) Act: What took place? 2) Scene: What is the context in which it occured? 3) Agent: Who performed the act? 4) Agency: How was it done? 5) Purpose: Why was it done?" (Kenneth Burke; zit. nach der Einleitung von Joseph Gusfield in Burke 1989, S. 15) Nicht nur von Gusfield, sondern auch von einigen anderen Autoren in der Tradition des Interpretativen Paradigmas – innerhalb des SI bspw. von den über Sexualität forschenden Soziologen John Gagnon und Walter Simon und ihrer Theorie sexueller Skripte (Gagnon und Simon 2004; s. u. Kap. 3.3.7), insbesondere aber auch von Erving Goffman in seinen Unterschungen zur Interaktionsordnung (s. u. Kap. 6) – wurden Burkes Vorschläge zu jeweils eigenen Analysezwecken aufgegriffen. Charles W. Mills Konzept der „Motivvokabularien" (Mills 1940) geht ebenfalls auf Anregungen von Burke zurück.

In Gusfields Untersuchung zur „Trunkenheit am Steuer" geht es nun darum, wie ein soziales Phänomen – Autofahren unter Alkoholeinfluss – zum öffentlichen Prob-

---

[25] Vgl. auch Gusfield (1996).

lem gemacht wird und dabei eine spezifische Deutung erfährt, an die bestimmte institutionelle und materiale Konsequenzen anschließen. Gusfield betont darin das Zusammenspiel von Prozessen der Wissenskonstruktion mit der institutionellen Strukturierung der betreffenden Handlungsfelder. Er beschäftigt sich hier mit verschiedensten Aspekten der Konstruktion der gesellschaftlichen Wirklichkeit dieses Problems:

> Ein öffentliches Problem, das sind nicht nur Vorstellungen in den Köpfen der Leute! Das ist vielmehr das Gesamt der mehr oder weniger miteinander abgestimmten Praktiken, die eine öffentliche Arena bilden. (…) Nun ja, man kann Kontroversen ausgehend von einem Korpus von Texten analysieren, die sich gegeneinander stellen, wie etwa in Zeitungsartikeln. Aber man kann auch beobachten, wie in einer Reihe von Veranstaltungen von Spezialisten sich nach und nach und durch die häufig moderierten Diskussionen zwischen Medizinern, Juristen, Politikern und Verbandsvertretern, Maßnahmen zur Behandlung, Vorbeugung oder Kontrolle, zur Heilung oder Unterdrückung der Drogensucht entfalten. Man kann auch ins Feld gehen um die Interaktionen zwischen den Sozialarbeitern und den Drogensüchtigen zu beobachten, und die Art und Weise, wie dort die Bedeutung von Abhängigkeit, die damit verbundenen konkreten Schwierigkeiten und der Sinn der anderswo beschlossenen Maßnahmen im konkreten Austausch reformuliert werden. Man kann die Orte auswählen, wo die öffentlichen Probleme sich konstituieren und auf die gleichen Werkzeuge zurückgreifen wie die Wissenschaftsanthropologie oder die interaktionistische Soziologie, welche die Chicago-Tradition beerbt. (Gusfield, in Cefaï/Trom 2001: o.S.; Übersetzung RK)

Neben den mit der Faktenherstellung befassten Wissenschaften (einschließlich der Unfallstatistiken, Blutproben, Testverfahren und Rhetorik wissenschaftlicher Berichte) zählen dazu die zugrunde liegende Theorie des Autofahrers als Unfallverursacher, die soziale Organisation der Datengrundlage einschließlich der involvierten Akteure (z. B. der Nationale Sicherheitsrat), die Dramatisierung des Phänomens in der öffentlichen Arena und die Behandlung im Recht. Der gesamte Prozess wird als öffentliches Ritual der Schaffung einer kollektiven moralischen Ordnung interpretiert. Gusfield entwickelt damit einerseits eine Vorgehensweise, die starke Affinitäten zur frühen Wissenschaftsforschung von Bruno Latour aufweist, mit dem er auch einige Zeit in engerem Kontakt steht (Cefaï und Trom 2001: o. S.). Zum anderen – und darin liegt die eigentliche Spezifik seines Ansatzes – interpretiert er den öffentlichen Prozess der Problemaushandlung in Begriffen der „Aufführung" bzw. des „Performing Action" (Gusfield 2000). Dies erlaubt ihm die Einnahme einer „Zuschauerhaltung", die neben der detaillierten Fallanalyse unterschiedliche Lesarten des Geschehens entwerfen kann. Das ist der Schritt, der ihn zur Rede vom „Drama" und von der „ritualisierten Vergegenwärtigung moralischer Ordnung" führt.

Zunächst sei, so Gusfield, von der Konkurrenz von Problemdefinitionen und Problemlösungen auszugehen. Eine erste Frage der soziologischen Analyse bezieht

3.3 Die vielfältige Praxis des Symbolischen Interaktionismus

sich auf die Definition von Akteuren bzw. Institutionen, die für die Problembearbeitung zuständig sind – eine Zuschreibung, die bereits in die jeweilige Problemdefinition mit eingebaut ist. Das Problem der Zuständigkeit und Verantwortung besitzt einerseits eine „kulturelle Dimension". Damit sind Fragen der Wahrnehmung und Bedeutung anvisiert, also beispielsweise Vorstellungen darüber, ob der Konnex von Alkoholgenuss und Autofahren als Entscheidungsprozess einer zurechnungsfähigen Person betrachtet wird oder als Ergebnis eines medizinischen Sachverhaltes, einer Krankheit, die keine Entscheidung zulässt (Alkoholismus). Anderseits muss auch die strukturelle Ebene dieses Phänomenbereichs einbezogen werden: Die Fixierung von Zuständigkeiten erhebt gleichzeitig unterschiedliche Institutionen und Personen – beispielsweise die Kirchen, das Recht, die Polizei, die Medizin usw. – in den Rang involvierter Akteure. Dies kann sich je nach der kognitiven Konstruktion des Problems sehr stark unterscheiden: Betrachtet man Alkoholprobleme als Krankheit, gewinnt die Medizin einen stärkeren Einfluss, wohingegen das Recht mit seinen Handlungsmöglichkeiten eher eingeschränkt wird. Die institutionelle und strukturelle Dominanz einer spezifischen Problemsicht kanalisiert die verfügbaren Lösungen und schließt Alternativen schon als Denk-Möglichkeiten aus. Dann bleiben nur die Umerziehung der Autofahrer und das Trinkverbot als alternativlos erscheinende Position:

> The people whom I talked with (…) presented a fairly uniform view of the problem. Alcohol leads to impaired driving and increases the risk of accident, injury and death. Since drinking coupled with driving ‚causes' auto accidents, solutions lie in strategies which diminish either drinking or driving after drinking. The available strategy is to persuade the drinker not to get behind the wheel of the car. Law enforcement and punishment perhaps supplemented by education are the most useful and acceptable means to diminish auto accidents due to drinking. (…) This homogenous consciousness of alcohol and automobile use appears to the sociologist as a salient form of social control. It eliminates conflict or divergence by rendering alternative definitions and solutions unthinkable. This subtle, unseen implication of cultural ideas is perhaps the most powerful form of constraint. Unlike the conflict of power it goes unrecognized. What we cannot imagine, we cannot desire. (…) The absence of alternative modes of transportation is logically as much a cause of drinking-driving as is the use of alcohol. (Gusfield 1981, S. 11)

Öffentliche und „soziale" Probleme werden, das zeigt Gusfields Studie sehr deutlich, in der Öffentlichkeit – der „public arena" – in soziohistorisch spezifischer Weise begrifflich und institutionell geordnet, strukturiert. Dabei sind die Legitimitätszuschreibungen, Einfluss- und Definitionschancen sozialer Akteure sehr unterschiedlich verteilt und im zeitlichen Verlauf Verschiebungen unterworfen. Dies gilt auch für das, was als „Struktur" eines Problem- und Handlungszusammenhangs in Erscheinung tritt. Gesellschaftliche, institutionelle und organisatorische Strukturen sind, so Gusfield, nichts anderes als in der Zeit zu Ordnungsmustern eingefrorene Prozesse:

> At any moment the ‚structure' itself may be fought over as groups attempt to effect the definitions of problems and authority to affect them. (…) Structure is process frozen in time as orderliness. It is a conceptual tool with which we try to make that process understandable. What is important to my thought here is that all is not situational; ideas and events are contained in an imprecise and changing container. (Ebd., S. 5 ff.)

Solche Strukturen können von gesellschaftlichen Gruppen „angegriffen", bekämpft, verändert oder zerstört und ersetzt werden. Auch für den Symbolischen Interaktionismus ist ein solcher Strukturbegriff als Analysewerkzeug notwendig, denn – und dieses Argument richtet sich beispielsweise gegen die Ethnomethodologie (s. u. Kap. 5) – nicht alle sozialen Phänomene und Faktoren sind lediglich situativ bzw. in der untersuchten Situation enthalten. Vielmehr sind Situationen, Ideen oder auch Ereignisse immer in einen umfassenderen, sich verändernden Kontext gesetzt, der bei ihrer Analyse berücksichtigt werden muss (Gusfield 1981, S. 5 ff.).[26]

Joseph R. Gusfield (geb. 1923)
Gusfield, der aus einer jüdischen Familie stammt und im zweiten Weltkrieg als Soldat in Frankreich und Deutschland eingesetzt war, studierte nach Kriegsende in Chicago zunächst Recht, dann Soziologie, u. a. bei Herbert Blumer und Everett Hughes und in engem Kontakt mit Anselm Strauss sowie Erving Goffman (mit dem er befreundet war). Sehr früh schon wird er auch durch die Werke von Karl Marx, dann durch John Deweys Pragmatismus, die Arbeiten von Mead und Thorsten Veblen sowie durch Kenneth Burke beeinflusst; er engagiert sich

---

[26] Das ist auch das Hauptthema der Weiterführung der Grounded Theory und Ausdehnung des Situationsbegriffs bei Adele Clarke (2012, s. u. Kap. 3.3.3).

in kommunistischen Gruppen. Seine Doktorarbeit über die *Women's Christian Temperance Union* schreibt er bei Herbert Blumer, obwohl er, wie er im Interview mit Cefaï und Trom (2001) betont, „weder Frau noch Christ gewesen sei und zudem gerne trinke". In seinen Arbeiten, die um die Fragen der sozialen Konstruktion öffentlicher oder sozialer Probleme durch kollektives Handeln kreisen, verbindet Gusfield ethnographisch inspirierte Feldforschungen mit historischen Analysen. Er wird damit zu einem der wichtigsten Referenzautoren der Forschungen über soziale Bewegungen und soziale Probleme.

Lektürevorschlag:
Gusfield, Joseph R. (1981). *The culture of public problems: Drinking-driving and the symbolic order* (S. 1–26). Chicago: University of Chicago Press, [Exposé der zentralen Annahmen der Studie].

Vertiefung:
Burke, Kenneth (1989). *On symbols and society*. Chicago: University of Chicago Press [Von Gusfield herausgegebene Textsammlung, welche die für die Soziologie wichtigsten Beiträge von Burke enthält].
Cefaï, Daniel & Trom, Danny (2001). *Entretiens avec Joseph Gusfield: Action collective et problèmes publics*. Online verfügbar unter: http://gaelleju.free.fr/secret-public/IMG/pdf/TEXTE_11_Cefai_Trom.pdf [Stand vom 29.03.2012] [ausführliches Interview zu den Einflüssen auf und Arbeiten von Gusfield].
Gusfield, Joseph R. (1981). *The culture of public problems: Drinking-driving and the symbolic order*. Chicago: University of Chicago Press [im Fließtext vorgestellte Studie über die US-amerikanische Politik des Verbots von „Alkohol am Steuer"].
Hilgartner, Stephan & Bosk, Charles L. (1988). The rise and fall of social problems: A public arena model. *American Journal of Sociology, 94* (1), (S. 53–78) [weiterentwickeltes Karrieremodell des SI für die Analyse sozialer Probleme in öffentlichen Arenen].
Schetsche, Michael (1996). *Die Karriere sozialer Probleme. Eine soziologische Einführung.* München [Sehr guter Überblick über die Diskussion zur Karriere sozialer Probleme].
Bildnachweis: Center for the Study of Law & Society, UC Berkeley (www.law.berkeley.edu/p603.htm; Stand vom 17.7.2012).

3.3.3 „Soziale Welten" als ausgehandelte Ordnungen und Handlungsverkettungen

Zu den bis heute einflussreichsten Vertretern des Symbolischen Interaktionismus zählt Anselm Strauss. Strauss hatte zunächst in den 1950er Jahren im Anschluss an Cooley, Mead, Simmel u. a. eine nach wie vor aktuelle Theorie der Identität ausgearbeitet. Darin wird „Identität" als ein Prozess in sozialen und organisatorischen Kontexten verstanden, in dem immer Stabilisierungen mit Transformationen einhergehen (Strauss 1968 [1959]; vgl. dazu Helle 2001, S. 123 sowie die Ausführungen in Strauss 1993). Etwa gleichzeitig arbeitete Strauss u. a. mit Howard S. Becker in Studien zur Medizinerausbildung und, wenig später, über „Bilder des Städtischen" in den USA (Strauss 1976 [1961], 1968). Sein nachfolgendes Werk, um das es hier hauptsächlich gehen soll, lässt sich in drei Schwerpunkte gliedern: 1) empirische Studien zu Interaktionsprozessen in organisatorischen Kontexten des Gesundheitswesens bzw. allgemeiner zur Medizinsoziologie und Pflegearbeit, 2) die einflussreiche Fundierung der Methodologie qualitativer Sozialforschung in Gestalt der „grounded theory" (mit Barney Glaser) vor dem Hintergrund dieser Studien und 3) die Weiterentwicklung des SI durch die Konzepte der „ausgehandelten Ordnungen" und der kontinuierlichen „Permutationen des Handelns" sowie die Perspektive der „sozialen Welten". Insbesondere mit der Formulierung der Grundlagen einer aus der Beschäftigung mit Untersuchungsgegenständen heraus zu entwickelnden „gegenstandsbezogenen Theorie" hat er soziologische Forschungen weit über den Symbolischen Interaktionismus hinaus geprägt.

Medizinsoziologische Studien

Strauss hat sich in vielfacher Weise mit Interaktionsprozessen und organisatorischen Kontexten im Feld von Medizin, Krankheit und Pflege befasst.[27] Diese Studien – bspw. zum Umgang mit chronischen Krankheiten oder mit Pflegebedürftigkeit – haben häufig einen direkten Bezug zur Berufspraxis der untersuchten Professionen bzw. Berufsgruppen. D. h. sie sind anschlussfähig an Sensibilisierungen, um praktische Umgangsweisen mit den Patienten und Patientinnen zu verbessern (vgl. Corbin und Strauss 2010; Glaser und Strauss 2007 [1968]). Zu den bekanntesten Arbeiten zählt die gemeinsam mit Barney Glaser in den 1960er Jahren verfasste

---

[27] Vgl. zu den zahlreichen Untersuchungen im Feld der Medizin und der Gesundheitsprofessionen sowie zu weiteren Arbeitsgebieten (wie amerikanischen Stadtimages am Beispiel Chicagos) die umfangreiche Bibliographie in Strübing (2007). Verschiedene, an theoretischen Konzepten orientierte Bände verdeutlichen die Bandbreite seiner Arbeiten (Strauss 1979, 1991, 1993). Strauss (1993, S. 47 ff.) verweist auf die Untersuchung von Arbeitsprozessen als Hauptgegenstand seiner Forschungen.

3.3 Die vielfältige Praxis des Symbolischen Interaktionismus

Analyse der „Betreuung von Sterbenden" (Glaser und Strauss 1995 [1965]; Glaser und Strauss 2007 [1968]). Deren Gegenstand sind Sterbeprozesse in Krankenhäusern und deren Einbettung in Interaktionen. Zentrales Ergebnis dieser Studie ist das Konzept des „Bewusstheitskontextes" („context of awareness"), das auch auf andere Handlungskontexte übertragen werden kann.

Die „awareness theory" knüpft an bei der Vorstellung von vielfältigen Realitäten und ist dem Thomas-Theorem verpflichtet, nach dem die Interaktionspartner eine Definition der Situation leisten müssen, in der sie miteinander umgehen. Ein „Bewusstheitskontext" ist für Strauss und Glaser zunächst ganz allgemein die Kombination all dessen, was jeder Handelnde in einer Situation über die Identität des anderen und auch darüber weiß, wie seine eigene Identität von dem oder den anderen gesehen wird. Als Beispiel nennen die Autoren den Regierungsbeamten und dessen Sekretärin, die eine Spionin ist. Da sie nicht erkennen lassen darf, wer sie wirklich ist, täuscht sie eine falsche Identität vor, hinter der sie ihre Identität als Agentin verborgen hält. Der Regierungsbeamte erfährt aber nach einer Weile doch, dass sie Spionin ist. Er lässt sich dies nicht anmerken, weil er ihr z. B. Dokumente zuspielen will, durch die ihre Auftraggeber irregeführt werden sollen. In der nächsten Phase der Beziehung merkt die Sekretärin, dass ihr Chef sie als Spionin erkannt hat. Sie täuscht aber vor, dies nicht gemerkt zu haben, weil sie einen für ihre Flucht günstigen Termin abwarten muss. Dies ist ein Beispiel für verschiedene Abfolgen von Bewusstheitskontexten.

In ihren Studien auf Sterbestationen in Krankenhäusern fanden Glaser und Strauss heraus, dass die Interaktionen zwischen den verschiedenen Personengruppen in einer Klinik (medizinisches und pflegerisches Personal, Patienten, Angehörige) wesentlich davon abhingen, welches „öffentliche" Wissen über die Situation des jeweiligen Patienten (beispielsweise über die Unheilbarkeit seiner Krankheit und den bevorstehenden Tod) vorhanden war und wie dieses Wissen allseits „gemanagt" wurde:

> Sie erfuhren z. B. im Gespräch mit einem Arzt, dass einer seiner Patienten unheilbar krank sei, dass man aber nach Ansicht des Arztes ihm den nahen Tod verheimlichen müsse, um ihn nicht hoffnungslos zu machen. In dem Gespräch mit dem betreffenden Patienten stellte sich dann heraus, dass der sehr wohl wusste, wie es um ihn stand. Jedoch erklärte der Sterbende dem Interviewer, er wolle dem Arzt und den Schwestern gegenüber den Eindruck erwecken, als glaube er an seine Genesung, um ihnen die Arbeit nicht zu erschweren. So interagierten Arzt und Schwestern mit dem Sterbenden auf einer Ebende vorgetäuschten Nichtwissens. (Helle 2001, S. 121)

Glaser und Strauss unterscheiden die Wahrnehmungskontexte der „geschlossenen Bewußtheit", des „Argwohns", das „rituelle Spiel wechselseitiger Täuschung", die „Doppeldeutigkeit des Wissens" oder die „direkte Aufklärung" (Glaser und Strauss

1995). Das konkrete Interagieren der einzelnen Akteure ist am gemeinsam erzeugten Bewusstheitskontext orientiert. Dabei sind spezifische Wechsel möglich, etwa von der geschlossenen zur offenen Bewusstheit. Dadurch verändert sich dann das wechselseitige Handeln.

Ein anderes empirisch gewonnenes Konzept ist dasjenige des „trajects" bzw. der Verlaufskurve, mit der bspw. der Zusammenhang und Wandel im Verlauf einer Krankheitsbiographie beschrieben werden kann (vgl. z. B. Corbin und Strauss 2010; zur Verallgemeinerung Strauss 1993). Dieses Konzept ähnelt Howard Beckers Idee der „Laufbahn" und macht deutlich, dass Krankheitsbiographien ganz unterschiedliche Phasen durchlaufen, die alle jeweils spezifische Interaktionskontexte und Handlungsverkettungen mit sich bringen (bzw. in diesen prozessiert werden).

Grounded Theory

Die „grounded Theory", d. h. die aus der Gegenstandsanalyse erfolgende Theoriebildung, stellt innerhalb des SI die am weitesten entwickelte Grundlegung eines methodischen Vorgehens bei der Analyse empirischer Daten dar. Sie enthält eine Vielzahl hilfreicher Empfehlungen zur Gewinnung theoretischer Erkenntnisse aus empirischer Forschung.[28] Zusammen mit verschiedenen Kollegen und Kolleginnen entwickelt Strauss darin Vorschläge, wie vor dem sozialtheoretischen Hintergrund des Symbolischen Interaktionismus die Erhebung und Auswertung von qualitativen Daten erfolgen könne, die einerseits theoretischen Überlegungen und dem bestehenden Wissen gerecht werde, andererseits aber auch die notwendige Systematik der Analyse mit kreativen Momenten im Forschungsprozess selbst verbinden könne. Die ersten, stärker theoretisch und methodologisch gehaltenen Überlegungen zur „grounded theory" wurden von Barney Glaser und Anselm Strauss in den 1960er Jahren im Zusammenhang ihrer erwähnten Untersuchung über Sterbeprozesse in einem inzwischen klassischen Band formuliert (Glaser und Strauss 1967). In den späteren Weiterentwicklungen und methodischen Präzisierungen haben Glaser und Strauss sehr unterschiedliche Akzente gesetzt, die zumindest aus Sicht von Barney Glaser auch miteinander unvereinbar sind – er wirft Strauss deswegen vor, das ursprüngliche Projekt der Grounded Theory „verraten" zu haben (vgl. Glaser 1978). In der Rezeptionsgeschichte fanden jedoch gerade die Ausarbeitungen von Strauss – später in Zusammenarbeit mit Juliet Corbin – wesentlich stärkere Beachtung. In diesen Arbeiten wird eine Vielzahl von Empfehlungen für empirisches Vorgehen in der qualitativen Sozialforschung angeboten, die zwar keine Garantie für erfolgreiches Forschen bedeuten, aber dennoch äußerst hilfreiche Unterstützung bei dem Versuch

---

[28] Da der vorliegende Band sich stärker auf die Theorieperspektiven des Interpretativen Paradigmas richtet, sollen die entsprechenden Überlegungen hier nur kurz vorgestellt werden.

bieten, auf der Grundlage von Daten eine „gegenstandsbezogene Theoriebildung" zu betreiben. So beschreiben Strauss und Corbin Strategien der Sample-Bildung nach theoretischen Kriterien („theoretical Sampling") und Analysestrategien anhand der Kontrastierung maximal unterschiedlicher bzw. maximal ähnlicher Fälle, um die Spannbreite eines Gegenstandsbereichs zu erschließen. Über sukzessiv anzuwendende Strategien des „Kodierens" werden aus den Daten theoretische Konzepte gebildet und in einem theoriebasierten Sortiervorgang entlang der „Bedingungsmatrix" systematisiert. Auch die unterschiedlichen Kontexte untersuchter Situationen, Interaktionsprozesse und Organisationen finden Berücksichtigung.[29]

Entsprechende Vorgehensweisen haben inzwischen im deutschsprachigen Raum eine große Verbreitung erlangt (vgl. Mey und Mruck 2011). Neuere, sehr dynamische Entwicklungen der Grounded Theory im US-amerikanischen Kontext verbinden die Überlegungen von Strauss mit anderen Ansätzen und Forschungsprogrammatiken – etwa Diskursanalysen und Aktor-Netzwerk-Konzepten, wie in der „Situationsanalyse" von Adele Clarke (2012 [2005]), die in stärkerem Maße umfassende Situationskontexte in die Analyse einbezieht – und führen zu einer deutlichen Öffnung und Pluralisierung der mit der Grounded Theory verbundenen Vorgehensweisen (z. B. Morse u. a. 2009; Charmaz 2006; Bryant und Charmaz 2010).

(Aus)Handlungen in „Sozialen Welten"

> [W]e are confronting a universe marked by tremendous fluidity; it won't and can't stand still. It is a universe where fragmentation, splintering, and disappearance are the mirror images of appearance, emergence, and coalescence. This is a universe where nothing is strictly determined. Its phenomena should be partly determinable via naturalistic analysis, including the phenomenon of men [and women] participating in the construction of the structures which shape their lives. (Strauss 1991b, S. 237)

Vor dem Hintergrund seiner empirischen Studien war Anselm Strauss um die Weiterentwicklung des Symbolischen Interaktionismus bemüht. Neben einer Zusammenfassung und Reformulierung der symbolisch-interaktionistischen Theorie des Handelns und der Interaktion gibt er vor allem den Begriffen der „negotiated order" bzw. der „negotiations", der „social world", des „trajectory" und der „arena" eine profilierte Bedeutung. So stellt er ein begriffliches Gerüst bereit, das sowohl die Analyse von Situationen, Interaktionen, biographischen Verläufen, Organisationen und öffentlichen Problemkarrieren – also die gesamte Bandbreite des sym-

---

[29] Vgl. die Darstellungen in Strauss (1991c [1987]); Strauss und Corbin (2007) sowie die aktuelle Neuausrichtung und starke Anbindung an Textbearbeitungssoftware durch Corbin in Corbin und Strauss (2008). Die meisten deutschsprachigen Einführungen in die qualitative Sozialforschung stellen die Grounded Theory in der Variante Strauss und Corbin (2007) vor.

bolisch-interaktionistischen Forschens – zu erschließen vermag. Seine entsprechenden Vorschläge sollen nun kurz skizziert werden.

Angesichts der in Punkt 1 erwähnten, von Strauss untersuchten „Aushandlungsprozesse im Krankenhaus" spricht Strauss zunächst vom „negotiated order approach" als einem allgemeinen symbolisch-interaktionistischen Zugang zur Wirklichkeit von Organisationen aller Art (vgl. zum Überblick Maines und Charlton 1985; Clarke 1991; Maines 1991).[30] Strauss will damit zwei Überlegungen verbinden: die Betonung der zentralen Bedeutung von Interaktionsprozessen und diejenige der strukturellen Merkmale von Organisationen.

> Gezeigt werden soll vielmehr, wie die Folgen früherer Handlungen selbst von Handelnden individuell und kollektiv, konsensuell und konflikthaft verarbeitet werden und diese Verarbeitung selbst ebenfalls unter strukturellen Bedingungen stattfindet, die sich wiederum auf frühere Aushandlungsprozesse und intendierte oder nichtintendierte Handlungsfolgen zurückführen lassen. (Joas 1992b, S. 55 f.)

Die Grundannahme lautet, dass ein Hauptmerkmal sozialer Prozesse in Organisationen, aber auch anderswo, Aushandlungen zwischen den Beteiligten sind. Organisationen werden als beständige im Fluss befindliche Aushandlungssysteme begriffen, die im Handeln konstituiert und reproduziert bzw. transformiert werden:

> Nicht die Abhebung statischer Strukturen, sondern die Rekonstruktion zeitlich sich erstreckender wechselseitiger Definitionsprozesse rückt damit in den Mittelpunkt einer Organisationssoziologie, die sich bemüht, mit den sozialpsychologischen und persönlichkeitstheoretischen Annahmen des symbolischen Interaktionismus verträglich zu sein und damit auch den Anschluss an die umfassenderen Ziele einer Transformation des Pragmatismus in die Soziologie wiederzugewinnen. (Joas 1992b, S. 54 f.)

Letztlich geht es über den Bereich der Organisationen hinaus, darum sind alle Formen oder Typen sozialer Ordnung als durch Aushandlungsprozesse konstituiert zu betrachten. Das bedeutet nicht, dass nur solche Prozesse eine Rolle für die Strukturierung sozialer Ordnung spielen würden – Strauss will nur darauf hinaus, dass sie eben *auch* von erheblicher Bedeutung für das soziologische Verständnis von Organisationen und sozialer Ordnung sind. Wenn von Aushandlungen die Rede ist, so sind damit nicht notwendig explizite „Verhandlungen" oder gar argumentierende Diskussionen gemeint (auch wenn das natürlich für einige Fälle nicht ausgeschlossen ist). Eher handelt es sich um eine Metapher, die darauf aufmerksam macht, dass Strukturen und Ordnungsmuster, d. h. auch die tatsächliche Realität

---

[30] Der Begriff wird von Strauss zusammen mit Kollegen 1963 anlässlich von Untersuchungen in Psychiatrien entwickelt (Strauss 1993, S. 248).

3.3 Die vielfältige Praxis des Symbolischen Interaktionismus

von Organisationen aus permanenten Beiträgen der Beteiligten und mehr oder weniger weit ausgreifender anderer Vernetzungen von Handeln resultieren. Organisationen werden als permanente Aushandlungsnetzwerke begriffen, die im Handeln und seinen „Permutationen" (Strauss 1993) aufgebaut und reproduziert bzw. transformiert werden. Die Beiträge zu diesen Aushandlungen können zueinander durchaus in konflikthafter Perspektive stehen; das, was daraus resultiert, ist dann vermutlich weit von dem entfernt, was einzelne Beteiligte intendieren. Natürlich können die Beteiligten auch im Sinne aufeinander bezogener Arbeitsteilungen und entsprechender Routinen interagieren. Dies ist jedoch bereits eine Frage des jeweils interessierenden Untersuchungsgegenstandes, der dann über weitere Konzepte erschließbar wird. So unterscheidet Strauss bspw. den konkreten Aushandlungsprozess von seinem Kontext, der durch Merkmale wie die Zahl der Teilnehmer, deren Erfahrung und Sprecherstatus, die Einmaligkeit des Zusammentreffens oder dessen Wiederholungs- bzw. Routinecharakter von Aushandlungen, das Machtgefälle zwischen den Beteiligten u. a. m. näher bestimmt werden kann. Schließlich gibt es auch noch einen umfassenderen strukturellen Kontext der Aushandlungsprozesse – wie demographische Merkmale, ökonomische Situationen, gesamtpolitische Situationen –, der zwar seinerseits auf historische Aushandlungsprozesse zurückgeführt werden könnte, aber in bezug auf konkrete Forschungsgegenstände als gegebene Bedingung der Interaktionsprozesse betrachtet werden muss.[31] In seinem Buch „Negotiations" illustriert Strauss (1979) die Vielfalt der Anwendungsmöglichkeiten dieses Theoriekonzeptes bspw. anhand von Fallstudien aus Organisationen, der nationalen und internationalen Politik, den Nürnberg-Prozessen oder der Beziehungen zwischen Versicherern und ihren Kunden.

Eine weitergehende, das Konzept der „negotiated order" integrierende Perspektive auf soziale Phänomene bietet die von Strauss im Anschluss an Timotsu Shibutani entwickelte „social world perspective" (Strauss 1991 [1978]). Damit werden – ganz ähnlich wie bei der weiter oben erwähnten Studie von Howard Becker über die „Art worlds" mehr oder weniger abgrenzbare soziale Zusammenhänge – die Oper, der Baseball, das Surfen, Medizin, Homosexualität, Mathematik usw. bezeichnet. Als „Arenen" begreift Strauss die Foren, innerhalb derer im Inneren von „social worlds" über Definitionen, Prozesse, Einflüsse usw. gestritten und gekämpft wird. „Social worlds" sollten nicht nur als Kommunikationsbeziehungen analysiert werden, sondern auch im Hinblick auf ihre Materialität:

---

[31] Anwendungen dieser Perspektive finden sich in Untersuchungen zur Agrarwissenschaft, zu Schulen, zur Spirituosenindustrie oder zu Gesetzgebungsverfahren, aber auch in der Wissenschafts- und Techniksoziologie. Vgl. Maines und Charlton (1985), Strübing (1997), Bowker und Star (2000) und Clarke (1998).

> Though the idea of social worlds may refer centrally to universes of discourse, we should be careful not to confine ourselves to looking merely at forms of communication, symbolization, and universes of discourses, but also examine palpable matters like activities, memberships, sites, technologies, and organizations typical of particular social worlds. (Strauss 1991b, S. 235)

Die „social world perspective" wird in einer umfangreichen theoretischen Arbeit entfaltet, in der Strauss auf drängende Anregung seiner deutschen Kollegen Hans-Georg Soeffner und Fritz Schütze den Gesamtzusammenhang seiner theoretischen Annahmen erläutert und im Kontext der pragmatistischen Philosophie sowie des Symbolischen Interaktionismus verortet. In einem Interview fasst er dieses Anliegen so zusammen:

> Mir geht es um den engen Zusammenhang oder besser die Identität von Aktion und Interaktion, ich entwickle eine dementsprechend interaktionistische Handlungstheorie. Am Anfang steht das Handlungsschema der Pragmatisten. (…) Im Mittelpunkt meiner Handlungstheorie stehen Akteure – Individuen, Organisationen, soziale Welten –, die eine wie auch immer geartete soziale Ordnung oder Struktur miteinander aushandeln, aufrechterhalten oder auch verändern. Soziale Welten sind Gruppierungen von Menschen, die durch gemeinsame Ziele und Sichtweisen verbunden sind, ohne dass es scharfe Grenzen der Mitgliedschaft gäbe, wie sie für Organisationen typisch sind. Gesellschaftliche Kontroversen oder Konflikte werden in unterschiedlichen Arenen ausgehandelt, sei es innerhalb einer sozialen Welt oder zwischen verschiedenen Welten. Wir haben solche Aushandlungsprozesse in letzter Zeit z. B. in der AIDS-Arena untersucht, einer Arena, die sich in rasanter Entwicklung befindet und in das Wechselspiel von Organisationen und sozialen Welten besonders gut zu studieren ist. (Strauss, zit. nach Legewie 2004, Abschn. 72–73)

Den Ausgangspunkt seiner Argumentation nimmt Strauss in einer pragmatistischen Theorie des Handelns, die davon ausgeht, dass Handeln einen Körper voraussetzt, in Interaktionen und Deutungskontexten eingebettet ist und in irgendeiner Weise ein „Selbst" der Handelnden impliziert. Die erwähnten Deutungskontexte und die darin vorfindbaren Symbole entstehen ihrerseits aus Interaktionen.[32] Handeln ist nicht notwendig rational und nur selten in Zweck-Mittel-Bezügen verstehbar; es hat immer eine emotionale Seite, die davon nicht getrennt werden kann, ganz so, wie Handeln stets die Prozessierung einer Verflechtung von Denk- und sonstigen Körperaktivitäten ist (wobei mitunter ersteres – in problematischen Situationen –, mitunter letzteres – in Routinesituationen – im Aufmerksamkeits-

---

[32] Körper, Selbst, Denken, Interaktion, Symbol – das alles sind keineswegs selbstverständliche Einheiten, sondern ihrerseits Begriffe, die von Strauss in komplexer Weise erläutert und immer als Prozesse („interacting", „symbolizing") gedacht werden (vgl. insgesamt Strauss 1993, zur Erläuterung des Prozesses der Arbeit an Bedeutungen, der „Symbolisierung" am Beispiel Chicagos – etwa in Gestalt von „Al Capone" – oder bezogen auf das Labeling von Migrantengruppen vgl. ebd., S. 160 ff.).

3.3 Die vielfältige Praxis des Symbolischen Interaktionismus

fokus stehen kann).[33] Handeln und Handlungsvollzüge entfalten sich in der Zeit und können Sequenzen zugeordnet werden. Die wahrscheinlichen Kontingenzen in Handlungsverläufen und Interaktionen bzw. Handlungsverkettungen legen permanente Rejustierungen von Deutungen und Handlungen nahe. Dabei müssen die unterschiedlichen Perspektiven der Beteiligten in irgendeiner Weise aufeinander abgestimmt werden; häufig geschieht das durch die Vorstrukturierung von Deutungen, die sich aus der gemeinsamen Teilnahme an einer sozialen Welt oder Subwelt ergibt. Handelnde in modernen Gesellschaften gehören typischerweise einer Vielzahl sehr heterogener Subwelten an, die den Teilnehmern einer sozialen Situation im Regelfall nicht präsent sind. Schließlich sind Situationen des Handelns in eine Kontext- oder Bedingungsmatrix eingebettet, die ihnen spezifische Möglichkeiten und Restriktionen vorgibt.

Strauss interessiert sich jedoch im Sinne des Symbolischen Interaktionismus weniger für einzelnes, isoliertes Handeln als vielmehr für Handlungsverkettungen oder -verflechtungen bzw. Interaktionen, in denen etwas zusammen getan, „ausgearbeitet" wird (Strauss 1993, S. 51 ff.; vgl. Soeffner 1991). Solche in der Zeit, im Raum und in sozialen Bezügen sich entfaltenden Handlungsverkettungen können mit dem Begriff des „trajectory" beschrieben werden: Trajekte sind zeitliche „Verlaufskurven" miteinander verbundenen Handelns, in denen sich je unterschiedliche „Gestalten" zeigen können:

> To be more exact now, I shall use *trajectory* in two ways: 1) the course of any experienced phenomenon as it evolves over time (an engineering project, a chronic illness, dying, a social revolution, or national problems attending mass or ‚uncontrollable' immigration) and 2) the actions and interactions contributing to its evolution. (Strauss 1993, S. 53 f.)

„Trajectories" können in unterschiedliche Phasen gegliedert werden; sie enthalten komplexe und sich verändernde Elemente von Handlungsentwürfen und -umsetzungen sowie komplexe Wirkungsbeziehungen zwischen den beteiligten Handlungen, biographisch situierten Akteuren, Körpern (und ihrem Erinnerungsvermögen), Wechselbeziehungen, Tätigkeiten und (technischen, zeitlichen, informatorischen, gefühlsbezogenen, tätigkeitsbezogenen, moralischen, ästhetischen) Ordnungsgefügen. Die beteiligten „Akteure" sind größere Kollektive, mehrere Individuen oder Einzelne, die Erfahrungen machen und im Zusammenhang einer

---

[33] Die Betonung der Gefühle und der A-Rationalität des Handelns markieren einen deutlichen Unterschied zur Handlungsanalyse im Werk von Alfred Schütz, die ihre Spuren in der Wissenssoziologie von Berger & Luckmann hinterlassen hat; ansonsten bestehen zwischen beiden Theorien weitreichende Kompatibilitäten, auch wenn Strauss den Begriff der „Social Worlds" gegenüber demjenigen der „Subsinnwelten" (in der Sprache von Schütz, Berger & Luckmann) präferiert (Strauss 1993, S. 159 f.). Vgl. dazu Kap. 4.

„Bedingungsmatrix" agieren. Schließlich ist hier die Dimension der „Intersektionalität"[34] bedeutsam, d. h. die Art und Weise, wie unterschiedliche Handlungsformen (arbeiten, fantasieren, erholen, erleiden etc.) miteinander verschränkt sind. Strauss verdeutlicht das am Beispiel von Arbeitsprozessen: was für den Klempner Routine ist, treibt den Besitzer einer verstopften Toilette in Panik. Was für die einen Freizeit bedeutet, ist für die anderen harte Arbeit: in Freizeitparks unterscheidet das Betreiber und Besucher, aber auch in Familien diejenigen, die Einkaufen und Kochen, während andere dann „speisen". Strauss entwickelt auch hier eine Reihe von Konzepten, auf die an dieser Stelle nicht näher eingegangen werden kann.

Diese Theorie des Handelns mündet in die schon genannten Konzepte der „sozialen Welt" und der „Arena". Ersteres hat in der Chicagoer Soziologie eine lange Tradition, die auf George Herbert Mead und Robert Park zurück verfolgt werden kann. Was wird damit bezeichnet? Soziale Welten sind

> groups with shared commitments to certain activities, sharing resources of many kinds to achieve their goals, and building shared ideologies about how to go about their business. (Clarke 1991, S. 131)

Soeffner (1991, S. 6) erläutert das Konzept wie folgt:

> Aus dem relativ dauerhaften Bemühen mehrerer Menschen, ihre jeweiligen Perspektiven zu koordinieren und gemeinschaftlich zu handeln (zu erleben und zu erfahren) entsteht das, was Strauss ‚soziale Welten' (social worlds) nennt: relativ dauerhafte, durch relativ stabile Routinen ‚arbeitsteilig' abgesicherte, d. h. ‚institutionalisierte' Wahrnehmungs- und Handlungsräume.

Für Strauss spielen die Fokussierung eines Aktivitätsttypus – etwa das Musizieren, das Forschen – sowie die dafür spezifischen Orte, Technologien und Organisationsformen eine zentrale Rolle.[35] Soziale Welten sind in sich differenziert oder segmentiert, sie entwickeln ihre Legitimations- und Stabilisierungsressourcen und sind ebenfalls in intersektionalen Verflechtungen mit anderen sozialen Welten verbunden. Wenn in oder zwischen sozialen Welten Probleme bzw. Konflikte, also ein „issue" entsteht, konstituiert sich eine soziale „Arena":

> The concept of arena will refer here to interaction by social worlds around issues – where actions concerning these are being debated, fought out, negotiated, manipu-

---

[34] In der heutigen Soziologie wird der Begriff „Intersektionalität" im Kontext der (feministischen) Ungleichheitsforschung benutzt, um sich überkreuzende Ungleichheitsdimensionen zu benennen.

[35] Auch Howard Becker spricht, wie erwähnt, von „sozialen Welten", bspw. denjenigen der Kunst (s. o.). Im Kontext der deutschsprachigen Hermeneutischen Wissenssoziologie besteht eine hohe Affinität zum vor allem von Ronald Hitzler u. a. entwickelten Konzept der Szene, das allerdings etwas spezifischer gefasst ist (vgl. Kap. 4.3).

3.3 Die vielfältige Praxis des Symbolischen Interaktionismus

> lated, and even coerced within and among the social worlds. (…) Social worlds and their segments have their internal issues around which members or organizations debate, maneuver, negotiate, attempt to persuade, or coerce. (…) Arena action around issues ultimately signifies disagreement about directions of action – that is, in the broadest sense of the term, disagreement about the policy steps to be taken by the social world or subworld. (Strauss 1993, S. 225 f.)

Politische Arenen, die wir im Alltagsverständnis mit dem Begriff des Politischen im Blick haben, bilden nur eine spezifische Sonderform solcher Aushandlungs- und Streitarenen, die sich in und zwischen Organisationen, in religiösen ebenso wie in wissenschaftlichen und künstlerischen Welten bilden können. Deutlich wird damit, dass in der Perspektive von Anselm Strauss Ordnung und Unordnung, Stabilität und Wandel, Strukturen und ihre Verflüssigung immer als Prozesse, als „processual ordering" (Strauss 1993, S. 254) gedacht und soziologische Konzepte entsprechend ausgerichtet werden müssen, ohne dabei die Bedeutung des menschlichen Handelns zu unterschlagen:

> Er überführt unauffällig, aber systematisch jede in den Sozialwissenschaften gegebene ‚Maßeinheit', Kategorie oder Beschreibungsgröße in einen ausschließlich handlungstheoretisch definierten Bedeutungsrahmen. Sozialität vollzieht sich für ihn, darin folgt er der Tradition der Klassiker, in sinnhaftem Handeln. Dieses wiederum ist für ihn ‚Arbeiten' – ein Arbeiten, das weniger ein Herstellen oder Produzieren von etwas und schon gar kein instrumentelles ‚Verfahren mit' oder ‚Verfügen über' meint, sondern die tätige *Ausgestaltung* von Handlungsräumen, Handlungszeiten: Lebenszeiten. (Soeffner 1991, S. 12)

Anselm Strauss (1916–1996)
Strauss wurde in New York als Enkel jüdischer Einwanderer aus Deutschland geboren. Er studierte von 1935–1944 an den Universitäten von Virginia und Chicago und war Schüler von Herbert Blumer. Die Einflüsse von Everett Hughes bewegen ihn zur Untersuchung von Organisationen. 1945

promovierte er in Chicago und lehrte dort dann als „assistant professor" von 1952–1958. 1958–1960 war er Leiter einer sozialwissenschaftlichen Forschungsstelle im Bereich der Psychosomatik und Psychiatrie am Michael Reese Hospital in Chicago; ab 1960 Professor an der School of Nursing der University of California (San Francisco) und Gründer des dortigen sozial- und verhaltenswissenschaftlichen Departments. Bis zu seiner Emeritierung im Jahre 1987 verfasste er zahlreiche empirische Studien, u. a. über Schmerzbewältigung, den Einsatz neuer Technologien im Krankenhaus und die damit einhergehende Veränderung der Arbeit am Patienten, chronische Krankheiten, Gefühlsarbeit sowie den Umgang mit Sterbenden.

Lektürevorschlag:
Legewie, Heiner (2004). „Forschung ist harte Arbeit, es ist immer ein Stück Leiden damit verbunden. Deshalb muss es auf der anderen Seite Spaß machen". Anselm Strauss im Interview mit Heiner Legewie und Barbara Schervier-Legewie. In *Forum Qualitative Sozialforschung* Vol. 5 (3), Art. 22b: http://www.qualitative-research.net/index.php/fqs/article/viewArticle/562/1217; [Stand 13.07.2011; Interview mit Anselm Strauss; enthält viele Hinweise zur Biographie, zum soziologischen Hintergrund und zu zentralen Konzepten].
Soeffner, Hans-Georg (1991). „Trajectory" – das geplante Fragment. Die Kritik der empirischen Vernunft bei Anselm Strauss. *BIOS. Zeitschrift für Biographieforschung und Oral History*, 4 (1), S. 1–12 [Sehr gute, von persönlichen Beziehungen gefärbte Erläuterung der Theoriekonzepte „soziale-Welt", „Arena" und „trajectory"].

Vertiefung:
Strauss, Anselm (1987). *Spiegel und Masken. Die Suche nach Identität*. Frankfurt/Main: Suhrkamp [1959].
Strauss, Anselm (1993). *Continual permutations of action*. New York: Aldine de Gruyter [Bislang im deutschen Sprachraum wenig rezipiertes „theoretisches Abschlusswerk" von Strauss, in dem er seine Theorie des Handelns, der Interaktion und der Sozialen Welten systematisch entfaltet und an Beispielen erläutert].
Strauss, Anselm (2007). *Grundlagen qualitativer Sozialforschung: Datenanalyse und Theoriebildung in der empirischen soziologischen Forschung* (2. Aufl.). München: Fink.

Strauss, Anselm & Corbin Juliet (2007). *Grounded theory: Grundlagen Qualitativer Sozialforschung*. Weinheim: PVU [1990] [eine der inzwischen schon „klassischen" Darstellungen methodischer Vorgehensweisen].

Glaser, Barney G. & Strauss, Anselm L. (2008). *Grounded theory. Strategien qualitativer Forschung*. Bern: Huber [1967] [Grundlagenwerk der GT].

Glaser, Barney G. & Strauss, Anselm L. (1995). *Betreuung von Sterbenden. Eine Orientierung für Ärzte, Pflegepersonal, Seelsorger und Angehörige* (2. überarb. Aufl.). Göttingen: Vandenhoeck & Ruprecht [1965] [Exemplarische Studie zum empirischen Arbeiten von Strauss und Glaser].

Strübing, Jörg (2007). *Anselm Strauss*. Konstanz: UVK [Einführung in Biographie und Werkzusammenhang].

Zur Methodologie der Grounded Theory und deren aktueller Diskussion:

Charmaz, Kathy (2006). *Constructing grounded theory: A practical guide through qualitative analysis*. London: Sage [starke konstruktivistisch argumentierende Anleitung zur Durchführung von GT-Projekten].

Clarke, Adele (2012). *Situationsanalyse*. Wiesbaden: VS Verlag [2005; Erweiterung der GT um diskursanalytische Elemente].

Corbin, Juliet & Strauss, Anselm (2008). *Basics of qualitative research: Techniques and procedures for developing grounded theory*. London: Sage [Anleitung zur Umsetzung von GT-Forschung mit starken Bezügen zum Einsatz von Textanalysesoftware].

Mey, Günter & Mruck, Katja (Hrsg.) (2011). *Der Grounded-Theory-Reader* (2. Aufl.). Wiesbaden: VS Verlag [Enthält zahlreiche Beiträge zu Grundlagen, Varianten und Anwendungen der GT].

Morce, Janice u. a. (2009). *Developing grounded theory. The second generation*. Walnut Creek: Left Coast Press [Beiträge aus dem „inner circle", die vor allem aktuelle Entwicklungen in den Blick nehmen].

Webseite:http://sbs.ucsf.edu/medsoc/anselmstrauss/index.html (Zugriff vom 13.07.2011)

Bildnachweis:http://qualmethods.wikispaces.com/Grounded+Theory (Stand vom 17.7.2012)

3.3.4 Diskursforschung: Arena- und Issue-Analysen

Die bei Becker, Gusfield oder Strauss erläuterten Überlegungen zu konflikthaften Auseinandersetzungen und Bestimmungsversuchen über „kollektive Situationsdefinitionen" haben einen breiten Widerhall in Analysen der massenmedialen Öffentlichkeit als Diskursarena sowie in sozialkonstruktivistischen Perspektiven auf die gesellschaftliche Konstruktion sozialer Probleme gefunden, wie sie bspw. im Rahmen der „kulturalistischen Wende" der US-amerikanischen Forschungen über Mobilisierungsprozesse sozialer Bewegungen vorgenommen wurden. Soziale Bewegungen werden dort als kollektive Akteure untersucht, die mit „kulturellen Mitteln" die dominierenden gesellschaftlichen Weltdeutungen und kulturellen Codes herausfordern und dadurch auch die allgemeine Perzeption solcher Wirklichkeitszusammenhänge erneuern bzw. transformieren. Stärker als bei Gusfield geht es hier um die gesellschaftliche Rezeption neuer kognitiver Strukturierungen, um die Erscheinungsweisen und Effekte sozio-kultureller Definitionskämpfe unter Bedingungen der massenmedialen Öffentlichkeit. Untersucht wird zum einen, wie soziale Bewegungen sich selbst mit Hilfe kultureller Ressourcen (Deutungsschemata, Rituale u. a.) konstituieren, wie sie im strategischen Gebrauch solcher Ressourcen für ihre Anliegen in der gesellschaftlichen Öffentlichkeit mobilisieren und wie schließlich dadurch gesellschaftlich etablierte Bedeutungsordnungen transformiert werden (Gamson 1995).

William Gamson entwickelte mit seinen MitarbeiterInnen seit den 1980er Jahren Vorschläge zur Analyse öffentlicher Diskussions- und Mobilisierungsprozesse als Diskurse.[36] Er geht in seiner *frame analysis*, die sehr eigenwillig an Erving Goffmans Vorschläge zur „Rahmenanalyse" (s. u. Kap. 6) anknüpft, davon aus, dass soziale Bewegungen in themenspezifische Interpretationskämpfe um die angemessene Deutung gesellschaftlich-politischer Probleme verwickelt sind.[37] (Nicht nur) Bewegungsakteure konstruieren im Kontext öffentlicher Auseinandersetzungen über strittige Themen ihre Problemdeutungen in der strategischen Absicht, möglichst breite öffentliche Resonanz für ihre Anliegen zu erzielen und sich selbst als legitime, verantwortungsbewusste Akteure und Anbieter von Problemlösungen zu präsentieren (Gerhards 1992). So kann bspw. der Hinweis auf die Gefährdung, die von Kernkraftwerken als militärischen Zielen im Kriegsfall ausgeht, dazu dienen, einen Schulterschluss zwischen Anti-AKW- und Friedensbewegung herzustellen. Gamson versteht öffentliche, in den Printmedien dokumentierte Auseinandersetzungen als Austragungen der erwähnten Interpretationskonflikte. Die daran be-

---

[36] Vgl. etwa zu „affirmative action" Gamson und Modigliani (1987), zur Kernenergie-Debatte Gamson/Modigliani (1989).

[37] Spezifisch für diesen Ansatz ist die Verknüpfung von qualitativen Textanalysen mit der quantifizierenden Auswertung großer Datenmengen, die aus Artikeln der Printmedien bestehen. Auch werden sowohl Texte als auch bildliche Darstellungen (etwa Cartoons) untersucht. Der Begriff des „frames" (Rahmen) bezieht sich bei Goffman allerdings auf den unterschiedlichen Wirklichkeitsstatus sozialer Situationen (z. B. im Unterschied zwischen Theaterbühne und „richtigem" Leben). Gamson bezeichnet damit stattdessen Interpretationsfolien für Phänomene.

3.3 Die vielfältige Praxis des Symbolischen Interaktionismus

teiligten Akteure versuchen, durch resonanzfähige Deutungen ihrer Problemsicht möglichst breite öffentliche Zustimmung zu erhalten. In diesem Sinne gelten die Medien als zentrale Arenen der gesellschaftlichen Wirklichkeitskonstruktion. Sie bieten „Rahmungen" von Themen bzw. Problemkomplexen an, die bei ihrem Publikum Resonanz erzeugen, also „erkannt" und „übernommen" werden sollen. Inwieweit dies tatsächlich geschieht, muss über entsprechende Untersuchungen auf Rezipientenseite gezeigt werden.

Der Ansatz von Gamson u. a. hat in den 1990er Jahren einige diskursorientierte Forschungen in der Bundesrepublik inspiriert.[38] Allerdings vernachlässigt er das von Gusfield in den Blick genommene institutionelle Problem- und Handlungsfeld. So bleibt letztlich offen, welche Konsequenzen den massenmedial zirkulierenden „frames" zugeschrieben werden können. Bereits Anfang der 1990er Jahre hatte Jürgen Gerhards (1992) in Anlehnung an die frame analysis von Gamson u. a. Mobilisierungsprozesse sozialer Bewegungen untersucht und mehrere Diskursdimensionen und Diskursstrategien unterschieden. Soziale Bewegungen müssen in solchen symbolischen Kämpfen demnach ein Thema als problematischen Sachverhalt deuten, dabei Ursachen und Verursacher ebenso benennen wie einen oder mehrere Adressaten der Forderungen, die sie bezüglich der Problemintervention erheben. Wichtig erscheint auch die Angabe von Zielvorstellungen, die interpretative Besetzung von „Erfolgen" und die Selbstlegitimation als berechtigter öffentlicher Akteur etwa durch Rekurs auf Sachverstand und übergeordnete Werte. Diese Diskursdimensionen können, wie schon die letztgenannten Beispiele andeuten, im Rahmen unterschiedlicher Diskursstrategien verfolgt werden, die sich auf Mobilisierung von Unterstützung und Legitimierung des eigenen Akteursstatus richten. Dazu zählen dramatisierende und moralisierende „framings" ebenso wie mitunter auch die faktenbezogene Argumentation.

Schetsche (1996, S. 21 ff.) wiederum unterscheidet im Anschluss an Gerhards die Dimensionen der Problemgeschichte, der Typen kollektiver Akteure, der Problem- bzw. Deutungsmuster für Sachverhalte und der Diskursstrategien. Bspw. differenziert er die Akteurstypen der Betroffenen, der Advokaten, der Experten, der Problemnutzer, der sozialen Bewegungen, der moralischen Unternehmer, der Massenmedien und der wohlfahrtsstaatlichen Institutionen. Adele Clarke (2012) erweitert die Analyse sozialer Welten von Anselm Strauss um die Dimension der Diskurse. Sie spricht diesbezüglich von „Situationsanalyse" und entwickelt die

---

[38] Bspw. Untersuchungen umweltpolitischer Auseinandersetzungen, der Mobilisierungsprozesse sozialer Bewegungen, öffentlicher Kontroversen über Abtreibung u. a. m.; dabei wurden jeweils spezifische Modifikationen und Weiterentwicklungen vorgenommen. Vgl. zum Müll Keller (2009); zur Tschernobyl-Berichterstattung Poferl (1997); zur Abtreibungsdebatte Gerhards u. a. (1998).

methodische Strategie der Erarbeitung von „maps", welche die komplexen Beziehungen der Elemente einer social world deutlich machen. Das von Keller (2005) ausgearbeitete Forschungsprogramm der Wissenssozologischen Diskursanalyse greift auf Grundlagen des Symbolischen Interaktionismus zurück und verbindet sie mit wissenssoziologischen Traditionen, der von Foucault entwickelten Analyse historischer Wissensformationen sowie Analysestrategien der qualitativen Sozialforschung (vgl. dazu Kap. 4.3).

3.3.5 Gefühlsarbeit und Arbeitsleben

Studien des Symbolischen Interaktionismus widmen sich auch dem Erleben, Empfinden, der interaktiven „Bearbeitung" und dem individuellen „Managen" von Gefühlen. Zu den wichtigen jüngeren Vertreterinnen des SI zählt Arlie R. Hochschild, die seit Anfang der 1980er Jahre eine Reihe von einschlägigen Publikationen zum Phänomen des Gefühlsmanagements, zum Wandel der Arbeitswelt und zum Zusammenhang von Berufs- und Familienleben veröffentlicht hat. Hochschild kritisiert die starke Fixierung des SI von Blumer u. a. auf die Rolle von Bedeutungen und Situationsdefinitionen. Demgegenüber wertet sie das Erleben und die Darstellung von Gefühlen in sozialen Interaktionen und Zusammenhängen auf und richtet darauf ihr Forschungsinteresse. Dazu schließt sie insbesondere an Erving Goffmans Arbeiten zur Selbstdarstellung und zum Eindrucksmanagement in sozialen Begegnungen an. Ihre frühe Studie über „Das gekaufte Herz" (Hochschild 1990 [1983]) und auch spätere Arbeiten sind sowohl in Fragestellung wie auch in Vorgehensweisen und Ergebnisdarstellungen von Goffmans Stil geprägt (vgl. dazu Kap. 6). Thema der Studie über „Das gekaufte Herz" ist die „Gefühlsarbeit", d. h. die glaubwürdige Darstellung und Verkörperung von Gefühlen in sozialen Begegnungen. Neben Interviews mit Studentinnen zu deren privaten Gefühlserfahrungen stützt sich Hochschild insbesondere auf eine multimethodische Studie des Trainings von Gefühlsdarstellungen in der Ausbildung von Stewardessen. Dabei nahm sie u. a. an Trainingskursen teil und führte zahlreiche Interviews auf unterschiedlichen Ebenen des betreffenden Flugunternehmens (sowohl mit den Stewardessen als auch mit Vertretern des Managements oder der Rechnungsabteilung). In beiden Bereichen, sowohl im Privaten wie im Öffentlichen, kann sie belegen, dass Gefühlsarbeit als mehr oder weniger gelingende Kontrolle von Gefühlserleben und Gefühlsdarstellung einen wichtigen Platz einnimmt. Dies wird auch deutlich in der Ratgeberliteratur, die sich an Frauen richtet und ihre Inhalte in den letzten Jahrzehnten entschieden verändert hat: galt es früher, dem arbeitsmüde nach Hause kommenden Ehemann einen wohl vorbereiteten und stimmungsvollen Empfang zu bereiten, der ihn für die Mühsahl seines Arbeitstages entschädigt, so stehen heute einerseits die Selbstbewährung in beruflichen Arbeitskontexten und die Rationalisierung von Fürsorgearbeit (vor allem gegenüber Kindern) im Vordergrund (Hochschild 2003).

Die Studie „Keine Zeit" (Hochschild 2006) widmet sich den Abstimmungsprozessen zwischen Berufsleben und Familienleben anhand einer Untersuchung in einem US-amerikanischen Unternehmen, das als „fortschrittlich" im Hinblick auf Förderungen der Vereinbarkeit von Beruf und Familie galt. Hochschild konnte sich im Unternehmen frei bewegen, Beobachtungen anstellen und Interviews auf allen Geschäftsebenen durchführen. Dabei zeigte sich zunächst, dass nur wenige Beschäftigte tatsächlich die Möglichkeiten zur Teilzeit in Anspruch nahmen, mit denen das Unternehmen warb. Warum war dies so?

> Als ich mich im Unternehmen umsah, begann ich allmählich zu ahnen, was dran war an diesen Arbeitsplätzen – die freundliche Atmosphäre, die kostenlose Coca Cola, die vielen Feiern zur Auszeichnung verdienter Mitarbeiter, die Qualitätszirkel, die Mentorenprogramme – was Menschen dazu bringen konnte, ein solcher Idealbeschäftigter sein zu wollen. Wenn ich mit müden Beschäftigten abends nach Hause ging, sah ich außerdem, wie sie es schafften, mit quengeligen Kindern, improvisierten Mahlzeiten, zu fütternden Haustieren und kaputten Haushaltsgeräten fertig zu werden. Und ich fing an, Beruf und Familie nicht mehr als getrennte Komplexe von Tätigkeiten zu verstehen, die Menschen ausführen, sondern als miteinander verflochtene und dennoch konkurrierende emotionale Kulturen. Ich begann zu verstehen, wie die alles andere als reibungsfreien Umgebungen, die die Menschen zu Hause erwarteten, den Kürzeren ziehen konnten gegenüber dem Gefühl von Sinn und Zweck, von Leistung und Kollegialität, die die wohlgeölte Maschinerie des Arbeitsplatzes bot. (Hochschild 2006, S. XXXII f.)

Arbeit wird, so beobachtet Hochschild hier Mitte der 1990er Jahre, seit einigen Jahrzehnten zum Ersatz-Zuhause und nimmt immer größere Zeitkontingente in Beschlag – bei gehobenen Stellen aus „Liebe an der Arbeit", bei niedriger Qualifizierten aus der schieren Notwendigkeit der Sicherung des Lebensunterhalts heraus. Die Arbeitenden reagieren darauf je nach Arbeits- und Familiensituation mit sehr unterschiedlichen Handlungsstrategien, mit Fluchten, Fantasien, dem Griff nach Instantprodukten zur Optimierung und Rationalisierung von Haus- bzw. Reproduktionsarbeitszeiten u. a. m. Eindrucksvoll belegt die Studie damit die Eignung und den möglichen Beitrag des SI zur Diagnose gesellschaftlicher Veränderungsprozesse über die konkrete Untersuchungseinheit hinaus.

3.3.6 Organisationsstudien, Wissenschafts- und Technikforschung

Von Anfang an haben die Vertreter des SI und ihre Vorläufer in der Chicago School die Bedeutung von Organisationen als tatsächlichen interaktiven Prozessabläufen menschlichen Tuns betont (vgl. den Überblick bei Hallett, Shulman und Fine 2009 sowie Fine 1984). Zu den wichtigsten jüngeren Organisationsstudien des SI zählt die Untersuchung von Norman Denzin (1977) zur Organisationsentwicklung der US-amerikanischen Spirituosenindustrie seit der Prohibition. Denzin analysiert darin die „soziale Welt" bzw. das Netzwerk und Zusammenwirken unterschiedlicher Organisationen bei der Alkoholherstellung und dem Alkoholkonsum. Es geht ihm also nicht um die detaillierte Studie einer einzelen Organisation, sondern um das sich historisch entfaltende komplexe Zusammenspiel zwischen staatlichen Regulierungen, sozialen Bewegungen, Alkoholherstellern und -vertreibern sowie den Kunden. Spezifischer richtet sich sein Fragen auf das Wechselverhältnis von Legalität und Illegalität auf allen Ebenen des Alkoholbetriebes. Dabei schließt er an die von Herbert Blumer vorgeschlagene Konzeptualisierung von Organisationen an:

> Organizations (…) are best conceptualized as complex, shifting networks of social relationships. The sum total of these relationships – whether real or only symbolized, whether assumend and taken for granted or problematic and troublesome – constitute the organization as it is sensed, experienced, and acted upon by the individual or relational member. Power, control, coercion and deception become central commodities of negotiation in those arenas that make up the organization. (Denzin 1977, S. 152 f.)

Denzin fragt danach, wie strukturelle Arrangements der US-amerikanischen Spirituosen (liqour) Industrie als Ergebnis von historischen Prozessen verstanden werden können, in denen Aushandlungen eine zentrale Rolle spielten, wie aber gleichzeitig Aushandlungsprozesse eben auch die aktuelle Ordnung dieses Industriezweiges aufrecht erhalten. Wie werden Alkohol-Konsument und Industrie von der konkreten Situation bis hin zur abstrakten organisatorischen Ebene miteinander in Beziehung gesetzt? Und vor allem: Welche Rolle spielen dabei die Anti-Alkoholismusbewegung sowie illegale und halblegale Geschäftspraktiken usw.?

> I hope to show that this criminogenic tendency (that is, the intended and unintended violation of the legal code) is present at all levels of the industry and can be traced to the historical context of the industry's development, to its present structure, and to the relational patterns which exist within what appears to be a single economic enterprise. (Denzin 1977, S. 153)

Eine ähnliche Perspektive auf die Entwicklung von sozialen Welten wird in Studien zur Wissenschafts- und Technikforschung verfolgt, die sich am Symbolischen Interaktioismus orientieren (vgl. Strübing 1997). Unter den zahlreichen Studien seien zwei erwähnt: Adele Clarke, eine Schülerin von Strauss und Nachfolgerin auf seiner Professur an der University of California in San Francisco, hat eine umfangreiche Studie über die „Disziplinierung der Reproduktion" in den USA seit 1910 verfasst. Sie analysiert darin das Zusammenspiel von unterschiedlichen Forschungsrichti-

3.3 Die vielfältige Praxis des Symbolischen Interaktionismus

gungen mit Biologie und Medizin in dem Bemühen, Technologien der Verhütung bzw. der Geburtenkontrolle zu entwickeln. Dabei spielen zahlreiche Dynamiken in die Finanzierung und Entwicklung dieses disziplinären Feldes hinein: Bewegungen zur Verbesserung von Technologien der Geburtenkontrolle ebenso wie religiöse Widerstände gegen die „natürlichen" Bestimmungen der Fortpflanzung u. a. m. Clarke kann so deutlich machen, wie kontrovers und unwahrscheinlich die Technologieentwicklungen in diesem durchgehend von vielen als „illegitim" etikettierne Feld sind (Clarke 1998).

Die Bedeutung der Sprache im Prozess der Herstellung naturwissenschaftlichen Wissens wurde insbesondere von Michael Mulkay und Harry Collins mit ihrem „Diskursmodell" der Social Studies of Science betont und in den Kontext der interpretativen Sozialforschung gestellt. Mulkay und Collins analysieren die Kommunikations- und Konsensbildungsprozesse innerhalb der wissenschaftlichen Deutungs- und Erkenntnisgenese (Mulkay 1979; vgl. auch Collins und Pinch 1993). Die Erzeugung wissenschaftlichen Wissens wird hier als Ergebnis der sprachlichen Aushandlung begriffen. Gegen die Annahme, naturwissenschaftliches Wissen sei durch physikalische Zusammenhänge der Welt, nicht aber durch Soziales bestimmt, insistiert Mulkay im Anschluss an den Symbolischen Interaktionismus bzw. das interpretative Paradigma auf den Interpretations- und Aushandlungsprozessen, in denen die Objektivität des naturwissenschaftlichen Wissens sozial fixiert wird:[39]

> In particular, the central assumption that scientific knowledge is based on a direct representation of the physical world has been criticised from several directions. For instance, factual statements have been shown to depend on speculative assumptions. Observation has been shown to be guided by linguistic categories. And the acceptance of knowledge-claims has been shown to involve indeterminate and variable criteria. Scientific knowledge, then, necessarily offers an account of the physical world which is mediated through available cultural resources; and these resources are in no way definitive. The indeterminacy of scientific criteria, the inconclusive character of the general knowledge-claims of science, the dependence of such claims on the available symbolic resources all indicate that the physical world could be analysed perfectly adequately by means of language and presuppositions quite different from those employed in the modern scientific community. There is, therefore, nothing in the physical world which uniquely determines the conclusions of that community. It

---

[39] Von dieser Position des SI ausgehend haben Harry Collins und Steven Yearley Anfang der 1990er Jahre die Aktor-Netzwerk-Theorie als „Rückfall in ein überwundenes positivistischens Wissenschaftskonzept" verurteilt (Collins und Yearley 1992). Anselm Strauss (1991) kritisiert die ‚Einseitigkeit der Aktor-Netzwerk-Theorie': Latour beschäftige sich nur mit den Strategien der Naturwissenschaftler, ohne zu sehen, dass diese ihrerseits von anderen Akteuren (bspw. Politikern) in deren Strategien eingebunden werden. Strauss schlägt genau deswegen die Analysebegriffe der Arena oder der social worlds für die Untersuchung entsprechender Aushandlungsprozesse vor. Vgl. zur Position von Latour und seiner Kritik am SI Latour (2007).

is, of course, self-evident that the external world exerts constraint on the conclusions of science. But this constraint operates trough the meanings created by scientists in their attempts to interpret the world. These meanings, as we have seen, are inherently inconclusive, continually revised and partly dependent on the social context in which interpretation occurs. If this view, central to the new philosophy of science, is accepted, there is no alternative but to regard the products of science as social constructions like all other cultural products. Accordingly, there seems every reason to explore how far and in what ways scientific knowledge is conditioned by its social milieu, how change of meaning is brought about and how knowledge is used as a cultural resource in various kinds of social interaction. (Mulkay 1979, S. 60 f.)

Mulkay lenkt den Blick der Wissenschaftsforschung auf die Rhetorik naturwissenschaftlicher Diskurse sowie die Aushandlungsprozesse zwischen den beteiligten Wissenschaftlern, in denen anerkannte Interpretationen spezifischer Datenlagen erzeugt und festgeschrieben werden. Dabei geht es nicht um den Kurzschluss von der sozialen Situation der Wissenschaftler auf den Inhalt des wissenschaftlichen Wissens:

A rather better general formulation would be that scientific knowledge is established by processes of negotiation, that is, by the interpretation of cultural resources in the course of social interaction. (Ebd., S. 95)

Neben den Analysen wissenschaftlich-technischer Entwicklungen in unterschiedlichsten Bereichen hat diese Variante des SI auch Untersuchungen zur „Medikalisierung" von Verhaltensweisen inspiriert, exemplarisch etwa in der von Peter Conrad vorgelegten Studie zur medizinischen Deutung „auffälligen Verhaltens" von Kindern in Gestalt des ADHS bzw. zur Ersetzung der moralischen Kategorie des „Schlechtseins" durch die medizinische Kategorie des „Krankseins" (vgl. Conrad und Schneider 1980; Conrad und Potter 2000; Conrad 2005, 2005a). In einer wegweisenden Studie zum Aufbau und den Folgen von Klassifikationen haben Bowker/Star (2000) sich einerseits mit Krankheitsdefinitionen der WHO, andererseits auch mit Rassenklassifikationen im Apartheidsregime Südafrikas beschäftigt. Sie können dabei zeigen, wie idealistische Klassifikationsprinzipien mit sozialen Klassifikationspraktiken in Konflikt geraten.[40]

Es ist die konkrete Ebene sozialer Situationen, kleiner Gruppen, Organisationen, Netzwerke und Arenen, „wo etwas los ist" (Harrington und Fine 2006, in Anspielung auf den Aufsatztitel von Erving Goffman: „Where the action is"). Schon 1947 hatte Herbert Blumer die Organisationssoziologie aufgefordert, von tatsächli-

---

[40] Susan Leigh Star (1954–2010) hat zahlreiche Beiträge zur SI-inspirierten Wissenschafts- und Technikforschung verfasst. Unter anderem hat sie wesentlich den Begriff des „boundary objects" geprägt, das im Grenzbereich unterschiedlicher deutender Zugriffe operiert (vgl. bspw. Star und Griesemer 1989).

chen empfindenden, erfahrenden, handelnden, kalkulierenden, strebenden Personen und nicht von „neutralen Mitgliedern" auszugehen: Organisationen sind „bevölkert" und „bewohnt", auch wenn das die Organisationsforschung häufig nicht zur Kenntnis nimmt (Hallett u. a. 2009, S. 489). Im Kontext des SI hat sich einer der wichtigsten Protagonisten des heutigen SI, Gary Alan Fine, im Anschluss an den von Strauss vorgeschlagenen „negotiated order approach" (s. o.) in zahlreichen Studien organisatorischer Wirklichkeiten genähert, die neben High Schools, Baseball und (an Howard Becker anschließend) Laienkunst von der Untersuchung von Fantasy-Rollenspielen („Shared Fantasy", Fine 1983)[41] über die furchterregend komplexe Anforderung der Organisation einer Restaurantküche („Kitchens", Fine 1996) bis zur meterologischen Erzeugung von „Wetter-Wissen" („Authors of the Storm", Fine 2007) reicht. Bspw. basiert die Analyse des Kochens in Restaurants auf jeweils einmonatiger teilnehmender rund-um-die-Uhr-Beobachtung und zahlreichen Interviews in vier Restaurants (in Minneapolis und St. Paul). Inhaltlich geht es dabei nicht nur um die konkrete Arbeitspraxis, sondern auch um Fragen der Ästhetik des Kochens und Verspeisens. Zu den Fragestellungen erläutert er:

> What does it mean to cooks and chefs to be working? How do cooks cope with the challenge derived from the structure of the occupation? How do cooks structure their worktime, addressing the explicit and implicit demands of management and customers while mitigating the unpleasant components of culinary labour? This issue – the interplay of agency and structure – is addressed in the first five chapters. My treatment begins with a microsociological examination of work within the kitchen, expanding the focus into the larger socioeconomic concerns. In light of the structure in which they are embedded, in examining occupations I work from the ‚bottom up' – describing behavioral choices, grounded in local demands, before discussing the place of the occupation in the organization and the economy. The rhythms of work create and are created by the structure of the workplace. The experienced reality of a job consits of its patterned quality: knowing what is expected in minutes, hours, days, and weeks of work. (…) Central to my analysis is the artistic character and definition of work, a rare concern in much social-scientific discourse. (..) Food involves more sensory dimensions than any other art form, except, perhaps, the ‚art' of love. (…) From an organizational perspective, cooks must compromise on what they serve customers. Not all dishes are economically or morally viable in a kitchen. (…) In a restaurant, cooks must be aware of the demands placed on them by standards of customers taste, constraints of time, and the economics of the restaurant industry. These features limit what is possible to create. (Fine 1996, S. 12 ff.)

---

[41] Immer wieder haben sich Studien in der Tradition des SI mit Fragen der Alltagsroutine, der dortigen Identitätsbildungen, -zumutungen und -veränderungen befasst. So diskutieren Stanley Cohen und Laurie Taylor (1977) in ihrer diesbezüglichen klassischen Studie momentane und länger andauernde „Ausbruchsversuche" aus den alltäglichen Routinen, etwa in Gestalt von Tagträumen und unterschiedlichsten Fantasien.

3.3.7 Sex

Symbolische InteraktionistInnen beschäftigen sich – das haben bereits die erwähnten Medizinstudien von Anselm Strauss u. a. deutlich gemacht – auch mit menschlichen Körpern, deren alltäglicher oder außeralltäglicher Erfahrung und Darstellung (vgl. zum Überblick über die verschiedenen Aspekte Waskul und Vannini 2006). Seit Anfang der 1970er Jahre ist im Kontext des SI bspw. eine lebendige Forschungsszene zu Fragen der gelebten Sexualität entstanden. Die entsprechenden Forschungen haben ihren Ausgangspunkt insbesondere in der „Theorie sexueller Skripte" genommen, die John Gagnon und William Simon im Anschluss an den weiter oben bereits erwähnten Kenneth Burke in ihrer umfangreichen und wegweisenden Studie über „Sexual Conduct. The Social Sources of Human Sexuality" skizzierten (Gagnon und Simon 2004 [1973]). Sie wurden inzwischen zu einer umfangreichen SI-Perspektive auf Sexualität ausgearbeitet (Scott und Jackson 2010). Gagnon und Simon studierten Anfang der 1960er Jahre in Chicago, als die Vertreter der „zweiten Chicago School" bereits ihre Wege an andere Arbeitsorte angetreten hatten. Anschließend arbeiteten beide am Kinsey Institut zur Erforschung sexueller Verhaltensweisen. „Sexual Conduct" entwirft eine stärkere theoretische Grundlegung menschlichen Sexualverhaltens. Sexuelle Skripte stiften einen spezifischen Zusammenhang der Bestandteile von Situationen einschließlich der Körperwahrnehmungen und -erfahrungen der beteiligten Individuen. Der Begriff des Skripts verweist dabei auf den Zusammenhang der Elemente, die Burke als Grundbestandteile von menschlichen Handlungssituationen benannt hatte (Akt, Szene, Agent, Handlungsform und Zwecke, s. o. Kap. 3.3.2), wie er sich aus der Sicht der beteiligten Individuen mal mehr, mal weniger konsensuell darstellt. Es handelt sich dabei um eine Art symbolisch-dramaturgische Strukturierung und Organisation von Situationen, die mitunter als antizipierter Entwurf den Ablauf von Interaktionsprozessen anleitet, dabei aber das Handeln nicht in allen Einzelheiten vorschreiben, sondern Leerstellen enthalten, die in konkreten Situationen gefüllt werden müssen und die schließlich auch permanent vor dem Hintergrund ihrer evaluierten wechselseitigen oder einseitigen „Passung" modifiziert bzw. ersetzt werden (vgl. Gagnon 2004, S. 59 ff.):

> Such scripts name the actors, describe their qualities, indicate the motives for the behanvior of the participants, and set the sequence of appropriate activities, both verbal and nonverbal, that should take place to conclude behavior succesfully and allow transitions into new activities. The relation of such scripts to concrete behavior is quite complex and indirect. (Gagnon 2004, S. 61)

Wenn bestimmte Skripts der Beteiligten hinreichend aufeinander abgestimmt sind, ist gemeinsamer Sex möglich. Was ist damit gemeint? Stellen Sie sich eine übliche Saunasituation in einer gemischten Sauna vor. Menschen unterschiedlichsten Alters, mit unterschiedlicher Körperlichkeit und unterschiedlichen Geschlechtsorganen finden sich auf engem Raum (fast wie im Fahrstuhl) nackt und schwitzend wieder. Ein solches im Grunde genommen doch ungewöhnliches Zusammentreffen ist jedoch keine sexuelle Situation. Zumindest arbeiten alle Beteiligten daran, eine solche Situation nicht zu einer sexuellen Situation werden zu lassen. Zu den Bestandteilen dieser Verhinderungsarbeit gehören sicherlich Elemente des situativen Settings (wie die Anwesenheit von bekleidetem Saunapersonal, das als gesundheitsförderlich konnotierte „Aufgüsse" serviert), aber insbesondere auch Strategien der Selbstkontrolle von Körperexpositionen: Wie im Fahrstuhl werden allzu direkte Blicke auf ein Gegenüber oder Berührungen vermieden, Frauen bedecken ihre Brüste und sitzen mit eng zusammen gehaltenen Beinen; Männer vermeiden nach Möglichkeit Erektionen. Saunagänge folgen im Großen und Ganzen einem nicht-sexuellen Skript, das sich an Erholung, Gesundheitsförderung, Ruhefindung usw. orientiert – eine durchweg künstliche Situation der „Ungekünsteltheit". Die Situation der gleichzeitigen Nacktheit mehrerer Anwesender kann natürlich auch in Gestalt von Gruppensex und Orgien angetroffen werden, und gewiss lassen sich Saunen auch dafür nutzen. Dann handelt es sich um sexuelle Begegnungen, die einem anderen Skript folgen: Nacktheit und Schwitzen werden hier zum Stimulus von Fantasien und Erregungen, wechselweise Körperbeobachtungen und -berührungen sind erlaubt, expressive körperliche und verbale Darstellungen des Erregtseins erwünscht. Ein anderes, hier nur in seinen Anfängen wiedergegebenes Beispiel skizziert John Gagnon:

> Let us consider a young man and a young woman who are in social relationship that is going to result in intercourse. It is voluntary and it involves no direct exchange of money. It is the culmination of a larger series of experiences with each other that they mutually recognize as being likely to lead to intercourse at their stage in the life cycle. Let me further specify that neither of them is very experienced in completing sexual activity in intercourse, but they are the modal conventional outcomes of middle-class and working-class socialization for sexual performance in United States Society. This implies that they both possess at least a fragmentary version of the sequence of activities that they are going to perform, even though they may have had little practice. (…) They will begin touching each other while still clothed (…) The couple will begin by kissing (…). (Gagnon 2004, S. 64 ff.)

Weiterführungen der Theorie sexueller Skripte finden sich bspw. in den Arbeiten des britischen Soziologen Ken Plummer (1995) über das Erzählen „sexueller Geschichten" oder bei den ebenfalls britischen Soziologinnen Sue Scott und Stevi Jackson. Letztere plädieren vor dem Hintergrund verschiedener Untersuchungen u. a. zu den sexuellen Erfahrungen junger Frauen in ihrem Aufsatz „Faking like a woman" (Jackson und Scott 2007, 2011) für die Untersuchung sexueller Begegnungen im Hinblick darauf, wie wir anderen gegenüber unsere Lust darstellen, und wie wir die Lustempfindung des oder der Anderen wahrnehmen bzw. deuten. Denn nach wie vor leben wir in einer Kultur, die – mit Ausnahme der modernen Internetenklaven – vergleichsweise wenig Orte und Situationen kennt, an denen sexuelles Körperwissen in direkten nicht-sexuellen Begegnungen erworben oder weitergegeben werden kann. Dennoch sind in der konkreten interaktiven Abstimmung sexueller Begegnungen sowohl körperliche Ausdrucksformen wie auch darauf bezogene Deutungen präsent, die miteinander koordiniert und „verhandelt" werden müssen. Entsprechendes Körperwissen und entsprechende Körpertechniken werden in hohem Maße über Medien vermittelt, sei es in Fotostories und Sexualberatungen der Jugendmagazine, in Gestalt von Pornographie oder in der Flut von Sexratgebern, wie sie nicht nur den Buchmarkt, sondern im letzten Jahrzehnt insbesondere auch „Frauenzeitschriften" erobert haben. Ein bekanntes Beispiel für entsprechende Vorbilder im Mainstreamfilm liefert die von Jackson und Scott erwähnte Sequenz aus „Harry meets Sally" von Rob Reiner aus dem Jahre 1989, in der die Hauptdarstellerin in einem Restaurant ihrem Gegenüber eindrucksvoll vorspielt, dass sie gerade einen Orgasmus erlebt, um ihm zu demonstrieren, dass er tatsächliche weibliche Orgasmen nicht von vorgetäuschten Orgasmen unterscheiden kann. Diese und viele andere Szenen bieten Skripte an, die im individuellen sexuellen Erleben zur Organisation der eigenen sexuellen Begegnungen zum Einsatz kommen können. Und Sexualitätsratgeber empfehlen dann den Frauen, „ihm" gegebenenfalls einen solchen Orgasmus vorzuspielen, um ihn entweder für „seine" Bemühungen in der zweisamen Sexarbeit zu belohnen oder das Ganze aus gefühlter Enttäuschung zu einem schnellen Ende zu bringen.[42]

3.3.8 Ausblick: SI, Poststrukturalismus, Cultural Studies & Co

Im letzten Jahrzehnt lassen sich vielfache Weiterführungen und Anschlüsse des Symbolischen Interaktionismus an andere Theorietraditionen feststellen. Diese Entwicklungen, von denen nachfolgend nur einige erwähnt werden können, sind sehr unterschiedlich akzentuiert. Norman Denzin, einer der führenden Vertreter einer kritischen qualitativ-interpretativen Sozialforschung, verknüpft in seinen Arbeiten zur Film- und Medienanalyse sowie zur „Kinogesellschaft" die Tradition des Symbolischen Interaktionismus mit Entwicklungen der poststrukturalistischen

---

[42] Die Zeitschrift *Sexualities* hat zu den Mühen gegenwärtiger „Sexarbeit" eine Vielzahl von Beiträgen veröffentlicht. Vgl. im Rahmen des Symbolischen Interaktionismus auch Douglas (1988) sowie Douglas u. a. (1977). Große Affinitäten zum Interpretativen Paradigma haben auch die Arbeiten von Jean Claude Kaufmann, zur Sexualität bspw. Kaufmann (2010).

3.3 Die vielfältige Praxis des Symbolischen Interaktionismus

Theorien, den Cultural Studies u. a. m. Vor allem aus der im Zusammenhang von philosophischer Postmoderne- und Poststrukturalismusdebatte entfalteten Kritik „objektivistischer" oder „szientistischer" Interpretationspraktiken gewinnt er Argumente für eine radikale qualitative Vorgehensweise, die nicht länger „positivistischen Träumen" nachhängt. In jüngerer Zeit plädiert er, nach Studien zur Alkoholindustrie, zu Emotionen und Alkoholismus, zur Rassenrepräsentation im Film u. a. m. insbesondere für eine ethisch engagierte Sozialforschung, die sich einerseits der Performativität ihres eigenen Diskurses bewusst ist, die andererseits sozialwissenschaftliche Verfahren (der Ethnographie, des Interviews) nutzt, um ihrerseits Partei zu ergreifen und wie die schon länger existierende Aktionsforschung gemeinsam mit ihren Untersuchungssubjekten in dialogischen Verfahren wissenschaftliche Aussageformen zu erzeugen, die direkt in gesellschaftspolitische Lagen intervenieren (vgl. neben zahlreichen Herausgeberschaften und Arbeiten zur qualitativen Sozialforschung insbesondere Denzin 1992, 1987, 1984, Winter und Niederer 2008).

Wiederholt finden auch Begegnungen zwischen den Cultural Studies und dem Symbolischen Interaktionismus statt (z. B. Becker und McCall 1990; Denzin 1992; Crane 1994; McCarthy 1996). Dabei ist zunächst festzuhalten, dass sich die Cultural Studies selbst unter dem Einfluss bzw. entlang der Rezeption des Symbolischen Interaktionismus entwickelt haben:

> Cultural studies, on an American terrain, has been given its most powerful expression by John Dewey and in the tradition of symbolic interactionism, which developed out of American pragmatism generally. It was Dewey's student, Robert Park, who provided the most powerful analysis of mass culture… that was adapted to the circumstances of this country. (James W. Carey 1989, S. 96, zit. nach Denzin 1992, S. XIII).

Entsprechende Einflüsse werden sehr deutlich an Paul Willis (1979) Mitte der 1970er Jahre erschienener ethnographischer Studie über die Widerstandskultur britischer Jugendlicher aus Arbeitermilieus in den Schulen. Das zeigt sich jedoch auch in Stuart Halls Hinweisen auf die unterschiedlichen Interpretationsmöglichkeiten sozialer Akteure im Umgang mit Identitätszumutungen oder kulturindustriellen Objekten (Hall 1997; vgl. Winter 2001). Während Protagonisten der Cultual Studies sich mittlerweile jedoch kritisch zum (scheinbar) „unkritischen" Selbstverständnis des Symbolischen Interaktionismus und seiner Forschungs- sowie Interpretationspraxis verhalten, bleiben letztere skeptisch gegenüber einem „willkürlich" erscheinenden Analysestil der ersteren.

Auch Reiner Keller (2005) und Adele Clarke (2012 [2005]) setzen am Symbolischen Interaktionismus an. Während Keller ihn mit der Wissenssoziologie von Berger und Luckmann (s. u.) sowie der Diskursperspektive von Michel Foucault verknüpft, verbindet Clarke Grundannahmen der Grounded Theory ebenfalls mit dem Foucaultschen Diskursbegriff und feministischen oder auch postmodernen Theorietraditionen. Beide Ansätze betonen in unterschiedlicher Weise die Bedeutung von Diskursen für die qualitative Sozialforschung und plädieren für eine entsprechende Erweiterung des methodologisch-methodischen Instrumentariums und der Fragestellungen. Keller fokussiert dazu die Untersuchung gesellschaftlicher Wissensverhältnisse und Wissenspolitiken in Gestalt von Diskursen. Clarke richtet ihre Analysewerkzeuge auf „Situationen", die allerdings nicht länger als isolierte lokal-räumliche Einheiten betrachtet, sondern als historisch und sozial-räumlich in ausgreifende diskursive Kontexte eingebettet konzipiert werden.

3.4 Bilanz und Aktualität des Symbolischen Interaktionismus

> Indeed, viewed this way, interactionism is not only alive and well but is one of the primary sociological fields of enquiry and well of conceptual resources. Acknowledgement of this would open up a range of important studies that could inform first hand, as opposed to the filters of commentary, contemporary work. In terms of the future of sociology and the society in which we live, interactionism's concerns are becoming increasingly important. To that extent, we are all interactionists now. (Atkinson und Housley 2003, S. 175)

Sind wir heute alle Interaktionisten, wie Atkinson/Housley (2003, S. 144 ff.) das formulieren, bzw. erleben wir (so Atkinson und Housley weiter) überall – insbesondere in den Strömungen, die sich der Postmoderne oder dem Poststrukturalismus zurechnen – eine „Neuerfindung" vergessener interaktionistischer Einsichten (vgl. ebd., S. 178 ff.)? Und weiter: ist dies nicht umso erstaunlicher, wo doch die Theorienunternehmen von Anthony Giddens und Pierre Bourdieu dazu beigetragen hatten, den Symbolischen Interaktionismus zu diskreditieren, weil sie ihn als „Mikrosoziologie" missverstanden und abqualifizierten? In seiner Bilanz über den „traurigen Untergang, das Verschwinden und den glorreichen Triumph des Symbolischen Interaktionismus" formuliert Gary Alan Fine (1993; vgl. auch Fine 1991) eine Einschätzung, die vielleicht auch für den deutschsprachigen Raum gilt. So markiere der Tod Herbert Blumers im Jahre 1986 mit dem Verschwinden der Symbolfigur zugleich das Ende einer identifizierbaren expliziten Theorieposition des SI. Demgegenüber sei die nachfolgende und also aktuelle Phase dadurch gekennzeichnet, dass Symbolische Interaktionisten Bezüge zu den unterschiedlichsten anderen theoretischen Paradigmen gesucht hätten. Und mehr noch: der erst auf den zweiten Blick erkennbare „glorreiche Triumph" des SI bestehe darin, dass

3.4 Bilanz und Aktualität des Symbolischen Interaktionismus

viele neuere Theorietraditionen – etwa der Neo-Institutionalismus von John Meyer (vgl. dazu Hasse und Krücken 2005) oder der bereits erwähnte Poststrukturalismus – seine Grundannahmen übernommen und soweit integriert hätten, dass deren Herkunft gar nicht mehr wahrgenommen werde:

> If the goal of symbolic interaction is to maintain itself as a distinctive oppositional movement, then it has failed, with more and more outsiders addressing central issues and more and more insiders stepping outside the boundaries, not caring about their badges of courage. Yet if the ultimate goal is to develop the pragmatic approach to social life – a view of the power of symbol creation and interaction – then symbolic interaction has triumphed gloriously. (Fine 1993, S. 81)

Der SI existiere also nicht länger als unterscheidbare „Gegenbewegung", sondern habe dem pragmatistischen Ansatz eine breite und allgemeine Grundlagen-Bedeutung beschert (Fine 1993, S. 81). Dennoch gibt es – wie erläutert – nach wie vor zahlreiche Studien, die unmittelbar an den SI anschließen. Sie bearbeiten ein umfangreiches Feld von Gegenständen, angefangen bei Studien zu Prozessen der Identitätsbildung und -darstellung, zu Gefühlen und Gefühlsarbeit, zur gesellschaftlichen Konstruktion abweichenden Verhaltens und sozialer Probleme, zur Soziologie der Kunst, zur Analyse von Organisationen und kollektivem Handeln, zur Analyse von Macht, zu Fragestellungen der feministischen und kritischen Soziologietraditionen, zur Diskursforschung bis hin zu Anleihen an Poststrukturalismus und Cultural Studies (Sandstrom u. a. 2001; Denzin 1992; Dennis und Martin 2005; Keller 2005; Clarke 2012). Gerade der häufig gegen diese Theorietradition erhobene Vorwurf der „Mikro-Orientierung", über dessen Berechtigung man schon immer streiten konnte, lässt sich so keinesfalls aufrecht erhalten. Zeitschriften wie „Symbolic Interaction" oder die „Society for the Study of Symbolic Interaction" sowie neuere umfangreiche Textbücher zur Geschichte und Aktualität des Symbolischen Interaktionismus (Plummer 1991a, b oder das 1200 Seiten dicke „Handbook of Symbolic Interactionism" von Reynolds und Herman-Kinney 2003) sowie spezifische Theorie-Einführungen (beispielsweise Charon 2006; Sandstrom u. a. 2006), die bislang hierzulande kaum rezipiert werden, sprechen für die Lebendigkeit dieses Paradigmas (vgl. auch Joas und Knöbl 2004; Maines 2001). Seit einigen Jahren erleben der Symbolische Interaktionismus bzw. spezifischer die Arbeiten von Howard Becker insbesondere in Frankreich eine starke Konjunktur. In diesem Zusammenhang hat Becker auf die Affinität von Grundannahmen des SI zur Aktor-Netzwerk-Theorie von Bruno Latour hingewiesen (auch wenn Latour selbst eher zur polemisierenden Abgrenzung neigt; vgl. Bourmeau und Heurtin 1997):

It seems to me that symbolic interactionism, more than any other perspective in sociology, clearly describes the intricate interrelatonships between the individual and society: Society makes the individual through creation of the self, mind, symbols, generalized other, perspectives, and symbolic role taking. Conversely, it is the human individual who makes human individual who makes human society through active interpretation, self-direction, role taking, aligning his or her own acts with others, and communicating. By regarding the human as so thoroughly social and symbolic, and by describing the complex ways this is so, symbolic interactionism makes a major contribution to the sociological perspective. (…) Symbolic interactionism is a perspective. Like all other perspectives, it is limited because it must focus on some aspects of reality and ignore or deemphasize others. It is different from all other social scientific perspectives, and is, in part, a criticism of the directions taken by these other perspectives. Symbolic interactionism questions the determinism that prevails in much of social science. It tries to show that the possibility of freedom exists only through the use of symbols, self, and mind. And instead of blindly assuming that human beings are in fact free, symbolic interactionism shows many of the limits of freedom. Freedom is a complex issue; to symbolic interactionists its existence is possible, but it is always limited. (Charon 2001, S. 228 f.)

Lektürehinweise: Grundlagen und Entwicklungen des Symbolischen Interaktionismus

Atkinson, Paul A. & Housley, William (2003). *Interactionism*. London: Sage (Diskussion des Stellenwertes des SI in der britischen Soziologie).

Blumer, Herbert (1969). *Symbolic interactionism. Perspective and method.* Englewood Cliffs (Aufsatzsammlung mit zentralen Texten).

Blumer, Herbert (2000). *Selected works of Herbert Blumer. A public philosophy for mass society,* hrsg. von Stanford M. Lyman & Arthur J. Vidich. Urbana/Chicago: University of Illinois Press [1988; Aufsatzsammlung mit frühen Texten].

Charon, Joel M. (2006). *Symbolic interactionism. An introduction, an interpretation, an integration* (9. Aufl.). Upper Saddle River: Prentice Hall [Einführung in den aktuellen Symbolischen Interaktionismus].

Clarke, Adele (2012). *Situationsanalyse*. Wiesbaden: VS Verlag [diskursanalytisch angelegte Erweiterung der Grounded Theory zur Situationsanalyse].

Fine, Gary Alan (1991). *Symbolic interactionism in the post-blumerian age.* In George Ritzer (Hrsg.), *Frontiers of social Theory. The new syntheses* (S. 117–157). New York: Columbia University Press [Überblick über aktuelle Entwicklungen des SI].

Fine, Gary Alan (1993). The sad demise, mysterious disappearance, and glorious triumph of symbolic interactionism. *Annual Review of Sociology, 19*, (S. 61–87) [Diskussion der Erfolgsgeschichte des SI].
Fine, Gary Alan (Hrsg.) (1995). *A second Chicago school? The development of a Postwar American Sociology*. Chicago/London: University of Chicago Press [Beiträge zur Vielfalt der Perspektiven innerhalb des SI].
Keller, Reiner (2005). *Wissenssoziologische Diskursanalyse. Grundlegung eines Forschungsprogramms*. Wiesbaden: VS Verlag [Verbindung von SI-Perspektiven mit sozialkonstruktivistischen und diskurstheoretisch-/analytischen Überlegungen].
Maines, David R. (2001). *The faultline of consciousness: a view of interactionism in sociology*. New York: de Gruyter [Diskussion der soziologischen Bedeutung des SI].
Plummer, Ken (Hrsg.) (1991a). *Symbolic interactionism. Vol. I: Foundations and History*. Aldershot: Edward Elgar Publishing Limited [Beiträge zu Grundlagen und zur Geschichte des SI].
Plummer, Ken (Hrsg.) (1991b). *Symbolic interactionism* (Vol. II: Contemporary issues). Aldershot: Edward Elgar Publishing Limited [Beiträge zu aktuellen Entwicklungen und Anwendungen des SI].
Plummer, Ken (2000). A world in the making: Symbolic interactionism in the 20th century. In Bryan Turner (Hrsg.), *A companion to social theory* (S. 193–222). Oxford: Blackwell. [www.kenplummer.info/PDF Files/SI99FIN.pdf] [Zugriff v. 13.07.2011] [Diskussion aktueller Entwicklungen].
Rose, Arnold M. (Hrsg.) (1962). *Human behavior and social process. An interactionist approach*. London: Routledge [Klassische Beiträge zum SI.]
Sandstrom, Kent L., Martin, Daniel D. & Fine, Gary Alan (2006). *Symbols, selves, and social reality. A symbolic interactionist approach to social psychology and sociology* (2. Aufl.). Los Angeles: Roxbury Publishing Company [Einführung in den aktuellen Symbolischen Interaktionismus].

Journal:
Symbolic Interaction. Journal of *The Society for the Study of Symbolic Interaction*

Webseiten:
Society for the Study of Symbolic Interaction [http://www.symbolicinteraction.org/; Zugriff vom 29.3.2012]

Übungsaufgaben:

Wie denkt Mead den Übergang von der Geste zum signifikanten Symbol?
Überlegen Sie Beispiele für reflexartige menschliche Gesten und diskutieren Sie, inwiefern sie in einen übergreifenden Interaktionszusammenhang eingebunden sind.

Warum spricht Mead vom „Selbst" als einer „gesellschaftlichen Struktur"?

Was sind die Grundzusammenhänge der Sozialisation nach Mead? Geben Sie Beispiele.

Während der Fußballweltmeisterschaft 2006 hat der französische Nationalspieler Zinedine Zidane einem Spieler der gegnerischen Mannschaft, der ihn wohl beleidigt hatte, einen Kopfstoß verpasst, der zum eigenen Platzverweis und vielleicht sogar zur Niederlage der eigenen Mannschaft führt. Ist das ein Beispiel für eine Reaktion des „I" oder des „Me" von Zidane? Begründen Sie Ihre Einschätzung.

Erläutern Sie die Grundprämissen des SI an Beispielen. Stellen Sie dabei Bezüge zu den Überlegungen von Mead her.

Wie konzipiert der SI das Verhältnis von Interaktionen und größeren sozialen Gebilden?

Für welche Fälle abweichenden Verhaltens eignet sich die Perspektive des SI? Welche Fragen stellt sie an solche Fälle? Finden Sie Beispiele, wo sich der SI nicht eignet und begründen Sie ihre Einschätzung.

Erläutern Sie die Entstehung sozialer Probleme aus der Perspektive des SI an einem selbst gewählten Beispiel.

Inwiefern lassen sich Organisationen als „permanente Aushandlungen" begreifen? Diskutieren Sie Ihre Überlegungen an einem konkreten Beispiel.

Entwickeln Sie ein kleines Forschungsprojekt, in dem Sie aus der Perspektive des Symbolischen Interaktionismus untersuchen,

wie eine Nachwuchsband ihre Musik erzeugt und aufführt, oder

wie sich Liebende ihres wechselseitigen Verliebtseins vergewissern, oder

aufgrund welcher Interpretationsleistungen ein Universitätsseminar, ein Gottesdienst, ein Fußballspiel funktionieren?

Wie müssten Sie vorgehen, um das konkret zu erforschen? Probieren Sie es aus.

Sozialkonstruktivistische Wissenssoziologie 4

Etwa zur gleichen Zeit, als sich die von der Chicago School kommende Generation der „jungen Rebellen" aufmachte, eine symbolisch-interaktionistische Soziologie des Konkreten zu entwickeln, arbeitete in den USA an der New School for Social Research der österreichische Sozialphänomenologe Alfred Schütz an seiner Grundlegung der Soziologie. Schütz, der aus Wien kam, hatte dort zunächst begonnen, die theoretischen Grundlagen der sinnverstehenden Soziologie Max Webers im Rekurs auf die philosophischen Phänomenologien von Edmund Husserl und Henri Bergson genauer auszuarbeiten. Wegen der Bedrohung durch die nationalsozialistische Judenverfolgung war er zur Auswanderung gezwungen. In den USA kam er u. a. in Kontakt mit der Philosophie des Pragmatismus und der Parsonschen Handlungstheorie. Zunächst versuchte er, mit Talcott Parsons, der an einer „allgemeinen Theorie des Handlungssystems" arbeitete (vgl. Junge 2007) in eine Diskussion über soziologische Handlungsbegriffe einzutreten, doch dieses Unterfangen scheiterte an der großen Diskrepanz der beiden Ansätze. Zunehmend beschäftigte sich Schütz mit dem Verhältnis zwischen der Konstitution der Welterfahrung im individuellen Bewusstsein einerseits und den sozialen Bedingungen dieses Konstitutionsprozesses in Form gesellschaftlich erzeugter und individuell angeeigneter bzw. verfügbarer Wissens- und Zeichenvorräte andererseits. In gewissem Sinne handelt es sich um eine Ausarbeitung der Seite der Bewusstseinsprozesse, die bei Mead zugunsten der Theorie der interaktiven Erzeugung signifikanter Symbole in den Hintergrund getreten war. Schütz spricht dabei von „Zeichen", von „Auslegungsrelevanzen" und von „Wissen", nicht im allgemeinen Sinne von Symbolen, wie Mead.[1]

Im Anschluss an Schütz und im Rekurs auf verschiedene europäische sozialwissenschaftliche Traditionen, die mit den Namen von Karl Marx, Emile Durkheim,

---

[1] Es gibt einen Streit darüber, ob sich die Positionen von Mead und Schütz ergänzen oder widersprechen. Hier wird ersteres vertreten. Vgl. z. B. das Interview von Jo Reichertz (2004) mit Hans Georg Soeffner.

Max Weber und Karl Mannheim (1893–1947) verbunden sind, aber auch unter Bezugnahme auf die Sozialisationstheorie von Mead haben dann zwei Schüler von Schütz, Peter L. Berger und Thomas Luckmann eine „Theorie der Wissenssoziologie" entwickelt und Mitte der 1960er Jahre unter dem Titel „Die gesellschaftliche Konstruktion der Wirklichkeit" veröffentlicht. Obwohl diese Theorie zahlreiche Parallelen zum SI aufweist, unterscheidet sie sich davon doch in zweierlei Weise: Zum einen spricht sie statt von „signifikanten Symbolen" von in historisch konkreten Gesellschaften erzeugtem *gesellschaftlichem Wissen* bzw. *kollektiven Wissensvorräten*. Zum zweiten entwirft sie Gesellschaft als Doppelprozess der permanenten sozialen Institutionalisierung und individuellen Aneignung von solchen Wissensvorräten. Die daraus hervorgegangene wissenssoziologische Tradition prägt in den angelsächsischen Ländern die Debatten des „Sozialkonstruktivismus". Im deutschsprachigen Raum haben Thomas Luckmann, Hans-Georg Soeffner (geb. 1939) u. a. die entsprechenden Überlegungen weitergeführt. Von ihren Schülern wurde sie zum theoretischen Programm einer „Hermeneutischen Wissenssoziologie" ausgearbeitet. Nachfolgend werden zunächst die Ausgangsannahmen von Schütz vorgestellt. Im Anschluss daran wird die Theorie der Wissenssoziologie von Berger und Luckmann erläutert. Abschließend wird eine kurze Einschätzung zum Ertrag und zu aktuellen Entwicklungen dieser Theorieposition formuliert.

4.1 Sozialphänomenologische Grundlegungen

Alfred Schütz (1899–1959)
Alfred Schütz wurde 1899 in Wien geboren. Er studierte Jura, Ökonomie und Philosophie. Nach seiner juristischen Promotion arbeitete er zunächst

als Finanzjurist und Bankkaufmann bei verschiedenen Wiener Bankhäusern. Gleichzeitig interessierte er sich für die Grundlegung des Weberschen Programms einer sinnverstehenden Soziologie. Seine Bearbeitung dieser Fragen greift, nach einer längeren Beschäftigung mit Henri Bergson (1859–1941), vor allem auf die Philosophie von Edmund Husserl (1859–1938) zurück, den er ab 1932 öfters in Freiburg besuchte; Schütz bewegt sich so an der Grenze zwischen Philosophie und Soziologie. Sein Buch über die Grundlagen der verstehenden Soziologie („Der sinnhafte Aufbau der sozialen Welt") erscheint 1932. Da Schütz aus einer jüdischen Familie stammte, musste er vor dem Hintergrund der nationalsozialistischen Machtergreifung und Judenverfolgung Wien verlassen. Nach einem sechzehnmonatigen Zwischenaufenthalt in Paris lebte er mit seiner Familie ab 1939 in den USA. Dort arbeitete er zunächst weiterhin als Wirtschaftsjurist bei einer Bank; seit 1943 lehrte er als Gastdozent an der „New School for Social Research" in New York; 1952 erhielt er dort eine Professur für Soziologie und Sozialpsychologie. Weitere Buchvorhaben blieben unvollendet. Sein Werk ist deswegen in erster Linie in Aufsätzen zugänglich. Schütz starb bereits 1959. Aus hinterlassenen Manuskripten hat Thomas Luckmann die zwei Bände der „Strukturen der Lebenswelt" ausgearbeitet, die eine systematische Zusammenstellung vieler Grundannahmen enthalten. Eine Gesamtausgabe seiner Schriften erscheint seit einigen Jahren bei UVK.

Lektürevorschlag:
Schütz, Alfred (1981). *Der sinnhafte Aufbau der sozialen Welt. Eine Einleitung in die verstehende Soziologie.* Frankfurt/Main: Suhrkamp [1934], (S. 11–28) [Erläutert das Ausgangsproblem: Wie funktioniert „Verstehen"; das Buch insgesamt analysiert diesen Prozess als Ergebnis der Zeichen- bzw. Wissensnutzung, die Erleben in Erfahrung transformiert].
Schütz, Alfred & Luckmann, Thomas (1979). *Strukturen der Lebenswelt* (Bd. 1, S. 25–44). Frankfurt/Main: Suhrkamp. [Erklärt die Grundannahmen, die dem Funktionieren unseres Alltagslebens zugrunde liegen; der Band insgesamt diskutiert die Wissensaufschichtung der Erfahrung der Lebenswelt].
Srubar, Ilja (2008). Die pragmatische Lebensweltheorie. In J. Raab u. a. (Hrsg.), *Phänomenologie und Soziologie. Theoretische Positionen, aktuelle Problemfelder und empirische Umsetzungen* (S. 41–52). Wiesbaden: VS Verlag. [Bietet eine dichte und konzise Einführung in die Position von Schütz].

Vertiefung:
Endreß, Martin (2006). *Alfred Schütz.* Konstanz: UVK [Einführung zu Leben und Werk].
Eberle, Thomas S. (1984). *Sinnkonstitution in Alltag und Wissenschaft Der Beitrag der Phänomenologie an die Methodologie der Sozialwissenschaften* (Bd. 5). St. Gallen: Hochschulschriften. [Genaue Diskussion der phänomenologischen Grundlagen und der Bedeutung der Arbeit von Schütz für die verstehende Soziologie sowie die Ethnomethodologie].
Eberle, Thomas S. (1999). Die methodologische Grundlegung der interpretativen Sozialforschung durch die phänomenologische Lebensweltanalyse von Alfred Schütz. *Österreichische Zeitschrift für Soziologie,* 24 (4), (S. 65–90) [Kurze systematische Darstellung der Bedeutung von Schütz für das Interpretative Paradigma].
Hanke, Michael (2002). *Alfred Schütz. Einführung.* Wien: Passagen-Verlag [Kurze Einführung zu Leben und Werk, die insbesondere auch die Bezüge zum Pragmatismus deutlich macht und die Zeichentheorie von Schütz in den Mittelpunkt stellt].
Schütz, Alfred (1971). *Gesammelte Aufsätze* (Bd. 1 u. 2). Den Haag: Nijhoff [enthält die wichtigsten Aufsätze und Analysebeispiele].
Schütz, Alfred & Luckmann, Thomas (1979, 1984). *Strukturen der Lebenswelt* (2 Bde.). Frankfurt/Main: Suhrkamp [Gesamtdarstellung der Schützschen Position]
Srubar, Ilja (1988): *Kosmion. Die Genese der pragmatischen Lebenswelttheorie von Alfred Schütz und ihr anthropologischer Hintergrund.* Frankfurt/Main: Suhrkamp [Umfang- und kenntnisreiche Diskussion der Schützschen Position mit besonderer Berücksichtigung der Bezüge zum Pragmatismus].
Wagner, Helmut R. (1983). *Alfred Schütz: An Intellectual Biography.* Chicago: University of Chicago Press [Mit besonderer Berücksichtigung der US-amerikanischen zeitgenössischen Rezeption des Werkes von Schütz].
Hinweis: Viele der angegebenen Texte finden sich inzwischen in der laufenden Gesamtausgabe der Arbeiten von Alfred Schütz.

Zu Vertiefungen der Diskussion über Phänomenologie und Soziologie vgl. auch:
Raab, Jürgen u. a. (Hrsg.) (2008). *Phänomenologie und Soziologie: Theoretische Positionen, aktuelle Problemfelder und empirische Umsetzungen.* Wiesbaden: VS Verlag
Webseite: Alfred Schütz Archiv: www.waseda.jp/Schutz/AlfredEng.htm (Stand v. 13.11.2011)
Bildnachweis: www.wikiliberal.org/wiki/Alfred_Schutz (Stand vom 17.7.2012)

4.1 Sozialphänomenologische Grundlegungen

Schütz beschäftigt sich zunächst mit der Grundlegung der Verstehenden Soziologie durch Max Weber. Weber hatte Soziologie definiert als eine Wissenschaft, die „soziales Handeln deutend verstehen und dadurch in seinem Ablauf und seinen Wirkungen ursächlich erklären will". Als soziales Handeln galt ihm alles Handeln, „welches seinem von dem oder den Handelnden gemeinten Sinn nach auf das Verhalten anderer bezogen wird und daran in seinem Ablauf orientiert ist." (Weber 1972, S. 1 [1922]) Diesen „gemeinten" oder auch „subjektiven" Sinn, den Handelnde mit ihrem Tun verbinden, muss die Soziologie verstehen. Eine solche Forderung ähnelt dem weiter oben vorgestellten Konzept der „Definition der Situation", denn der mit einem Handeln verbundene Sinn ist in eine entsprechende Wahrnehmung der Handlungssituation eingebunden. Den Sinn des Handelns könne man, so Weber, soziologisch im Rückgriff auf „Idealtypen" verstehen, beispielsweise im Rekurs auf die von ihm unterschiedenen Typen des zweckrationalen, des wertrationalen, des affektuellen und des traditionalen Handelns. Der „gemeinte" oder „subjektive" Sinn ist also ein „typischer" Sinn. Es geht nicht darum, tatsächlich jede einzelne Handlung auf die damit verbundenen, gleichsam als einzigartig gedachten „subjektiven Motive" des Handelnden zu befragen. Dies lässt sich leicht an einem Beispiel verständlich machen: Wenn die Soziologie untersuchen will, welchen Sinn Studierende mit dem Besuch einer Vorlesung verbinden, dann muss sie nicht jede einzelne Person befragen, sondern sie kann „typische Motivlagen" annehmen, die dem subjektiven Sinn des Vorlesungsbesuchs jeweils zugrunde liegen. Deren Zahl ist ziemlich begrenzt: beispielsweise das Bestehen einer Abschlussklausur, der Wissenserwerb, der Kontakt zu Mitstudierenden, auch wenn es im Einzelfall Abweichungen davon geben mag („neben dem netten Mädchen/Jungen mit den roten Haaren sitzen, um sie/ihn kennenzulernen"). In seiner Studie zur „Protestantischen Ethik" untersuchte Weber ebenfalls idealtypische Sinnbezüge des Handelns, um von dort auf gesellschaftliche Folgen dieser Handlungsweisen zu schließen.

Weber sprach zwar von „verstehender" Soziologie. Aber die Frage, ob und wie ein solches „Verstehen" überhaupt möglich ist, wurde von ihm nicht weiter behandelt. Sie schien ihm vielmehr über das „Werkzeug" der Konstruktion von Idealtypen und im Weiteren durch das Interpretationsvermögen des Wissenschaftlers als gelöst und deswegen unproblematisch. Doch Schütz will es genauer wissen: Wie ist es überhaupt im Alltag möglich, den Sinn, den andere mit ihrem Handeln verbinden, zu verstehen? Und wie kann das „Verstehen" gleichzeitig zu einer wissenschaftlichen Methode werden? Der Schlüssel zur Beantwortung dieser Fragen liegt für Schütz in der Erklärung der Art und Weise, wie im Einzelbewusstsein so etwas wie „Sinn" aufgebaut (*konstituiert*) wird und wie schon der Alltagsmensch von da aus darauf schließen kann, dass es neben ihm andere menschliche Wesen gibt, die in vergleichbarer Weise „Sinn" verwenden. Die Möglichkeit, diesen „fehlenden Baustein" der verstehenden Soziologie zu entwickeln, sah Schütz im Anschluss an philosophische Argumentationen, die Anfang des 20. Jahrhunderts von dem Lebensphilosophen Henri Bergson (1859–1941) und insbesondere von dem Phänomenologen Edmund Husserl (1859–1938) entwickelt wurden. Während Schütz sich auf Bergson bezog, um die zeitliche Struktur von Bewusstseinsprozessen genauer zu analysieren, gewann die Phänomenologie Husserls eine darüber hinausgehende allgemeine Grundlagenbedeutung für sein Werk. Die Phänomenologie war innerhalb der Philosophie angetreten, um – ganz ähnlich wie der weiter oben erwähnte Pragmatismus – einen Ausweg aus der „Sackgasse des Cartesianismus" zu entwickeln. René Descartes (1596–1650) hatte den Ausgangspunkt der wissenschaftlichen Welterkenntnis in der Annahme eines einsamen Ichs ausgemacht, das an allem zweifeln könne, nur nicht an seiner eigenen Denktätigkeit und Existenz („Ich denke, also bin ich."), und das von diesem festen Halt aus der objektiven, materialen Welt gegenübertrete, um diese zu erkennen. Den Pragmatisten schien diese Vorstellung zu realitätsfern. Sie setzten an die Stelle des weltenthobenen Zweifels den praktischen, d. h. in konkreten Situationen und Handlungsproblemen verwurzelten Zweifel als Ausgangspunkt der Denk- und Erkenntnisprozesse (vgl. weiter oben Kap. 2.1).

Die Phänomenologen schlugen eine andere Lösung des Descartschen Problems vor und gingen von der Intentionalität oder Gerichtetheit des Bewusstseins aus: Menschliches Bewusstsein ist immer Bewusstsein von etwas, d. h. die Beziehung zwischen dem Denken und der Welt ist in die Bewusstseinstätigkeit eingebunden. Die Welt liegt also nicht völlig außerhalb des Denkens. Was die Phänomenologie dann bezweckte, war die Reflexion und präzise Bestimmung der Grundmerkmale dieser Bewusstseinstätigkeit. Von da aus sollte deutlich werden, wie sich die menschliche und auch spezifischer die wissenschaftliche Welterkenntnis zu immer komplexeren Sinngebilden aufbaute. Im Anschluss an Husserl lässt sich diese Argumentation als „transzendentalphänomenologisch" begreifen, insoweit sie an einer Bewusstseinsanalyse ansetzt, die das Ich aus allen weltlichen Einbindungen herausnimmt. Dabei stellt sich das Problem, wie von dem solchermaßen isolierten „transzendentalen Bewusstsein" aus die Erfahrung der Sozialwelt, also der Existenz der Anderen begründet werden kann. Während Husserl bei seinen Überlegungen ein einzelnes, gleichsam außerhalb der Welt stehendes allgemeines denkendes Subjekt zum Ausgangspunkt nahm, geht Schütz davon aus, dass dieses Subjekt (und damit sein Bewusstsein) immer schon in der Welt und mehr noch: in sozialen bzw. intersubjektiven Zusammenhängen existiert. Eine wichtige Rolle spielt dabei der Begriff der „Lebenswelt". Damit hatte Husserl die Welt sinnlicher Erfahrung, die in Raum und Zeit von uns wahrgenommenen oder erfahrenen Dinge bezeichnet, wie man sie im Alltagsleben als gegeben erfährt. Die Gesellschaftswissenschaft müsse nun, so Schütz, mit der Beschreibung der Grundstrukturen dieser „alltäglichen Lebenswelt" beginnen, also derjenigen Realitätsebene, die uns in der „natürlichen

4.1 Sozialphänomenologische Grundlegungen

Einstellung" bzw. in derjenigen des „gesunden Menschenverstandes" als selbstverständlich gegeben erscheint (Schütz und Luckmann 1979, S. 23). Deswegen wird seine Position als „Mundan-" oder „Sozialphänomenologie" bezeichnet. Thomas Luckmann hat mehrfach darauf hingewiesen, dass es sich bei der Sozialphänomenologie noch nicht im eigentlichen Sinne um „Soziologie" handele, sondern um eine „Proto-Soziologie", d. h. um die vorsoziologische Klärung von Grundbedingungen des soziologischen Forschens und des soziologischen Gegenstandes. Dennoch ist oft – auch in manchen Einführungsbüchern – missverständlich von „phänomenologischer Soziologie" die Rede (z. B. Abels 2005).

Die Argumentation von Schütz soll hier nur sehr knapp erläutert werden. Vorab lässt sich festhalten, dass sie als komplementär zur Grundlegung des SI bei Mead (vgl. Kap. 3.1) verstanden werden kann. So spricht bspw. Thomas Luckmann von einer „gewissen Wahlverwandtschaft" zwischen beiden Denkern (vgl. Bergmann und Hoffmann 1985, S. 93) und der Schütz-Schüler Maurice Natanson verfasste bei Schütz eine umfangreiche Dissertation über Mead.[2] Mead hatte sich ja einerseits mit der Frage beschäftigt, wie sich gattungsgeschichtlich die Entstehung von signifikanten Symbolen erklären lässt, und inwiefern deren Existenz aus Interaktionsprozessen ableitbar ist. Darüber hinaus verwies er auf die sozialisatorischen Aneignungsprozesse, in denen sich menschliche Identitäten und Fähigkeiten zum Symbolgebrauch entwickeln. Schließlich analysierte er die Bedeutung von Kommunikationsprozessen und gesellschaftlichen „Diskursuniversen" als Voraussetzung der Identitätsentwicklung und pragmatischen, situationsbezogenen Symbolnutzung. Schütz beschäftigte sich bereits vor seiner Auswanderung in die USA mit dem pragmatistischen Denken von James, Dewey und auch Mead, vertiefte dann diese Diskussionen, schloss aber zugleich an europäische pragmatistische Traditionen (insbesondere Max Scheler) an (Schütz 1971a, S. 331 ff. [1955]). Er entwirft eine Theorie darüber, wie das sozialisierte Bewusstsein sinnhaft arbeitet, d. h. wie die Intentionalität menschlichen Verhaltens im individuellen Bewußtsein konstituiert wird. Zugleich geht es ihm um die Klärung der Frage, in welchem Verhältnis das Selbstverstehen und das Verstehen des Sinns bei anderen, das Fremdverstehen zueinander stehen, wie also von der Sinnkonstitution im Einzelbewusstsein die Brücke zu den anderen Handelnden geschlagen wird bzw. was die Bedingungen der „Intersubjektivität" sind. Ähnlich wie bei Mead spielen der menschliche Symbolgebrauch und die Existenz von Zeichensystemen wie beispielsweise der Sprache eine zentrale Rolle. In der Schützschen Argumentation lässt sich dabei ein Sprung beobachten:

---

[2] Eine Diskussion des Verhältnisses von Mead zu verschiedenen phänomenologischen Ansätzen findet sich bei Bergmann und Hoffmann (1985); die pragmatistischen Grundlagen der Schützschen Lebensweltheorie werden bei Srubar (1988, 2007) erläutert.

der Übergang zur „Intersubjektivität" wird nicht argumentativ aus der Analyse der Bewusstseinsprozesse heraus eingeführt, sondern ist Ergebnis einer Setzung: „Die Welt des Alltags ist von vorneherein intersubjektiv." (Schütz 1971a, S. 360)[3]

> Schütz hielt die Lösung des Intersubjektivitätsproblems in der transzendentalphänomenologischen Einstellung jedoch für unlösbar. Er trat daher für eine Mundanphänomenologie ein, die mit einer ganzen Reihe von Common-Sense-Annahmen der natürlichen Einstellung operiert: z. B. mit der Generalthesis des alter ego, der Intersubjektivität der Lebenswelt, dem soziohistorischen Apriori (das gleichzeitig ein soziokulturelles Apriori ist), dem sozialen Ursprung und der sozialen Abgeleitetheit des subjektiven Wissensvorrates, der weit gehenden Versprachlichung von Typisierungen u. a. m. Diese mundanen Annahmen schufen früh die Möglichkeit, auch Konzepte des amerikanischen Pragmatismus in die Lebensweltanalyse zu intergrieren, umso mehr, als Schütz die Lebenswelt nicht nur als im subjektiven Bewusstsein konstituierte begriff, sondern auch als eine durch menschliche Wirkhandlungen produzierte. (Eberle 1999, S. 80)

Schließlich beschäftigt Schütz auch die Frage, was die Gemeinsamkeiten und Unterschiede zwischen dem ganz normalen Verstehen im Alltagleben und dem soziologischen Verstehen sind, und was das letztere zu einem wissenschaftlichen Verfahren macht. Nachfolgend sollen einige Grundargumente dazu vorgestellt werden, die für die theoretischen Grundlagen der sozialkonstruktivistischen Wissenssoziologie bedeutsam sind. Auf die methodologischen Überlegungen zum Verhältnis von sozialwissenschaftlichem Fremdverstehen zu den alltäglichen Verstehensprozessen – der „bedeutendste Beitrag zur methodologischen Grundlegung der interpretativen Sozialforschung" (Eberle 1999, S. 65) – kann damit nur ansatzweise eingegangen werden.

4.1.1 Die Sinnkonstitution im Bewusstsein

Das Ausgangsproblem von Schütz ist Max Webers unzureichende Ausführung des Sinnbegriffs:

---

[3] Schütz (1971c, S. 331 ff. [1955]) setzt sich hier mit den Theorien von Alfred Whitehead, William James, Charles Morris, Ernst Cassirer, Susanne Langer u. a. auseinander. Leitend für seine Diskussion und die weiter unten noch zu diskutierenden von ihm vorgeschlagene Zeichentheorie ist die Orientierung am „pragmatischen Motiv" der „natürlichen Einstellung im Alltag" und insgesamt die Rezeption der pragmatistischen Theorien von James, John Dewey oder George Herbert Mead (vgl. Schütz 1971b, c). Neben den erwähnten Autoren ist auch seine Auseinandersetzung mit Positionen von Gottfried Wilhelm Leibniz, Max Scheler und Jean Paul Sartre für die Ausarbeitung seiner eigenen phänomenologischen Position bedeutsam (Schütz 1971, S. 113 ff.).

4.1 Sozialphänomenologische Grundlegungen

Und hier zeigen sich auch die Grenzen der theoretischen Leistung Max Webers. Seine Analyse der sozialen Welt bricht in einer Schicht ab, die nur scheinbar die Elemente des sozialen Geschehens in nicht weiter reduzierbarer oder auch nur in nicht weiter reduktionsbedürftiger Gestalt sichtbar macht. Der Begriff der sinnhaften und daher verstehbaren Handlung des Einzelnen, der eigentliche Grundbegriff der verstehenden Soziologie, vermittelt aber keineswegs die eindeutige Fixierung eines echten Elementes sozialen Geschehens, sondern ist nur der Titel für eine vielverzweigte und der weiteren Durchdringung sehr bedürftige Problematik. Weber macht zwischen Handeln als Ablauf und vollzogener Handlung, zwischen dem Sinn des Erzeugens und dem Sinn des Erzeugnisses, zwischen dem Sinn eigenen und fremden Handelns bzw. eigener und fremder Erlebnisse, zwischen Selbstverstehen und Fremdverstehen keinen Unterschied. (Schütz 1981, S. 15)

Und wenig später fährt er fort:

Die vorliegenden Untersuchungen machen den Versuch, von der Fragestellung Max Webers ausgehend, den Anschluß an die gesicherten Ergebnisse der beiden vorgenannten Philosophen [Husserl und Bergson, Anm. d. Verf.] herzustellen und mit Hilfe der Konstitutionsanalyse das *Sinnphänomen* exakt zu bestimmen. Erst wenn wir uns dieses Fundamentalbegriffes versichert haben, werden wir in der Lage sein, in schrittweisen Analysen die Sinnstruktur der Sozialwelt zu untersuchen und auf diese Weise den methodischen Apparat der verstehenden Soziologie in einer tieferen Schicht, als dies durch Max Weber geschehen ist, zu verankern. (Ebd., S. 21)

Bereits in den vorangegangenen Erläuterungen zum Symbolischen Interaktionismus, aber auch in den Ausführungen zur Chicago School wurde deutlich, dass sich Menschen von anderen Lebewesen dadurch unterscheiden, dass sie keinem einfachen instinktgesteuerten Reiz-Reaktionsmechanismus unterliegen, sondern dass zwischen äußere Reize und ihre Reaktion ein reflektierender bzw. interpretierender Denkprozess tritt: eine Definition der Situation im Rückgriff auf signifikante Symbole. Vielfach war in diesem Zusammenhang auch von „Bedeutung(en)" die Rede. Doch wie lässt sich die Art und Weise begreifen, mit der das Einzelbewusstsein solche Bedeutungen „einsetzt"?

Ausgangspunkt für Schütz bilden hier die Überlegungen von Henri Bergson zum unreflektierten Bewusstseinsstrom („durée"), dem einfachen Erleben, das vor aller reflexiven Zuwendung die Basis der Bewusstseinsprozesse bildet. Erlebnisse lagern sich im Bewusstsein ab, sie „sedimentieren". Gleichzeitig ist das Bewusstsein in einen raumzeitlichen Zusammehang gestellt, der es beständig mit neuen Situationen konfrontiert und eine spezifische Bewusstseinsspannung erzeugt, eine „Aufmerksamkeit auf das Leben" (Bergson). Dadurch werden Zuwendungen des Ich zu seinen Erleben erzeugt; sie bilden dann schon eine „Erfahrung", in der sich das Bewusstsein auf etwas richtet (Intentionalität), und Sinn bedeutet letztlich nichts anderes, als solchen Erfahrungen zueinander in Beziehung zu setzen.

Der Ausgangspunkt der Sinnkonstitution findet sich deswegen – so Schütz im Anschluss an Husserl und Bergson – in dieser Selbstkonfrontation des Bewusstseins mit seiner inneren Dauer des Erlebens. Dabei werden nach und nach zahlreiche kleine solche Erfahrungen oder Bewusstseinsakte – dafür steht der Begriff des „Polythetischen" (Schütz 1981, S. 92) – zu einer „monothetischen" Gesamtgestalt, gewissermaßen zu einem festen und soliden Sinnblock verbunden. Ganz so, wie uns ein Tisch als massiv erscheint, obwohl er doch aus lauter Atomen und Zwischenräumen aufgebaut ist.

Mit dem Begriff des „Sinns" wird bei Schütz zunächst die Operationsweise des individuellen Bewusstseins, d. h. die Gerichtetheit oder Intentionalität der Bewusstseinsakte bezeichnet: Bewusstsein ist immer Bewusstsein von etwas, also intentional auf einen Gegenstand (welcher Art auch immer) bezogen und dadurch sinnhaft (ob es auch „sinnvoll" im alltagsweltlichen Verständnis ist, mag dahingestellt bleiben). Im Alltagsleben agieren wir ständig sinnhaft, wir deuten Situationen, Menschen, Dinge, Handeln u. v. a. mehr. Wenn ich in die Küche gehe und einen Apfel esse, dann ist das eine durch und durch sinnbehaftete Handlung. Ich empfinde Hunger und entwerfe einen kleinen Handlungsplan, um dem Hunger zu begegnen. D. h. dass wir unser *sinnliches Erleben* in *sinnhafte Erfahrung* transformieren. Der erste Schritt der Analysen von Schütz bezieht sich nun darauf, wie sich ein entsprechender „Sinn" im subjektiven Bewusstsein konstituiert. In einem zweiten Schritt geht es dann darum, wie das subjektive Bewusstsein auf die Bewusstseinsleistungen eines anderen, eines *alter ego* schließt (die ihm ja nicht direkt zugänglich sind). Damit ist der Übergang vom Selbstverstehen zum „Fremdverstehen" angesprochen. Schließlich geht es Schütz darum, wie daraus eine „Sinnstruktur der Sozialwelt" entsteht, wie also unsere alltäglich selbstverständliche Wahrnehmung des „in Gesellschaft seins" sich entfaltet und folglich analysiert werden kann.

Doch bleiben wir zunächst beim Sinnaufbau im Einzelbewusstsein. „Sinn" ist, so Schütz, die

> Bezeichnung einer bestimmten Blickrichtung auf ein eigenes Erlebnis, welches wir, im Dauerablauf schlicht dahinlebend, als wohlumgrenztes nur in einem reflexiven Akt aus allen anderen Erlebnissen ‚herausheben' können. Sinn bezeichnet also eine besondere Attitüde des Ich zum Ablauf seiner Dauer. Dies gilt grundsätzlich für alle Stufen und Schichten des Sinnhaften. (Schütz 1981, S. 54)

Die Bewusstseins*tätigkeit* ist das, was im Einzelbewusstsein stattfindet und was seine ureigenste Leistung ist. „Sinn" liegt also in der reflexiven Selbstzuwendung eines oder einer Handelnden, darin, dass er oder sie sich gewissermaßen „Gedanken macht". Um zu ergründen, wie dieser Sinn sich aufbaut bzw. konstituiert, wendet Schütz eine Methode an, die er von Edmund Husserl übernimmt, und bei der es

4.1 Sozialphänomenologische Grundlegungen

darauf ankommt, alle Störquellen der äußeren Welt auszuschalten bzw. vorübergehend „einzuklammern" und sich nur auf die Kernelemente des Bewusstseinsprozesses zu konzentrieren.[4] Doch weiter oben hatten wir schon erwähnt, die Phänomenologie gehe davon aus, dass sich Bewusstsein immer auf etwas bezieht, d. h. Inhalte hat. Diese Bewusstseins*inhalte* sind sozialen Ursprungs. Deswegen wird Sinn Schütz zufolge zwar im Einzelbewusstsein aufgebaut (das ist der Tätigkeitsaspekt), aber er ist seinem Wesen nach immer *sozialer Sinn* (das ist der Inhaltsaspekt). Sinn macht unspezifische Erlebnisse zu spezifischen, eben sinnhaften Erfahrungen, die sich im Bewusstsein ablagern. Mit der Annahme, dass die reflexive Erfahrung der Zuwendung zum Erleben nicht bei einem ausserhalb weltlicher Bezüge stehenden Subjekt stattfindet, ist der Übergang von der transzendentalphänomenologischen zur „mundanphänomenologischen" Argumentation angesprochen. Das „Ich" greift im Rahmen seiner „natürlichen Weltanschauung" auf individuelles und kollektives Wissen und Vorwissen zurück, um solchermaßen sein Erleben in sinnhafte Erfahrung und sinnhaftes Handeln zu verwandeln.

Genau genommen ist es dabei etwas problematisch, vom „Ich" zu sprechen, das dieses oder jenes tue. Präziser muss formuliert werden, dass das alles „vom Bewusstsein" getan wird oder einfach „im Bewusstsein passiert". Die angesprochenen Bewusstseinsleistungen finden ja größtenteils unterhalb der Schwelle bewusster Aufmerksamkeit statt, und sie sind, was ihre Wahrnehmungsanteile angeht, ja nicht nur und schon gar nicht ausschließlich im Bewusstsein lokalisiert. Ununterbrochen fließt also ein Strom unterschwelliger kleiner Wahrnehmungen, der meist nur dann in Reflexion oder „gewusstes Denken" überführt wird, wenn Handlungen besondere Zuwendung erfordern oder wir Situationen begegnen, die als Irritationen und Störungen wirken. In gewissem Sinne kann auch eine Handlung selbst als „Interpretation" bzw. Definition der Situation verstanden werden (Reichertz 2008). Die entsprechenden Prozesse werden als sedimentierte und routinisierte Wahrnehmungsleistungen begriffen. Das kann einerseits an der frühkindlichen Entwicklung nachvollzogen werden, wo die Wirklichkeit der Welt und das selbstgesteuerte Agieren des Ego nach und nach erlernt werden. Ein Beipiel sind aber auch Lernsituationen, etwa da, wo es um die Einübung in neue körperliche Routinen geht: Erinnern Sie sich bitte an Ihre ersten Fahrstunden, wo Sie alle möglichen Beobachtungen und Handgriffe zunächst erklärt bekommen bzw. hören, sich dann vornehmen, daran zu denken – und irgendwann ist das habitualisierte Routine, die zwar immer noch der Wahrnehmungsprozesse bedarf, die aber inzwischen so we-

---

[4] Vgl. zur Erläuterung dieser phänomenologischen Methode der „eidetischen Reduktion" Eberle (1984, 1999) sowie insgesamt zu „Menschenbild und Methode der Sozialphänomenologie" auch Kurt (2002).

nig Eigenaufwand erfordert, dass Sie gleichzeitig in der Lage sind, Radio zu hören oder ein konzentriertes Gespräch mit Mitfahrenden zu führen.

Die Sprache spielt bei solchen Prozessen eine wichtige Rolle, nicht allein deswegen, weil die weiter oben erwähnten Deutungsschemata in Kommunikationsprozessen weitergegeben werden, sondern einfach deswegen, weil die sprachlichen Zeichen eben als Deutungsschemata zum Einsatz kommen und damit eine Weltordnung nahelegen. In dieser Weise ist dem neu auf die Welt kommenden Einzelbewusstsein die

> ganze gegenständliche Welt geordnet vorgegeben (…) Wir wollen die Ordnungen, in welche sich der jeweilige Erfahrungszusammenhang gliedert (…), Schemata unserer Erfahrung nennen und diesen Begriff wie folgt definieren: Ein Schema unserer Erfahrung ist ein Sinnzusammenhang unserer erfahrenen Erlebnisse (…) (Schütz 1981, S. 108 f.).

Dafür entwickelt Schütz die Begriffe des Wissens, der kollektiven Wissensvorräte, der Typisierungen u. a. Die Schemata der Erfahrung sind die Schemata der Deutung oder Interpretation von Erlebnissen:

> Eine Deutung ist dann nichts anderes als Rückführung von Unbekanntem auf Bekanntes, von in Zuwendungen Erfaßtem auf Schemata der Erfahrung. (…) Sie sind die fertigen, in der Weise des Wissens (Vorwissens) jeweils vorrätigen Sinnzusammenhänge zwischen kategorial vorgeformtem Material, auf welchem das zu deutende Erlebnis in einem neuen synthetischen Akt rückgeführt wird. Insofern sind die Schemata der Erfahrung *Deutungsschemata* (…). (Ebd., S. 112)

Die Deutungsschemata, mit denen wir unsere Erlebnisse belegen und sie dadurch zu Erfahrungen machen, lassen sich als „Typen" und „Typisierungen" begreifen. Wir handhaben dabei die gesellschaftlich-historisch entstandenen, (sozial)strukturell gegliederten und unterschiedlich verteilten Zeichen- bzw. Symbolsysteme, d. h. die Wissensvorräte, die uns als Speicher solcher Deutungsschemata zur Verfügung stehen. Was bedeutet die Rede von einer solchen „Erfahrung im Modus des Typischen"? Man kann sich diesen Prozess etwa wie folgt vorstellen: Nehmen wir das Beispiel eines Apfels in der Obstschale. Wir sehen ihn nur zum Teil (die Vorderseite), nehmen ihn aber als Gesamtgestalt eines „Apfels" war, d. h. wir ergänzen (appräsentieren) ihn als gesamtes dreidimensionales und gegenständliches Objekt, ordnen damit einen spezifischen Erlebensgehalt (d. h. Sinneswahrnehmungen) einer allgemeinen Kategorie (Apfel) zu, die ihrerseits Teil eines weiteren Kategorienbestandes ist (essbares Obst). „Apfel" ist ja ein allgemeiner Ausdruck, ein Vorstellungsinhalt, den wir auf unterschiedlichste konkrete Erscheinungen, also konkret existente Dinge, die wir der Rubrik Apfel zuordnen, beziehen können. Der konkrete Apfel vor uns ist für sich genommenen natürlich ein einmaliges Phänomen. Wir haben davon jedoch nur einen allgemeinen Begriff, der zwar spezifiziert werden kann (frisch, alt, verfault usw.), aber nie den Modus des Typischen verlässt – eine Welt mit einmaligen Begriffen für einmalige Phänomene wäre nicht interaktiv und kommunikativ stabilisierbar. Auch unsere Vorstellung von Personen ist eine Typisierung: jemanden als „Freund" wahrzunehmen, heißt nichts anderes, als ihn unter eine allgemeine Kategorie zu stellen. Selbst unsere Wahrnehmung von besonderen Personen – mein Freund Willy – ist eine Typisierung: Der Willy von gestern ist ja, streng genommen, nicht der Willy von heute: sein Körper hat sich verändert, er hat andere Erfahrungen gemacht usw. Ihn als Willy zu identifizieren, bedeutet deswegen eben auch, ihn unter seinem Namen zu typisieren. Letztlich ist jede Bedeutungsgebung in diesem Sinne ein Typisierungsakt, da es keine zwei gleichen Weltzustände gibt. Kollektives Wissen bzw. gesellschaftliche Symbol- oder Zeichensysteme sind nichts anderes als historisch aufgehäufte und tradierte, veränderliche und immer nur hinreichend bestimmte Typisierungen, die sich in erster Linie aus dem ergeben, was in einer Gesellschaft typischerweise als relevant, wichtig und wirklich (oder unwirklich) gilt – und die durch ihren Gebrauch genau diese Relevanzen wiederum mit erzeugen.

Sozialwissenschaftlich von Interesse ist diese Feststellung u. a. deswegen, weil man über die Analyse solcher „Typen" einen Zugang zu den sozialen Erfahrungen der Gesellschaftsmitglieder erhalten kann. Ein von Schütz selbst dazu vorgestelltes Beispiel ist die Figur des „Fremden". Vor dem Hintergrund seiner eigenen Migrationserfahrungen beschrieb er diesen Typus durch das Merkmal, dass für ihn gerade die unproblematische Gegebenheit der Relevanzstrukturen und Deutungsschemata eines Kollektivs nicht gelten. Da er aus einer Herkunftskultur mit einer besonderen „Alltagswirklichkeit" (einschließlich der spezifischen kulturellen Normen und institutionellen Strukturierungen des Handelns) in eine Ankunftsgesellschaft mit deren „Alltagswirklichkeit" übertritt, verliert jede dieser Wirklichkeiten ihre Fraglosigkeit. Er weiß also darum, dass es unterschiedliche Relevanzsysteme gibt und tritt mit diesem Wissen, dieser Erfahrung der Relativität in jede Situation ein. Für ihn ist also weder das alte noch das neue Bezugssystem der Erfahrung uneingeschränkt gültig, d. h. in der Art und Weise „fraglos" und „gegeben" wie für eine Person, die ihren Kulturzusammenhang nie verlassen hat (Schütz 1972a). Andere Analysen richten sich z. B. auf unterschiedliche Positionen in der Wissensverteilung (wie den Experten, den Laien und den „wohlinformierten Bürger"). Allgemeiner lässt sich der Prozess der Sinnkonstitution mit einer Zusammenfassung von Berger und Luckmann wie folgt beschreiben:

> Sinn konstituiert sich im menschlichen Bewußtsein: im Bewußtsein des einzelnen, der sich in einem Leib individuiert hat und durch gesellschaftliche Vorgänge zur Person

geworden ist. Bewußtsein, Individuierung, die spezifische Leiblichkeit, Sozialität und die geschichtlich-gesellschaftliche Ausbildung persönlicher Identität sind Wesensmerkmale unserer Gattung (…) Bewußtsein ist, für sich allein genommen, nichts; es ist immer Bewußtsein von etwas. Es besteht nur, indem es seine Aufmerksamkeit auf ein Objekt, auf ein Ziel hin ausrichtet. Dieser intentionale Gegenstand wird durch die verschiedenen synthetisierenden Leistungen des Bewußtseins konstituiert und zeigt sich in seiner allgemeinen Struktur, ob es sich nun um Wahrnehmungen, Erinnerungen oder Vorstellungen handelt: Um den Kern, das ‚Thema' des intentionalen Gegenstandes breitet sich ein zum Thema gehöriges Feld aus, das von einem offenen Horizont umgeben ist. (…) Die Abfolge miteinander verbundener Themen – nennen wir sie ‚Erlebnisse' – ist als solche noch nicht sinnhaft, ist aber die Grundlage, auf der Sinn entstehen kann. Denn Erlebnisse (…) denen sich das Ich aufmerksam zuwendet (…) werden zu konturierten ‚Erfahrungen'. Erfahrungen hätten, jede für sich genommen, auch noch keinen Sinn. (…) Sinn ist das Bewußtsein davon, daß zwischen Erfahrungen eine Beziehung besteht. (…) Die jeweils aktuelle Erfahrung kann zu einer gerade oder längst vergangenen in Beziehung gesetzt werden. Zumeist wird sie jedoch nicht zu einer einzelnen anderen Erfahrung in Beziehung gesetzt, sondern zu einem aus vielen Erfahrungen abgeleiteten und im subjektiven Wissen abgelagerten oder aber aus einem gesellschaftlichen Wissensvorrat übernommenen Erfahrungstyp und Erfahrungsschema (…). (Berger und Luckmann 1995, S. 11 f.)

Welche Deutungsschemata wir nutzen, hängt gewiss von dem ab, was prinzipiell verfügbar ist. Darüberhinaus erfolgt jedoch eine Auswahl durch die uns gegenwärtigen „Relevanzen", d. h. durch die Anforderungen, die uns durch Situationen, in denen wir uns befinden, in gewissem Sinne aufgegeben werden. Schütz erläutert dies in seinem Buch über „Das Problem der Relevanz" (Schütz 1982) am Beispiel seines eigenen Schreibens: Er sitz im Garten seines Sommerhauses, vor sich auf dem Tisch Papier, Tinte, Federhalter. Daneben steht eine Obstschale, im Hintergrund sind Bäume, ein See usw. Er hört Rasenmäher, spürt den Tisch usw. Im Kopf gehen ihm Gedanken zu Büchern herum, die er zum Thema gelesen hat, er denkt an die möglichen zukünftigen Leser seiner Abhandlung, die er in Englisch verfassen will u. a. m. Er fokussiert dann seine Aufmerksamkeit auf das Projekt des Schreibens, alle anderen gerade erwähnten Merkmale der Situation treten in den Hintergrund. Schütz beschreibt diesen Prozess der auf einen Themenkern gerichteten Konzentration des „Bewusstseinsfeldes" mit dem Begriff der „Relevanz" und unterscheidet mehrere Elemente der Relevanzstruktur: zunächst die thematische Relevanz bzw. das Problem, um das es in einer Situation geht, dann die Auslegungsrelevanz als die Bestimmung dessen, was für ein Problem oder ein Thema als relevantes Deutungsschema herangezogen werden muss oder kann, dann die Motivationsrelevanz, bei der es im wesentlichen um Um-zu und Weil-Motive (s. u.) geht. Doch die Welt nötigt immer wieder Überprüfungen auf, etwa dann, wenn sich der Schreiber zur Ruhe begeben möchte und im Schlafzimmer etwas sieht, was ihm vorher nicht aufgefallen war und ihn zur Vergewisserung zwingt:

4.1 Sozialphänomenologische Grundlegungen

Es gibt bestimmt keinen Grund, in einem Zimmer, das ein harmloses Seilknäuel enthält, nicht zu schlafen, oder diese zu entfernen. Eine offensichtliche Gefahr besteht aber für beide Teile, sollte sich der Gegenstand als eine Schlange erweisen. Somit wird die richtige, zumindest die ausreichende Auslegung klar bestimmen, wie sich der Mann weiter verhält. (Schütz 1982, S. 78 f.)

Wir entnehmen die Deutungsschemata den soziohistorisch spezifischen kollektiven Wissensvorräten, die uns zur Verfügung stehen (Schütz und Luckmann 1979, 1984). Eine solche Elementaranalyse der Bewusstseinsprozesse und des sozial vermittelten Sinnaufbaus im Einzelbewusstsein kann die schier unendliche kulturelle Vielfalt menschlicher Gesellschaften verständlich machen: Da keine Sinnzuweisung angeboren ist, sondern nur das Phänomen oder die Notwendigkeit der Sinnzuweisung als elementare menschliche Fähigkeit begriffen wird, kann dieser Prozess mit nahezu beliebigen Deutungsschemata vollzogen werden. Restriktionen ergeben sich hier aus den kollektiven soziohistorischen Erfahrungs-, Selektions-, Einschränkungs- und Ermöglichungsprozessen, die natürlich permanente Stabilisierungen und Korrekturen vornehmen – also auch der Erfahrung des Scheiterns von Sinnzuweisungen an Widerständen der „Welt" Rechnung tragen.

4.1.2 Das Handeln und seine Motivstruktur

Die erwähnten Deutungsschemata haben wir also zum Teil aus eigenem früheren Erleben gewonnen (wobei wir auf gesellschaftlich verfügbare Deutungen zurückgreifen), z. T. aus dem „gesellschaftlichen Wissensvorrat" (beispielsweise der Sprache) übernommen, etwa wenn wir „wissen" bzw. „gelernt haben", was „Krieg" ist, ohne selbst Krieg „leibhaftig" erfahren zu haben. Auch der dem Handeln – nicht nur dem Deuten – zugrunde liegende Motivationszusammenhang ist ein Sinnzusammenhang. Max Weber hatte in seiner Bestimmung des soziologischen Forschungsgegenstandes Handeln von Verhalten gerade durch die Sinnorientierung des letzteren unterschieden. Die Deutungsschemata, die wir bisher behandelt haben, organisieren, so wurde gesagt, unsere Erfahrungen. Während Erfahrungen zunächst auf etwas Vergangenes verweisen, lassen sich „Erwartungen" als vorgestellte und zukünftig vergangene Erfahrungen begreifen. Diese Beziehung ist wichtig um zu verstehen, was Handeln bedeutet. Schütz unterscheidet zwischen dem Handeln, also dem Tun selbst in seinen einzelnen Komponenten, und der Handlung als der entworfenen Gesamtgestalt eines Handelns:

> „Was das Handeln vom Verhalten unterscheidet, ist also das Entworfensein der Handlung, die durch das Handeln zur Selbstgegebenheit gelangen soll." Daraus folge, „daß der Sinn des Handelns die vorher entworfene Handlung sei." (Schütz 1981, S. 79; vgl. ebd., S. 74 ff.)

Erläutern wir das am Beispiel einer komplexen Handlung, die in verschiedene Teilhandlungen gegliedert werden kann: Sie kochen für Freunde ein Abendessen. Das ist zunächst ein „Entwurf": Sie fassen den Plan, ein solches Essen zu kochen. Die Umsetzung dieser Handlung zerfällt in verschiedene Einzelschritte (einen Termin aussuchen, Einladungen aussprechen, Einkaufen, das Geschirr aus dem Schrank nehmen, die Zutaten bereitstellen, den Ofen anstellen usw.), die ihrerseits kleine Entwürfe, also Handlungen oder Zwischenziele innerhalb der Handlung darstellen und von ihnen manchmal mehr, manchmal weniger Aufmerksamkeit und direkte Zuwendung verlangen. Das alles verläuft im Modus des Handelns, also im aktiven Körpertun, und nicht jedes Element dieses Tuns bedarf Ihrer reflexiven Zuwendung (Sie müssen im Regelfall nicht den Plan entwickeln, die Finger oder Beine zu bewegen, zu atmen usw.). Schütz spricht im Zusammenhang mit solchen Handlungen von einem „Denken modo futuri exacti", in dem die entworfene Handlung als vergangen vorgestellt wird. Daraus erst lässt sich ja ableiten, inwieweit sie tatsächlich einem anvisierten Ziel oder Entwurf entspricht. Die so vorgestellte Handlung ist also der Webersche „Sinn", der mit einem Handeln verbunden wird.

Schütz unterscheidet „Weil-Motive" von „Um-zu-Motiven". Um-Zu-Motive verweisen auf das Ziel einer Handlung, also auf das beabsichtige Ergebnis ihrer Durchführung:

> Ich entwerfe z. B. den Plan, einen in der Nachbarschaft wohnenden Freund aufzusuchen. Zu diesem Zwecke muß ich mich von meinem Stuhle erheben, also verschiedene Muskelspannungen und Entspannungen meines Leibes vollführen, muß durch das Nebenzimmer in den Vorraum meiner Wohnung, die Treppe hinab und die Straße in der Richtung zum Hause meines Freundes entlang gehen, usw. Ich werde nun jemandem, der mich auf diesem Weg nach dem ‚sinnhaften Grund' meines Ausganges befragt, antworten, daß ich den in der Nebenstraße wohnhaften A aufzusuchen beabsichtige. (…) Dadurch aber, daß ich den Plan gefaßt habe, den A zu besuchen, also ein ‚in die Wohnung des A gehen' modo futuri exacti als vollzogen phantasiert habe, steht für mich das an diesem Ziel orientierte Handeln in einem Sinnzusammenhang. Soweit *Motiv* die Bezeichnung für die mit dem Handeln seitens des Handelnden verbundenen Erwartungen ist, kann der Motivationszusammenhang also als *jener Sinnzusammenhang definiert werden, in welchem ein besonderes Handeln kraft des Entworfenseins der Handlung für den Handelnden steht.* Dieser Sachverhalt kann auch durch die These ausgedrückt werden, daß *die modi futuri exacti als abgelaufen entworfene Handlung, an welcher das Handeln orientiert ist, für den Handelnden Motiv (nämlich ‚Um-zu-Motiv') ist.* (Schütz 1981, S. 116 f.)

Während das Um-zu-Motiv also ein in der Zukunft liegendes Ziel einer Handlung bezeichnet, verweist das „Weil-Motiv" darauf, wie aus vergangenen Erlebnissen der Entwurf einer Handlung selbst konstituiert wurde. Schütz erläutert dies am Beispiel des Regenschirm-Aufspannens. Ich spanne einen Schirm auf, weil es regnet. Schütz unterscheidet in diesem Zusammenhang zwischen einem „unechten" und einem

„echten" Weil-Motiv. Das unechte Weil-Motiv ließe sich auch als „Um-zu-Motiv" formulieren: Ich spanne den Schirm auf, um nicht nass zu werden (um später im Kino nicht mit nasser Kleidung zu sitzen usw.). Das echte Weil-Motiv bezieht sich auf etwas vergangenes, hier darauf, dass es eben tatsächlich angefangen hat zu regnen, und dass das für mich der Anlass ist, den Schirm aufzuspannen. Allgemein gesprochen: ein echtes Weil-Motiv „motiviert also die Konstituierung des Entwurfes, das unechte Weil- oder Um-zu-Motiv motiviert auf Grund des konstituierten Entwurfes die sich konstituierende Handlung." (Schütz 1981, S. 124)

Um-zu-Motive markieren den *„Entwurf"*, das in der Zukunft liegende Ziel einer Handlung, das beabsichtigte Ergebnis ihrer Durchführung. „Weil-Motive" verorten die Motivlage in Vergangenem: Ich nehme die U-Bahn, *um zu* einer Verabredung pünktlich einzutreffen. Ich will den hübschen blonden Jungen wiedersehen, *weil* ich mich in ihn verliebt habe. Wichtig ist, dass „Um-zu-Motive" und „Weil-Motive" nicht im Zeitverlauf einfach ineinander übergehen und deckungsgleich werden; meist fallen sie aufgrund der komplexen und vielfältigen Verwicklungen von Handlungssträngen, -bedingungen, -interpretationen in der sozialen Realität sogar deutlich auseinander. Und ganz allgemein gilt, dass natürlich beide Motivtypen dem entstammen, was gesellschaftlich als mögliche Motivlage zur Verfügung gestellt wird.[5] Die erwähnten Motive und Deutungsschemata sind in Relevanzstrukturen, also in Wahrnehmungen und Unterscheidungen des situativ für mich Wichtigen vom Unwichtigen eingebunden, die sich im Alltag aus pragmatischen Motiven des Handlungsvollzugs und der Bewältigung wiederkehrender Routinesituationen ergeben. Bei Störungen, Irritationen bzw. weit reichenden Neuausrichtungen des Handlungsvollzugs werden ganz im Sinne des Pragmatismus solche Relevanzstrukturen verändert. So muss ich im gerade erwähnten Beispiel nicht wissen, wie eine U-Bahn funktioniert, ob es alternativ auch eine Busverbindung gibt oder wie teuer ein Taxi wird. All das ist nicht relevant, kann es jedoch werden, sobald die U-Bahn stecken bleibt, ausfällt usw.

4.1.3 Natürliche Einstellung und Strukturen der Lebenswelt

Schütz arbeitet noch weitere elementare Momente unserer alltäglichen Orientierung in der Welt heraus. In der „natürlichen Einstellung"[6] des Alltags gehen wir

---

[5] Zu solchen Fragen sehr grundsätzliche Überlegungen hat Friedrich Nietzsche in seinem 1887 erschienenen Text „Genealogie der Moral" angestellt (Nietzsche 2004 [1887]). Charles W. Mills erklärte die Untersuchung des Zusammenhangs von situiertem Handeln und „Motivvokabularien" zur zentralen Aufgabe der Wissenssoziologie (Mills 1940).
[6] Max Scheler (1874–1928) brachte sehr früh in der wissenssoziologischen Tradition die Idee der „relativ-natürlichen Weltanschauung" ein. Vgl. Scheler (1980 [1926]).

beispielsweise davon aus, immer wieder in gleicher oder doch ähnlicher Weise handeln zu können. Damit unterstellen wir auch, dass die Welt morgen, ja streng genommen sogar im nächsten Moment, so ist, wie gerade jetzt, dass sie also stabil bleibt. Schütz nennt diese Grundannahmen über die Konstanz der Weltstruktur, die unser Handeln begleiten, die „Idealisierungen" des „Ich-kann-immer-wieder" und des „Und-so-weiter" (Schütz und Luckmann 1979, S. 42). Erzählungen wie Franz Kafkas Geschichte über „Die Verwandlung" (1997 [1915]), in der sich der Protagonist eines Morgens als Käfer wiederfindet, oder Filme wie der erste Teil der Matrix-Trilogie der Gebrüder Wachowski (1999, Warner) spielen mit den Ängsten und Erschütterungen, die ein Bruch dieser Idealisierungen mit sich bringt.

Damit sind wir bei der Analyse der „Sinnstruktur der Sozialwelt" und unserer alltäglich-selbstverständlichen Wahrnehmung des „in Gesellschaft seins" angekommen. Eine wichtige Rolle gewinnt hier für Schütz der Begriff der „Lebenswelt". Damit hatte Husserl die Welterfahrung unseres Alltagslebens bezeichnet: durch unsere Sinne vermittelt nehmen wir darin Dinge in räumlicher Lokalisierung und zeitlicher Dauer wahr und erfahren sie als „einfach gegeben". Demgegenüber zeichnet sich beispielsweise eine wissenschaftliche Haltung zur Welt meist durch die Infragestellung dieser „naiven" Gegebenheit der Phänomene aus. Die Soziologie jedoch müsse, so Schütz, mit der Beschreibung der Grundstrukturen dieser „alltäglichen Lebenswelt" beginnen, also derjenigen Realitätsebene, die uns in der „natürlichen Einstellung", in derjenigen des „gesunden Menschenverstandes", als selbstverständlich gegeben und „fraglos" erscheint (Schütz und Luckmann 1979, S. 23). Die verschiedenen Elemente der gegebenen Relevanzstrukturen sind in der Regel in den gesellschaftlichen Wissensvorräten eingelassen, bspw. in der Sprache, die eben manches benennt, und vieles nicht. Neben die Analyse der Sinnkonstitution im Bewusstsein tritt damit eine Untersuchung von Strukturen.

Schütz erschließt den „sinnhaften Aufbau der sozialen Welt" durch eine phänomenologische Analyse der „Strukturen der Lebenswelt" (Schütz und Luckmann 1979, 1984). In diesem von Thomas Luckmann nach dem Tode von Schütz bearbeiteten Manuskript sind die verschiedenen Elemente der Schützschen Argumentation in systematischer Weise aufeinander bezogen. Die Strukturen der Lebenswelt lassen sich durch verschiedene Gliederungsprinzipien weiter aufschlüsseln. Nach dem „Realitätsakzent" können bspw. unterschiedliche Realitätsbereiche mit je geschlossener Sinnstruktur unterschieden werden: die alltägliche Lebenswelt, die Traumwelt, Phantasiewelten. Innerhalb der alltäglichen Lebenswelt können wir differenzieren zwischen den aktuellen Reichweiten einer Situation und dem, was wir in Reichweite bringen können, zwischen unserer zeitlichen Vorwelt, der gegenwärtigen Mitwelt und der Nachwelt, zwischen unserer subjektiven Zeit und der Weltzeit, zwischen den erwähnten Elementen der Relevanzstrukturen u. a. m. Insbeson-

4.1 Sozialphänomenologische Grundlegungen

dere beschäftigt sich Schütz dabei auch mit dem „Wissen von der Lebenswelt", d. h. mit der Struktur der Wissensvorräte, über die wir unsere Erfahrungen konstituieren. Teile dieser Wissensvorräte haben wir in unserer Biographie durch persönliche Erlebnisse erworben, aber das meiste übernehmen wir aus dem gesellschaftlichen Wissensvorrat, d. h. aus dem, was in der Vergangenheit an Wissen erzeugt und – in Schrift, Sprache, Tradition usw. – überliefert wird. Solche Wissensvorräte sind in sich wieder komplex strukturiert, schließen bspw. immer auch Bereiche des Nichtwissens, allgemeine und Sonderwissensbestände ein, und nicht jedes Gesellschaftsmitglied hat zu denselben Ausschnitten Zugang. Insofern sind die „subjektiven Wissensvorräte", die aus den Stufen und Prozessen des biographischen Erlebens stammen (in Sozialisationsprozessen, durch Konfrontation mit unterschiedlichsten Handlungssituationen usw.) niemals identisch mit dem gesellschaftlichen Wissensvorrat. Diese Beschreibungen der Wissensvorräte gelten ganz allgemein, auch wenn natürlich jede historische Gesellschaft dabei je spezifische Wissensvorräte ausgebildet hat, also bspw. das, was als „Relevanz", Motiv usw. gilt, historisch höchst unterschiedliche Erscheinungsformen annehmen kann. So hat etwa Thomas Luckmann (1980) in einem lesenswerten Aufsatz nachgezeichnet, wie eine spezifische Kultur bspw. eine bestimmte Kartoffelpflanze zu den menschlichen Lebewesen rechnet.

Schütz konzentriert sich in seinen Analysen auf die Ebene der „Lebenswelt des Alltags" als derjenigen Wirklichkeitsebene, an der wir regelmäßig teilnehmen, in die wir eingreifen und die wir verändern können, die uns auch Widerstände entgegensetzt und zur Kreativität zwingt, in der wir uns mit anderen verständigen können, die also intersubjektiv ist – was beispielsweise in einem anderen Sinnbereich, der „Traumwelt" nicht möglich ist. In der Lebenswelt des Alltags sind wir damit beschäftigt, mit den Körpern und Situationen, die uns gegeben sind und uns begegnen, irgendwie klar zu kommen, ohne pemanent allzu weitreichende Fragen nach der Wirklichkeit der Wirklichkeit oder dem Sinn des Großen und Ganzen bzw. des Kleinen und Unzusammenhängenden zu stellen:

> Unter alltäglicher Lebenswelt soll jener Wirklichkeitsbereich verstanden werden, den der wache und normale Erwachsene in der Einstellung des gesunden Menschenverstandes als schlicht gegeben vorfindet. Mit schlicht gegeben bezeichnen wir alles, was wir als fraglos erleben, jeden Sachverhalt, der uns bis auf weiteres unproblematisch ist. (…) Ferner nehme ich als schlicht gegeben hin, daß in dieser meiner Welt auch andere Menschen existieren, und zwar nicht nur leiblich wie andere Gegenstände und unter anderen Gegenständen, sondern als mit einem Bewußtsein begabt, das im wesentlichen dem meinen gleich ist. So ist meine Lebenswelt von Anfang an nicht meine Privatwelt, sondern intersubjektiv; die Grundstruktur ihrer Wirklichkeit ist uns gemeinsam. (…) Die Lebenswelt, in ihrer Totalität als Natur- und Sozialwelt verstanden, ist sowohl der Schauplatz als auch das Zielgebiet meines und unseres wechselseitigen Handelns. (…) Die Lebenswelt ist also eine Wirklichkeit, die wir durch unsere Handlungen modifizieren und die andererseits unsere Handlungen modifi-

ziert. Wir können sagen, daß unsere natürliche Einstellung der Welt des täglichen Lebens gegenüber durchgehend vom *pragmatischen Motiv* bestimmt ist. (Schütz und Luckmann 1979, S. 25 ff.)

Wir unterstellen dabei, dass die Lebenswelt, wie sie uns gegeben ist, auch weiterhin besteht – Schütz spricht hier im Anschluss an Husserl von der „Idealität des ‚Und-so-weiter'" – und dass wir bereits durchgeführte Handlungen erfolgreich wiederholen können – die „Idealität des ‚Ich kann immer wieder'" (Schütz und Luckmann 1979, S. 29). Jede Situation, der wir begegnen, wird durch eine spezifische Mischung aus „fraglos Gegebenem" und „Problematischem" konstituiert. Das Problematische zwingt uns zur Aufmerksamkeit, zum Denken und Ausprobieren von Deutungsschemata, also zu dem von den Pragmatisten beschriebenen Moment der Kreativität im Problemlösen.

4.1.4 Das Ich und die Anderen

Bisher haben wir hauptsächlich die Wirklichkeitserfahrung und -konstitution aus der Sicht des Einzelbewusstseins in den Blick genommen und damit deutlich gemacht, welche Prozesse der Sinngebung und damit der Möglichkeit des Sinnverstehens zugrunde liegen. In einem nächsten Schritt der Schützschen Analysen geht es nun darum, wie das subjektive Bewusstsein auf die Bewusstseinsleistungen eines Gegenübers, eines Alter Ego schließt, die ihm ja nicht direkt zugänglich sind. Damit ist der Übergang vom Selbstverstehen zum „Fremdverstehen" angesprochen. Schütz nimmt an, dass wir in der „natürlichen Einstellung der alltäglichen Lebenswelt" gleichsam fraglos davon ausgehen, dass es andere Menschen gibt, die im Wesentlichen mit den gleichen Bewusstseinsprozessen und -fähigkeiten ausgestattet sind wie wir selbst, und dass sie die Wirklichkeit der Welt im Großen und Ganzen so wahrnehmen wie wir. Das, was wir von ihnen erblicken, also die Ausdrucksgestalt ihres Leibes, wird von uns so interpretiert, als wären sie „Menschen wie ich". Denn tatsächlich haben wir ja immer nur Zugang zu unseren eigenen Bewusstseinsprozessen, und keineswegs zu denjenigen der anderen. Allgemein spricht Schütz im Hinblick auf die erwähnten Unterstellungen hier von der „Generalthesis des alter ego" (Schütz 1981, S. 146). Das Verstehen des Sinnes, den andere ihren Handlungen beimessen, ist dann als eine Übertragung von denjenigen Sinnprozessen aus zu begreifen, die wir aus unserer Selbstauslegung kennen. Aufbauend auf der Generalthesis des alter ego, also der Grundannahme, dass andere Menschen existieren, die mehr oder weniger „wie ich" sind, müssen nun noch weitere Grundunterstellungen vorgenommen werden, damit intersubjektive Verstehensprozesse und Interaktionen möglich werden. Dazu zählen:

- die Idealisierung der „*Vertauschbarkeit der Standpunkte*": damit ist die Annahme gemeint, dass der Andere, wäre er an meiner Stelle, die Dinge weitgehend so sehen würde wie ich, und umgekehrt;[7]
- die Idealisierung der „*Kongruenz der Relevanzsysteme*": wir gehen davon aus, dass unsere Relevanzsysteme unabhängig von unserer individuellen Lebenserfahrung und -situation hinreichend übereinstimmen, damit wir uns verständigen und gemeinsam bzw. aufeinander bezogen handeln können.

Schütz nennt diese beiden Idealisierungen zusammengenommen die „*Generalthese der wechselseitigen Perspektiven*" (vgl. Schütz und Luckmann 1979, S. 87 ff.). Indem wir mit anderen eine gemeinsame Sprache, ein Zeichensystem benutzen, sind die Grundbedingungen dieser Annahmen immer schon weitestgehend gewährleistet, eben über die darin enthaltenen Typisierungen, also für historisch spezifische Gesellschaften typische Deutungsschemata, Kategorien, Motive, Modelle für Handlungen usw. Um zu verstehen, wie die tatsächlichen Abstimmungsbereiche in der Lebenswelt des Alltags (und nicht nur da) vor sich gehen, ist deswegen eine genauere Betrachtung der Art und Weise unseres Zeichengebrauchs notwendig.

4.1.5 Wissen, Sprache, Zeichen

Die weiter oben erläuterte Sinnkonstitution im Bewusstsein erfolgt, wie gesehen, im Rückgriff auf Deutungsschemata, die wir dem gesellschaftlichen Wissensvorrat entnehmen und die uns häufig in Sozialisationsprozessen vermittelt werden. Die konkrete Gestalt solcher Schemata und damit des Wissens sind Zeichen aller Art, und das wichtigste Zeichensystem von Gesellschaften ist sicherlich die Sprache.[8] Bei Alfed Schütz ergibt sich die sozialphänomenologische Beschäftigung mit Sprache und Zeichen aus dem Wissensbegriff, der Theorie des Selbst- und Fremdverstehens und der angenommen Intersubjektivität der Lebenswelt. Verständigung mit Anderen findet ebenso wie die Sinngebung für die eigene Weltwahrnehmung im Rückgriff auf überwiegend sprachlich repräsentierbare Zeichen statt. Schütz skizziert damit zugleich die Vermittlung zwischen dem individuell-subjektiv konstituierten Sinn und dem gesellschaftlich-intersubjektiven Wissensvorrat der Be-

---

[7] Vgl. zu diesen Punkten auch die Ausführungen von Mead zum Prozess der Rollen- oder Perspektivenübernahme (s. o. Kap. 3.1).

[8] „Diese Leistung der Sprache beruht auf der Festlegung der Darstellungsfunktion der Zeichen, ihrer semantisch-taxonomischen Erstarrung im System." (Schütz und Luckmann 1984, S. 208)

deutungen: Die Zeichenbeziehung ist von Beginn an eine öffentliche Kommunikationsbeziehung zwischen zeichennutzendem Ich und zeichendeutenden Anderen. Schütz (1971c, S. 353 ff. und 368 ff.) unterscheidet nach ihren Funktionen und den dabei vorgenommenen Sinnverweisen vier Arten von Zeichen: *Merkzeichen* sind subjektive Markierungen zur Erinnerung, bspw. ein Lesezeichen in einem Buch, dessen Sinn sich vor allem dem- oder derjenigen erschließt, die die mehr oder weniger ideosynkratische Markierung selbst vorgenommen haben. *Anzeichen* werden solche Zeichen genannt, die auf etwas schließen lassen, ohne dass ihnen eine absichtliche Verwendung, also Intentionalität unterstellt wird. Blätterbewegungen gelten dann bspw. als Indiz für starken Wind. Spezifischer als *Zeichen im engeren Sinne* begreift Schütz nun intersubjektiv konstituierte und die Verständigung ermöglichende Zeichenformen wie bspw. die Sprache oder die Schrift. Ihre Verwendung setzt Intentionalität voraus bzw. muss eine absichtliche, intendierte Zeichennutzung unterstellen. Eine solche Unterstellung erfolgt immer aus der Sicht des Beobachters, also desjenigen, der das Zeichen wahrnimmt und von seiner Wahrnehmung auf eine „Absicht" bzw. genauer: auf eine beabsichtigte Verwendung schließt (die natürlich ganz unterschiedlich motiviert sein kann). Als *Symbole* gelten ihm schließlich intersubjektiv konstituierte Zeichen, die auf andere Wirklichkeitsbereiche verweisen. Ein entsprechendes Beispiel wäre das christliche Kreuz.[9]

Anzeichen, Merkzeichen, Zeichen und Symbole sind soziale Phänomene und besitzen Bedeutungsgehalte, die über die unmittelbare Situation ihres Gebrauchs hinausgehen. Bedeutsam ist in diesem Zusammenhang der Begriff der *Appräsentation*: Zeichen – z. B. das Wort „Pferd" – sind eine Kopplung von materialem Zeichenträger (geschriebene Buchstaben oder gesprochene Laute) und einer Bedeutung bzw. einem Bedeutungsfeld, das auf etwas außerhalb des Zeichens selbst verweist – zumindest zieht derjenige, der ein Zeichen nutzt oder wahrnimmt, diesen Schluss. Schütz benennt im Anschluss an Husserl diesen Prozess als denjenigen der „Appräsentation" – es handelt sich um den Schluss von dem Präsenten (Zeichen) auf etwas Nicht-Präsentes (Bedeutung). Appräsentation ist die Grundlage aller Benutzung von Zeichensystemen. Nach Schütz und Luckmann (1984, S. 207 ff.) sind Sprache und andere Zeichensysteme als appräsentative Strukturen zu verstehen, die sich intersubjektiv aufbauen, geschichtlich abgelagert und gesellschaftlich vermittelt werden. Hans-Georg Soeffner (1989) verweist darauf, dass sich der Prozess

---

[9] Dieser Symbolbegriff ist also eingeschränkt und unterscheidet sich von demjenigen, den Mead benutzt. Meads „signifikante Symbole" umfassen alle vier Zeichentypen, sofern ihre Bedeutung gesellschaftlich stabilisiert ist (auf Zeit). Mead betont damit die soziale Formung und Voraussetzung des Zeichengebrauchs; Schütz geht es hier um den Verweisungszusammenhang, den ein Zeichennutzer/-interpret mit dem Zeichen in Verbindung bringt. Das setzt die soziale Konventionalisierung im Sinne von Mead voraus.

4.1 Sozialphänomenologische Grundlegungen

der „Appräsentation" auf unterschiedlichste sozial objektivierte Zeichenformen bezieht, also nicht nur auf Laute und Schrift, sondern auch auf Abbildungen oder das, was wir alltagsweltlich Symbole nennen, bspw. die stilisierten Hinweisschilder auf öffentlichen Toilettentüren. All diese Zeichenformen sind aus kommunikativen Handlungen hervorgegangen und haben insofern reflexiven Charakter, wie sie solche Handlungen einerseits überhaupt ermöglichen und andererseits darin reproduziert oder transformiert werden. Sie existieren nicht losgelöst von ihrem Gebrauch in Handlungskontexten.

Zeichen sind immer Bestandteile von Verweisungszusammenhängen, also von mehr oder weniger beweglichen Zeichensystemen, die sich historisch und zwischen sozialen Kollektiven – aber gewiss auch innerhalb von Kollektiven – unterscheiden oder zumindest unterscheiden können. Schütz selbst benutzt an verschiedenen Stellen in seinen Schriften den weiter oben schon erläuterten pragmatistischen Begriff des „universe of discourse" im Sinne eines sozial erzeugten und dem einzelnen Handelnden vorgängigen Deutungszusammenhangs.[10] Zwar führt er dieses Konzept nicht systematisch ein, aber in gewisser Hinsicht lässt sich seine Zeichen-, Kommunikations- und Wissenstheorie als skizzenhafte *Ausarbeitung einer Theorie des „universe of discourse"* verstehen. Bspw. schreibt Schütz in seinen Ausführungen über die „Welt der wissenschaftlichen Theorie", d. h. über einen gesellschaftliche „Subsinnwelt", die anderen Regeln folgt als die „Lebenswelt des Alltags", dass Wissenschaftler/innen sich den dortigen Regeln anpassen und unterwerfen müssen, wenn sie darin Zeichen erfolgreich nutzen wollen. In ihren Problembearbeitungen sind sie nur „relativ frei" im Zeichengebrauch:[11]

> All this, however, does not mean that the decision of the scientist in stating the problem is an arbitrary one or that he has the same ‚freedom of discretion' in choosing and solving his problems which the phantasying self has in filling out its anticipations. This is by no means the case. Of course, the theoretical thinker may choose at his discretion, only determined by an inclination rooted in his intimate personality, the scientific field in which he wants to take interest and possibly also the level (in general) upon which

---

[10] Vgl. etwa Schütz (1973a, S. 110; 1973b, S. 250, 256; 1973c, S. 323). In der deutschen Übersetzung werden verschiedene Begriffe zur Übertragung von „universe of discourse" („gemeinsame Sprache", „Welt des Dialogs" u. a.) benutzt. In keinem Fall taucht das Konzept selbst auf.

[11] Die sehr unglückliche deutsche Übersetzung der Passage lautet: „(…) Sobald der Wissenschaftler sich aber entschieden hat, betritt er die bereits vorkonstituierte Welt wissenschaftlichen Denkens, die ihm von der historischen Tradition seiner Wissenschaft überliefert worden ist. *Von nun an wird er an einer Welt des Dialogs teilnehmen.* Diese umfaßt die Ergebnisse, die von anderen erarbeitet, Probleme, die von anderen gestellt wurden, Lösungen, die andere vorgeschlagen und Methoden, die andere entwickelt haben. (…)." (Schütz 1971b, S. 288; Herv. d. Verf.)

he wants to carry on his investigation. But as soon as he has made up his mind in this respect, the scientist enters a preconstituted world of scientific contemplation handed down to him by the historical tradition of his science. *Henceforth, he will participate in a universe of discourse embracing the results obtained by others, methods worked out by others.* This theoretical universe of the special science is itself a finite province of meaning, having its peculiar cognitive style with peculiar implications and horizons to be explicated. The regulative principle of constitution of such a province of meaning, called a special branch of science, can be formulated as follows: Any problem emerging within the scientific field has to partake of the universal style of this field and has to be compatible with the preconstituted problems and their solution by either accepting or refuting them. Thus the latitude for the discretion of the scientist in stating the problem is in fact a very small one. (Schütz 1973b, S. 250; Herv. RK)

In Bezug auf Möglichkeiten wissenschaftlicher Theoriebildung führt er aus: [12]

Theorizing (…) is, first, possible only within a universe of discourse that is pregiven to the scientist as the outcome of other people's theorizing acts. (Ebd., S. 256)

Schließlich heißt es im Kontext seiner Überlegungen über die Notwendigkeit der weitreichenden Übereinstimmung von Relevanzsystemen als Grundlage für „erfolgreiche Kommunikation" (Schütz 1971c, S. 373): [13]

The greater the differences between their system of relevances, the fewer the chances for the success of the communication. Complete disparity of the system of relevances makes the establishment of a universe of discourse entirely impossible (Schütz 1973c, S. 323)

Schütz verdeutlicht mit solchen Hinweisen, dass *typisierende* und *typisierte* Zeichen immer in einem umfassenden Bedeutungshorizont eingebunden sind, der aus dem Zeichengebrauch innerhalb eines Kollektivs entstanden ist und diesen prägt: [14]

---

[12] Auch hier wählt die deutsche Übersetzung einen anderen Begriff. So lautet die entsprechende Passage: „(…) Theoriebildung (ist) erstens nur innerhalb einer Welt wissenschaftlichen Dialogs möglich, die dem Wissenschaftler als Ergebnis fremder theoretischer Handlungen vorgegeben ist." (Schütz 1971b, S. 294)

[13] Als Beispiel für ein „Höchstmaß an Übereinstimmung" gelten ihm „hochformalisierte und standardisierte Fachsprachen". In der deutschen Übersetzung lautet die oben zitierte Passage so: „Je größer der Unterschied zwischen ihren Relevanzsystemen, je geringer die Möglichkeiten für eine erfolgreiche Kommunikation. Bei gänzlich verschiedenen Relevanzsystemen kann es nicht mehr gelingen, eine ‚gemeinsame Sprache' zu finden." (Schütz 1971c, S. 373)

[14] Schütz erwähnt auch die Saussuresche Sprachtheorie und verweist auf den Gedanken der Arbitrarität des Zeichens. Insgesamt bezieht er sich jedoch stärker auf den schon bei Aristoteles formulierten Gedanken der sozialen Konventionalisierung von Zeichen: „Wir folgen der Feststellung des Aristoteles, daß ‚ein Name ein durch Konvention signifikanter Laut ist (…)' (‚De Interpretatione,' 16a 19) (…) Nach Aristoteles ist demnach die Sprache, und künstliche

4.1 Sozialphänomenologische Grundlegungen

> Mit dem Zeichen, dem bezeichneten Objekt und dem Bewußtsein des Deutenden von diesem Verhältnis entwickelt Schütz einen triadischen Zeichenbegriff, der den Zeichenprozeß umfassend zu erfassen versucht und sowohl handlungs- wie auch subjektbezogen ist. Dieser eröffnet die Einsicht in die zuvor auch von Saussure als Arbitrarität des sprachlichen Zeichens benannte ‚Beliebigkeit des Bedeutungsträgers', wonach die Beziehung zwischen dem Zeichenträger und seiner Bedeutung willkürlich, das heißt arbiträr beziehungsweise konventionell ist. (…) Da Zeichen und Bezeichnetes qua Arbitrarität nicht miteinander verbunden sind, wird die für das Zeichen konstitutive Repräsentationsbeziehung als Konstruktionsleistung von seinem Interpreten hergestellt, der in einem fundierenden Akt des Auffassens (…) dieses nicht als es selbst, sondern nach anderen Deutungsschemata etwa als Repräsentant für Bewußtseinserlebnisse eines Sprechers interpretiert. Von den drei Größen der Zeichenrelation ist folglich eines das Subjekt oder der Interpret des Zeichens, der ‚stillschweigend als bereits in Kommunikation mit seinen Mitmenschen stehend angenommen wird, so daß die Zeichen- oder Symbolrelation von Anfang an eine öffentliche ist', und aufgrund dessen wird neben einem denkenden Ich (ego cogitans), ‚welches die Zeichen setzt', stets auch ein solches mitgedacht, ‚welches die Zeichen deutet', bleibt also der kommunikative Charakter von Zeichensetzung und -deutung durchgängig erhalten. (Hanke 2002, S. 62 f.)

Die Verschränkung von Zeichen-, Kommunikations- und Wissenstheorie bei Schütz lässt sich wie folgt zusammenfassen: Soziale Kollektive sind Kommunikationsgemeinschaften, die ihre symbolischen Ordnungen in Zeichensystemen typisieren und objektivieren – sie erzeugen ein gemeinsames Diskursuniversum. Diese Typisierungen werden als kollektiver Wissensvorrat gespeichert und in Sozialisationsprozessen subjektiv angeeignet. Sie funktionieren dann, bezogen auf das individuelle Erleben, gleichzeitig als Schemata der aktiven Erfahrung oder Wahrnehmung (Apperzeption) und als solche der über das Zeichen hinausweisenden Deutung, der Appräsentation, also der Interpretation des Wahrgenommenen und des intervenierenden Deutens/Handelns. Der Appräsentationsprozess, d. h. der Schluss von einem Zeichen auf eine nicht-präsente Referenz, beinhaltet vier Dimensionen: die Apperzeption (Wahrnehmung) eines Zeichenphänomens; die eigentliche Appräsentation als Verweisrelation (etwa die Zurechnung eines Kreidestriches als Schriftzeichen), ein Referenzschema (der Bereich der Gegenstände, auf die verwiesen wird) und eine allgemeine Rahmen- oder Deutungsordnung (welcher Code – bspw. die deutsche Sprache – liegt dem zugrunde).[15] Schütz verweist entschieden darauf, dass die entsprechenden Appräsentationsleistungen sich nicht

---

Zeichen im allgemeinen, eine Sache der Konvention. Der Begriff der Konvention aber setzt das Vorhandensein der Gesellschaft voraus wie auch schon die Möglichkeit einer gewissen Verständigung, vermittels welcher ‚Konventionen' festgelegt werden können." (Schütz 1971c, S. 336)

[15] Vgl. die Zusammenfassung der Zeichentheorie von Schütz bei Hanke (2002, S. 57 ff).

nur auf ein isoliertes Zeichen bzw. Objekt beziehen, sondern auf ein Netz von Verweisungen, in das es eingebunden ist:[16]

> Es gibt aber weder in der unmittelbaren noch in der analogischen Erfahrung so etwas wie ein isoliertes Objekt, das ich beziehungslos erfahren haben könnte. Jeder Gegenstand ist Gegenstand innerhalb eines Felds, zum Beispiel eines Wahrnehmungsfelds; jede Erfahrung ist von einem Horizont umgeben; beide gehören zu einem bestimmten Bereich (einer ‚Ordnung'), der seinen eigenen Stil hat. (…) Ein mathematisches Objekt, zum Beispiel ein gleichseitiges Dreieck, verweist auf alle Axiome und Theoreme, welche dieses mathematische Objekt definieren, wie auch auf alle Theoreme usw., die im Begriff der Dreieckigkeit und der Gleichseitigkeit gründen, so auf ein regelmäßiges Viereck und schließlich auf eine geometrische Figur im allgemeinen. (Schütz 1971c, S. 344)

Mehr oder weniger umfangreiche symbolische Ordnungen funktionieren als Apperzeptions- und Appräsentationssysteme, die ausgehend vom konkret-praktischen Zeichengebrauch die Möglichkeit sinnhafter Bezüge zu einer zeichenexternen Wirklichkeit konstituieren. Sie bilden

> einen Sinnzusammenhang, der unter Umständen als institutionalisiertes, von allen Mitgliedern einer sozialen Gruppierung geteiltes Verweisungsschema diesen zu Gebote steht. (Srubar 1988, S. 233)

In einer Zusammenfassung bei Hanke heißt es:

> Die sprachliche Benennung von Dingen und Ereignissen beinhaltet die Bildung typischer Konstruktionen und Generalisierungen, eine sich an Relevanzen orientierende sprachliche Ordnung, die als ‚Schatzkammer vorgefertigter verfügbarer Typen' auch Teil der Lebenswelt ist und die Ableitung sozial vermittelten Wissens ermöglicht. Sprachliche Bezeichnung ‚mit einem bestimmten Wort' dient der Einordnung in den Gesamtzusammenhang der Erfahrung und somit dem Verstehen. (Hanke 2002, S. 67 f.)

Das quasi-ideale Bedeutungs-System Sprache ist Voraussetzung einer gewissen „Entsubjektivierung" der individuellen Deutungspraxis bei gleichzeitiger subjektiver Sinngebung bzw. Sinnkonstitution im Einzelbewusstsein – d. h. der geschichtlich-gesellschaftlichen Bestimmung des Möglichkeitsraumes der subjektiven Orientierung des Einzelnen in der Lebenswelt. Sie ist ein soziohistorisches Produkt von Institutionalisierungsprozessen und so der geschichtlich situierten Sozialwelt vorausgesetzt. Die Zugangschancen zur Sprache sind sozial ungleich verteilt; die

---

[16] Dies wird auch deutlich in seiner Diskussion der Studien von Marcel Granet über chinesische Klassifikationssysteme (vgl. Schütz 1971c, S. 385 ff).

4.1 Sozialphänomenologische Grundlegungen

unterschiedliche und ungleiche soziale Verteilung des Wissens hängt damit unmittelbar zusammen. Sprachverwendung ist eine durch soziale und sozialstrukturelle Konventionalisierungen geregelte gesellschaftliche Praxis.

Der Gebrauch kommunikativer Mittel ist also sowohl von der geschichtlich verfügbaren Struktur der kommunikativen Mittel wie von der konkreten gesellschaftlichen Regelung kommunikativer Vorgänge bestimmt (...) Der aktuelle Gebrauch kommunikativer Mittel setzt sich ebenfalls aus Regelbefolgung, Routine und aus dem – wenn auch noch so eingegrenzten – Handeln in der Wir-Beziehung zusammen. Daraus ergibt sich Strukturerhaltung und Strukturwandel. (Schütz und Luckmann 1984, S. 209 f.)

4.1.6 Sozialwissenschaftliche Methodologie des Sinnverstehens

Abschließend soll noch kurz auf methodologische Reflexionen von Schütz eingegangen werden. Weiter oben wurde erwähnt, dass Schütz zunächst um eine Fundierung der verstehenden Soziologie Max Webers bemüht war. Das war das Ziel seiner Analysen der Sinnkonstitution im Einzelbewusstsein; daran schloss eine Theorie des Fremdverstehens als einer Art Projektion des Selbstverstehens an: Ich unterstelle bis auf weiteres, dass ein Gegenüber mehr oder weniger ist wie ich, also deutet, denkt, handelt wie ich, zumindest solange, bis er oder sie sich etwa als Agent/in der Matrix, als Vampir, als Geist, als Terminator oder einfach nur als unkundig in meiner Sprache und Kultur (und umgekehrt) entpuppt. In der intersubjektiven Lebenswelt des Alltags sind wir in diesem Sinne permanent mit Prozessen des Sinnverstehens befasst, die mehr oder weniger tiefschürfend ansetzen: An der Supermarktkasse mache ich mir wenig Gedanken über die Sinngebungen des Kassierers, wenn er mir abends als Liebhaber begegnet, vielleicht schon mehr. Aus dieser basalen Analyse des Sinnverstehens zieht Schütz nun wichtige Konsequenzen für das Vorgehen einer sinnverstehenden Soziologie und deren Methoden: Zunächst besteht nämlich gar kein primärer Unterschied zwischen dem alltagsweltlichen und dem sozialwissenschaftlichen Sinnverstehen – beides ruht auf den gleichen Grundvoraussetzungen auf. Wenn Sie diesen Text lesen, setzen Sie die Kompetenz ein, die Sie auch beim Zeitungslesen nutzen; wenn Sie im Rahmen einer wissenschaftlichen Untersuchung ein Phänomen, bspw. eine Verhaltensweise beobachten und deuten, machen Sie nichts anderes als die „Jedermanns" auf der Straße. Doch das ist nur die halbe Wahrheit. Das sozialwissenschaftliche Verstehen unterscheidet sich nämlich durch die „wissenschaftliche Einstellung" von den Verstehensprozessen des Alltags. Vereinfacht gesagt, besteht es in einem systematischen Erkunden von

Sinnzuschreibungen. Es greift dabei auf unterschiedliche Mittel zurück, die wir im Alltag zumindest in systematisierter Form nicht einsetzen (z. B. Aufzeichnungen, Protokolle, wiederholte Beboachtungen), es hat seine eigenen Zeitbedingungen (ich kann einen Monat lang ein Interview analysieren) und Relevanzen (es geht mir um einen Beitrag zur wissenschaftlichen Theoriebildung), die sich von den Auslegungsrelevanzen der Handelnden in der Alltagswelt (wie komme ich an mein Brot) unterscheiden.

Wenn man diese Randbedingungen berücksichtigt, so kann man nun fragen: Wie können die Sozialwissenschaften die sinnhafte Vorkonstituiertheit ihres Gegenstandsbereichs berücksichtigen? Schütz insistiert darauf, dass sozialwissenschaftliche Erklärungen „Konstruktionen zweiter Ordnung sind", die auf den alltagsweltlichen „Konstruktionen der ersten Ordnung" aufbauen (müssen). Die Soziologie müsse hier im Wesentlichen auf Typenkonstruktion zielen, wobei solche Typen der Handelnden – und dafür sind der oben schon erwähnte „Fremde" oder auch der „Experte" Beispiele – immer an den ihnen zugrunde liegenden Daten zu prüfen sind und zwei Postulaten zu folgen haben:

> Schütz formuliert dies in Form von zwei methodologischen Postulaten: dem Postulat der subjektiven Interpretation und dem Postulat der Adäquanz. Das Postulat der subjektiven Interpretation verlangt, dass sozialwissenchaftliche Erklärungen auf den subjektiven Handlungssinn rekurrieren müssen. Theoriebautechnisch heißt dies, dass aufgrund typischer Muster eines beobachteten Handlungsablaufs ein Homunculus, ein Modell eines Handelnden konstruiert wird, dem ein Bewusstsein mit typischen Um-zu und Weil-Motiven zugeordnet wird. (…) Das Postulat der Adäquanz verlangt, dass die Konstruktionen des Sozialwissenschaftlers mit den Konstruktionen der Alltagshandelnden konsistent sind, d. h. sie müssen verständlich sein und ein Handeln zutreffend erklären. (Eberle 1999, S. 71).

Dies ist freilich noch sehr allgemein gehalten; die verschiedenen Ansätze der Sozialwissenschaftlichen Hermeneutik und spezifischer: der Hermeneutischen Wissenssoziologie zielen darauf, entsprechende Vorschläge genauer auszuarbeiten (s. u. Kap. 4.3).

4.2 Die gesellschaftliche Konstruktion der Wirklichkeit

Bei der vorangehenden Diskussion der Sinn*konstitution* im Einzelbewusstsein wurde deutlich, dass dieses Bewusstsein auf Deutungsschemata bzw. allgemeiner: auf typisiertes Wissen zurückgreift. Wie sich solche Typisierungen in historischen Gesellschaften zur sprachlichen Gestalt eines komplexen, sozial geteilten „universe of discourse" (Schütz und Luckmann 1984, S. 327) bzw. eines kollektiven Wissens-

4.2 Die gesellschaftliche Konstruktion der Wirklichkeit

vorrates stabilisieren können, und wie dieser wiederum von den Individuen in Sozialisationsprozessen angeeignet wird, ist das Grundthema der „Gesellschaftlichen Konstruktion der Wirklichkeit" von Peter L. Berger und Thomas Luckmann:

> Auf welche Weise entsteht gesellschaftliche Ordnung überhaupt? Die allgemeinste Antwort wäre, daß Gesellschaftsordnung ein Produkt des Menschen ist, oder genauer: eine ständige menschliche Produktion. (Berger und Luckmann 1980, S. 55 [1966])

Die Sinnkonstitution im Bewusstsein und die Wissenskonstruktion in der intersubjektiven Lebenswelt des Alltags sind gewissermaßen zwei Seiten einer Medaille (Luckmann 1999, 2008). Aber die letztere stellt den eigentlichen Gegenstand einer *sozialphänomenologisch fundierten sozialkonstruktivistischen Wissenssoziologie* dar. Die von Berger und Luckmann 1966 veröffentlichte „Theorie der Wissenssoziologie" ist in verschiedener Hinsicht ein Schlüsselwerk der weiteren wissenssoziologischen Entwicklungen und mehr noch: der allgemeinen Soziologie. Es handelt sich dabei, wie noch zu sehen sein wird, um ein theorieintegratives Werk, das lange vor den heutigen Diskussionen der Soziologie betont, dass Gesellschaften und ihre folgenreichen Wirklichkeitssichten permanent „hergestellt" werden. Eine sehr lesenswerte Zusammenfassung der Grundannahmen dieser Perspektive einschließlich einer Anwendung auf das Phänomen der Religion hat Peter Berger schon in den 1960er Jahren vorgelegt (Berger 1973). Auch das Buch über die „gesellschaftliche Konstruktion der Wirklichkeit" enthälte viele Beispiele, die anschaulich den Gedankengang illustrieren. Berger und Luckmann formulieren als Ziel ihrer Theorie die Beantwortung der folgenden Fragen:

> Wie ist es möglich, daß subjektiv gemeinter Sinn zu objektiver Faktizität *wird*? Oder, in der Terminologie Webers und Durkheims: Wie ist es möglich, daß menschliches *Handeln* (Weber) eine Welt von *Sachen* hervorbringt? So meinen wir denn, daß erst die Erforschung der gesellschaftlichen Konstruktion der Wirklichkeit – der ‚Realität sui generis' – zu ihrem Verständnis führt. Das, glauben wir, ist die Aufgabe der Wissenssoziologie. (Berger und Luckmann 1980, S. 20)

In den Worten von Stephan Wolff ist dieses Theorieangebot der

> wichtigste, vielleicht sogar der einzige allgemeintheoretische Versuch, die Gesellschaftstheorie von einem systematischen Verständnis der Bedeutung menschlicher Kommunikation für den gesellschaftlichen Aufbau der Wirklichkeit her zu entwickeln. (Wolff 1997, S. 50)

Berger und Luckmann fassen die Wechselbeziehung zwischen Mensch(en) und Gesellschaft in die folgende knappe Aussage:

> Gesellschaft ist ein menschliches Produkt. Gesellschaft ist eine objektive Wirklichkeit.
> Der Mensch ist ein gesellschaftliches Produkt. (Berger und Luckmann 1980, S. 67)

Abgeleitet vom Titel ihres Buches hat sich zwischenzeitlich der Begriff der *sozialkonstruktivistischen Wissenssoziologie* für diesen Ansatz etabliert, um ihn von anderen Wissenssoziologien abzugrenzen. Mitunter ist auch von (sozial-)phänomenologisch orientierter oder „neuer" Wissenssoziologie die Rede.[17] Vielleicht muss hier darauf hingewiesen werden, dass Berger und Luckmann wenig Begeisterung für das Etikett des Sozialkonstruktivismus zeigen, und ganz generell der Konjunktur von sozialwissenschaftlichen Konstruktivismen ebenso wie den darauf bezogenen Kritiken skeptisch bis ablehnend gegenüberstehen.[18] So schreibt Luckmann:

> Vor über vierzig Jahren haben Berger und ich unter dem Deckmantel einer wissenssoziologischen Abhandlung eine alte Sicht der menschlichen Welt neu einzuführen versucht. Die damalige Soziologie war ein Amalgam des reduktionistischen Positivismus und der von Parsons entwickelten strukturfunktionalistischen Theorie. Sie war nicht, so wie wir das verstanden, eine realistische Erfahrungswissenschaft. Die Auffassung, dass Menschen die Menschenwelt schafften, war in die moderne Wissenschaft von Vico eingeführt, Berger und mir aber durch die Marxschen anthropologischen Schriften und vor allem durch die philosophische Anthropologie Plessners und Gehlens nahe gerückt. Wir fragten, wie eine Wirklichkeit in menschlichen Tätigkeiten über viele Generationen entsteht und so etwas wie Objektivität erwirbt. Wie konnte eine auf diese Weise aus der Natur hervorgegangene historische Wirklichkeit gesellschaftlich zur ‚zweiten' Natur des Menschen verfestigt werden? Ich erwähne diese alte Geschichte einleitend (…) weil der Titel der erwähnten Abhandlung *The Social Concstruction of Reality* war und ich unmissverständlich darauf hinweisen möchte, dass Berger und ich damals vom noch nicht existenten Konstruktivismus nichts wissen *konnten* und heute von den späteren epistemologisch und wissenschaftstheoretisch unhaltbaren Entwicklungen, welche später so benannt wurden, nichts wissen *wollen*. (Luckmann 2008, S. 33)

Berger und Luckmann verstehen deswegen ihre Theorie als strikt realistischen Ansatz, der eben erklärt, wie die Prozesse verlaufen, durch die das, was wir als wirklich wahrnehmen, historisch hervorgebracht werden. Die entsprechenden Konstruktionsprozesse sind nicht so zu verstehen, als handele es sich dabei um kurzfristige dezionistische, kontrollierte oder gar konsensuell abgestimmte Akte oder „Setzun-

---

[17] Vgl. dazu die Überblicke zur Wissenssoziologie bei Knoblauch (2005) oder Dimbath und Keller (2013).

[18] Vgl. für einen Überlick über Konstruktivismen und eine wohlwollend-kritische Diskussion Hacking (1999), für eine sprachwissenschaftliche Positionierung, die allerdings die Argumentation von Berger und Luckmann erstaunlicherweise nicht vor Augen hat, vgl. Searle (1997).

4.2 Die gesellschaftliche Konstruktion der Wirklichkeit

gen" dessen, was von nun an als „wirklich" zu gelten habe. Solchen Vorstellungen mögen fiktionale Literaturen oder diktatorische Regime vielleicht nahekommen. Der Begriff der Konstruktion weist vielmehr auf längerfristige geschichtliche Prozesse hin, in denen Menschen in ihrem Zusammenwirken und in Auseinandersetzung mit Vorgefundenem die Sinnordnungen hervorbringen, die ihr Handeln orientieren. Das schließt natürlich unweigerlich auch die Ebene der materialen Wirklichkeit ein, ob diese nun als Natur, Ressource oder menschlich erzeugte Infrastruktur in Erscheinung tritt. Berger und Luckmann haben ihre wissenssoziologische Perspektive in vielen religions- und wissenssoziologischen Einzelstudien und auch in Einführungen in die Soziologie genutzt – mitunter mehr, mitunter weniger explizit. Auf diese zahlreichen Arbeiten kann hier nicht eingegangen werden (vgl. die Hinweise im Kasten). Stattdessen steht die Grundperspektive der „Gesellschaftlichen Konstruktion der Wirklichkeit" hier im Vordergrund. Wie also sorgen Menschen dafür, dass eine „objektive" Wirklichkeit entsteht, und warum orientieren sie sich weitgehend fraglos daran?[19]

Peter L. Berger (geb. 1929)
Peter L. Berger wurde 1929 in Wien geboren. Mit seinen Eltern jüdischer Herkunft, die zum Protestantismus übergetreten waren, wanderte er nach dem zweiten Weltkrieg in die USA aus. Er studierte Soziologie und Philosophie. 1952 promovierte er an der New School for Social Research in New York, wo er unter anderem Schüler von Alfred Schütz war. Danach forschte und lehrte er an verschiedenen Institutionen, zuletzt bis zu seiner Emeritierung an der Boston University. Dort leitete er bis 2009 das „Institute for the Study of Economic Culture" (heute: Institute on Culture, Religion and World Affairs). Berger hat neben bedeutenden Einführungen in die Sozio-

---

[19] Eine zum Verständnis sehr gut lesbare, auf Literaturverweise und Fachbezüge weitgehend verzichtende knappe Zusammenfassung der Kernargumentation findet sich in Berger und Luckmann (1995, S. 9–19).

logie und der „Theorie der Wissenssoziologie" vor allem religionssoziologische Fragestellungen (insbesondere in der südlichen Hemisphäre) verfolgt und sie ähnlich wie schon Weber mit wirtschaftssoziologischen Themen verbunden. Neben seinen zahlreichen wissenschaftlichen Veröffentlichungen und Forschungen schrieb er zwei Romane und war auch politik- sowie wirtschaftsberatend tätig; für sein Werk hat er mehrere Preise sowie Ehrendoktorwürden erhalten. Kürzlich hat er auch einen autobiographischen Text veröffentlicht (Berger 2008).

Webseiten:
Peter L. Berger Room (www.angelfire.com/or/sociologyshop/PLB.html [Stand v. 13.07.2011].
Bildnachweis: Homepage Peter L. Berger Room, Stand 03.02.07

Thomas Luckmann (geb. 1927)
Thomas Luckmann wurde 1927 in Slowenien geboren und lebte dann u. a. in Laibach, Klagenfurt und Wien. Gegen Kriegsende wurde er noch zur deutschen Luftwaffe eingezogen. Nach dem zweiten Weltkrieg studiert Luckmann zunächst in Wien, später in Innsbruck u. a. Sprachwissenschaften und Philosophie. 1951 geht er in die USA, arbeitet zunächst als Chauffeur und setzt dann sein Studium an der New School for Social Research fort, wo er auch Peter L. Berger kennenlernt. Alfred Schütz wird für ihn ein wichtiger Lehrer. Luckmann promoviert 1956 in Soziologie und arbeitet dann in verschiedenen Forschungsprojekten und Universitäten, etwa von 1960–1965 an der New School, von 1965–1970 als Professor an der Universität Frankfurt/Main und dann bis zu seiner Emeritierung im Jahre 1994 als Professor für Soziologie an der Universität Konstanz. Ähnlich wie Peter L. Berger verfolgte er religionssoziologische Interessen. Gleichzeitig arbeitete er stärker an der

Verbindung von sprach- und kommunikationstheoretischen Fragen mit der soziologischen Wissensanalyse und hat dazu viele Veröffentlichungen vorgelegt.
Bildnachweis: Privat, aufgenommen im Rahmen der Schütztagung an der Universität Konstanz 1999 von M. Mori (www.waseda.jp/schutz/AlfredEng.htm; Stand vom 17.7.2012)

Lektürevorschlag:
Berger, Peter L. & Luckmann, Thomas (1980 [1966]). *Die gesellschaftliche Konstruktion der Wirklichkeit* (S. 56–76). Frankfurt/Main: Fischer [Empfehlung: Da es sich hier um eines der klassischen Werke der Soziologie handelt: das gesamte Buch lesen!].
Berger, Peter L (1973). *Zur Dialektik von Religion und Gesellschaft. Elemente einer soziologischen Theorie.* Frankfurt/Main: Fischer [1966] [S. 3–51 enthalten eine ausgezeichnete Zusammenfassung der „Gesellschaftlichen Konstruktion", die am Beispiel der Religion illustriert wird].

„Die gesellschaftliche Konstruktion der Wirklichkeit" und ihre Autoren – empfohlene Vertiefungen:

Berger, Peter L., Berger, Brigitte & Kellner, Hansfried (1975). *Das Unbehagen in der Modernität.* Frankfurt/Main: Campus [Anwendung der Wissenssoziologie auf Fragen der Modernisierung in Entwicklungsländern].
Endreß, Martin (2008). Reflexive Wissenssoziologie als Sozialtheorie und Gesellschaftsanalyse. Zur phänomenologisch fundierten Analytik von Vergesellschaftungsprozessen. In Jürgen Raab u. a. (Hrsg.), *Phänomenologie und Soziologie* (S. 85–96). Wiesbaden: VS Verlag [Knappe und präzise Zusammenfassung der Argumentation von Berger & Luckmann mit anschließender Diskussion wichtiger Kritiken].
Luckmann, Thomas (1992). *Theorie des sozialen Handelns.* Berlin: de Gruyter [Konzise Zusammenfassung einer phänomenologisch fundierten soziologischen Handlungstheorie].
Pfadenhauer, Michaela (2010). *Peter L. Berger.* Konstanz: UVK [Einführung in Leben und Werk].
Schnettler, Bernt (2006). *Thomas Luckmann.* Konstanz: UVK [Einführung in Leben und Werk].

Weitere Literaturhinweise:
Peter L. Berger hat als Autor oder Mitautor einige sehr lesenswerte Einführungen in die Soziologie und zahlreiche religionssoziologische Schriften verfasst. Daraus folgt eine kleine Auswahl:
Berger, Peter L. (1973). *Zur Dialektik von Religion und Gesellschaft. Elemente einer soziologischen Theorie.* Frankfurt/Main: Fischer [1966] [in den Worten des Autors: „Anwendung einer aus der Wissenssoziologie hergeleiteten allgemeinen Gesellschaftstheorie auf das Phänomen der Religion", ebd., S. XI].
Berger, Peter L. (2011). *Einladung zur Soziologie. Eine humanistische Perspektive.* Konstanz: UVK [1963] [sehr erfolgreiche und gut zu lesende Einführung in die Soziologie]
Berger, Peter L. & Kellner, Hansfried (1984). *Für eine neue Soziologie. Ein Essay über Methode und Profession.* Frankfurt/Main: Fischer [lesenswertes Plädoyer für eine an Max Weber orientierte Soziologie].
Berger, Peter L. & Berger, Brigitte (1976). *Wir und die Gesellschaft. Eine Einführung in die Soziologie – entwickelt an der Alltagserfahrung.* Reinbek bei Hamburg: Rowohlt [1972] [sehr erfolgreiche und gut zu lesende Einführung in die Soziologie, die sich an biographischen Verläufen orientiert].
Berger, Peter L. & Luckmann, Thomas (1995). *Modernität, Pluralismus und Sinnkrise: die Orientierung des modernen Menschen.* Gütersloh: Verl. Bertelsmann Stiftung [enthält eine sehr gut lesbare Zusammenfassung der Grundargumentation der „Gesellschaftlichen Konstruktion"; daran wird eine zeitdiagnostische Analyse gegenwärtiger Pluralisierungsprozesse angeschlossen).

Thomas Luckmann hat ebenfalls religionssoziologische Fragen bearbeitet und zahlreiche Aufsätze veröffentlicht (siehe dazu auch vorangehend die gemeinsamen Publikationen mit Peter Berger), u. a. lesenswert:
Luckmann, Thomas (1986). *Lebenswelt und Gesellschaft. Grundstrukturen und geschichtliche Wandlungen.* Stuttgart: Utb [Zusammenstellung einzelner Analysen, u. a. zu Fragen der Identitätsbildung].
Luckmann, Thomas (1991). *Die unsichtbare Religion.* Frankfurt/Main: Suhrkamp [1967] [religionssoziologische Analyse vor dem Hintergrund der Wissenssoziologie, die sich vor allem der Frage des Verhältnisses von gesellschaftlichen Formen der Religion und individueller Religiosität widmet].
Luckmann, Thomas (2002). *Wissen und Gesellschaft. Ausgewählte Aufsätze 1981–2002.* Kontanz: UVK [Zusammenstellung wissenssoziologischer Analysen].

> Luckmann, Thomas (2007). *Lebenswelt, Identität und Gesellschaft. Schriften zur Wissens- und Protosoziologie*. Konstanz: UVK [Zusammenstellung wissenssoziologischer Analysen].
>
> Schütz, Alfred & Luckmann, Thomas (1979/1985). *Strukturen der Lebenswelt* (2. Bde.). Frankfurt/Main: Suhrkamp [von Luckmann auf der Grundlage eines Manuskriptes von Schütz verfasste bzw. komplettierte Analyse der bspw. zeitlichen, räumlichen und sozialen Grundstrukturen der Lebenswelt].

4.2.1 Grundlagen

Berger und Luckmann stützen ihre Theorie auf ein breites Gedankenfundament aus philosophischen und soziologischen Vorgängerarbeiten, die hier nur kurz erwähnt werden können. Ganz am Anfang steht, wie in dem vorhin erwähnten Zitat von Thomas Luckmann bereits angedeutet, der Anschluss an eine Auffassung der menschlichen Geschichte und Wirklichkeit, wie sie von dem italienischen Philosophen *Giambattista Vico* (1668–1744) vertreten wurde. Vico hatte argumentiert, dass die Menschen ihre Geschichte selber machen und dabei verschiedene Stufen durchlaufen (vgl. Vico 1981 [1725]). Zunächst – nicht zeitlich, sondern im Argumentationsgang – knüpfen Berger und Luckmann dann an die philosophisch-anthropologischen Perspektiven von *Hellmuth Plessner* (1892–1985) und *Arnold Gehlen* (1904–1976) an und skizzieren ein Menschenbild, das den Menschen als instinktarmes und umweltoffenes Mängelwesen begreift. Plessner hatte in der „exzentrischen Positionalität" des Menschen die Differenz zwischen Mensch und Tier ausgemacht. Damit ist das menschliche Vermögen gemeint, sich reflexiv-denkend (gleichsam „von außen") auf sich selbst zu beziehen, also sich selbst und den eigenen Standort in der Welt zum Gegenstand eigener und distanzierender Zuwendung zu machen (Plessner 1975 [1928]). Arnold Gehlen betrachtete den Menschen als „umweltoffenes Mängelwesen", das der sozialen Institutionen als einer Art zweiter Natur und Instinktersatz bedarf, die sein Verhalten einschränken und dadurch zugleich ermöglichen (Gehlen 1976). Diese Ausgangsannahmen sind wichtig, um zu verstehen, dass Menschen sinnorientierte Lebewesen sind, die Deutungen der Welt hervorbringen und darin ihre Handlungsorientierung finden, nicht in biologischen Reiz-Reaktionsmechanismen (wie das ähnlich auch Mead thematisiert hatte). Solche Deutungen sind nicht durch die Welt vorgegeben, deswegen ist eine schier unerschöpfliche Vielfalt menschlicher Kulturen möglich. Menschliche Gemeinschaften stellen solche Deutungen als bzw. in Institutionen auf Dauer. Institutionen fungieren als Instinktersatz, indem sie menschliches Handeln einerseits in bestimmte Bahnen lenken (die auch immer wieder überschritten werden können), und andererseits dadurch Handeln zugleich auch ermöglichen.

Solche Sinnorientierungen entstehen nun aus dem praktischen Tun von Menschen, d. h. sie werden von Menschen hervorgebracht, die in tätiger und gemeinsamer Auseinandersetzung mit der Welt stehen, sich um ihr Überleben und Leben kümmern müssen. Das ist die Grundfigur der Marxschen Argumentation in den frühen Schriften von *Karl Marx* (1818–1883) und *Friedrich Engels* (1820–1895) (vgl. Marx und Engels 1960 [1845/46]). Im Anschluss an Marx und Engels,[20] und im Rekurs auf den *Pragmatismus*, der diese Ideen ebenfalls aufgreift (s. o. Kap. 2.1), konzipieren Berger und Luckmann menschliche Praxis als arbeitsteilig-interaktive Tätigkeit der Externalisierung, Stabilisierung, Objektivierung, Institutionalisierung und Wiederaneignung von (symbolischen) Ordnungen. Wie das gemeint ist, wird nachfolgend zu erläutern sein. Grundlegend dafür ist zunächst dann *Max Webers* (1864–1920; vgl. Weber 1972 [1922]) Entwurf der Verstehenden Soziologie, aus dem sie das Fundament einer handlungstheoretisch angelegten Perspektive auf die Bedeutung des Sinnverstehens für das menschliche Handeln und auf das Soziale als Sinnzusammenhang gewinnen. Mit Webers großem Antipoden *Emile Durkheim* (1858–1917; vgl. Durkheim 1984 [1895]) interessieren sie sich aber gerade für diejenigen Mechanismen, durch die symbolische Ordnungen als „ärgerliche Tatsache der Gesellschaft" – ein Ausdruck des deutschen Soziologen Ralf Dahrendorf (1929–2009) – als entfremdete Produkte menschlichen Handelns und Zwang ausübende „soziale Dinge" erscheinen. *Alfred Schütz* wird mit seinen phänomenologischen Analysen der Konstitution von Wirklichkeit im individuellen Bewusstsein herangezogen, um die Webersche Perspektive zu vertiefen und die Aufschichtungen und Zusammenhänge zwischen individuellen und kollektiven Wissensvorräten zu beschreiben sowie die Wirkweise des Wissens bei der Strukturierung menschlicher Praxis zu erfassen. Sie führen Berger und Luckmann auch zur Betonung der Wirklichkeitsordnung der alltäglichen Lebenswelt, des Allerwelts- oder Jedermann-Wissens als permanent produzierter und reproduzierter Grundlage der gesellschaftlichen Ordnung. Die pragmatistische Sozial- und Symboltheorie des *Symbolischen Interaktionismus* (s. o. Kap. 3) bietet dann nicht nur eine Vorstellung über die konkreten Aushandlungsprozesse von Situationsdefinitionen und Wissensbeständen, sondern mit der *Meadschen* Sozialisationstheorie auch die Grundgedanken dafür, wie gesellschaftliche objektivierte Wissensbestände in Sozialisationsprozessen wiederum angeeignet und damit weitergegeben werden.[21]

---

[20] Zur Verortung der Programmatik der „Gesellschaftlichen Konstruktion" in der Marxschen Anthropologie vgl. insbesondere Luckmann (2002a).

[21] Mit „Aushandlungen" sind nicht Argumentationsprozesse gemeint, sondern im Anschluss an das Thomas-Theorem mehr oder weniger unbewusst und permanent ablaufende Prozesse

4.2 Die gesellschaftliche Konstruktion der Wirklichkeit

Im Ergebnis all dieser Bezugnahmen entwickeln Berger und Luckmann eine Theorie der sozialen Konstruktion von Deutungs- und Handlungswissen, das gesellschaftlich geschaffen, verändert, institutionalisiert und in Sozialisationsprozessen an Individuen vermittelt wird; das beinhaltet sowohl eine Theorie der gesellschaftlichen Struktur- und Institutionenbildung wie auch eine Theorie des sozialen Handelns (vgl. dazu zusammenfassend Luckmann 1992). Auch wenn Berger und Luckmann von „Konstruktion" sprechen, so bedeutet dies keineswegs, dass es sich um einen geplanten und kontrollierten Prozess handelt – das ist höchstens eine unter mehreren möglichen Arten und Weisen des Erzeugens von Wissensordnungen, und noch dazu eine relativ seltene. Tatsächlich bezeichnet „gesellschaftliche Konstruktion" zunächst nur die Annahme, dass es sich um von Menschen gemachte Wissenskonstruktionen handelt. Die Grundidee der „gesellschaftlichen Konstruktion der Wirklichkeit" besagt, dass Gesellschaftsordnung als ständige menschliche Produktionsleistung verstanden werden muss. Gesellschaft ist objektive und subjektive Wirklichkeit zugleich. Sie wird stabilisiert, wahrgenommen und verändert durch soziohistorische Wissensvorräte, die von Menschen gemacht sind, und die von ihnen sozialisatorisch angeeignet werden. Als Wissen gilt alles, was als wirklich angenommen wird, einschließlich der Existenz von Ideen oder außerweltlichen „Transzendenzen" (etwa Geister und Gottheiten).

„Wissen" ist hier alles, was als wirklich angenommen wird, Sinn stiftet oder doch sinnvoll interpretiert werden kann, etwa Handlungsmuster, Deutungsmuster, Normen und Regeln, Sprache, Klassifikationen, Institutionen, Berufe, Gefühle und Empfindungen, Routine- und Referenzwissen. Mit dem Begriff Wissen werden mithin sozial objektivierte Angebote der Sinnzuweisung (Bedeutungen) bezeichnet, die von der Art und Weise der Routinepraxis des Essens („Welche H and hält die Gabel?"; „Sind Hunde essbar?") bis hin zu theoretischem Sonderwissen („Kants kategorischem Imperativ zufolge...") reichen. Der gesellschaftliche Wissensvorrat bildet ein Sinnreservoir, das den Einzelsubjekten in Gestalt von Zeichensystemen historisch vorgegeben und sozial auferlegt ist, ihnen als *sozio-historisches Apriori* entgegentritt (vgl. Luckmann 2003, S. 20 f.). Die mehr oder weniger intersubjektiv verbindlichen Erfahrungsschemata bilden eine grundlegende Schicht gesellschaftlich anerkannter Problemlösungen, die durch sprachliche Objektivierung in einen geschichtlichen Bedeutungszusammenhang gestellt und Teil des kollektiven Wis-

---

wechselseitigen Anzeigens und Interpretierens dessen, um was es sich in einer Situation handelt. Dass solche Aushandlungsprozesse explizit werden und reflexive Zuwendung erfahren, ist ein empirischer Sonderfall. Vgl. zu den Parallelen zwischen den Positionen von William I. Thomas und der Wissenssoziologie von Berger und Luckmann den Vergleich bei Hitzler (1999). Erving Goffmans „Rahmen-Analyse", die ebenfalls an Alfred Schütz und auch an den Pragmatismus von William James anschließt, lässt sich als weitere Variation über das Thema der „Definition der Situation" lesen (Goffman 1980; s. u. Kap. 6).

sensvorrates werden. Die Vortypisierung bietet zugleich Entlastung, Ermöglichung und Einengung von Deuten und Handeln. Gesellschaft ist so objektivierte, d. h. durch Menschen gemachte und in Form von Wissen bzw. Institutionen mit Gültigkeitsansprüchen versehene, auf Dauer gestellte und deswegen objektive Wirklichkeit einerseits, im individuellen Werdegang aktiv angeeignete und deswegen subjektive Wirklichkeit andererseits.

Der gesellschaftliche (und immer soziohistorisch spezifische!) Wissensvorrat ist komplex, keineswegs homogen und konsistent; es gibt soziale Strukturen seiner Verteilung und Differenzierung. Nicht jeder verfügt über alles Wissen; nicht jeder lebt damit – zumindest in modernen Gesellschaften – in der gleichen Welt. Es gibt Experten, Spezialisten für dies und das, aber auch unwissende Laien. Es gibt Hierarchien der Wissensverteilung und differenzierte, ungleiche Chancen, Wissen zu produzieren, gesellschaftlich durchzusetzen oder sich individuell anzueignen. Nach sozialen Orten und Gruppenzugehörigkeiten werden unterschiedliche Bestandteile dieses Wissensvorrates subjektiv angeeignet und relevant.

Auch wenn das nun ziemlich abstrakt klingt – Sie können einfache Gedankenexperimente machen, um sich diese Ideen zu vergegenwärtigen:

- Für die Leser: Stellen Sie sich vor, Sie wachen morgen früh in einem weiblichen Körper auf und sind gezwungen, den Tag anzugehen. Was tun Sie? Wie oder worin unterscheidet sich das von Ihren üblichen Routinen? Wie lösen Sie die damit auftretenden Irritationen?
- Für die Leserinnen: Stellen Sie sich vor, Sie wachen morgen früh in einem männlichen Körper auf und sind gezwungen, den Tag anzugehen. Was tun Sie? Wie oder worin unterscheidet sich das von Ihren üblichen Routinen? Wie lösen sie die damit auftretenden Irritationen?
- Für Leser/innen: Stellen Sie sich vor, Sie wachen morgen früh im 15. Jahrhundert (in einer australischen Aborigines-Gesellschaft usw.) auf…

Tatsächlich verfügen wir heutzutage medienvermittelt über ungemein häufige und eindrückliche Erfahrungen von bzw. Konfrontationen mit der Unterschiedlichkeit gesellschaftlich konstruierter Wirklichkeiten. Auch ist das der Stoff, aus dem Komödien und Tragödien gemacht sind.

4.2.2 Gesellschaft als objektive und subjektive Wirklichkeit

„Gesellschaft" wird, wie schon angesprochen, bei Berger und Luckmann in zweifacher Weise gedacht: als objektive und subjektive Wirklichkeit zugleich. Was ist

4.2 Die gesellschaftliche Konstruktion der Wirklichkeit

damit gemeint? Der Sinn, die sinnhafte Wirklichkeit der Welt erschließt sich dem erkennenden, deutenden (sinn*konstituierenden*), handelnden Subjekt immer als sozial *konstruierte Wirklichkeit*. Das Wissen darüber stammt aus dem übersubjektiven gesellschaftlichen Wissensvorrat und umfasst sowohl Inhalte wie Handlungsweisen, Regeln, Normen oder Moralvorstellungen. Dieser historisch entstandene und kontingente Wissensvorrat wird dem Individuum von den verschiedensten Vermittlungsinstanzen (z. B. Familie, Peergroups, Bildungseinrichtungen, Massenmedien) als objektiv gegeben vorgestellt („Das ist eben so!"; „Das tut man nicht!") und von den Subjekten in unterschiedlichsten Prozessen und Situationen angeeignet, angefangen in der frühkindlichen Sozialisation über die verschiedenen Sozialisationsetappen und -situationen des Lebens bis hin ins hohe Alter – dieser Prozess geht immer weiter, bis zum Tode.

Der subjektive Wissensvorrat umfasst nicht nur explizite Wissensbestände, reflexiv verfügbare Deutungsmuster usw., sondern auch das routinehaft bzw. habituell-körperlich verfügbare Rezeptwissen für Alltagspraktiken. Die Aktualisierung von Elementen des Wissensvorrates erfolgt meist als pragmatisch-fragloser Routineprozess, der nur dann, wenn es Probleme gibt, eine besondere Zuwendung und Reflexionsarbeit notwendig macht. Sinn ist damit, wie bei Alfred Schütz, immer *sozialer* Sinn bzw. in seinen verbleibenden subjektiven Attributen der soziologischen Analyse nicht zugänglich. Die Sozialstruktur ist die soziologisch bedeutsamste Ebene der Strukturierung des individuellen Handelns und der gesellschaftlichen Wissensverteilung (vgl. Knoblauch u. a. 2002).

Die sozialen Konstruktionsprozesse, die dem vorausgehen müssen, damit es etwas gibt, was angeeignet werden kann, finden in historisch mehr oder weniger weit ausholenden Prozessen statt und ihren Niederschlag in Dingen, Organisationen, Institutionen, Denkgebäuden, die dem Einzelnen gegenüber Existenzberechtigung und Geltungskraft beanspruchen. Gesellschaft ist die in einer Vielzahl von symbolischen Sinnwelten objektivierte, d. h. institutionalisierte, legitimierte, in gewissem Sinne aktiv „verwirklichte" Realität, gemachtes Faktum einerseits, sozialisatorisch angeeignete Wirklichkeit andererseits. Damit ist die „Definition der Situation" endgültig in eine umfassende soziologische Theorie der Wirklichkeit eingebettet. Prozesse gesellschaftlicher Objektivierung von Sinn – etwa durch Zeichensysteme, Institutionen, Sprache und materielle Objekte – sind konstitutiv für das *„soziale Wirklichwerden"* der Wirklichkeit:

> Wissen über die Gesellschaft ist demnach *Verwirklichung* [im englischen Original: ‚realisation', Anm. RK] im doppelten Sinne des Wortes: Erfassen der objektivierten gesellschaftlichen Wirklichkeit und das ständige Produzieren eben dieser Wirklichkeit in einem. (Berger und Luckmann 1980, S. 71)

Die Beziehung zwischen dem objektiviertem Wissen und gesellschaftlicher Handlungspraxis wird dialektisch, d. h. als Wechselbeziehung gedacht. Jedes Deuten und Handeln greift auf die gesellschaftlich erzeugten, im jeweiligen soziohistorischen Kontext kollektiv verfügbaren typisierten Wissenselemente zurück. Diese werden im Deutungs- und Handlungsprozess aktualisiert, transformiert, angesichts neuartiger Problemsituationen modifiziert oder erweitert. Aufgabe der Soziologie ist, so argumentieren Berger und Luckmann, insbesondere die Untersuchung des Alltags- oder Jedermannwissens, das als basale Bedeutungsstruktur der gesellschaftlichen Wirklichkeit zugrunde liegt:[22]

> Allerweltswissen, nicht ‚Ideen' gebührt das Hauptinteresse der Wissenssoziologie, denn dieses ‚Wissen' eben bildet die Bedeutungs- und Sinnstruktur, ohne die es keine menschliche Gesellschaft gäbe. (Berger und Luckmann 1980, S. 16)

4.2.3 Die objektive Wirklichkeit als kollektiver Wissensvorrat

Die bislang schon angedeuteten beiden Seiten der Gesellschaft – als objektive und subjektive Wirklichkeit – sollen nun noch etwas genauer in den Blick genommen werden. Beginnen wir mit der Frage: Wie entstehen „kollektive Wissensvorräte" bzw. die „objektive Wirklichkeit"? Berger und Luckmann schlagen vor, die grundlegenden gesellschaftlichen Prozesse der *Wissenskonstruktion* als Stufenabfolge zu begreifen: Sie beginnen in Interaktionssituationen mit der situativen Entäußerung von Sinnangeboten (*Externalisierung*), der interaktiven Verfestigung von Handlungen und Deutungen in Prozessen der *wechselseitigen Typisierung* durch unterschiedliche Akteure, der habitualisierten *Wiederholung* sowie der *Objektivation durch Institutionenbildung* etwa in Rollen. Erst daran schließt dann die Weitergabe an Dritte in Formen sozialisatorisch vermittelter Aneignung an. Für diejenigen, die neu hinzukommen, erscheinen die gesellschaftlich hervorgebrachten Institutionen als etwas, das ihnen mit Ansprüchen auf Geltung und Befolgung gegenübertritt – obwohl es sich doch historisch gesehen um ein von Menschen hervorgebrachtes Gebilde handelt. Bei Dingen ist dies zunächst wohl viel einsichtiger. Der Topf, den jemand entworfen und ein anderer hergestellt hat, kann von mir benutzt werden, soweit ich mich an dem orientiere, was mir der Topf durch seine Form, Größe, materiale Beschaffenheit vorgibt – allerdings „zwingt" er mir keineswegs eine spezifische Nutzung auf (ich kann ihn etwa als Musikinstrument zweckentfremden). Doch wenn ich darin kochen will, muss ich seine Eigenschaften in meine Orientie-

---

[22] Diesem Postulat muss man nicht unbedingt folgen, auch dann nicht, wenn man die Grundlagentheorie von Berger und Luckmann übernimmt (vgl. Keller 2005).

rungen und Handlungspläne einbeziehen. Doch was für Dinge bzw. Artefakte gilt, gilt genauso für die Institutionen und das Wissen, dass sie manifestieren:

> Diese einmal gewonnene Objektivität kultureller Produkte des Menschen ist ihnen eigen, einerlei ob sie materiell oder immateriell sind. Im Falle der materiellen Produkte ist sie nicht schwer zu erkennen. Der Mensch fertigt Werkzeuge an und bereichert durch dieses sein Handeln die Totalität der in der Wel befindlichen materiellen Objekte. Einmal hergestellt, hat das Werkzeug sein Eigenwesen, das sich nicht einfach verändern läßt durch die, welche es handhaben. Ein Werkzeug (etwa ein landwirtschaftliches Gerät) kann sogar seinen Benutzern seine eigene Logik aufzwingen, und zwar gelegentlich in einer Weise, die ihnen gar nicht angenehm ist. Ein Pflug z. B., obzwar ganz offensichtlich ein menschliches Erzeugnis, ist ein Ding ‚da draußen', über das man stolpern und sich verletzen kann, nicht anders, als wenn es ein Stein, ein Baumstumpf oder irgendein anderes Naturding wäre. Noch interessanter ist jedoch, daß der Pflug den Pflüger zwingen kann, seine Tätigkeit nach ihm zu richten, und nicht einmal nur diese, sondern auch ganz andere Aspekte seines Lebens. Der Mensch muß sich in einer Weise nach dem Pflug richten, der *dessen* Logik entspricht und von den Menschen, die ihn ursprünglich geschaffen haben, weder beabsichtigt noch vorausgesehen worden sein mag. Die gleiche Objektivität charakterisiert auch die immateriellen Elemente der Kultur. (Berger 1973, S. 10 [1967])

Ein Gedankenexperiment

Was so in Bezug auf die Entstehung von Institutionen und ihren Geltungsanspruch recht kompliziert klingt, illustrieren Berger und Luckmann in einem Gedankenexperiment am Beispiel einer Robinson Crusoe-Situation. Nehmen wir an, auf einer einsamen Insel treffen zwei gestrandete Personen aufeinander, die aus unterschiedlichen Kulturen stammen und zwischen denen zunächst keine sprachliche Verständigung möglich ist. Wie lässt sich der Weg denken, der über wechselweises Handeln und Beobachten zum Aufbau von komplexen gemeinsamen Zeichenformen und Rollenbezügen führt? A klettert auf eine Palme und holt eine Kokosnuss. Er wird von B dabei beobachtet. A wiederholt dies und wiederum wird das von B bemerkt. Umgekehrt wiederholt B Handlungen (sagen wir: den Tiger jagen), die von A beobachtet werden. Sie machen dafür „Lautvorschläge", die dann von beiden benutzt werden. Irgendwann verfestigen sich die Handlungsweisen und ihr lautlicher, d. h. zeichenförmiger Ausdruck: A ist dann derjenige, der auf Bäume klettert; B jagt erfolgreich wilde Tiger. Kommt eine dritte Person C hinzu, wiederum mit anderer Sprache, dann werden A und B ihr gegenüber möglicherweise verdeutlichen, dass das Bäume erklettern Sache von A ist, von niemandem sonst; für die Tigerjagd gilt vergleichbares. Um C zu überzeugen, stehen A und B verschiedene Möglichkeiten zur Verfügung: Sie können körperliche Gewalt einsetzen. Oder sie entwickeln eine Begründung dafür, warum das genau so und so sein sollte, etwa eine Theorie der besonderen Fähigkeiten von A, die aus seiner „einzigartigen" Kompetenz der direkten Rücksprache mit den Göttern der Kokospalme resultiert etc. Damit ist eine kleine Institution der Arbeitsteilung innerhalb der Gruppe entstanden, in der A die Rolle des Baumkletteres innehat, B den Tiger jagt und C entweder Lehrling werden kann oder eine eigene Tätigkeit findet.

Nicht anders verläuft der Prozess, in dem die Eltern einem Neugeborenen erklären, wie die Welt beschaffen ist und was wer wie warum darin tun kann, und was nicht – einschließlich der mächtigen Institution der Sprache und des richtigen Sprechens. Nur dass die Eltern selbst natürlich nicht die Erfinder dieser Welt und ihrer Institutionen sind, sondern sich selbst zunächst oder doch nahezu ausschließlich in vorgegebenen Bahnen bewegen. Allerdings kann das Insel-Beispiel nicht erklären, wie überhaupt die Fähigkeit zum Zeichengebrauch entsteht. Denn A, B oder C werden schon als erwachsene Mitglieder von sozialen Gruppen gedacht, die sozialisiert sind und über Kompetenzen des Zeichengebrauchs verfügen (sie treffen sich ja nur zufällig auf der Insel), auch wenn letztere am Ausgangspunkt des Gedankenexperiments nicht kompatibel sein müssen. Ähnlich wie bei Mead bleibt also hier die evolutionsgeschichtliche Entfaltung offen; im Unterschied zu Mead beanspruchen Berger und Luckmann jedoch auch nicht, diese Frage klären zu wollen. Ihr Thema ist ja die Konstruktion, Legitimation, Zirkulation, Veränderung, kurz: der Gebrauch von Wissen in soziohistorisch konkreten Gesellschaften.

Institutionalisierung

Der Prozess, der von einer Gewohnheitshandlung zur *Externalisierung* einer Sinngebung bis hin zu ihrer sozialen Gestalt als *Institution* führt, kann als Vorgang der *Institutionalisierung* bezeichnet werden. Den einzelnen Stufen dieses Prozesses wenden wir uns jetzt zu (vgl. Berger und Luckmann 1980, S. 49 ff.; Berger und Luckmann 1995, S. 14 ff.). Die Möglichkeit zur Institutionenbildung resultiert zunächst aus der schon erwähnten (und philosophisch-anthropologisch begründeten) „Weltoffenheit" der menschlichen Umweltbeziehungen. Um zu überleben, sind Menschen bzw. menschliche Gemeinschaften nicht auf ein Modell der Welt festgelegt; je nach Umweltbedingungen und historischen Zufällen können ganz unterschiedliche Arten und Weisen der handelnden Auseinandersetzung mit der Welt entstehen. Die erste Stufe der Institutionenbildung besteht nach Berger und Luckmann in der häufigen Wiederholung bestimmter (bewährter) Handlungen. Solche *Habitualisierungen* finden statt, weil sie einfach Vorteile bieten (man weiß, wie es geht; man spart Zeit und Kraft; man setzt auf die höheren Erfolgsaussichten), und im historischen Verlauf wird einfach alles Tun habitualisiert, das für das Überleben menschlicher Gemeinschaften wichtig ist. Das ist der Ansatzpunkt:

> Institutionalisierung findet statt, sobald habitualisierte Handlungen durch Typen von Handelnden reziprok typisiert werden. Jede Typisierung, die auf diese Weise vorgenommen wird, ist eine Institution. (Berger und Luckmann 1980, S. 58)

4.2 Die gesellschaftliche Konstruktion der Wirklichkeit

An dieser Definition ist alles wichtig: So werden zum einen Handlungen „typisiert", d. h. sie werden mit einem Deutungsschema im Sinne von Alfred Schütz belegt und dadurch immer und immer wieder „erfahrbar" gemacht. Doch dies gilt nicht nur für die Handlungen, sondern auch für die Handelnden: Typisierte Handlungen können nur von dafür zuständigen Typen von Handelnden vollzogen werden:

> Die Institution ‚Gesetz' kann zum Beispiel postulieren, daß das Köpfen nur auf bestimme Weise und unter bestimmten Umständen vorgenommen werden darf, und ferner, daß nur bestimmte Typen köpfen dürfen – Henker, Angehörige einer ‚unreinen' Kaste, Jungfrauen bis zu einem gewissen Alter (…) und so weiter. (Ebd., S. 58)

Institutionen haben immer eine Geschichte, einen historischen Hintergrund, eine konkrete Abfolge von menschlichen Handlungen und Interaktionen, aus denen sie hervorgehen, und an denen wenige oder sehr viele Individuen beteiligt sein können. Sie fungieren allein durch ihre Existenz als eine Form der sozialen Kontrolle des Verhaltens, weil sie vorgeben, wie im Hinblick auf einen spezifischen Bereich gehandelt werden kann, und wer dazu befugt ist. Wenn es darum geht, sie an neu hinzukommende Dritte (z. B. Kinder, Fremde) weiterzugeben, kommen häufig Begründungen zum Einsatz – oder „nackte" Gewalt. Institutionen – wie diejenige der heterosexuellen Ehe – beanspruchen Autorität, die jedoch in Frage gestellt werden kann.

Kommen wir wieder zurück zum Prozess der Institutionalisierung. Eine Voraussetzung der Institutionenbildung ist, wie wir gesehen hatten, die „Typisierung". Dieser Prozess lässt sich auch als *Externalisierung* und *Objektivierung* begreifen. Externalisierung meint, dass das, was zunächst eine innere Erfahrung, eine leibgebundene Tätigkeit war, in eine äußere Gestalt transformiert wird, in ein Ding, ein „Zeichen" bzw. einen „Zusammenhang von Zeichen": sprachliche Laute, Bildzeichen, rudimentäre Schriftzeichen. Um Objektivierung handelt es sich dann, wenn dieses Ding/Zeichen (z. B. ein primitives Werkzeug, ein Fell, ein Laut) für unterschiedliche Handelnde die gleiche Bedeutung annimmt:

> In Objektivierungen wird der subjektive Erfahrungs- und Handlungssinn von der Einzigartigkeit der ‚Ursprungssituation' gelöst und bietet sich als typischer Sinn zur Aufnahme in einen gesellschaftlichen Wissensvorrat an. (Berger und Luckmann 1995, S. 14)

Bei dem, was in der Soziologie als *Rolle* bezeichnet wird, handelt es sich um nichts anderes als um Bündelungen von Handlungen, um die Institutionalisierung gebündelter Handlungsweisen oder Handlungsverläufe, die von ebenso typisierten Akteurskategorien ausgeführt werden können, dürfen oder müssen. Die „Einverleibung" der Institutionen in die Individuen läuft über Rollen und deren Aneignung in Sozialisationsprozessen. Institutionen werden von Individuen durch deren

Rollenspiel verwirklicht, reproduziert und transformiert; sie sind unmittelbar mit gesellschaftlichen Interessenlagen verbunden:

> Nur in ihrer Repräsentation durch Rollen manifestiert sich die Institution als wirklich erfahrbar. Mit ihrem Ensemble ‚programmierter' Handlungen ist sie so etwas wie ein ungeschriebenes Textbuch eines Dramas, dessen Aufführung von der immer wiederkehrenden Darstellung vorgeschriebener Rollen durch lebendige Akteure abhängt (…) In der Perspektive der institutionalen Ordnung erscheinen die Rollen als institutionelle Repräsentationen und als mögliche Vermittler zwischen den verschiedenen institutionell objektivierten Wissensaggregaten. In der Perspektive der Rollen selbst hat jede einzelne Rolle ihr gesellschaftlich festgelegtes Wissenszubehör. Beide Perspektiven weisen auf das eine umfassende Phänomen hin: die fundamentale Dialektik der Gesellschaft. Von der ersten Perspektive her wäre das Resumée: Gesellschaft ist nur, wo der Einzelne sich ihrer bewußt ist. Von der zweiten her wäre es: Das individuelle Bewußtsein ist immer gesellschaftlich determiniert (…) Für die Wissenssoziologie ist Rollenanalyse besonders wichtig, weil sie die Brücken zwischen den Makro-Sinnwelten einer Gesellschaft und den Formen, in denen diese Sinnwelten für den Einzelnen Wirklichkeitscharakter erhalten, sichtbar macht. (Berger und Luckmann 1980, S. 79 ff.)

Solche Rollen können wiederum in typischen Mustern zusammengefasst werden und bilden dann bereits komplexere Formen von Institutionen aus (Vater – Mutter – Kind; Ärztin – Patient). Rollen – und natürlich Institutionen – sind zugleich Speicher oder Vergegenwärtigungen von Wissensbeständen darüber, wie etwas zu tun ist und von wem erwartet werden kann, dieses zu tun – oder eben auch nicht. Sie haben konkrete Attribute, z. B. angemessene Kleidung (Uniformen, Anzüge…), ausgestattete Orte (Arztpraxis), sprachliche Bezeichnungen/Bedeutungen. Sie können zu Trägern gesellschaftsweit ausgedehnter Sinnwelten oder konkurrierender und konfligierender Subsinnwelten werden. Je stärker differenziert und komplexer institutionelle Ordnungen von Gesellschaften sind, desto stärker stellt sich das Problem der Gültigkeit oder Rechtfertigung von Teilen dieser Ordnung – oder der Ordnung als Ganzem.

Institution und Legitimierung

Wie wir gesehen haben, stellen Institutionen Wissensvorräte auf Dauer, beanspruchen Geltung über knappe Zeithorizonte hinaus, d. h. sie gewährleisten ihre Existenz über einzelne soziale Situationen hinweg, verschleiern ihre geschichtliche Kontingenz und setzen dazu verschiedenste Kontroll- und Sanktionsmechanismen ein. Mit der institutionellen Vorstrukturierung von Deutungs- und Handlungsmustern entsteht zugleich das Problem der Kontrolle von Abweichungen. Entsprechend werden Sanktionspotenziale aufgebaut. Institutionen schließen schon durch ihr Vorhandensein, durch die Art und Weise ihrer spezifischen sinnhaften Ord-

4.2 Die gesellschaftliche Konstruktion der Wirklichkeit

nung von Wirklichkeitsbereichen Alternativen aus. Sie gewinnen ihren Charakter als objektive Faktizität vor allem dann, wenn sie an Dritte vermittelt werden, die an ihrer Entstehung nicht beteiligt waren:

> Das Fortwirken einer Institution gründet sich auf ihre gesellschaftliche Anerkennung als ‚permanente' Lösung eines ‚permanenten' Problems. Potentielle Akteure für institutionalisierte Aktionen müssen daher *systematisch* mit institutionalisiertem Sinn bekanntgemacht werden. Ein ‚Erziehungs' prozeß wird nötig. Die institutionalen Bedeutungen müssen sich dem Bewußtsein des Individuums kraftvoll und unvergeßlich einprägen (…) Die objektivierte Sinnhaftigkeit institutionalen Handelns wird als ‚Wissen' angesehen und als solches weitergereicht. (…) Weitergabe braucht immer einen gesellschaftlichen Apparat. (…) Der Charakter des Apparates variiert natürlich von Gesellschaft zu Gesellschaft. (Ebd., S. 74 f.)

Das lässt sich auch in anderen Worten ausdrücken: Institutionen bedürfen der symbolischen Rechtfertigung, wenn sie über längere Phasen in der Zeit existieren und für (nachgeborene, von außen kommende) Andere gelten wollen. Den Prozess, in dem dies geschieht, bezeichnen Berger und Luckmann als *Legitimierung*. Dabei handelt es sich um eine „sekundäre Objektivation von Sinn" (Berger und Luckmann 1980, S. 98), die den in den Institutionen bereits eingebauten Sinn noch einmal in expliziten Legitimationstheorien aufbereitet, rechtfertigt und seinen Geltungsanspruch bekräftigt. Sehr leicht wird hier das „Wissen um das faktische Sein", also die Art und Weise, wie etwas (scheinbar) ist, zum „normativen Sollen":

> Daß Legitimation sowohl eine kognitive als auch eine normative Seite hat, darf nicht außer acht gelassen werden. Sie ist, mit anderen Worten, keineswegs einfach eine Frage der ‚Werte', sondern impliziert immer auch ‚Wissen'. (…) Legitimation sagt dem Einzelnen nicht nur, warum er eine Handlung ausführen *soll* und die andere nicht ausführen darf. Sie sagt ihm auch, warum die Dinge sind, *was* sie sind. Mit anderen Worten: bei der Legitimierung von Institutionen geht das ‚Wissen' den ‚Werten' voraus. (Berger und Luckmann 1980, S. 100)

Zur Stabilisierung von Institutionen werden Erklärungen und Rechtfertigungen für ihr Bestehen und ihren Geltungsanspruch entwickelt – es wird eine entsprechende Geschichte erzählt, in der die institutionelle Ordnung begründet und als kognitiv-denkbare wie auch normativ-gebotene einzig mögliche Lösung einer gesellschaftlichen Handlungsaufgabe ausgewiesen wird.

> Legitimation ‚erklärt' die institutionale Ordnung dadurch, daß sie ihrem objektivierten Sinn kognitive Gültigkeit zuschreibt. (Ebd., S. 100)

> Die objektivierte soziale Welt wird von der Sprache auf logische Fundamente gestellt. Das Gebäude unserer Legitimationen ruht auf der Sprache, und Sprache ist ihr Hauptargument. (Ebd., S. 69)

Solche Legitimationen können sehr unterschiedliche konkrete Erscheinungsformen annehmen, die von einfachen Alltagsrezepten und „Das ist eben so"/ „Man tut das nicht" über wissenschaftliche Theorien bis hin zu ausgearbeiteten komplexen Weltbildern (etwa Religionen) reichen und kognitive Elemente („etwas ist so und so") mit normativen Elementen („das soll auch so sein", „das ist gut so") verbinden. Berger und Luckmann erwähnen Formen der Kontrolle über den Zugang zu und den Verbleib in sozialen Subsinnwelten, etwa Therapien für potenzielle Abweichler (ebd., S. 90 ff.). Die Stufen der Legitimierung reichen von der Benutzung bestimmter „Vokabularien" über „theoretische Postulate", „explizite Legitimationstheorien" bis hin zu ausgearbeiteten „symbolischen Sinnwelten" (ebd., S. 49 ff.).

Die theoretischen Konstruktionen zur Legitimation sozialer Subsinnwelten werden durch unterschiedlichste weitere Formen „gesellschaftlicher Organisation" gestützt. Neben Wissen bzw. kognitive Gültigkeit tritt damit die Stabilisierung durch Macht- und Herrschaftsbeziehungen und deren nicht-sprachliche Ressourcen. So wird etwa davon ausgegangen, dass es in modernen Gesellschaften zur Ausdifferenzierung von Sonderwissensbeständen kommt, die von Expertengruppen getragen werden und spezifische Subsinnwelten mit entsprechenden Zugangsregeln, Praktiken und Rückwirkungen auf den Alltag konstituieren.[23] Träger dieser in ihrer Produktion und Reproduktion auf Dauer gestellten Sonderwissensbestände sind die Professionen, die verschiedenen wissenschaftlichen Subdisziplinen und die gesellschaftlich ausdifferenzierten Praxisfelder, etwa Religion, Wirtschaft oder Politik. Berger/Luckmann sprechen von theoretischen Stützkonzeptionen wie Mythen, Theologie oder Wissenschaft, und von „semantischen Feldern", die spezifisches Wissen bündeln, anhäufen und weitergeben. Gesellschaftliche oder gruppenspezifische Wissensvorräte und symbolische Ordnungen bilden keine harmonische Gesamtordnung, sondern stehen häufig in Konkurrenzbeziehungen. Interessen konkreter Personengruppen und gesellschaftliche Herrschaftsverhältnisse entscheiden über ihre relative Geltung: „Wer den derberen Stock hat, hat die bessere Chance, seine Wirklichkeitsbestimmung durchzusetzen." (Berger und Luckmann 1980, S. 117) Macht in der Gesellschaft schließt die Verfügung über Sozialisationsprozesse ein, und „damit die Macht, Wirklichkeit *zu* setzen (...)." (Ebd., S. 128).

Dies alles ist unweigerlich und unabänderliche menschliche Produktion, auch dann, wenn es als göttliche und ewige Ordnung erscheint. Neben die Frage nach der Wissensstruktur tritt diejenige nach der Arbeitsteilung und Sozialstruktur, nach den Interessenkonstellationen, Macht-, Herrschafts- und Beziehungsgefügen zwischen Personen, Gruppen, Akteuren, Organisationen, Praktiken, Artefakten und manifesten institutionellen Strukturen, die solche Ordnungen stabilisieren

---

[23] Vgl. Schütz und Luckmann (1979, S. 363 ff; 1984).

oder transformieren. Berger und Luckmann haben damit sehr konkrete Vorstellungen über die gesellschaftliche Einbettung und Wirkung von Ideen:

> Institutionen und symbolische Sinnwelten werden durch lebendige Menschen legitimiert, die ihren konkreten gesellschaftlichen Ort und konkrete gesellschaftliche Interessen haben. Die Geschichte von Legitimationstheorien ist immer ein Teil der ganzen Geschichte der Gesellschaft. ‚Ideengeschichte', abgetrennt vom Fleisch und Blut der allgemeinen Geschichte, gibt es nicht. Aber wir betonen nochmals: solche Theorien sind keineswegs nur Reflexe ‚unterschwelliger' institutioneller Prozesse. Die Beziehung zwischen den Theorien und ihren gesellschaftlichen Stützformationen ist immer dialektisch. (…) Wirklichkeitsbestimmungen haben die Kraft der Selbstverwirklichung. Theorien können in der Geschichte realisiert werden (…) Der in der Bibliothek des Britischen Museums brütende Karl Marx ist zum exemplarischen Fall dieser Möglichkeit der Geschichte geworden. Sozialer Wandel muß also immer in dialektischer Beziehung zur Ideengeschichte gesehen werden. (Berger und Luckmann 1980, S. 137)

4.2.4 Gesellschaft als subjektive Wirklichkeit

Internalisierung und Sozialisation

Im Anschluss an die Untersuchung von „Gesellschaft als objektiver Wirklichkeit" wenden sich Berger und Luckmann der „Gesellschaft als subjektiver Wirklichkeit" und damit der Frage nach der Verinnerlichung, der *Internalisierung* dieser Ordnung in das individuelle Bewusstsein zu. Gesellschaft bzw. gesellschaftlich erzeugte Wirklichkeit muss ja „in die Individuen hineinkommen", damit diese sich darin bewegen können, und gleichzeitig wiederum im Sinne der besprochenen Bewusstseinsprozesse, durch ihr wechselseitiges Deuten und Handeln diese Gesellschaft immer auch herstellen (und verändern) können. Dieser Aneignungsprozess bildet die allgemeine Grundlage für menschliches Handeln in historisch konkreten Gesellschaften. Die Autoren gehen nun im Sinne der weiter oben eingeführten Grundannahmen der philosophischen Anthropologie (die Stichworte lauten: der Mensch als „umweltoffenes Mängelwesen") davon aus, dass Menschen qua Geburt eine „Disposition für Gesellschaft" mit auf die Welt bringen. Es sind die daran anschließenden Sozialisationsprozesse – allen voran die frühkindliche Sozialisation, die ganz allgemein in der Soziologie als *primäre Sozialisation* bezeichnet wird – in denen Menschen die Fähigkeiten zur vollwertigen Teilhabe an einer bestehenden gesellschaftlichen Wirklichkeit erwerben. Dabei spielen die „signifikanten Anderen", von denen Georg Herbert Mead gesprochen hatte, eine herausragende Rolle (s. o. Kap. 3.1).[24] Vor allem in der primären Sozialisation werden die basalen Wis-

---

[24] Berger und Luckmann schließen umfassend an die sozialisationstheoretischen Überlegungen von Cooley und Mead an, die hier nicht noch einmal wiederholt werden sollen.

sensstrukturen der gesellschaftlichen Wirklichkeit internalisiert (Berger und Luckmann 1980, S. 139 ff.). Dazu zählt natürlich der Aufbau der Körperkontrolle, der Spracherwerb, aber auch die Unterscheidung von belebten und unbelebten Dingen, von menschlichen und nicht-menschlichen Lebewesen, die Vermittlung einer spezifischen Perspektive auf die Welt, die sich aus dem besonderen gesellschaftlichen Standort und aus den eigenen „biographisch begründeten Empfindlichkeiten" (Berger und Luckmann 1980, S. 141) dieser signifikanten Anderen ergibt usw. Im Anschluss an sozialisationstheoretische Überlegungen von William James, Charles H. Cooley und insbesondere George Herbert Mead betonen Berger und Luckmann, dass Menschen hier einen „Spiegel der Anderen" abgeben, d. h. dass sie ihre Sozialisation und ihren Identitätsaufbau entlang ihrer Wahrnehmung der Einstellungen der Anderen ihnen gegenüber aufbauen (nicht die Anderen sind der Spiegel – wir selbst sind der Spiegel!). Die signifikanten Anderen leisten zugleich die sozialstrukturell selegierte Vermittlung der gesellschaftlichen Wissensstrukturen in das kindliche Bewusstsein. Über die Generalisierung der signifikanten Anderen wird schließlich das, was zunächst aus der Perspektive der Kindsozialisation als die spezifische und zugleich ganze Wirklichkeit wahrgenommen wird, als allgemeine gesellschaftliche Wirklichkeit erfahren, und zwar sowohl was den Wissensaspekt angeht („Das ist so und so") als auch was den normativen Aspekt („Das ist verboten"/ „Das musst du tun") betrifft. Das ist die Grundlage dafür, dass die Gesellschaft als „objektive Wirklichkeit", wie sie schon besteht, auch zur „subjektiven Wirklichkeit" wird, d. h. zu der Wirklichkeit, die das Individuum in seinem Bewusstsein aufbaut und als selbstverständlich da seiend – und genau so da seiend, wie sie erscheint – wahrnimmt.

In der Primärsozialisation erscheinen die signifikanten Anderen zunächst als alternativlose Gegenüber – wir können uns keine Welt jenseits ihrer Welt vorstellen. Doch je komplexer Gesellschaften sind, umso wichtiger werden anschließende Prozesse der *sekundären Sozialisation* in besondere institutionelle Felder der Gesellschaft („Subsinnwelten") wie die Schule, die Organisationen, in denen man Mitglied wird, allen voran vielleicht der Arbeitsplatz, den man einnimmt. Dort spielen Identifikationsprozesse mit den signifikanten Anderen eine untergeordnete Rolle. Da die Sozialisandin oder der Sozialisand nunmehr um die in seinem weiteren gesellschaftlichen Kontext bestehenden und verfügbaren Optionen bzw. Alternativen mehr oder weniger weiß und vor dem Hintergrund ihrer/seiner Primärsozialisation auch eine gewisse Distanz zu den sich ihr/ihm neu erschließenden Wirklichkeitsbereichen aufbringt, sind hier stärkere äußere Stützungen des Prozesses – durch Legitimationstheorien, Zwang etc. – notwendig. Der in der Primärsozialisation erlernte Gebrauch einer gemeinsamen Sprache bildet dabei den Grundmodus der permanenten Konstruktion von Wirklichkeit:

4.2 Die gesellschaftliche Konstruktion der Wirklichkeit

> Sekundäre Sozialisation ist die Internalisierung institutionaler oder in Institutionalisierung gründenden ‚Subsinnwelten'. Ihre Reichweite und ihre Eigenart werden daher von der Art und dem Grade der Differenziertheit der Arbeitsteiligkeit und der entsprechenden gesellschaftlichen Verteilung von Wissen bestimmt. Auch allgemein relevantes Wissen kann natürlich gesellschaftlich bemessen sein – zum Beispiel in Form von Klassen-‚Versionen'. Was wir jedoch hier meinen, ist die gesellschaftliche Verteilung von ‚Spezialwissen', das heißt Wissen, das als Ergebnis der Arbeitsteiligkeit entsteht und dessen ‚Träger' institutionell bestimmt sind. Wir können sagen, daß sekundäre Sozialisation (…) der Erwerb von rollenspezifischem Wissen ist, wobei die Rollen direkt oder indirekt von der Arbeitsteiligkeit herkommen (…) Die sekundäre Sozialisation erfordert das Sich-zu-eigen-Machen eines jeweils rollenspezifischen Vokabulars. Das wäre einmal die Internalisierung semantischer Felder, die Routineauffassung und -verhalten auf einem institutionalen Gebiet regulieren. Zugleich werden die ‚stillen Voraussetzungen', Wertbestimmungen und Affektnuancen dieser semantischen Felder mit erworben (…) auch die Subwelten sind mehr oder weniger kohärente Wirklichkeiten mit normativen, kognitiven und affektiven Komponenten. (Berger und Luckmann 1980, S. 149)

Plausibilitätsstrukturen und Veränderungen

Das Alltagsleben bzw. genauer: die intersubjektive Lebenswelt des Alltags ist ja, wie wir bei Schütz gesehen hatten, der Ort, an dem wir den anderen begegnen, in der wir uns im Rahmen von Kommunikationsprozessen andauernd die Existenz dieser Wirklichkeit – und genau dieser Wirklichkeit! – wechselweise anzeigen und sie für uns alle dadurch stabil halten. Die Aufrechterhaltung der jeweiligen Sinnbezüge im individuellen Bewusstsein erfordert unablässig einen kommunikativen Input:

> Das notwendigste Vehikel der Wirklichkeitserhaltung ist die Unterhaltung. Das Alltagsleben des Menschen ist wie das Rattern einer Konversationsmaschine, die ihm unentwegt seine subjektive Wirklichkeit garantiert, modifiziert und rekonstruiert. (…) Der Austausch von ein paar Worten wie: ‚So allmählich wird's Zeit, daß ich zum Bahnhof gehe' und: ‚Stimmt, Schatz, mach's gut im Büro', setzt eine ganze Welt voraus, innerhalb deren die anscheinend so einfachen Aussagen Sinn haben. Kraft dieser Eigenschaft bestätigt ein solcher Austausch die subjektive Wirklichkeit der Welt." (Berger und Luckmann 1980, S. 163)

Für entsprechende Stabilisierungen gibt es jedoch ganz unterschiedliche Mechanismen: neben der Sprache natürlich auch die Dinge, etwa der Anzug, den ich anziehe, um ins Büro zu gehen und dort als „Anwalt" oder „Anwältin" aufzutreten. In meiner Traumwelt, also im Schlaf, kann ich ganz anders agieren und kommunizieren: fliegen oder mit Schafen reden – aber die Traumwelt ist eine Produktion meines Bewusstseins, sie ist eben nicht intersubjektiv aufgebaut. Berger und Luckmann fassen all die Elemente, die für die Stabilität der erworbenen subjektiven Wirklichkeit sorgen, unter den Begriff der *Plausibilitätsstrukturen*:

> Die subjektive Wirklichkeit ist also immer an besondere Plausibilitätsstrukturen gebunden, das heißt: an die gesellschaftliche Grundlage und die gesellschaftlichen Prozesse, die für ihren Bestand erforderlich sind. Man kann seine Selbstidentifizierung als Mann von Gewicht nur in einem Milieu erhalten, das diese Identität bestätigt. Man kann sich seine katholische Religion nur bewahren, wenn man in Beziehung mit der katholischen Kirche bleibt und so weiter. (Berger und Luckmann 1980, S. 165)

Natürlich können sich die subjektiven Wirklichkeiten auch verändern. In gewissem Sinne tun sie das ja permanent, oder besser gesagt, sie enthalten immer ein Moment der Beharrung und ein Moment der Veränderung. So kann die Trennung von einem Liebespartner/einer Liebespartnerin dazu führen, dass meine bisherige Welt „einstürzt" – die geschworene ewige Liebe entpuppt sich als schnell vergehendes Flämmchen der Leidenschaft; ein Unfall zwingt mich, mein ganzes Berufsleben aufzugeben. Mein Arbeitgeber macht pleite und ich verfüge von heute auf morgen nicht mehr über ein reguläres Einkommen usw. All das zwingt uns permanent in teilweise neue Wirklichkeiten hinein, bis hin zu großen Krisen oder Konversionen im Lebenslauf, sei es der Eintritt in eine Glaubensgemeinschaft – oder eben der Austritt aus ihr.

Gesellschaftsstrukturelle Prägungen

Es wurde schon darauf hingewiesen, das insbesondere in der frühkindlichen Sozialisation die signifikanten Anderen eine „objektive Wirklichkeit" vermitteln, wie sie sich aus ihrem spezifischen gesellschaftlichen Standort und aus ihren eigenen biographischen Erfahrungen darstellt. Das ist ein erstes Element der unterschiedlichen gesellschaftsstrukturellen Prägung der subjektiven Wirklichkeit – die, um es noch einmal zu betonen, keine singuläre, idiosynkratische Wirklichkeitssicht darstellt (zumindest nicht im strengen Sinne).[25] „Subjektiv" bezieht sich hier einzig und allein darauf, dass wir es mit der Ebene des einzelnen Bewusstseins zu tun haben, in dem diese Sicht der Wirklichkeit aufgebaut wird (und werden muss):

> „Die Sozialisation findet immer innerhalb einer spezifischen Gesellschaftsstruktur statt. Nicht nur ihre Inhalte, auch das Maß ihres ‚Erfolges' haben sozial-strukturelle Grundlagen und sozial-strukturelle Folgen. Mit anderen Worten: mikrosoziologische oder sozialpsychologische Analysen der Internalisierungsphänomene müssen immer auf dem Hintergrund eines makrosoziologischen Verständnisses ihrer strukturellen Aspekte vorgenommen werden." Und ergänzend heißt es: „Unser Gedanke impliziert

---

[25] Sowohl Schütz und Luckmann (1979, 1985) wie auch Berger und Luckmann (1980 [1966]) betonen die sozialstrukturellen Einflüsse auf die Verteilung des Wissens und die Ausbildung subjektiver Wissensvorräte. In der englischsprachigen Ausgabe der „Gesellschaftlichen Konstruktion" wird dies in einigen Fußnoten verstärkt, die nicht in die deutsche Übersetzung aufgenommen wurden.

die Notwendigkeit eines makrosoziologischen Horizontes für die Analysen der Internalisierung, d. h. ein Verständnis der Gesellschaftsstruktur, in der die Internalisierung vor sich geht." (Ebd., S. 174)

Mit Hinweisen auf die sozialstrukturelle Prägung der individuellen Aneignung gesellschaftlicher Wissensvorräte schließen Berger und Luckmann den Kreis zurück zum alten Programm der Wissenssoziologie: der Fragen nach den sozialen Strukturierungen des Wissenserwerbs, auf die schon Karl Marx und Karl Mannheim hinwiesen. Nicht zufällig erinnern sie gegen Ende ihrer Ausführungen noch einmal an ersteren:

> Die Einsicht in die Dialektik zwischen gesellschaftlicher Wirklichkeit und individuellem Dasein in der Geschichte ist keineswegs neu. Kein geringerer als Marx hat sie der modernen Gesellschaftsphilosophie hinterlassen. Die theoretische Orientierung der Sozialwissenschaften braucht dringend einen Schuß Dialektik. (Ebd., S. 199)

Innerhalb und außerhalb der Gesellschaft sein

Wie wir gesehen haben, erläutern Berger und Luckmann in ihrer Theorie, wie Gesellschaft als objektive Wirklichkeit entsteht, und wie sie dann in Sozialisationsprozessen zur subjektiven Wirklichkeit wird. Damit daraus kein Missverständnis resultiert: Der Begriff der subjektiven Wirklichkeit bezieht sich nicht darauf, dass das eine völlig eigenwillige und jeweils singuläre Wirklichkeitssicht eines einzelnen Individuums sei, eben einfach nur „subjektiv", während die tatsächliche Wirklichkeit ganz anders ist. „Subjektiv" meint hier in erster Linie den unweigerlichen und unhintergehbaren Konstitutionsprozess im einzelnen Bewusstsein: Wir alle, auch Sie, müssen in unserem Bewusstsein die Wirklichkeit der Gesellschaft permanent aufbauen – das kann niemand für uns unternehmen. Nur so können Sie ein Eis kaufen oder ein Studium absolvieren: indem ihr Bewusstsein permanent die entsprechenden Erfahrungen synthesiert und aufbaut, so dass Sie in der Lage sind, etwa den einfachen Vorgang des Eiskaufens zu vollziehen, oder eben: Seminare zu besuchen. Das bedeutet nun aber umgekehrt nicht, dass die gesellschaftlichen Wissensvorräte bzw. die „objektive Wirklichkeit" mit der „subjektiven Wirklichkeit" komplett deckungsgleich sind. Das mag in sehr einfachen und überschaubaren sozialen Gemeinschaften näherungsweise der Fall sein; in den meisten historischen Gesellschaften ist jedoch die institutionelle Struktur, die Rollendifferenzierung und die symbolische Sinnordnung viel zu komplex, als dass sie von einzelnen Teilnehmerinnen und Teilnehmern komplett adaptiert werden könnte und damit äußere und innere Wirklichkeit zusammenfallen. Das können Sie selbst leicht prüfen, wenn Sie versuchen, die Grenzen ihrer eigenen Wirklichkeitskenntnis festzuhalten. In komplexen Gesellschaften werden darum Individuen in ganz unterschiedliche Teilwirklichkeiten sozialisiert, die allerdings hinreichende Schnittpunkte auf der

Alltagsebene beinhalten, sonst wäre eine erfolgreiche Orientierung selbst bei einfachen Dingen (eine Fahrkarte kaufen, das Fahrrad benutzen, jemanden begrüßen etc.) nicht möglich. Aus den differenzierten Sozialisationsprozessen gehen auch unterschiedliche Individuen und Identitäten hervor. Hinzu kommt ein zweiter Punkt:

> Andererseits gibt es immer auch Bestandteile der subjektiven Wirklichkeit, die nicht in der Sozialisation wurzeln. Das des eigenen Körpers Innesein ist zum Beispiel vor und unabhängig von allem, was in der Gesellschaft über ihn erlernbar ist. Das subjektive Leben ist nicht völlig gesellschaftlich. Der Mensch erlebt sich selbst als ein Wesen innerhalb und außerhalb der Gesellschaft. Das deutet darauf hin, daß die Symmetrie zwischen objektiver und subjektiver Wirklichkeit niemals statisch, niemals ein unabänderlicher Tatbestand ist. Sie muß immer in actu produziert und reproduziert werden. (Berger und Luckmann 1980, S. 144 f.)

4.2.5 Zwei Anwendungsbeispiele

Berger und Luckmann haben ihre Theorie der Wissenssoziologie insbesondere auf religionssoziologische Fragen bezogen. Das kann hier nur kurz angedeutet werden: Unter den verschiedenen Möglichkeiten, über die Institutionen verfügen, um sich zu rechtfertigen, also in ihrem Bestehen und ihrem Geltungsanspruch zu legitimieren, stellt der Hinweis auf einen „außerweltlichen" Entstehungsgrund eine besonders erfolgreiche oder zumindest erfolgversprechende Option dar (vgl. Berger 1973 [1967]). Wenn die Götter (oder der eine Gott) als Schöpfer gewirkt und die diesseitig erfahrbare Ordnung der Wirklichkeit geschaffen haben, so kann das die Unantastbarkeit dieser Ordnung in besonderer Weise garantieren (wenn auch nicht, wie die historische Erfahrung zeigt: bis in alle Ewigkeit). Denn dann entstammt sie nicht menschlichen Interessen und dient diesen auch nicht, sondern sie entspricht einem die Existenz des Menschen transzendierenden Willen, einer Schöpfung, der zu folgen ist. Und umgekehrt kann eine bestehende Ordnung dadurch angegriffen werden, dass ein neuer Gott gefunden und als längerfristig überlegen behauptet wird. Eine entsprechende Theorie oder Kosmologie der Wirklichkeit kann dann eigene Institutionen, Vertreter und Rituale erzeugen, die dazu beitragen, sie über die Zeit, den Raum und die Grenzen sozialer Kollektive hinaus zu stabilisieren und zu verbreiten. Dies geschieht in Gestalt von Kirchen, die verstanden werden können als auf Dauer gestellte Bekräftigungen des Glaubens, und die dafür die notwendigen Einrichtungen (Sakramente, Wandlungen, ekstatische Erfahrungen…) bereit stellen.

In modernen Gesellschaften ergibt sich dabei eine besondere Situation aus der Pluralisierung des Angebots religiöser Sinnstiftungen. Das gesellschaftlich erzeugte Wissen der Individuen um das Bestehen von Alternativen der religiösen Weltdeutung transformiert als schicksalhaft erfahrene Lagen in Situationen der „Wahl". Berger (1992 [1979]) spricht hier vom strukturellen „Zwang zur Häresie":

> Eine Hairesis bedeutete ursprünglich ganz einfach, eine Wahl zutreffen. (...) Für den prämodernen Menschen stellt die Häresie eine Möglichkeit dar, für gewöhnlich allerdings eine fernab gelegene; für den modernen Menschen wird Häresie typischerweise zur Notwendigkeit. (...) Modernität schafft eine neue Situation, in der Aussuchen und Auswählen zum Imperativ wird. (Ebd., S. 40 f.)

Während die Wahl also immer schon als Möglichkeit besteht, wird sie in modernen Gesellschaften zur unumgänglichen Aufgabe, zum Zwang für die Einzelnen.[26] Genau genommen handelt es sich hier zunächst um eine Pluralisierung von Institutionen und Legitimationen sowie entsprechenden Plausibiliätsstrukturen: verschiedene Religionen konkurrieren, und alle beanspruchen die überlegene Deutung der Wirklichkeit. Bereits das Wissen um das bestehen dieser Alternativen legt den Keim für die Möglichkeit der Wahl. Dies gilt nicht nur für religiöse Sinnordnungen, sondern für alle möglichen gesellschaftlichen Deutungs- und Handlungsbereiche. Daraus resultiert eine gesellschaftlich erzeugte Bedeutung des Individuums als dem- oder derjenigen, die diese Wahl zu treffen hat oder sie zumindest treffen kann. Diese Bedeutung wird häufig mit dem Begriff des „Subjekts" oder der „Subjektivität" belegt – als derjenigen Instanz, die nun die Wahl zwischen den pluralen Angeboten zu rechtfertigen hat. Entsprechend haben sich in modernen Gesellschaften die Philosophie und auch die Psychologie auf den Weg gemacht, den „festen Grund" zu suchen, der sich in diesem „Subjekt" verbirgt bzw. den Ausgangspunkt seiner Wahl darstellt. Aus Sicht der Wissenssoziologie von Berger und Luckmann ist dies freilich nichts anderes als eine historische Sonderform der gesellschaftlichen Bestimmung der Bedeutung des/der Einzelnen (Berger 1992, S. 30 ff.).

Unbedingt lesenswert sind nach wie vor auch weitere Anwendungen dieser wissenssoziologischen Perspektive: Ein eindrucksvolles Beispiel liefert etwa die Analyse von Berger, Berger und Kellner (1987) über das „Unbehagen in der Modernität". Dort werden Auswirkungen von strukturellen Einbindungen in Arbeitsprozesse und soziale Gruppen in ihren Wirkungen auf gesellschaftliche „Bewusstseinslagen" untersucht, oder kurz: der Zusammenhang von Institutionen der Produktion und den Bewusstseinsprozessen der Individuen. Dies geschieht im Vergleich zwischen modernen westlichen Industriegesellschaften und Gesellschaften, denen in öffentlichen Debatten „Modernisierungsrückstände" attestiert wurden. In einem be-

---

[26] Diese Überlegungen von Berger aus dem Jahre 1979 skizzieren die Grundzüge dessen, was später von Ulrich Beck als „Individualisierungsthese" (Beck 1986) und, bezogen auf Religion, als „eigener Gott" (Beck 2008) ausbuchstabiert wurde; ein deutlicher Anschluss daran findet sich auch in der Diagnose der „Multioptionsgesellschaft" von Peter Gross (2005).

rühmten Aufsatz haben sich Berger und Kellner (1965) auch mit der „Ehe und die Konstruktion der Wirklichkeit" befasst. Sie diskutieren darin die Art und Weise, wie Ehepartner im Eheverlauf ihre Sicht der Welt aneinander anpassen.

4.3 Bilanz und Aktualität der sozialkonstruktivistischen Wissenssoziologie

Bei der von Berger und Luckmann vorgelegten Theorie der „gesellschaftlichen Konstruktion der Wirklichkeit" handelt es sich sicherlich um eine der erfolgreichsten soziologischen Veröffentlichungen aller Zeiten. Viele Studien der neueren Wissenschaftsforschung, des heutigen Symbolischen Interaktionismus oder auch der Cultural Studies lassen sich kaum ohne den prägenden Einfluss dieser Theorie denken. Ihre Wirkungsgeschichte kann hier jedoch nicht umfassend dargestellt werden (vgl. Kap. 4.3). Benannt werden sollen zumindest einige für die Diskussion zentrale Punkte.

Die wesentlichen Vorzüge dieses wissenssoziologischen Programms liegen darin, dass beide Ebenen gesellschaftlicher Wissensverhältnisse – kollektive und individuelle Wissensvorräte – in ihren wechselseitigen Konstitutionsverhältnissen und als permanenter Herstellungsprozess im Blick gehalten werden. Zugleich gelingt Berger und Luckmann damit eine Integration unterschiedlicher *klassischer Traditionen* der Soziologie (Marx, Durkheim, Weber) mit *philosophisch-anthropologischen* Grundannahmen und nicht zuletzt auch eine Verbindung der *sozialphänomenologischen* Überlegungen mit wichtigen Argumenten des *Symbolischen Interaktionismus*. Mit der Betonung der Interaktionsprozesse bei der Wissensgenerierung und Objektivierung insistieren sie auf der Bedeutung von *Handlungen* bzw. *Praktiken* für den gesellschaftlichen Wirklichkeitsaufbau als andauernde gesellschaftliche Produktion. Die Verweise auf den *Zusammenhang* von Institutionalisierungsprozessen, Legitimationsformen, Verdinglichungen und subjektiven Aneignungen bieten einen systematischen und umfassenden Entwurf der soziologischen *Wissenstheorie als Sozialtheorie*.

Natürlich ist dieser Ansatz vielfach kritisiert worden. Zunächst sorgte der Begriff der „Konstruktion" für einige Missverständnisse. Diese betreffen nicht nur die schon erwähnte allgemeine sozialwissenschaftliche Ausbreitung von „Konstruktivismen". Tatsächlich wurde der Konstruktionsbegriff häufig fehlinterpretiert in dem Sinne, als lägen den beschriebenen historischen Konstruktionsprozessen tatsächlich *intendierte gemeinsame Konstruktionsakte* zu Grunde, wie das vielleicht für den Bau einer Maschine, eines Autos etwa gilt. Denn „Konstruktion" lässt eben auch an bewusste, geplante und kontrollierte Prozesse denken. Doch es geht Berger

4.3 Bilanz und Aktualität der sozialkonstruktivistischen Wissenssoziologie

und Luckmann viel eher um die Mannigfaltigkeit von nicht beabsichtigten Folgen oder Nebeneffekten gesellschaftlichen Handelns, aus denen die Wirklichkeit als eine durch gesellschaftliche Wissensvorräte geordnete entsteht:

> Das Paradigma dafür ist die Sprache. Kaum jemand, so fern ihm auch soziologisches Denken sein mag, wird leugnen, daß Sprache ein menschliches Produkt ist. Jede beliebige Sprache ist ein Ergebnis der langen Geschichte menschlicher Einbildungskraft und auch der Launen. Zwar setzen die Vokalisierungsorgane des Menschen seinem linguistischen Erfindertalent gewisse physiologische Grenzen. Aber es gibt kein Naturgesetz, auf das er sich berufen könnte, um die Entwicklung z. B. der englischen Sprache zu erklären. In der Natur der Dinge hat sie nur einen Status: als Hervorbringung durch Menschen. Am Anfang der englischen Sprache hat ein Zusammentreffen von Umständen unter Menschen gestanden. Im Laufe ihrer Geschichte ist sie von Menschen und ihrem Handeln entwickelt worden. Und sie existiert nur, insofern und solange Menschen nicht aufhören, sie zu sprechen und zu verstehen. Nichtsdestoweniger präsentiert sie sich dem einzelnen als eine objektive Wirklichkeit, die er als solche respektieren muß, wenn er nicht die Konsequenzen tragen will. (Berger 1973, S. 13 [1967])

Auch der Begriff des „Wissens" ist nicht unproblematisch, denn er verführt zu einer „kognitivistischen" Interpretation, die suggeriert, es gehe in erster Linie um explizit gewusstes, wissenschaftlich bewiesenes oder erfahrungsbezogen hervorgebrachtes Tatsachen-Wissen. Menschen erscheinen dann leicht als Aneigner von festen, vorgegebenen Wissensbeständen, ohne dass deutlich wird, wie dieser Anwendungsprozess selbst anders denn als Ausführung dieses Wissens im Rollenspiel gedacht werden kann. Damit gehen Assoziationen von Stabilität, Stimmigkeit und Zusammenhang einher, die den komplexen, chaotischen und konflikthaften Wissensverhältnissen in modernen Gesellschaften nicht mehr angemessen erscheinen. Aus den vorangehenden Ausführungen dürfte jedoch deutlich geworden sein, dass der Begriff des Wissens hier sehr viel weiter gefasst ist. Er bezieht nicht nur die Institutionen und Symbolsysteme ein, sondern auch alle Formen einer gespeicherten Erfahrung, also bspw. auch das körpergebundene Wissen darüber, wie dieses oder jenes zu tun ist. Berger und Luckmann nehmen damit auch Werte und Normen nicht aus (also Verhaltensmaßregeln und Legitimationen), ebenso wenig wie Gefühle: Zum Wissen über moderne Liebesbeziehungen gehört auch das Erkennen und Empfinden von Gefühlen in diesen Beziehungen.

Kritisiert wurde zudem, dass die Autoren wenig Hinweise dazu geben, wie ihre Theorie jenseits allgemeiner forschungsleitender Grundannahmen in empirische Forschung umgesetzt werden kann. Die erwähnten religionssoziologischen Analysen sind ja selbst doch sehr generalisierte historisch informierte Abhandlungen. In diesen Zusammenhang gehört auch der Einwand, dass sich wissenssoziologisches Forschen nicht primär auf die Ebene des „Jedermann-Wissens" richten müsse oder solle, wie es Berger und Luckmann forderten. Das hat vor allem im deutschsprachigen Raum eine Rezeption und Anwendung befördert, die sich in erster Linie für die Mikroebene sozialer Interaktionen und Gruppeneinbindungen interessierte, und kaum gesellschaftlich weiter ausgreifende Wissensebenen in den Blick nahm (vgl. beispielsweise Wolff 1997; Maasen 1999; Keller 2005). Solche Kritiken deuten an, dass Weiterführungen des ursprünglichen Programms der sozialkonstruktivistischen Wissenssoziologie möglich und notwendig sind. Die „Gesellschaftliche Konstruktion der Wirklichkeit" sollte nicht als ein für alle mal abgeschlossenes Grundlagenprogramm der Wissenssoziologie verstanden werden. Sie bietet vielmehr einen Entwurf mit zahlreichen Anregungen, Möglichkeiten der Ergänzung und auch der Revision, wie sie in Teilen bereits in den verschiedenen Entwicklungen des Interpretativen Paradigmas vorgenommen wurden. Da die „Gesellschaftliche Konstruktion der Wirklichkeit" zu einem Standardwerk der soziologischen Literatur (und darüber hinaus) geworden ist, finden sich in der heutigen Soziologie zahlreiche direkte und implizite Anknüpfungen an die dort entwickelte Position. Nachfolgend sollen zwei Entwicklungen skizziert werden, die für sich in Anspruch nehmen, das von Berger und Luckmann konzipierte Unternehmen in unterschiedlicher Weise weiterzuführen: der in den USA begründete soziologische *Neo-Institutionalismus* und die im deutschen Sprachraum verbreitete *Hermeneutische Wissenssoziologie*.

4.3.1 Neo-Institutionalismus

In der Soziologie wenig bekannt ist, dass der im letzten Jahrzehnt stark rezipierte soziologisch-politikwissenschaftliche Ansatz des *Neo-Institutionalismus* mit seiner entschiedenen Hinwendung zur Institutionenanalyse das sozialkonstruktivistische Programm aufgreift. Unter dieser Perspektive werden unterschiedliche Positionen zusammengefasst (vgl. Hasse und Krücken 2005). Zum einen wird dabei im Anschluss an Berger und Luckmann verstärkt auf die symbolische Dimension der Institutionen hingewiesen, also etwa auf die Legitimationen, die Rituale, die in Institutionen manifestierten symbolischen Ordnungen. Zum anderen wird in Anspruch genommen, die in der „Gesellschaftlichen Konstruktion" angelegte Institutionenanalyse in ein empirisches soziologisches Forschungsprogramm umzusetzen. Dieses Vorhaben ist vor allem mit John Meyer (1992) verknüpft.[27] Als

---

[27] Eine explizite Verortung des Neo-Institutionalismus in der wissenssoziologischen Tradition, wie sie Meyer vornimmt, ist jedoch selten. Vgl. zur ausführlicheren Diskussion der Grundlegung des Neo-Institutionalismus in der Wissenssoziologie von Berger und Luckmann Dobbin (1994); vgl. auch Thomas u. a. (1987) sowie Powell und DiMaggio (1991).

4.3 Bilanz und Aktualität der sozialkonstruktivistischen Wissenssoziologie

einer der wichtigsten Protagonisten des Neo-Institutionalismus akzentuiert er eine mehrfache Weiterführung der Theorie von Berger und Luckmann:

- Erstens bezieht der Neo-Institutionalismus größere Räume und historische Zeitspannen, also umfassendere institutionelle Kontexte in die Analyse der Konstruktionsprozesse ein.
- Zweitens wird die Kategorie der Akteure von der Ebene der unmittelbaren Interaktionsteilnehmer gelöst und um kollektive (z. B. die Professionen) bzw. institutionelle (z. B. der Staat) Varianten erweitert, die sich allesamt an Prozessen der gesellschaftlichen Bedeutungskonstruktion beteiligen. In diesem Zusammenhang hebt der Neo-Institutionalismus die Strukturierung des Möglichkeitsrahmens von Wirklichkeitskonstruktionen durch Machtverhältnisse hervor.
- Drittens betont der Ansatz die Produktivität von Inkonsistenzen und Widersprüchen auf verschiedenen gesellschaftlichen Ebenen und zwischen möglichen Identitätsformen.
- Schließlich wird viertens kritisiert, dass Berger und Luckmann der Kategorie des „Wissens" zu viel Aufmerksamkeit gewidmet hätten und darüber den Begriff der „Bedeutung" (meaning) vernachlässigten.

Ausgehend von diesen Punkten hat Meyer mit seinen Mitarbeiterinnen und Mitarbeitern ein umfangreiches Forschungsprogramm der *World-Polity-Analyse* entwickelt, dass nur noch wenig an die ursprünglichen Überlegungen von Berger und Luckmann erinnert. Darin werden in umfangreichen quantifizierenden Analysen Prozesse der weltweiten, also globalen Diffusion von westlichen Institutionen (bspw. Bildungssystemen, deren Gliederung und inhaltlicher Standardisierung) untersucht. Deren Verbreitung wird hauptsächlich durch Prozesse der Nachbildung oder Nachahmung sowie durch den Einfluss internationaler Expertenkulturen erklärt (vgl. z. B. Meyer 2005).

4.3.2 Hermeneutische Wissenssoziologie

Unter dem Begriff der *Hermeneutischen Wissenssoziologie* versammeln sich im deutschsprachigen Raum seit Anfang der 1990er Jahre Untersuchungsperspektiven, die an die „Gesellschaftliche Konstruktion" und insbesondere auch an die sozialphänomenologischen Grundlegungen dieser Perspektive anschließen. Die Hermeneutische Wissenssoziologie hatte sich zunächst in zweifacher Weise als Weiterführung der Arbeiten von Berger und Luckmann verstanden. Zum einen wendet sie das skizzierte Theorieprogramm auf den ebenda auch benannten bevorzugten

Forschungsgegenstand an – die Ebene des „Jedermann", der „Jederfrau" bzw. des „Alltagslebens", und die Verstehensprozesse der darin Handelnden; dies wurde mittlerweile jedoch durch Analysen der Institutionenseite ergänzt (s. u.). Im Unterschied zu den weit ausholenden, letztlich jedoch literaturbasierten religionssoziologischen Analysen von Berger und Luckmann folgen sie dabei jedoch einer starken empirischen und qualitativen Forschungsorientierung, wie sie auch die Arbeiten des Symbolischen Interaktionismus auszeichnet. Das führte in der Hermeneutischen Wissenssoziologie vor allem zu der bereits von Alfred Schütz aufgeworfenen Frage zurück, wie wissenschaftliche Analyseprozesse als Verstehensprozesse zu begreifen und einer gewissen methodologischen Reflexion und methodischen Systematik des Vorgehens zu unterziehen sind. Daher rührt das neue Attribut des „Hermeneutischen" – ergänzt wird die wissenssoziologische Grundperspektive der „Gesellschaftlichen Konstruktion" um eine Reflexion auf die methodologischen Implikationen und methodischen Vorgehensweisen einer empirischen Wissenssoziologie, die darüber Auskunft geben muss, wie sie zu ihren gegenstandsbezogenen Aussagen über Wirklichkeit, Wissen, Deuten und Handeln gelangt.

Hermeneutische Wissenssoziologie – Lesehinweise:

Grundlegungen:
Hitzler, Ronald, Reichertz, Jo & Schröer, Norbert (1999). *Hermeneutische Wissenssoziologie. Standpunkte zur Theorie der Interpretation.* Konstanz: UVK [Positionsbestimmung der HWS].
Schröer, Norbert (Hrsg.) (1994). *Interpretative Sozialforschung. Auf dem Weg zu einer hermeneutischen Wissenssoziologie.* Opladen: Westdeutscher Verlag [Erste Positionierungen des Ansatzes].
Soeffner, Hans-Georg (1989). *Auslegung des Alltags – Der Alltag der Auslegung.* Frankfurt/Main: Suhrkamp [Diskutiert die Interpretationsproblematik als Ausgangspunkt der sozialwissenschaftlichen Hermeneutik].

Forschungsprogrammatische Ausrichtungen:
Hitzler, Ronald (1988). *Sinnwelten. Ein Beitrag zum Verstehen von Kultur.* Wiesbaden: Westdeutscher Verlag [grundlegende Diskussion der sozialphänomenologisch orientierten Kulturanalyse].

4.3 Bilanz und Aktualität der sozialkonstruktivistischen Wissenssoziologie

> Hitzler, Ronald, Honer, Anne & Pfadenhauer, Michaela (Hrsg.) (2009). *Posttraditionale Gemeinschaften.* Wiesbaden: VS Verlag [Herausgeberband mit grundlegenden Erläuterungen des Konzeptes posttraditionaler Gemeinschaften und vielen empirischen Beispielen].
> Honer, Anne (1997). *Lebensweltliche Ethnographie.* Wiesbaden: DUV [Grundlegung einer ethnographischen Perspektive im Anschluss an Alfred Schütz und Benita Luckmann].
> Keller, Reiner (2005). *Wissenssoziologische Diskursanalyse. Grundlegung eines Forschungsprogramms.* Wiesbaden: VS Verlag [Ausarbeitung des Programms einer wissenssoziologischen Diskursanalyse].
> Knoblauch, Hubert (1995). *Kommunikationskultur. Die kommunikative Konstruktion kultureller Kontexte.* Berlin: de Gruyter [Diskussion der grundlegenden Bedeutung von Kommunikation für die gesellschaftliche Konstruktion der Wirklichkeit].
> Reichertz, Jo (2009). *Kommunikationsmacht. Was ist Kommunikation und was vermag sie? Und weshalb vermag sie das?* Wiesbaden: VS Verlag [Umfassende Diskussion der Wirkungsweise von Kommunikation].

Im philosophischen Wortsinne bezeichnet der Begriff Hermeneutik die Kunstlehre von der Deutung oder Auslegung von Texten, bspw. religiösen Schriften. Entsprechend kann er auf eine lange Tradition vor allem und gerade im deutschsprachigen Raum zurückblicken (vgl. Kurt 2004; Strübing und Schnettler 2004). In der Geschichte der Hermeneutik wurden sehr verschiedene Auffassungen des Wie und Wozu der Textauslegung entwickelt. Für die Hermeneutische Wissenssoziologie sind dabei mehrere Arbeiten von *Hans-Georg Soeffner* (geb. 1939; vgl. etwa Soeffner 1989) grundlegend, der die Unhintergehbarkeit von Hermeneutik in den Sozialwissenschaften betont und diese im Anschluss an Schütz in der Grundverfasstheit ihres Gegenstandes verankert: Die Soziologie ist eine deutende Wissenschaft, deren Gegenstand selbst Deutungen hervorbringt. Die neuere sozialwissenschaftliche Hermeneutik (Hitzler und Honer 1997; Schröer und Bidlo 2011) geht deswegen von der Annahme aus, dass sozialwissenschaftliches Forschen es immer in irgendeiner Weise mit Prozessen des Verstehens, also der Auslegung von „sinnhaft konstituierten" Daten zu tun hat. Sie verzichtet allerdings auf die Suche nach dem „einzigen" und „wahren" Sinn eines Textes. Stattdessen stellt sie in Rechnung, dass Soziologinnen und Soziologen Fragen an ihre Daten herantragen, und dass je nach Frage unterschiedliche Antworten zu erwarten sind. Doch das enthebt nicht von der Verpflichtung, über den Analyse- oder Auslegungsprozess Auskunft zu geben, durch den Aussagen über ein Datum (bspw. ein Interview, eine Beobachtung, ein „natürliches", also im Feld vorkommendes Textdokument) gewonnen werden:[28]

> Es geht also nicht nur darum, das implizit und intersubjektiv bereits Gedeutete und Verstandene rekonstruktiv und objektivierend zu deuten, zu verstehen und in seinen Bedingungen und Folgen zu erklären, sondern auch darum, die Arbeitsweise und die Verfahren des Deutens und Verstehens selbst zum Gegenstand der Analyse zu machen. Dabei bewegt man sich – auch in wissenschaftlicher Einstellung – nicht gegenüber einer weitgehend symbolisch ausgedeuteten Welt, sondern in ihr. (Soeffner 1989, S. 8)

Wesentliche Ausgangsannahmen der Hermeneutischen Wissenssoziologie wurden im Umkreis von Soeffner durch Norbert Schroer, Ronald Hitzler sowie Jo Reichertz und in Diskussionen mit Thomas Eberle und Hubert Knoblauch ausgearbeitet (Schröer 1994, 1997; Schröer und Bidlo 2011; Hitzler u. a. 1999).[29] So heißt es bspw. 1994 in der „namengebenden" Grundlegung, die Hermeneutische Wissenssoziologie wolle

> (re)konstruieren, aufgrund welcher Sinnbezüge Menschen handeln, wie sie handeln. Gefragt wird, wie Subjekte, hineingeboren in eine historisch und sozial vorgedeutete Welt, diese Welt permanent deuten und somit auch verändern. Pointiert: es geht um die (Re)konstruktion der Prozesse, wie handelnde Subjekte sich in einer historisch vorgegebenen sozialen Welt immer wieder ‚neu' finden, d. h. auch: zurechtfinden und wie sie dadurch zugleich auch diese Welt stets aufs Neue erschaffen und verändern. (Reichertz und Schröer 1994, S. 59)

Oder in einer neueren Formulierung im Rahmen eines Bandes, der das damalige Forschungsspektrum positioniert und präsentiert:

> Die gesellschaftliche Wirklichkeit und ihr Schicksal ergibt sich – so jedenfalls der heuristische handlungstheoretische Nenner einer hermeneutischen Wissenssoziologie – nicht allein aus den eingefahrenen und verbürgten Vorauslegungen, sondern auch aus den alltäglichen Auslegungen dieser Vorauslegungen durch die agierenden und reagierenden Akteure und deren daraus resultierenden Handlungsentwürfen und Handlungen. Wirklichkeit wird, fundiert in verselbst-verständlichten Rekursen auf je Überkommenes, stets aufs Neue durch aufeinander bezogene Handlungen gesellschaftlich konstruiert. So betrachtet, rückt der Handlungsbegriff ins Zentrum des sozialwissenschaftlichen Interesses – ein Handlungsbegriff, der sich gleich zweifach auf den Akteur bezieht: Einmal versteht er ihn als selbstreflexives Subjekt, das in der alltäglichen Aneignung soziale Wissensbestände ausdeutet und sie prüft, sie

---

[28] Das ist insgesamt ein Kernthema der Diskussion über qualitative Methoden der Soziologie. Im Kontext des Symbolischen Interaktionismus hat die Grounded Theory darauf die weitreichendsten Antworten gegeben – die ihrerseits unterschiedlich ausfallen.

[29] Vgl. dazu die programmatischen Elemente der Arbeiten von Hitzler (1988), Knoblauch (1995) und Eberle (2000).

4.3 Bilanz und Aktualität der sozialkonstruktivistischen Wissenssoziologie

differenziert oder zusammenfasst. Zum anderen versteht er ihn als Adressaten von Wissensbeständen und darin eingelassenen Werten. (Hitzler u. a. 1999a, S. 13)

Innerhalb der Hermeneutischen Wissenssoziologie sind neben den bereits erwähnten Positionsbestimmungen einige eher programmatisch-grundlagenorientierte Arbeiten entstanden sowie zahlreiche empirische Studien verfasst worden. Dies kann hier nur kurz angedeutet werden. Mehrere Autorinnen und Autoren haben die angesprochene Traditionslinie von Schütz über Berger und Luckmann bis hin zur Hermeneutischen Wissenssoziologie forschungsprogrammatisch auf ausgewählte Gegenstandsbereiche oder Phänomenbereiche bezogen. Einen ersten Schwerpunkt bilden Perspektiven, die sich mit der Ebene der kommunikativen Konstruktion von Wirklichkeit beschäftigen:[30]

- *Hubert Knoblauch* (1995) betont vor allem die Prozesse der „kommunikativen Konstruktion der Wirklichkeit" auf unterschiedlichen gesellschaftlichen Ebenen. Mit dem Begriff der „kommunikativen Konstruktion" wird darauf verwiesen, dass die von Berger und Luckmann analysierte gesellschaftliche Konstruktion in erster Linie in der empirischen Gestalt von Kommunikationsprozessen in Erscheinung tritt und so untersucht werden kann: Dazu zählen dann etwa kommunikative Muster und Gattungen auf der Mikroebene des Alltags in Face-To-Face-Begegnungen, aber auch umfassendere, medienvermittelte Kommunikationsprozesse zwischen kollektiven Akteuren in gesellschaftlichen Arenen. Mit dem Begriff der „kommunikativen Konstruktion" ist ein Forschungsinteresse angesprochen, dass von Thomas Luckmann, Jörg Bergmann und eben Hubert Knoblauch seit den 1980er Jahren in Konstanz sukzessive entwickelt worden ist und eine kommunikationsorientierte Wende oder Akzentuierung der Wissenssoziologie hervorgebracht hat.
- *Jo Reichertz* hat neben zahlreichen Analysen von massenmedialen und audiovisuellen Datenformaten (etwa TV-Produktionen wie „Traumhochzeit") in jüngeren Veröffentlichungen diese Akzentuierung von Kommunikationsprozessen aufgegriffen und sich grundlegend mit Fragen der „Kommunikationsmacht" auseinandergesetzt. Im Zentrum seiner Analyse steht die Frage nach der Wirkmächtigkeit von Kommunikation in Alltagssituationen unter Anwesenden (Reichertz 2009). Wie erzeugt Kommunikation Effekte? Und wie lässt sich diese Macht der Kommunikation besser verstehen, wo doch die verschiedenen Beteiligten an Kommunikationen darauf augenscheinlich eigensinnig reagieren können?

---

[30] Vgl. dazu jetzt auch den Überblicksband von Keller, Knoblauch und Reichertz (2012).

- *Reiner Keller* entwickelt mit dem Forschungsprogramm der *Wissenssoziologischen Diskursanalyse* eine programmatische Perspektive auf die institutionelle Seite der gesellschaftlichen Konstruktion der Wirklichkeit. Die „diskursive Konstruktion von Wirklichkeit" (Poferl 2004) stellt dabei eine besondere Form der kommunikativen Konstruktion dar. Sie bezeichnet all diejenigen Prozesse der Wirklichkeitskonstruktion, die in institutionellen und organisatorischen Feldern der Gesellschaft, bspw. in wissenschaftlichen und öffentlichen Arenen stattfinden. In seiner Ausarbeitung der Wissenssoziologischen Diskursanalyse betont Keller insbesondere die Anschlüsse an den Symbolischen Interaktionismus und die Diskurstheorie des französischen Philosophen Michel Foucault (Keller 2005, 2008; s. o. Kap. 3.4).

Weitere programmatische Profilierungen beziehen sich auf die phänomenologisch begründete lebensweltanalytische Ethnographie und auf spezifische Zugänge zu audiovisuellen Datenformaten:

- *Anne Honer* und *Ronald Hitzler* konzipieren eine wissenssoziologisch und sozialphänomenologisch begründete *lebensweltanalytische Ethnographie.* Dies zielte auf die ethnographische Erkundung von gesellschaftlichen Lebenswelten aus der Perspektive der daran Teilnehmenden. Das impliziert nicht nur, sich in die entsprechenden tatsächlichen Lebenszusammenhänge zu begeben, sondern selbst zum Teilnehmenden zu werden und dabei nicht nur die „Sicht der Eingeborenen", sondern auch die eigenen Erlebens- und Erfahrensprozesse beim Eintauchen in diese Lebenswelten zum Gegenstand der Analyse zu machen. Angestrebt wird damit zugleich ein phänomenologisch-methodisch kontrollierter Analyseprozess dieser Erfahrungen – der wohl wichtigste Unterschied zu den ethnographischen Traditionen der Chicago-School (Hitzler 1988; Honer 1993, 2011).
- *Jürgen Raab* legt im Kontext der Hermeneutischen Wissenssoziologie die theoretische Konzeption und materiale Analysen zu einer wissenssoziologischen Bildhermeneutik vor. Diese trägt dem zunehmenden Stellenwert des Visuellen in den Gegenwartsgesellschaften Rechnung (Raab 2008b). Vorgehensweisen bei der Untersuchung audiovisueller Daten werden auch von Reichertz und Englert (2010) sowie bei Knoblauch u. a. (2009) ausgearbeitet.

Neben diesen eher programmatischen Akzentuierungen sind eine Vielzahl von empirischen Untersuchungen entstanden, die sich an der *Hermeneutischen Wissenssoziologie* orientieren. Die Bandbreite der entsprechenden Forschungen kann hier nur angedeutet werden:

4.3 Bilanz und Aktualität der sozialkonstruktivistischen Wissenssoziologie

- Einen Analyseschwerpunkt bilden Untersuchungen zur Soziologie des *Events* und posttraditionaler Vergemeinschaftungsformen in sozialen *Szenen* (Gebhardt u. a. 2000; Hitzler u. a. 2008; Hitzler und Pfadenhauer 2008; Hitzler und Niederbacher 2010; Honer u. a. 2010). Dazu zählen Studien zur „Kultur der Spielhallen" (Reichertz u. a. 2010), zu „Urbanen Events" (Betz u. a. 2011), zum kirchlichen Jugendtag (Gebhardt u. a. 2007, zur Techno-Szene (Hitzler und Pfadenhauer 2001) oder Analysen von eventbezogenen Organisationsprozessen (Pfadenhauer 2008).
- Einen zweiten Schwerpunkt bilden wissenssoziologische Analysen von Kommunikationsprozessen und Ritualen. Entsprechende Studien über Fernsehformate finden sich bei Reichertz (2000), Ivány und Reichertz (2002) oder Reichertz (2007); mit Videofilmen beschäftigt sich Raab (2008b). Die Nutzung von neuen Präsentationsformaten und die dadurch induzierten Veränderungen wissenschaftlicher Vortragsstile sind Gegenstand der Power-Point-Untersuchung von Schnettler und Knoblauch (2007). Auch für sprachwissenschaftliche Forschungen interessant geworden ist das von Thomas Luckmann und Jörg Bergmann entwickelte Konzept der „kommunkativen Gattungen", das im gesellschaftlichen Kommunikationshaushalt institutionalisierte Formen der Kommunikation bezeichnet (vgl. Günthner und Knoblauch 1994). Schließlich bilden die detaillierten Analysen von „Ritualen des Alltags" bei Soeffner (1992) eine eindrucksvolle Erläuterung der Bedeutung und Funktionsweise von Ritualen in der Gegenwart.
- Die Untersuchung von Professionen bzw. professionellem Handeln und Expertenhandeln hat sich ebenfalls zu einem empirischen Analyseschwerpunkt entwickelt. Neben allgemeineren Studien zum professionellen Handeln (Pfadenhauer 2003, 2005) haben hier vor allem Jo Reichertz und Norbert Schröer zahlreiche empirische Studien zu einer „Hermeneutischen Polizeiforschung" vorgelegt, die dem professionellen Tun von Polizisten und Ermittlern nachgehen (Reichertz 1991; Reichertz und Schröer 1996, 2003; Schröer 2002).
- Unterschiedlich ansetzende wissenssoziologisch-ethnographische Erschließungen von kleinen Lebenswelten wurden von Anne Honer etwa für die Lebenswelt der Bodybuilder und der Heimwerker vorgelegt (vgl. Honer 1997, 2011); Saerberg untersuchte die Raumorientierung von Blinden (Saerberg 1990), Knoblauch die Wünschelrutengänger und Pendler (Knoblauch 1991) oder Orte einer „geschwätzigen Gesellschaft" (Knoblauch 2002). Die Breite der lebensweltanalytischen Ethnographie wird eindrucksvoll dokumentiert in einem neuen Herausgeberband von Schröer u. a. (2012).
- Einen weiteren Schwerpunkt bilden wie schon bei Berger und Luckmann religionssoziologische Arbeiten und Studien zum Grenzbereich von Leben und Tod, die hier jedoch als empirische Studien angelegt sind. Dazu zählen bspw.

die Analyse von „Zukunftsvisionen" als Transzendenzerfahrungen (Schnettler 2004), von „Berichten aus dem Jenseits" (Knoblauch 2007) und „Todesnähe" (Knoblauch und Soeffner 1999) und gegenwärtiger Entwicklungen spiritueller Erfahrungen (Knoblauch 2009). Der Methodik der Religionsethnographie widmet sich Knoblauch (2003).
- In jüngerer Zeit hat sich sehr schnell eine breite Szene der wissenssoziologischen Diskursforschung etabliert. Dazu zählen, ausgehend von einer Explikation dieser Forschungsprogrammatik in Keller (2005) die Studien von Keller (2009 [1998]) über „Müll – Die gesellschaftliche Konstruktion des Wertvollen" sowie zahlreiche an der Wissenssoziologischen Diskursanalyse orientierten Einzelstudien (vgl. Keller und Truschkat 2012). Gabriela Christmann (2004) richtet die Diskursperspektive auf die Konstruktion von Raumverständnissen und raumbezogenen Identitäten. Angelika Poferl (2004) analysiert die Schnittstelle zwischen Diskursen und alltagsweltlichen Handlungspraktiken am Beispiel der Umweltdebatte und der daraus hervorgehenden Anforderungen an umweltbewusstes Handeln.

Schließlich gibt es zahlreiche weitere Arbeiten, die sich den genannten Schwerpunkten nicht zurechnen lassen. Dazu zählen etwa Darius Zifonuns (2004) Studie zum deutschen Erinnerungsdiskurs, Arne Niederbachers Untersuchung des Schusswaffenbesitzes in Deutschland (Niederbacher 2004), Ronald Kurts kultur- und musiksoziologische Studie zu „Indien und Europa" (Kurt 2009) und andere mehr.[31]

Übungsaufgaben:

Diskutieren Sie das Verhältnis der Theorien von Mead und Schütz.
Analysieren Sie an einem konkreten Beispiel die von Alfred Schütz beschriebene Transformation von Erleben in Erfahrung.
Wieso funktioniert Schütz zufolge die Abstimmung unserer Handlungen in der Alltagswelt?
Erläutern Sie, welche Rolle Wissen für die gesellschaftliche Konstruktion der Wirklichkeit spielt.
Diskutieren Sie, ob und inwiefern sich Symbolischer Interaktionismus und sozialkonstruktivistische Wissenssoziologie unterscheiden.

---

[31] Zahlreiche weitere Literaturhinweise sind zu finden auf der Webseite der Sektion Wissenssoziologie der DGS(www.wissenssoziologie.de).

Wenden Sie das Modell von objektiver und subjektiver Wirklichkeit auf ein selbst gewähltes Beispiel an.

Wie kann aus der sozialkonstruktivistischen Perspektive erklärt werden, dass scheinbar zunehmend biologisch-genetische Erklärungen für menschliches Handeln an die Stelle von psychologischen oder soziologischen Theorien treten?

Machen Sie ein Gedankenexperiment: Wie kann eine neue Institution entstehen?

Vergleichen Sie historisch unterschiedliche Beispiele dafür, wie Institutionen mit „Abweichlern" umgehen.

Machen Sie ein zweites Gedankenexperiment: Wann ist das Weiterbestehen einer Institution gefährdet? Wie können soziale Akteure Institutionen „zum Tode verurteilen".

Nehmen Sie eine „ethnographische Haltung" ein und versuchen Sie, den Wissens- und Wirklichkeitsaufbau aus der Sicht einer Person zu formulieren, die von der Existenz von Geistern und magischen Kräften ausgeht (Lektüretipp dazu: „Die Wörter, der Zauber, der Tod" von Jeanne Favret-Saada, Frankfurt/Main: Suhrkamp 1979).

Ethnomethodologie 5

Einen deutlich anders akzentuierten Anschluss an das Werk von Alfred Schütz als denjenigen, den wir gerade kennen gelernt haben, nahm der US-amerikanische Soziologe Harold Garfinkel (1917–2011) etwa ab Mitte der 1950er Jahre vor.[1] Er erfand dafür den Begriff der „Ethnomethodologie". Garfinkel hatte bei Talcott Parsons promoviert; von ihm übernahm er das Interesse an der prinzipiellen Möglichkeit von sozialer Ordnung. Parsons selbst hatte damit an die klassischen Fragestellungen der Soziologie von Emile Durkheim und auch politischer Philosophien (insbes. Thomas Hobbes, 1588–1679) angeschlossen. Allerdings erschien Garfinkel, der sich bereits in seinem Masterstudium mit Alfred Schütz und Edmund Husserl beschäftigte und später zu Schütz auch intensiven persönlichen Kontakt aufnahm, die von Parsons angebotene Lösung für die Frage, wie es zu sozialer Ordnung kommt, völlig unzureichend. Gerade die Annahmen von Schütz über die Prozesse der Sinnkonstitution und die Motivationen des Handelns gaben ihm ein Analysewerkzeug in die Hand, um in seiner Dissertation in den 1940er Jahren das Parsonianische Handlungsmodell (vgl. Junge 2007) anzugreifen. Denn Parsons könne mit seinem normorientierten, starren Handlungsbegriff und Rollenkonzept die notwendigen Interpretationsleistungen, die in den Handlungsvollzug eingebaut sind, nicht berücksichtigen. Garfinkels Kritik an Parsons ist ziemlich scharf: Er wirft ihm vor, soziale Akteure als „kulturelle Deppen" („cultural dopes") oder „Deppen ohne eigenes Urteilsvermögen" („judgmental dopes"; Garfinkel 1967, S. 68) darzustellen, deren Handeln von allgemeinen Norm- und Wertsystemen gesteuert werde, ohne dass ihnen dabei ein besonderer und aktiver Eigenanteil zugerechnet werden könne. Handelnde erschienen hier als simple Marionetten der kulturellen Systeme:

---

[1] Vgl. etwa schon die Bezüge auf Schütz in dem 1948 verfassten und vor kurzm veröffentlichten Text „Seeing Sociologically" (Garfinkel 2006). Die sehr unterschiedlichen Konsequenzen, die von Garfinkel bzw. Berger und Luckmann aus der Schütz-Lektüre gezogen wurden, liegen bis heute der Trennung dieser soziologischen Schulen zugrunde.

> By ‚cultural dope' I refer to the man-in-the-sociologist's-society who produces the stable features of the society by acting in compliance with preestablished and legitimate alternatives of action that the common culture provides. (Garfinkel 1967, S. 68)

Hinter einer solchen Kritik standen Garfinkels eigene Erfahrungen aus seiner Anfang der 1940er Jahre verfassten Masterarbeit über Gerichtsprozesse, in denen es um Morde unter Schwarzen, Weißen bzw. zwischen Weißen und Schwarzen ging (vgl. Bergmann 2011). Dabei hatte er festgestellt, dass die Geschworenen keineswegs einfach eine Rolle ausführten und die bestehenden Gesetze und Normen im eindeutigen Vollzug auf die verhandelten Fälle bezogen. Vielmehr boten sie erhebliche interpretative Kreativität auf, um die jeweiligen Fälle zu beurteilen und ihre unterschiedlich ausfallenden Urteile dann auch zu begründen. Dies geschah etwa in der Unterscheidung von „Fakten" und „Meinungen" oder in der Beurteilung „überzeugenden Beweismaterials" (vgl. Heritage 1984, S. 4). Demgegenüber schien die Annahme einer Verhaltenssteuerung durch Normen und Wertsysteme einfach unangemessen. Statt also, wie Parsons, diese Frage durch eine ausgearbeitete Theoriekonstruktion und ein Modell des Ordnungszusammenhangs anzugehen, schlug er vor, empirisch zu untersuchen, wie die Gesellschaftsmitglieder für soziale Ordnung sorgen, d. h. wie sie in ihrem ganz praktischen und alltäglichen Tun – einschließlich des Redens – gleichsam routinehaft die Ordnung sozialer Phänomene erzeugen, herstellen, stabilisieren, verteidigen (oder auch angreifen). Garfinkel bezeichnete solche Alltagstechniken der Herstellung von Ordnung, die sich ebenso in privaten Kontexten wie auch am Arbeitsplatz, nicht zuletzt auch in den Wissenschaften je unterschiedlich finden lassen, als „Ethnomethoden", also als die Methoden der Ethnien, Stammesvölker, besser: der Gesellschaftsmitglieder in den jeweiligen Praxiskontexten. Ethnomethodologie ist dann das Forschungsprogramm, das diese Methoden untersucht. Geht man von einem weiten Wissensbegriff aus, dann kann man die Ethnomethodologie durchaus der Wissenssoziologie zurechnen: Sie untersucht Methoden bzw. Kompetenzen der Ordnungsherstellung im praktischen Tun. Dies schließt sowohl Wissensbestände wie Körperpraktiken, Sprach- und Handlungskompetenzen ein:

> Das Interesse des Ethnomethodologen richtet sich darauf, die ‚Methoden' zu entdecken, die Menschen in ihrem Alltagsleben in der Gesellschaft einsetzen, um soziale Wirklichkeit zu konstruieren, und weiterhin darauf, die Art der sozialen Wirklichkeiten zu bestimmen, die Menschen konstruieren und konstruiert haben. Wenn der Ethnomethodologe z. B. die Art und Weise untersucht, in der Geschworene die ‚Richtigkeit' eines Urteils bestimmen, dann konzentriert er sich darauf herauszufinden, wie sie ihre Tätigkeiten als Geschworene zu ‚normalen' machen, – wie die moralische Ordnung ihrer Welt hervorgebracht wird. Die Geschworenen werden daraufhin betrachtet, wie sie durch ihre Aktivitäten vertraute Szenerien und Prozeduren entwi-

ckeln, die von ihnen wahrgenommen werden als die Welt, die sie gemeinsam kennen und die sie gemeinsam als gesichert und selbstverständlich ansehen – und durch die und in der die ‚Richtigkeit' eines Urteils bestimmt wird. (Psathas 1980, S. 271)

Garfinkel entwickelte seinen Ansatz im Wesentlichen in den 1950er und den frühen 1960er Jahren. Er verstand ihn nicht nur als Alternative zur systemtheoretisch und abstrakt ansetzenden Soziologie von Parsons, sondern er grenzte sich zugleich von den interpretativen Soziologien ab, die sich für die Situationswahrnehmungen von Teilnehmerinnen und Teilnehmern gesellschaftlicher Veranstaltungen interessierten, und diese dazu befragten oder teilnehmend beobachteten. Starke Absetzbewegungen gegenüber „konventioneller" Soziologie finden sich bei ihm bis in seine späten Schriften (z. B. Garfinkel 2002). Nach Garfinkel ist nämlich das Reden über ein Tun – und das ist ja das, was im Interview oder auch in Gruppendiskussionen passiert – etwas ganz anderes als das Tun selbst. Deswegen gilt es, das tatsächliche Tun in seinem Vollzug zu beobachten – nur so könne die Soziologie ihrer Aufgabe nachkommen, die Herstellung gesellschaftlicher Ordnung zu analysieren. Die Ethnomethodologie präferiert deswegen die Aufzeichnung und Analyse von tatsächlich stattfindenden sozialen Geschehnissen (z. B. einer Arbeitsbesprechung) und sie plädiert für den Verzicht auf theoretische Vorannahmen oder sozialwissenschaftliche Hintergrundtheorien, die das erklären sollen, was irgendwo vor sich geht. Garfinkel selbst ging deshalb auf deutliche Distanz zu den Kolleginnen und Kollegen des Symbolischen Interaktionismus und zu anderen interpretativen Ansätzen. Howard Becker bemerkte in einem Interview, dieser Distanzanspruch sei immer etwas einseitig gewesen – von Seiten der Symbolischen Interaktionisten hätte man Garfinkel immer als einen der Ihren verstanden oder doch zumindest die Gemeinsamkeiten gesehen – auch wenn er sich partout weigerte, genau das zu sein (Heurtin und Bourmau 1997, S. 160 f.).

In einer neueren, allerdings wiederum auf älteren Aufsätzen basierenden Veröffentlichung (Garfinkel 2002, S. 65) betont Garfinkel kurz und knapp, sein Programm drehe sich letzten Endes darum, eine berühmte Formulierung von Emile Durkheim endlich ernst zu nehmen. Durkheim hatte ja gefordert, die sozialen Phänomene wie „Dinge" zu betrachten und von deren „objektiver Realität" auszugehen. Garfinkel schlägt vor, dass

> im Gegensatz zu bestimmten Auffassungen von Durkheim (…) folgende Lehre angenommen und als Untersuchungsverfahren verwendet wird: Die objektive Realität der sozialen Tatsachen ist *als* eine andauernde Hervorbringung der konzertierten Handlungen des Alltags (…) ein fundamentales Phänomen. (Garfinkel 1967, S. VII, hier zitiert nach der Übersetzung in Zimmerman und Pollner 1976, S. 79).

Dies bedeutet für Garfinkel, die soziale Konstruktion oder Herstellung dieser „Dinge" in den Blick zu nehmen, d. h. das konkrete Handeln und die Praktiken, durch die und in denen die „sozialen Dinge" (und beispielsweise auch „wissenschaftliche Fakten") gemacht werden. Mit anderen Worten: Die Ethnomethodologen analysieren die Methoden, die Menschen in ihrem Alltagsleben zur Konstruktion der sozialen Wirklichkeit nutzen. Das lässt sich anhand der bereits erwähnten Studie über Geschworenenurteile illustrieren. Entsprechende Untersuchungsfragen können dann lauten: Mit welchen Methoden versichern sich die Geschworenen der Angemessenheit ihrer Tätigkeit? Wie konstruieren sie eine gemeinsame moralische Ordnung der Welt, die ihnen als Richtgröße zur Beurteilung des unter Anklage stehenden Verhaltens dient? Wie erzeugen sie also die „Richtigkeit" ihres Urteils (vgl. Psathas 1980, S. 271)? Garfinkel betont dabei durchweg die prinzipielle Analogie zwischen den alltagsweltlichen Praktiken und der Soziologie als Praxis: Wo diese Untersuchungen durchführt und Deutungen über soziale Wirklichkeit produziert, greift sie auf die gleichen Methoden zurück wie die Gesellschaftsmitglieder selbst in ihrer Handlungspraxis. Garfinkel spricht deswegen bei letzteren von „Laiensoziologen", die ja ebenfalls beständig damit beschäftigt sind, soziale Phänomene zu verstehen und Beschreibungen bzw. Begründungen dafür herzustellen.

Dabei gilt es allerdings aus der Sicht der Ethnomethodologie – und das ist der *wesentliche Unterschied* zu den anderen hier vorgestellten Ansätzen des Interpretativen Paradigmas – auf die Frage nach den Situations-Deutungen oder subjektiven Sinnbezügen zu verzichten. Stattdessen wird das, was die Handelnden tun, der tatsächliche Handlungsvollzug als die der Analyse einzig zugängliche Erscheinungsweise der Interpretation begriffen: *das (beobachtbare) Handeln selbst ist die Interpretation*. Garfinkel und die Ethnomethodologie interessieren sich dafür, wie Situationen in ihrem Vollzug durch die beteiligten Gesellschaftsmitglieder erzeugt und organisiert werden. Deswegen muss sich die soziologische Analyse auf „natürliche Daten" und das beobachtbare „Wie machen sie es?" der Handlungsvollzüge, durch die Ordnung hergestellt wird, konzentrieren – das inzwischen berühmte und vielleicht auch berüchtigte „doing".[2] Denn es gibt nichts Soziales, was nicht (und wenn es nicht) „getan", „aufgeführt", „vollzogen" („accomplished"), „performt" wird:

> Garfinkel und konsequenter noch Harvey Sacks stellen sich immer wieder die Frage 'Wie wird eine Handlung zustandegebracht?' (…) [Sie sprechen] von der 'Durchführung' (doing) solcher Alltagshandlungen wie Reden, Fragen, Argumentieren, um zu betonen, daß es sich dabei um ein stets neu in Gang zu bringendes Tun handelt, das mehr impliziert, als mit dem traditionellen Handlungsbegriff ausgedrückt ist. Mit

---

[2] So kann man das „doing orgasm" ebenso untersuchen wie das „doing family" oder das „doing sociology" usw.

der Unzahl solcher tagtäglicher Handlungen stellen die Mitglieder ihre soziale Ordnung her. (...) Dieses Insistieren auf dem (methodischen) ‚Durchführungs'aspekt des Handelns, auf dem Wie-es-gemacht-wird, auf dem Wie-es-zu-machen-ist, auf dem praktischen Hervorbringen von Handlungen, samt allen ihren Merkmalen, legt das frei, was den Ethnomethodologen am sozialen Geschehen interessiert, und zeigt den Bereich auf, gegenüber dem er seine ‚ethnomethodologische Indifferenz' ausspielt. (Weingarten und Sack 1976, S. 13; vgl. zum Begriff des „doing" Garfinkel und Sachs 1976, S. 148)

Gewiss werden vielfach auch Formen der teilnehmenden Beobachtung eingesetzt, damit notwendige Verstehenskompetenzen im Hinblick auf die vorliegenden Daten erworben werden. Aber dies geschieht doch in einer Forschungshaltung, die sich deutlich von derjenigen der anderen Positionen des Interpretativen Paradigmas unterscheidet. Der Ethnomethodologie geht es nämlich keineswegs um den Nachvollzug von Handlungsmotiven, um die Teilnehmerperspektive oder die interaktive Prozessierung symbolischer Ordnungen. Vielmehr zielt sie gleichsam „quasi-objektivistisch" und von „außen" auf die Analyse der Methoden sozialer Ordnungserzeugung, die den TeilnehmerInnen sozialer Praxiszusammenhänge zwar routinehaft vertraut sein mögen (und, wenn sie „kompetent" sein wollen, als „praktisches Wissen" auch vertraut sein müssen!), aber nicht notwendig von ihnen bewusst eingesetzt und reflektiert werden.[3] Nach wie vor bietet Garfinkels Aufsatzsammlung „Studies in Ethnomethodology" aus dem Jahre 1967 den besten Einstieg in die Grundideen der Ethnomethodologie. Er selbst hat auch später keine Monographien verfasst; erst in den 2000er Jahren sind einige umfassendere Textzusammenstellungen mit weiteren Aufsätzen erschienen und in Planung (Garfinkel 2002). Bei einigen „Neuerscheinungen" handelt es sich um zeitlich lange, vor die Begründung der Ethnomethodologie zurückreichende Texte, die entsprechend in der Rezeption einsortiert werden müssen;[4] die 1952 fertig gestellte Dissertation ist nicht erschienen; ein 2008 veröffentlichtes Buch über eine „soziologische Theorie der Information" beruht auf einem Manuskript aus dem Jahre 1952.

---

[3] Es gibt eine umfangreiche, nicht immer produktive Diskussion zwischen der Ethnomethodologie und anderen Positionen des Intepretativen Paradigmas. Strittig ist dabei insbesondere die Frage, welche Interpretationsprozesse das analytische Vorgehen der EthnomethodologInnen selbst impliziert, und inwiefern diese im Fortgang der Analyse reflektiert werden, ob also mit anderen Worten die behauptete quasi-objektive Herangehensweise überhaupt möglich ist. Fortgesetzt wurde diese Auseinandersetzung auch zwischen der Akteur-Netzwerk-Theorie, die an Garfinkel anschließt, und VertreterInnen des Symbolischen Interaktionismus.

[4] Ein 1948 als Skizze verfasstes, nie weiter realisiertes Dissertationsprojekt wird bspw. als Garfinkel (2006) veröffentlicht.

Harold Garfinkel (1917–2011)
Harold Garfinkel wurde 1917 in Newark, New Jersey als Kind einer jüdischen Familie geboren; sein Vater hatte ein kleines Möbelgeschäft. Er besuchte Ende der 30er Jahre an der University of Newark einige wirtschaftswissenschaftliche Kurse. Im Herbst 1939 wechselte Garfinkel an die University of North Carolina (Chapel Hill) und begann sein Soziologiestudium; auch belegte er Veranstaltungen zur Phänomenologie. Im Zentrum seiner Aufmerksamkeit stehen der soziologische Handlungsbegriff und die Theorie und Praxis von „accounts" (Berichten und Rechtfertigungen), die sowohl Gegenstand seiner wirtschaftswissenschaftlichen Seminare wie auch zeitgenössischer soziologischer Reflexionen von Charles W. Mills und Kenneth Burke waren. 1940 veröffentlicht er seine Kurzgeschichte „Color Trouble", die sich mit der Rassentrennung beschäftigte und eine Reflexion über die Praxis des „accounting" vorstellte. Seine 1942 fertiggestellte Master-Abschlussarbeit behandelt Gerichtsverfahren über „inter- und intrarassische Mordfälle". Er stellte fest, dass die Gerichte je nach „Mordkonstellation" unterschiedlich verfuhren und dies auch unterschiedlich begründeten. In den 1940er Jahren entwickelte Garfinkel seine soziologischen Ideen weiter. Gleichzeitig interessierte ihn weiterhin die Phänomenologie von Edmund Husserl und Alfred Schütz. Nachdem er einige Zeit bei der Air Force gedient hatte, ging Garfinkel nach Kriegsende nach Harvard und promovierte bei Talcott Parsons („The Perception of the Other: A Study of Social Order", 1952). In dieser Doktorarbeit kritisiert er Parsons Handlungstheorie und Handlungsbegriff bereits ganz im Sinne seiner späteren ethnomethodologischen Position, auch wenn noch die empirische Grundlegung fehlte. In der Zeit in Harvard traf er regelmäßig auch Aron Gurwitch und (in New York) Alfred Schütz. Er selbst lehrte in Princeton, arbeitete später bei Kurt Wolff an der Ohio State University und dann in einem Forschungsprojekt an der Universität von Wichita, das sich mit Geschworenenverhandlungen in Gerichtsverfahren beschäftigte. In einer Präsentation der Ergebnisse dieses Projektes wurde 1954 schließlich der Begriff „Ethnomethodologie" geprägt. Im selben Jahr wechselte

Garfinkel an die University of California in Los Angeles, wo er bis zu seiner Emeritierung 1987 lehrte und forschte. Neben Garfinkel waren an der Ausarbeitung der Ethnomethodologie seine Schüler Aaron Cicourel und Egon Bittner sowie, vor allem im Hinblick auf die Konversationsanalyse, Harvey Sacks, Emmanuel Schegloff (Berkeley) und Gail Jefferson (UCLA) beteiligt. Seit 1975 existiert das von George Psathas und Jeff Coulter gegründete International Institute for Ethnomethodology and Conversation Analysis, das nicht nur Tagungen und Workshops veranstaltet, sondern auch eine Buchreihe („Directions in Ethnomethodology and Conversation Analysis", hrsg. von Stephen Hester und David Francis) aufgelegt hat.

Lektürevorschlag:
Bergmann, Jörg (2011). Harold Garfinkel (1917–2011). *Zeitschrift für Soziologie* 40 (4), (S. 227–332) [Kurzer und konziser biographischer, werk- und wirkungsgeschichtlicher Überplick; zugleich Nachruf].
Garfinkel, Harold (1967). *Studies in Ethnomethodology* (S. 116–149). Englewood Cliffs: Prentice-Hall Inc. [Auszug aus dem weiter unten vorgestellten Fallbeispiel „Agnes", das sehr gut die Perspektive des „doing" verdeutlicht].
Garfinkel, Harold (1977). Bedingungen für den Erfolg von Degradierungszeremonien. In K. Lüdersen & F. Sack (Hrsg.), *Seminar: Abweichendes Verhalten III. Die gesellschaftliche Reaktion auf Kriminalität* (Bd. 2, S. 31–40) [1956] [Klassischer Aufsatz zur ethnomethodologischen Perspektive].
Garfinkel, Harold (1980). Das Alltagswissen über soziale und innerhalb sozialer Strukturen. In *Arbeitsgruppe Bielefelder Soziologen* (S. 189–210) [1959/1961] [Grundlegender Aufsatz zur Perspektive der Ethnomethodologie].
Garfinkel, Harold & Sacks, Harvey (1976). In Weingarten u. a. (Hrsg.), *Über formale Strukturen praktischer Handlungen* (S. 130–178).
Rawls, Anne Warfield (2002): Editor's introduction. In Garfinkel (2002), S. 1–64, hier 9 ff. [biographisch orientierte Einführung in Leben und Werk von Garfinkel].

Vertiefungen:
Coulter, Jeff (Hrsg.) (1990). *Ethnomethodological Sociology*. Aldershot: Edward Elgar Publishing [Reader mit Auszügen wichtiger Grundlagen-Texte verschiedener Autoren].

Garfinkel, Harold (1967). *Studies in ethnomethodology*. Englewood Cliffs: Prentice-Hall Inc. [Zusammenstellung grundlegender Aufsätze].
Heritage, John (1984). *Garfinkel and Ethnomethodology*. Cambridge: Polity Press [empfehlenswerte Einführung].
Hester, Stephen & Francis, David (2004). *An invitation to ethnomethodology: Language, society and interaction*. London: Sage [Einführungsbuch].
Patzelt, Werner J. (1987). *Grundlagen der Ethnomethodologie. Theorie, Empirie und politikwissenschaftlicher Nutzen einer Soziologie des Alltags*. München: Wilhelm Fink Verlag [enthält im ersten Teil eine theoretische Systematisierung von Grundannahmen der Ethnomethodologie, dann einen Überblick über ausgewählte Studien und schließlich eine Diskussion der Anwendungsmöglichkeiten in der Politikwissenschaft].
Lynch, Michael & Sharrock, Wes (Hrsg.) (2003). *Harold Garfinkel. Reihe: Sage Masters of Modern Thought* (4. Bde.). London: Sage [umfangreiche Sammlung von klassischen Originaltexten und Diskussionsbeiträgen zur Ethnomethodologie, ihren Grundlagen, Entwicklungen, Kritiken, Bezügen zu anderen Ansätzen und Anwendungsbeispielen].
Lynch, Michael & Sharrock, Wes (Hrsg.) (2011). *Ethnomethodology. Reihe: Sage Benchmarks in Social Research Methods* (4. Bde.). London: Sage [umfangreiche Sammlung von klassischen Originaltexten und aktuellen Diskussionsbeiträgen zur Ethnomethodologie und Konversationsanalyse, mit Fokussierung auf Fragen der methodologischen und erkenntnistheoretischen Grundlagen, der Vorgehensweisen und der empirischen Anwendung].
Weingarten, Elmar, Sack, Fritz & Schenkein, Jim (Hrsg.) (1976). *Ethnomethodologie. Beiträge zu einer Soziologie des Alltagshandelns*. Frankfurt /Main: Suhrkamp [Reader mit Übersetzungen von Auszügen wichtiger Grundlagentexte].

Weitere Arbeiten in der Tradition von Ethnomethodologie und Konversationsanalyse: (Auswahl)
Garfinkel, Harold (2002). Hrsg. von A. W. Rawls, *Ethnomethodology's program. Working out Durkheim's aphorism*. Lanham: Rowman & Littlefield Publishers [etwas heterogene Aufsatzzusammenstellung, die vor allem auch den Gegensatz zur herkömmlichen Soziologie deutlich macht].[5]
Garfinkel, Harold (2006). Hrsg. von A. W. Rawls, *Seeing sociologically: The routine grounds of social action*. Boulder: Paradigm Publishers [1948]

---

[5] Vgl. dazu auch die kritische Besprechung von Thomas Link (2003).

Cicourel, Aaron (1968). *The social organization of Juvenile Justice.* New York: Wiley [ethnomethodologische Untersuchung der Praxis der Jugendstrafe in zwei kalifornischen Städten].

Cicourel, Aaron (1975). *Sprache in der sozialen Interaktion.* München: List [1972] [Originaltitel: „Cognitive Sociology. Language and Meaning in Social Interaction". Aufsatzsammlung, enthält Diskussionen der Bezüge zwischen Ethnomethodologie, Konversationsanalyse und sprachwissenschaftlichen Ansätzen].

Cicourel, Aaron (1980). Basisregeln und Normative Regeln im Prozess des Aushandelns von Status und Rolle. In Arbeitsgruppe Bielefelder Soziologen (S. 147–188) [Erläuterung der genannten Grundbegriffe der Ethnomethodologie].

Douglas, Jack D. (1973). *The social meanings of suicide.* Princeton: University Press [detaillierte Studie der Produktion von Selbstmorddaten].

Psathas, Georges (1980). Ethnotheorie, Ethnomethodologie und Phänomenologie. In Arbeitsgruppe Bielefelder Soziologen (S. 263–284) [Erläuterungen von Grundperspektiken der genannten Ansätze].

Webseiten:
International Institute for Ethnomethodology and Conversation Analysis (www.iiemca.mrl.nott.ac.uk; Stand vom 18.08.11)
Ethnomethodology-Webseite von Paul ten Have (http://www.paultenhave.nl/; Stand vom 18.08.11)
Bildnachweis: http://en.wikipedia.org/wiki/Harold_Garfinkel; Stand vom 17.7.2012

5.1 Agnes und die Frage, wie Geschlecht „getan" wird

Bevor die Grundannahmen der Ethnomethodologie weiter vorgestellt werden, soll zunächst ein Beispiel die Position illustrieren. In den 1950er Jahren arbeitete Harold Garfinkel in der medizinischen Abteilung der University of California in Los Angeles im Department für Psychiatrie. Unter anderem war er dort beratend mit Fällen der (biologischen) Zweigeschlechtlichkeit beschäftigt, d. h. mit Personen, die sowohl männliche wie auch weibliche Geschlechtsmerkmale besaßen und ihren offiziellen und körperlichen Geschlechtsstatus verändern bzw. vereindeutigen wollten (also zu weiblich oder männlich). Eine der Personen, mit denen Garfinkel in diesem Zusammenhang ab November 1958 mehrere Gespräche führte, hieß Agnes (vgl. Garfinkel 1967, S. 116–185). Agnes arbeitete als Typistin bei einer Versicherung. Sie war damals eine 19jährige junge Frau mit weiblichen Körperformen, aber voll entwickelten primären männlichen Geschlechtsorganen; sie war als „Junge" zur Welt gekommen und wurde als Kind entsprechend erzogen. Sie erzählte jedoch, sie habe sich schon immer als Mädchen bzw. als Frau gefühlt; es sei ihr in ihrer Kindheit nie gelungen, ein „richtiger" Junge zu sein und sich so zu verhalten. Mit der Pubertät hätten sich dann ihr Busen und sonstige weibliche Körperformen entwickelt; sie sei also schon immer, von Natur aus, eine Frau gewesen. Dies sei nur durch eine merkwürdige Laune der Natur in Gestalt von Penis und Hoden fälschlicherweise überdeckt worden. Seit der Pubertät sei klar, dass sie sowohl psychisch wie körperlich letztlich und eigentlich eine Frau sei. Deswegen habe sie schließlich im Alter von 17 Jahren auch begonnen, als Mädchen bzw. dann als junge Frau zu leben und mit einem „boy friend" auszugehen. Nachdem sie ihrem Freund zunächst die männlichen Geschlechtsorgane verschwiegen und später dann als Missbildung der Natur gestanden hatte, sollte der Klinikaufenthalt ihrem Frausein durch chirurgische Eingriffe auch den letzten körperlichen Schliff geben, d. h. ihre männlichen Geschlechtorgane durch weibliche ersetzen (was dann auch geschah). Garfinkel, der in seiner Analyse auf die Klinikdokumente und Berichte seiner Kollegen sowie auf eigene regelmäßige Unterhaltungen mit Agnes – etwa 35 Stunden von Herbst 1958 bis Sommer 1959 – zurück greift, ist von ihrer weiblichen Erscheinung sichtlich beeindruckt:

> Agnes' appearance was convincingly female. She was tall, slim, with a very female shape. Her measurements were 38-25-38. She had long, fine dark-blonde hair, a young face with pretty features, a peaches-and-cream complexion, no facial hair, subtly plucked eyebrows, and no makeup except for lipstick. At the time of her first appearance she was dressed in a tight sweater which marked off her thin shoulders, ample breasts, and narrow waist. Her feet and hands, though somewhat larger than usual for woman, were in no way remarkable in this respect. Her usual manner of dress did not distinguish her from a typical girl of her age and class. (Ebd., S. 119)

In unseren Gesellschaften gilt der biologische Status des Männlichen und des Weiblichen als eine durch den Besitz von Penis oder Vagina qua Natur vorgegebene fundamentale und lebensbestimmende dichotome Kategorie, mit der geschlechtsadäquate Normen und moralische Verpflichtungen verknüpft sind. Da es sich hier um einen qua Geburt vermittelten und damit scheinbar „natürlichen" Status handelt, ist ein dauerhafter und tatsächlicher Wechsel zwischen den Geschlechterkategorien im Lebenslauf einzelner Menschen nicht vorgesehen – wenn man von vorübergehenden „Maskeraden" etwa beim Theaterspielen, im Fasching, bei Kin-

5.1 Agnes und die Frage, wie Geschlecht „getan" wird

derspielen usw. absieht. Dennoch gibt es immer wieder Menschen, die mit den körperlichen Merkmalen einer Geschlechtsgruppe geboren werden, sich aber dann der anderen Geschlechtsgruppe (oder keiner ausschließlich) zugehörig fühlen. Garfinkel betont, dass es hier nicht um Homosexualität oder Transvestie im Sinne der Infragestellung von Geschlechterkategorien und damit verbunden normativen Erwartungen an mögliche Sexualpartner gehe.[6] Die Personengruppe, für die Agnes beispielhaft steht, stellt vielmehr *gerade nicht* die binäre, also auf zwei Statusmöglichkeiten begrenzte Geschlechtszugehörigkeit in Frage, sondern ist bemüht, ihre „zweideutige" Situation, also die Diskrepanz zwischen (einigen) Geschlechtsmerkmalen und ihrer Geschlechtsidentität zu beseitigen und damit die „Eindeutigkeit" der Zuordnung oder Zugehörigkeit herzustellen. Wie erwähnt, war Agnes zunächst als Junge erzogen worden und lebte dann ab ihrem 17. Lebensjahr als Mädchen bzw. junge Frau. Sie trug entsprechende Kleidung, sprach mit veränderter Stimme, bewegte sich anders, hatte über mehrere Jahre hinweg einen „Boyfriend" usw.

Agnes ist für Garfinkel und die Ethnomethodologie gerade deswegen als Fall interessant, weil sie sich das, was Mädchen sonst gleichsam nebenbei in ihrer Erziehung lernen – wie sie sich „weiblich" anziehen, bewegen, verhalten usw. – bewusst aneignen musste. Sie war gezwungen, die „Ethno-Methoden" zu erwerben, durch die sie anderen gegenüber überzeugend als Mädchen und später dann als junge Frau erscheinen würde, obwohl sie ja weiterhin einen Penis und einen Hodensack besaß. Agnes ist eine „praktizierende Methodologin": Sie muss erforschen, ‚wie man(n) eine Frau ist' und dazu ihrer Umgebung extrem aufmerksam bis in die Details (etwa der Stimmfärbung) hinein begegnen:

> Her studies armed her with knowledge of how the organized features of ordinary settings are used by members as procedures for making appearances-of-sexuality-as-usual decidable as a matter of course. The scrutiny that she paid to appearances; her concerns for adequate motivation, relevance, evidence and demonstration; her sensitivity to devices of talk; her skill in detecting and managing ‚tests' were attained as part of her mastery of trivial but necessary social tasks, to secure ordinary rights to live. Agnes was self-consciously equipped to teach normals how normals make sexuality happen in commonplace settings as an obvious, familiar, recognizable, natural and serious matter of fact. Her speciality consisted of treating the ‚natural facts of life' of socially recognized, socially managed sexuality as a managed production so as to be making these facts of life true, relevant, demonstrable, testable, countable, and available to inventory, cursory representation, anecdote, enumeration, or professional psychological assessment; in short, so as unavoidably in concert with others to be making these facts of life visible and reportable – accountable – for all practical purposes. (Ebd., S. 180)

---

[6] Und auch nicht um Intersexuelle bzw. Intersexualität oder Transgender. Tatsächlich will Agnes ja ganz und gar Frau sein.

In gewissem Sinne war sie dabei gezwungen, auf „bessere" Weise „Frau" zu sein als die Frauen selbst: Zusätzlich zum körperlichen und kleidungsgemäßen Frau-Sein musste sie verschiedene Verbergungstechniken entwickeln, damit ihr Geschlechtsstigma nicht auffiel, beispielsweise beim Baden, am Strand oder beim Sport in den Umkleidekabinen. Zu den von Agnes eingesetzten Methoden zählte der heimliche Austausch von Urinproben beim Arzt, der Hinweis, „nicht in Stimmung fürs Baden im Meer" zu sein, gerade unter weiblichen „Unpässlichkeiten" zu leiden usw. Den Übergang von einem Geschlecht zum anderen bzw. den auf Akzeptanz ausgerichteten Vollzug, die performance der anderen Geschlechtszugehörigkeit (etwa bei den klinischen Gesprächen oder in den verschiedenen sozialen Situationen des Alltags) bezeichnet Garfinkel als „passing". Deutet man das, was Agnes praktisch tat, aus der Perspektive der Ethnomethodologie, dann lässt sich sagen, dass sie verschiedene Ethnomethoden einsetzte, um im normalen Alltagsleben, gegenüber ihrem Freund oder auch an ihrem Arbeitplatz in den jeweiligen Interaktionsprozessen die normale Geschlechterordnung aufrecht zu erhalten, indem sie sich eindeutig einer Geschlechtskategorie zuordnete. Und dies war ein zwar zunehmend routinisierter, letztlich aber doch von ihr aktiv gestalteter Vorgang, ein Vollzug, eine Herstellungsleistung – ein „doing" und ein „accomplishment". Das ist ja genau das, was Garfinkel interessiert: wie Gesellschaftsmitglieder soziale Ordnung – hier durch den praktischen Vollzug von Geschlechterzuordnungen – praktisch herstellen. So schreibt er im Hinblick auf Agnes und vergleichbare Patienten und Patientinnen:

> In each case the persons managed the achievement of their rights to live in the chosen sexual status while operating with the realistic conviction that disclosure or their secrets would bring swift and certain ruin in the form of status degradation, psychological trauma, and loss of material advantages. Each had as an enduring practical task to achieve rights to be treated and to treat others according to the obligated prerogatives of the elected sex status. They had as resources their remarkable awareness and uncommon sense knowledge of the organization and operation of social structures that were for those that are able to take their sexual status for granted routinized, ‚seen but unnoticed' backgrounds of their everyday affairs. (…) In the lives of these persons the work and the socially structured occasions of sexual passing were obstinately unyielding to their attempts to routinize the rounds of daily activities. This obstinacy points to the omnirelevance of sexual statuses to affairs of daily life as an invariant but unnoticed background in the texture of relevances that comprise the changing actual scenes of everyday life. The experiences of these intersexed persons permits an appreciation of these background relevances that are otherwise easily overlooked or difficult to grasp because of their routinized character and because they are so embedded in a background of relevances that are simply ‚there' and taken for granted. (Ebd., S. 118)

In unseren praktischen Lebensvollzügen stellen wir in vergleichbarer Weise permanent unsere Geschlechtszugehörigkeit her. Im Kontext der feministischen Theoriebildung wird hier von „Doing Gender" gesprochen. Dem liegt die Unterscheidung von „sex" und „gender" zugrunde. „Sex" meint die biologische Kategorisierung bzw. Geschlechtsbestimmung; „gender" bezieht sich auf die soziale Konstitution und Formung dessen, was dann eine biologisch bestimmten Mann oder eine Frau „ausmacht".[7] „Doing gender means creating differences between girls and boys and women and men, differences that are not natural, essential or biological." (West und Zimmerman 1987, S. 137) Dabei sind es in der Regel gerade nicht Penis und Vagina, die in alltäglichen Begegnunen als Ausdrucks- und Erkennungszeichen für Geschlechterzugehörigkeit genutzt werden können – schließlich sind diese Körperteile bis auf wenige Ausnahmesituationen bedeckt:

> Occasionally (...) we do see people whose gender is not obvious (...). It is then that we begin to consciously look for gender cues as to what they ‚really' are. What do these cues consist of? In asking people how they tell men from women, their answer almost always includes ‚genitals'. But, since in initial interactions genitals are rarely available for inspection, this clearly is not the evidence one actually uses (...). (Kessler und McKenna 1978, S. VIII, zit. nach Joas und Knöbl 2004, S. 615)

Für Garfinkel war Agnes in gewisser Weise ein ‚lebendes Krisenexperiment', weil sich hier angesichts der Bewusstheit, mit der sie ihren weiblichen Status herstellen musste, die Methoden beobachten ließen, die sonst von Menschen ohne größere Reflexion und permanent zur sozialen Geschlechterordnung eingesetzt werden. Später stellte sich im übrigen heraus, dass Agnes seit ihrem 12. Lebensjahr heimlich Hormone (Östrogene) geschluckt hatte, dass sie also keineswegs, wie von ihr vorher behauptet, von selbst weibliche sekundäre Geschlechtsmerkmale ausgebildet hatte, sondern dass auch dieser Teil ihres Geschlechterstatus von ihr aktiv hergestellt worden war (Garfinkel 1967, S. 285 ff.).

5.2 Soziale Ordnung als Ergebnis von Handlungsvollzügen

Eingangs zum vorliegenden Kapitel wurde darauf hingewiesen, dass Garfinkel seine Position im Rückgriff auf die Phänomenologie und insbesondere auf Alfrede Schütz und in Absetzung zur Soziologie von Talcott Parsons entfaltet. Dadurch entwickelt er eine neue und kreative Herangehensweise an das soziologische Grundproblem der Erzeugung und Aufrechterhaltung sozialer Ordnung. Parsons hatte mit seinem 1937 erschienenen Werk über die „Structure of Social Action" eine

---

[7] In solchen Annahmen trifft sich Garfinkel mit Ausführungen von Erving Goffman aus den 1950er Jahren zur „Darstellung des Selbst im Alltagsleben" als Handlungsvollzug (vgl. dazu das nachfolgende Kapitel über Goffman; vgl. auch die Hinweise auf Diskussionen und Abgrenzungen zwischen Garfinkel und Goffman Ende der 1940er Jahre in Rawls 2006, S. 3 ff.).

entschiedene Kritik des utilitaristischen Handlungsmodells vorgelegt. Der Utilitarismus geht von einem Menschenbild aus, in dem die Nutzenorientierung und Nutzenmaximierung ausschlaggebend für das individuelle Handeln ist. Heute wird diese Theorie in verschiedenen wissenschaftlichen Disziplinen (einschließlich der Soziologie) unter dem Begriff „rational choice"-Theorie vertreten. Parsons bezieht sich wesentlich auf den klassischen Vertreter, den britischen Philosophen Thomas Hobbes. Der hatte 1651 in seinem Buch „Leviathan" die Entstehung staatlicher und gesellschaftlicher Ordnung aus dem Eigeninteresse der Akteure heraus begründet. Angesichts der Vorteile, die eine „höhere" Regelungs- und Überwachungsinstanz für die Einzelnen böte, würden sie dazu veranlasst, einen Teil ihrer Handlungsmacht an eine übergeordnete Instanz abzugeben. Wie schon zuvor Emile Durkheim in seiner Utilitarismuskritik sieht auch Parsons hier ein Problem: Denn für den Einzelnen ist es gerade nützlich, sich nicht der allgemeinen Gewalt zu unterwerfen – sofern nur alle anderen das tun. Wenn alle ihre Schwerter abgeben und dem König das Justizrecht abtreten, ist derjenige im Vorteil, der ein zweites Schwert zu Hause versteckt hat. Parsons verweist deswegen wie schon Durkheim auf die „moralischen" bzw. „normativen" Grundlagen des Gesellschaftsvertrages, auf die Anerkennung einer gemeinsamen Verpflichtung zur Regelunterwerfung. Deswegen sieht er gegen die von Thomas Hobbes vorgeschlagene Lösung des Problems der Handlungskoordination und damit der sozialen Ordnung in der Existenz von Normen und in der Wert- bzw. Normenorientierung des Handelns die eigentliche Grundlage der sozialen Ordnung und des sozialen Zusammenhalts:

> Eine Norm ist eine verbale Beschreibung eines konkreten Handlungsverlaufs, der als wünschenswert betrachtet wird, verbunden mit der Vorschrift, daß künftiges Handeln ihr entsprechen soll. (Talcott Parsons in: Structure of Social Action 1937, S. 75; hier zit. nach Schütz und Parsons 1977, S. 29)

Die Einheit einer Handlung, der „unit act" besteht nach Parsons aus folgenden Elementen: dem Akteur, einem von ihm verfolgten Ziel, einer Situation mit kontrollierbaren und unkontrollierbaren Bedingungen und einem Orientierungsmaßstab, der den Akteur befähigt, seine Ziele angemessen auf die Situation zu beziehen. Das Handeln und die Handlungskoordination in Interaktionen ergeben sich also aus dem Zusammenspiel von Handelnden, deren Zielen, einer Situation mit ihren besonderen Mitteln und Bedingungen sowie einer „normativen Orientierung", die das Arrangement dieser Elemente bestimmt. Will man eine Handlung aus dieser Perspektive analysieren, müsste man den „subjektiven" Standpunkt des Akteurs kennen. Den Weg dazu sah Parsons vor allem in der Annahme von Norminternalisierungen im Sozialisationsprozess. Dazu zählen auch verfügbare Regeln und Standards der Beurteilung angemessener kognitiver Wahrnehmungen einer Situ-

5.2 Soziale Ordnung als Ergebnis von Handlungsvollzügen

ation und der Auswahl von Verhaltensweisen. Darin sind mindestens zwei Ordnungsfaktoren impliziert:

- ein konsensuell von den Akteuren geteilter kognitiver Wissens- bzw. Symbolhintergrund (alle Beteiligten wissen und sind sich komplett einig, um was für eine Situation es sich handelt);
- ein ebenso konsensuell geteiltes Normensystem (alle orientieren sich an den gleichen Regeln), das die Auswahl des situativ angemessenen Handelns steuert.

Dieses theoretische Modell der Handlungskoordination ist in Parsons Rollenverständnis zusammengefasst. Wie am Beginn des vorliegenden Buches bereits erwähnt, werden Rollen hier als komplexe Bündel von Verhaltenserwartungen bestimmt, die – so die Annahme – das Verhalten bzw. Handeln in konkreten Situationen anleiten und steuern. Damit ist es für die Soziologie nicht mehr notwendig, die tatsächlichen subjektiven Motivationen oder die subjektive „Definition der Situation" durch einen Akteur zu untersuchen. Vielmehr richtet sie sich in der Parsonianischen Perspektive auf die Analyse allgemeiner kultureller Orientierungen und systemischer Handlungs- bzw. Rollenkomplexe. Damit bleiben jedoch verschiedene Probleme offen: die Rolle der subjektiven Handlungsrationalität des Akteurs, das Problem der Intersubjektivität der Wissensvorräte, Symbolsysteme und Wertorientierungen (wo kommen sie her?) und das Problem der Reflexivität im Sinne des Nachdenkens und der Reflexion der Akteure auf ihre Handlungssituation (Heritage 1984, S. 22 ff.). Das lässt sich exemplarisch am Parsonschen Kommunikationsbegriff erläutern:

> Communication, Parsons argues, is guaranteed by a common system of symbols which are necessarily generalized from the particularities of single situations (…) The institutionalization of common meanings for symbols in advance of their use in particular situations is (…) the basis upon which communication is possible. And, once again, with the ‚in principle' point established, Parsons abandons the issue while leaving open the question of *how* sameness of meaning might be established or maintained in actual contexts of situations, or, indeed, how communicative interaction might proceed. (Ebd., S. 28)

Garfinkel bestreitet in seiner Dissertation alle drei Momente: Weder könne plausibel angenommen werden, dass normative Regeln das Handeln bestimmen, noch dass intersubjektives Wissen auf solchen Regeln beruhe bzw. in seiner Bedeutung vorab festgelegt sei, noch das die Reflexionskapazitäten der Akteure eher ein Hindernis für ihr Handeln seien (weil sie in Parsons Modell keinen Platz haben). Im Gegenteil ist gerade das aktive Deutungs- und Urteilsvermögen der Akeure für

Garfinkel der Schlüssel zur Analyse des Handelns. Die notwendigen Argumente für diese Annahme zieht er aus dem Werk von Alfred Schütz und demjenigen anderer Phänomenologen (Edmund Husserl, Aron Gurwitsch oder Marvin Faber). Husserl interessierte sich dafür, wie die Leistungen des Bewusstseins auf der Grundlage von sensorischen Wahrnehmungen die (bedeutungsvolle) Weltwahrnehmung konstituieren. In seinem Spätwerk betonte er die Verankerung dieser Prozesse in der „Lebenswelt", der mundanen Welt der gelebten Erfahrung, die immer schon als Produkt der unreflektierten Kognitionen der Akteure besteht. Für Alfred Schütz ist diese Lebenswelt der Hintergrund der „Lebenswelt des Alltags", der immer schon intersubjektiv erzeugten und geteilten Welt der „natürlichen Einstellung", die wir als schlicht gegeben erfahren und hinnehmen, und in denen die alltäglichen Vestehensprozesse und Sinnkonstitutionen im Rückgriff auf „Typisierungsprozesse" und vorhandene bzw. verfügbare gesellschaftliche Wissensvorräte statthaben (Schütz und Luckmann 1979; vgl. weiter oben Kap. 4.1). Intersubjektivität ist für Schütz im Unterschied zu Husserl, der dafür noch eine „außerweltliche" philosophische Grundlage suchte, eine in der Lebenswelt des Alltags immer schon vollzogene und aufrecht erhaltene praktische Gegebenheit (Heritage 1984, S. 54 ff.).

Schütz selbst hatte nach seiner Emmigration in die USA aktiv den Kontakt zu Parsons gesucht – schien doch dessen Bemühen um eine soziologische Handlungstheorie zunächst in ähnliche Richtungen zu weisen wie seine eigenen Interessen. Im April 1940 besuchte er in Havard ein Kolloquium zur „Rationalität in den Sozialwissenschaften" und begann eine längere Auseinandersetzung mit der Parsonianischen Handlungstheorie, die bereits ab Herbst 1939 von Gesprächen mit Parsons und einem bis April 1941 dauernden, letztlich „scheiternden" brieflichen Austausch begleitet wurde (vgl. Schütz und Parsons 1977). Im Verlauf seiner Bemühungen würdigt und kritisiert Schütz in einem langen Essay die Parsonianische Handlungstheorie. Im Zentrum seiner kritischen Einwände steht der – so Schütz Einschätzung – unklare Handlungsbegriff bei Parsons:

> Ich muß gestehen, daß mir das Konzept ‚normative Werte des Handelns' ziemlich rätselhaft geblieben ist trotz erheblicher Anstrengungen meinerseits und trotz einiger Erläuterungen, die Parsons mir in privaten Gesprächen freundlicherweise gegeben hat. (Ebd., S. 46).

So argumentiert auch der Garfinkel-Schüler Aaron Cicourel im Hinblick auf Parsons Rollenkonzept und dessen Betonung der Wertorientierungen:

> Indem er sich auf den Interaktionszusammenhang für strukturelle Eigenschaften sozialer Ordnung konzentriert, lenkt PARSONS unsere Aufmerksamkeit auf ‚gemeinsame' Wertorientierungen. Aber diese offenkundig begriffliche ‚Antwort' weicht der entscheidenden Frage aus, was als ‚gemeinsam' gilt und wie unsere Handelnden auf

5.2 Soziale Ordnung als Ergebnis von Handlungsvollzügen

der Basis ihrer eigenen oder den ‚gemeinsamen' Wertorientierungen irgendeiner Gemeinschaft ihre Entscheidung treffen (...) Die Bezugnahme auf kognitive Vorgänge und eine Theorie der Bedeutung fehlen in PARSONS Ausführungen. (Cicourel 1980, S. 160)

Später folgt Cicourel:

> Der Handelnde muss mit Mechanismen oder Basisregeln ausgestattet sein, die es ihm erlauben, Situationshintergründe zu identifizieren, die zu einer ‚angemessenen' Bezugnahme auf Normen führen würden; die Normen wären dann Oberflächenregeln und nicht grundlegend dafür, wie der Handelnde Folgerungen trifft über role-taking oder role-making. Die Basisregeln oder interpretativen Verfahren sind gewissermaßen tiefenstrukturelle grammatische Regeln; sie befähigen den Handelnden, angemessene (im allgemeinen innovative) Antworten in wechselnden Situationszusammenhängen hervorzubringen. (Ebd., S. 167)[8]

Die theoretischen Grundannahmen Garfinkels sind nun an die Ausführungen von Alfred Schütz zu den grundlegenden Strukturen der Lebenswelt angelehnt, insbesondere zur Funktionsweise der „ausgezeichneten Lebenswelt des Alltags" – also zu der Welt, in der wir Anderen im Zustand eines hellwachen Bewusstseins und unter pragmatischer Erledigung verschiedener Aufgaben begegnen (vgl. Garfinkel 1980; Garfinkel 1990, S. 26 ff.). Garfinkel schließt an diese Analysen zur Intersubjektivität der alltäglichen Lebenswelt an. Im Rückgriff auf die phänomenologische Tradition argumentiert er gegen Parsons, dessen Konzept des Handelns könne weder der Komplexität tatsächlicher Handlungsvorgänge und Interpretationsprozesse auf Seiten der Akteure gerecht werden, noch sei es im Stande, eine hinreichende Erklärung für deren Verlauf zu geben.[9] Geschult an der phänomenologischen Analyse der Sinnhaftigkeit von Handlungsverläufen durch Schütz fordert Garfinkel demgegenüber ein Konzept des Handelns, das soziale Akteure als aktive, kreativ Agierende begreift und sich in enger Anlehnung an empirische Forschung dafür interessiert, wie die Auswahl- und Abstimmungsprozesse des Handelns von und zwischen Akteuren tatsächlich vor sich gehen – unter Verzicht auf den Rückgriff auf quasi-metaphysische „Taschenspielertricks" wie bspw. die unterstellte Existenz

---

[8] Cicourel bezieht das Konzept der Basisregeln auf Noam Chomskys linguistische Theorie der „generativen Transformationsgrammatik" und sieht Alfred Schütz' Analyse der Mechanismen der Sinnkonstitution als ein damit vollständig vereinbares und analoges Erklärungsmodell (ebd., S. 175 ff.; Cicourel 1975; dort auch eine Auflistung der Grundmerkmale im Anschluss an Schütz, aufgelistet als „Eigenschaften von Interpretationsverfahren", Cicourel 1975, S. 28 ff.). Vgl. zur Übernahme der Grundannahmen von Schütz auch Psathas (1980, S. 275 ff.), der das anhand einer eigenen Untersuchung des Ausfindigmachens von Adressen durch Taxifahrer erläutert.

[9] Vgl. auch die Gegenüberstellung beider Handlungskonzepte bei Heritage (1984, S. 131 f.).

eines konsensuellen Norm- und Wertesystems oder einer eindeutig bestimmbaren kognitiven Ordnung. Dieses Problem beschäftigt Garfinkel in den 1940er Jahren, und die Lösung, die er dazu vor allem im Anschluss an Schütz entwickelt, trägt nun eben den Namen „Ethnomethodologie".

Während Schütz sich mit diesen Problemen in erster Linie in sozialtheoretischen Abhandlungen und phänomenologischen Analysen beschäftigte, nimmt Garfinkel eine strikt *empirische* Perspektive ein: Er fragt danach, wie Gesellschaftsmitglieder bzw. Handelnde in tatsächlichen Situationen Wissen konstituieren und die soziale Ordnung der ablaufenden Prozesse und Phänomene herstellen. Die von Schütz beschriebenen Idealisierungen und Generalthesen der Intersubjektivität der Lebenswelt fließen in Garfinkels Konzeption von „Basisregeln" der interaktiven Herstellung von Ordnung im Handlungsvollzug ein (Garfinkel 1990, S. 30 ff. [1963]).[10] Dazu zählt die Ethnomethodologie etwa

- die wechselseitige Unterstellung der Rationalität bzw. ‚Vernünftigkeit' des Denkens und Handelns sowie der Wirklichkeitsannahmen eines Gegenüber nach Maßgabe des „gesunden Menschenverstandes";
- die Annahme, die Perspektive der Anderen hinreichend verstehen zu können;
- das Denken in der zweifelsfreien und pragmatischen natürlichen Einstellung der alltäglichen Lebenswelt;
- die Typenhaftigkeit der Verstehensprozesse und des Wissens;
- die Idealisierungen des „und so weiter" (Kontinuität der jetzigen Welt) und des „ich kann immer wieder" (Wiederholbarkeit der Handlungsmöglichkeiten);
- die Generalthese der „Reziprozität der Perspektiven", bestehend aus der „Idealisierung der Vertauschbarkeit der Standpunkte" und der Idealisierung der „Kongruenz der Relevanzsysteme";[11]
- die Annahme, dass das Wissen um die gerade eingegangene Interaktion von den Beteiligten geteilt und zur Grundlagen ihres Andauerns bestimmt wird (Erwartung, dass das Wissen von der Interaktionsbeziehung ein gemeinsam aufrecht erhaltenes Kommunikationsschema ist);

---

[10] Entsprechende Ausführungen finden sich nicht nur bei Garfinkel, sondern ebenso bei Aaron Cicourel, George Psathas, Harvey Sachs u. a. Vgl. auch Zimmermann und Pollner (1976) und Schütz und Luckmann (1979).

[11] Das erste Element bezeichnet die wechselseitige Annahme, dass der oder die Andere, wenn er oder sie meinen Platz einnehmen würde, ebenso meine Perspektive übernehmen könnte; das zweite Element bezeichnet die Unterstellung, dass sich unsere jeweiligen Handlungsrelevanzen komplementär und kongruent aufeinander beziehen (oder das sich das zumindest herstellen lässt) – was ich will, und was das Gegenüber will, passt dann zueinander (z. B. einen Eisbecher gegen Geld).

5.2 Soziale Ordnung als Ergebnis von Handlungsvollzügen

- und eine Verbindung von moralischem und kognitivem Wissensgehalt dahingehend, dass das allgemein geteilte Wissen über die Welt auch als die richtige und angemessene Weise zur Bestimmung dieser Welt angesehen wird.

Die letzten beiden Punkte verweisen auf die wechselseitige Unterstellung der Rationalität des Denkens und Handelns:

> Beschreibungen der Gesellschaftsstruktur, deren Anwendung von der Erwartung des Benutzers geleitet ist, er werde bei ihrer Anwendung gesellschaftlich gestützt werden, könnte man ‚vernünftige' Beschreibungen nennen. Mit der Bezeichnung ‚vernünftig' folgt man der Art, wie das Mitglied der gesellschaftlichen Kollektivität selbst auf diese Beschreibungen Bezug nimmt. Vernünftige Beschreibungen bestehen aus Feststellungen, die Elemente im Wissensgebäude des gesunden Menschenverstandes sind. (Garfinkel 1980, S. 202)

Schütz hatte die erwähnten Punkte (mit Ausnahme der letzten beiden) in theoretischen bzw. phänomenologischen Studien erarbeitet und damit die Kernelemente formuliert, die für die Stabilisierung und Durchführung einer interaktiv und intersubjektiv gültigen Alltagswirklichkeit notwendig sind. Freilich handelt es sich dabei Schütz zufolge um Annahmen, die das einzelne Bewusstsein pragmatischer Weise tätigen *muss*, um in einer gemeinsamen Lebenswelt mit anderen existieren und agieren zu können. Nur auf der Grundlage dieser Annahmen ist also soziales Handeln möglich, und nicht, wie Parsons behauptete, als Befolgung kulturell vorgegebener Normen. Die Argumente von Schütz (und weitere phänomenologische Überlegungen) helfen Garfinkel nun dabei, seine eigene Absetzbewegung gegenüber der Parsonianischen Soziologie zu formulieren: Überall wo sich Menschen begegnen, ist „soziale Ordnung", aber diese Ordnung resultiert nicht aus der Befolgung von Normen, sondern sie muss als aktive Hervorbringung der Beteiligten in Situationen verstanden werden. D. h. auch die von Schütz angenommenen Merkmale der intersubjektiven Lebenswelt des Alltags sind soziologisch als praktische Handlungsvollzüge zugänglich. Die Gültigkeit dieser Merkmale kann man soziologisch-experimentell „testen", und zwar auf indirekte Weise – indem man ihnen absichtlich zuwider handelt und die Folgen beobachtet, kann man das offenlegen, was von allen basal angenommen und geleistet wird, damit soziale Ordnungen zustande kommen. Dabei zeigt sich die Verschränkung von normativer Angemessenheit und Wissensschemata.

> For the conduct of their everyday affairs, persons take for granted that what is said will be made out according to methods (…) *‚Shared agreement' refers to various social methods for accomplishing the member's recognition that something was said-according-to-a-rule and not the demonstrable matching of substantive matters. The appropriate image of a common understanding is therefore an operation rather than a common intersection of overlapping sets* (…) In short, a common understanding, entailing as it

does an ‚inner' temporal course of interpretative work, necessarily has an operational structure. (Garfinkel 1967, S. 30)

Garfinkel vollzieht damit eine

> integration of the ‚moral' with the ‚cognitive'. (...) It is this view of action treated as the product of accountable moral choice which, in turn, Garfinkel places at the centre of his analysis of social organization. (Heritage 1984, S. 76)

Er nennt die entsprechenden Experimente „Krisenexperimente" („breaching experiments"):

> With these experiments, the basic relationship between normative rules and socially organized events appears to be a strongly cognitive one in which ‚rules' (concertedly applied) are *constitutive* of ‚what the events are', or of ‚what is going on here'. By comparison, the more conventional *regulative* sense of rule in which rules are said to mark out ‚proper' or ‚desirable' conduct appears a more secondary matter. By the same token, the ‚force' of the rules appears not to derive from a ‚moral consensus' on the ‚sacredness' of the rules, but rather from the fact that, if conduct cannot be interpreted in accordance with the rules, the social organization of a set of ‚real circumstances' simply disintegrates. (Heritage 1984, S. 83)

Mit seinen Studenten und Studentinnen führte Garfinkel tatsächliche „Krisenexperimente" durch, mit denen er Grundannahmen über die Normalität und Ordnung von Wirklichkeit erschüttern und dadurch in ihrer Geltungskraft prüfen wollte. Die Krisenexperimente trugen ihren Namen deswegen, weil sie künstlich starke Irritationen normaler Interaktionsvollzüge herbeiführten und dabei zum Teil heftige Abwehrreaktionen der ‚Versuchskaninchen' hervorriefen. Sie hatten eine gewisse Nähe zu den Happenings der Alternativbewegung in den frühen 1960er Jahren, und manche Kritiker sehen darin auch einen der Schlüssel zum damals zunehmenden Interesse an der Ethnomethodologie. Das Prinzip der Krisenexperimente ist uns heute vertraut, wenn wir an Fernsehformate wie „Verstehen Sie Spaß?" oder diverse Comedy-Formate usw. denken. Es geht darum, in eine für sich genommen banale und alltägliche Situation eine Irritation einzubauen, also eine Abweichung von dem, ‚was normalerweise als nächstes passiert' oder ‚wie man sich normalerweise da und da verhält'. Dabei wird zweierlei sichtbar: die Art und Weise der Methoden, mit denen Gesellschaftsmitglieder normalerweise Ordnung erzeugen und (angesichts der besonderen Krisensituation) ihre Versuche oder Strategien, solche Störungen wieder zurück in etwas „Ordentliches" zu überführen. Nachfolgend sollen einige Beispiele, die darauf zielen, die „Basisregeln" der intersubjektiven Verständigung und Ordnungserzeugung nachzuzeichnen, in dem sie das alltags-

5.2 Soziale Ordnung als Ergebnis von Handlungsvollzügen

weltliche „Vertrauen" in wechselseitiges Verstehen unterminieren, kurz vorgestellt werden (vgl. insbes. Garfinkel 1990 [1963]):[12]

- In einem berühmten Experiment forderte er seine StudentInnen auf, sich zuhause bei ihren Eltern über eine gewisse Zeit als Fremde zu benehmen, also beispielsweise danach zu fragen, ob sie sich setzen dürfen, ob sie etwas zu trinken haben könnten, wo der Kühlschrank stehe usw. und dann die eigenen inneren Reaktionen und die Reaktionsweisen der anderen Beteiligten zu beobachten.
- In einem anderen Experiment sollte während eines Gesprächs der Nasenabstand zum Gegenüber auf wenige Zentimeter verringert und die Reaktionen beobachtet werden.
- Ein weiteres Beispiel war eine fingierte Beratungssitzung, in der ein angeblicher Experte auf Fragen von Ratsuchenden nach einem vorher festgelegten Ja/Nein-Schema antwortete. Hier ging es darum, wie die Ratsuchenden selbst aus den völlig willkürlichen und inkonsistenten Antworten eine insgesamt sinnvolle Reaktion heraus deuteten.[13]

Ein Teil solcher Experimente bezog sich auf Gesellschaftsspiele, bspw. „Ticktacktoe" – ein Spiel, bei dem jeder der beiden Spieler abwechselnd Kreuzchen auf ein Feld zeichnet; wer zuerst drei in einer Reihe hat, hat gewonnen (Garfinkel 1990) – oder ein Schachspiel. Garfinkel wählte solche Spiele, weil hier die Spielregeln explizit feststehen und sich das Verhalten der Mitspieler im Normalfall tatsächlich daran orientiert (insoweit handelt es sich um ein situatives Setting, dass der Parsonianischen Idee des sozialen Handelns als Norm- bzw. Regelvollzug weit entgegenkommt). Dabei waren die jeweiligen Experimentatoren angehalten, entweder bewusste Regelverletzungen zu begehen oder Verhaltensweisen zu zeigen, die nicht verboten waren, aber auch nicht zu den normalen Spielroutinen gehörten (etwa beim Schachspiel: Figuren in die Hand zu nehmen und damit zu würfeln, bevor man mit ihnen zog). Auf Seiten der Versuchspersonen ließen sich dabei ganz unterschiedliche Reaktionen betrachten: von Versuchen, sich das „unerklärliche" Verhalten des Gegenüber erklärbar zu machen bis hin zu wütenden Protesten und Abbrüchen des Spiels. Man kann diese Reaktionsweisen im ersten Fall als kognitive Reaktion begreifen (d. h. als Suche nach sinnvollen Interpretationen des Gesche-

---

[12] Überlegen Sie sich selbst welche und probieren Sie es aus – auf eigenes Risiko!
[13] Das letzte Beispiel gilt als Experiment zur Prüfung der „dokumentarischen Methode der Interpretation" (s. u.), abgedruckt in Heritage (1984, S. 90 ff.); vgl. auch Garfinkel (1967, S. 79 ff.).

hens), im zweiten Fall als normative Reaktion (d. h. als Kritik an Regelverletzungen) (Schneider 2002b, S. 15 ff.).

Spielsituationen unterscheiden sich jedoch von der übrigen Alltagswirklichkeit dadurch, dass sie einen zeitlich begrenzten „Ausnahmezustand" darstellen, der zudem durch explizite Regeln reguliert wird. In anderen alltäglichen Handlungssituationen kann nicht in gleicher Weise von einer zeitlich begrenzten Enklave gesprochen werden, und auch die zugrunde liegenden Regeln sind nur in einem geringen Maße tatsächlich und explizit formuliert, sondern sie werden in der Anwendung reproduziert bzw. hervorgebracht (Garfinkel 1990, S. 22 ff.; Patzelt 1987, S. 125 ff.). Dennoch lassen sich auch hier, ähnlich wie im Spiel, Grundregeln – Garfinkel spricht eben von „Basisregeln" (vgl. Cicourel 1980) – ausmachen, die der Abstimmung der Handlungsvollzüge zugrunde liegen. Die Krisenexperimente zielten darauf, indirekt zu erkunden, was diese Basisregeln, also die „normalen" Formen, Methoden oder Routinen der Ordnung sozialer Prozesse sind, beispielsweise welche Unterstellungen wir immer ungeprüft „mitlaufen" lassen, wenn wir uns mit anderen unterhalten oder wenn wir mit anderen konkret etwas tun. Schließlich lässt sich dadurch auch in Erfahrung bringen, über welche Mittel wir verfügen, um möglichst lange so etwas wie „Normalität" aufrecht zu erhalten bzw. Situationen und Personen, die uns irritieren, soweit in verfügbare (kognitive) Schemata einzuordnen, bis alles wieder „geklärt" erscheint – und wenn das auch durch die Annahme geschieht, das Gegenüber leide gerade unter einem Sonnenstich und sei deswegen zur Zeit etwas durcheinander.

Krisenexperimente als Untersuchungsverfahren zur Aufdeckung der Basisregeln des Alltagswissens (Beispiele):

Demonstration 1: Bruch mit der Annahme der wechselseitigen Übereinstimmung der Relevanzstrukturen (Garfinkel 1990, S. 36 ff. [1963])
VP = Versuchsperson
E = Experimentator
Bsp.: „Reifenpanne":
„Die Versuchsperson erzählte dem Experimentator, da die beiden Mitbenutzer desselben Wagenparks waren, gerade davon, daß sie am vorhergehenden Tag während der Fahrt zur Arbeit eine Reifenpanne gehabt habe.
(VP) Ich hatte eine Reifenpanne.
(E) Was meinst du damit, daß du eine Reifenpanne hattest?
Der Student berichtet: Sie erschien im Augenblick wie betäubt. Dann antwortete sie mit feindseligem Unterton: ‚Was meinst du mit deiner dummen

5.2 Soziale Ordnung als Ergebnis von Handlungsvollzügen

Frage: ‚Was meinst du damit'? Eine Reifenpanne ist eine Reifenpanne. Genau das meine ich und nichts sonst. Was für eine verrückte Frage!"

Bsp.: Die Freundin
„(VP) Hallo Ray, wie fühlt sich deine Freundin?
(E) Was meinst du mit der Frage, wie sie sich fühlt? Meinst du das körperlich oder geistig?
(VP) Ich meine: wie fühlt sie sich? Was ist denn mit dir los? (Er wirkte eingeschnappt.)
(E) Nichts. Aber erklär doch mal ein bischen deutlicher, was du meinst.
(VP) Lassen wir das. Was macht deine Zulassung für die medizinische Hochschule?
(E) Was meinst du damit: „Was macht sie?"
(VP) Du weißt genau, was ich meine.
(E) Ich weiß es wirklich nicht.
(VP) Was ist mit dir los? Ist dir nicht gut?"
(beide Beispiele entnommen aus Garfinkel 1980, S. 206)

Demonstration 2: Bruch mit der Annahme der wechselseitigen Vertauschbarkeit der Standpunkte (Garfinkel 1990, S. 39 ff. [1963])
Bsp.: Garfinkel forderte seine Studenten auf, in Geschäften einen Kunden auszusuchen und ihn als Angestellten anzureden und zu behandeln; in einem anderen Experiment sollte ein Gast (es handelte sich übrigens um einen Professor) in einem Restaurant als Kellner angesprochen werden (vgl. Abdruck in Mehan und Wood 1976, S. 50 ff.).

Demonstration 3: Bruch mit der Erwartung, dass das Wissen von der Interaktionsbeziehung ein gemeinsam aufrecht erhaltenes Kommunikationsschema ist (Garfinkel 1990, S. 42 ff. [1963]).
Bsp.: Studenten sollten sich zu Hause bei ihren Eltern bis zu einer Stunde lang als Fremde benehmen und ihre eigenen sowie die Reaktionsweisen der anderen beobachten.

Demonstration 4: Bruch mit der Annahme des „Was jedermann kennt" als annehmbare Gründe für Handeln in der wirklichen Welt (Garfinkel 1990, S. 44 ff. [1963])
Bsp.: Mit Versuchspersonen (Studierende) wurden dreistündige Aufnahmegespräche für medizinische Studiengänge durchgeführt; ihnen wurden dann gefälschte Gespräche vorgeführt, die als „wirklich gelungen" und „erfolg-

> reich" bezeichnet wurden, obwohl dort die Probanden genau das Gegenteil von dem taten, was normalerweise als angemessenes Verhalten in Bewerbungsgesprächen erscheint. Sie wurden dann um ihre Einschätzung des Gesprächs gebeten, wobei ihren Kritiken systematisch Gegeneinwände präsentiert wurden.

In den vorangehenden Beispielen wird deutlich, dass eine Verletzung der Unterstellung weitgehend deckungsgleicher Relevanzstrukturen sehr schnell in Interaktionsprozessen – wie hier: in einer Konversation – für Probleme sorgt. Das ist schon im Schützschen Verständnis der „Typisierungen" angelegt. Wenn eine Person von ihrem ‚Freund' spricht oder etwas ‚cool' findet, also typisiertes Wissen benutzt, scheitert die weitere Interaktion, wenn versucht wird, ganz exakt zu bestimmen, was damit gemeint ist. Weiterhin wird unterstellt, dass die Deutungsperspektiven und Sinnverwendungen zwischen den Teilnehmenden hinreichend übereinstimmen und dass sich die Bedeutung einzelner Elemente eines Interaktionsgeschehens aus seiner Einbettung in die Sequenzen des Ablaufs ergibt bzw. ergeben wird:

> Die Tatsache, daß Personen im Ablauf von Alltagsgesprächen einander ohne übermäßigen Informationsverlust, ungebührliche Entstellungen, Verdrehungen oder Mißverständnisse Informationen vermitteln können, oder anders: daß sie einen roten Faden wechselseitig aufeinander abgestimmter Interaktion in Gang erhalten können, während sie ‚Gelegenheitsausdrücke' verwenden, scheint folgendes zu bedeuten: Jene Personen scheinen den ‚unausgesprochenen gemeinsamen Einvernehmungszusammenhang' anzuerkennen, den ‚jede Person wie wir' in einer mehr oder weniger ähnlichen und typischen Weise – so unterstellen sie – kennen müßte. (Garfinkel 1980, S. 203)

Dies lässt sich auch noch in anderer Weise verdeutlichen. Dazu forderte Garfinkel seine Studierenden auf, eine kurze Unterhaltung zu protokollieren und dann festzuhalten, was alles mitgedacht werden muss, damit die einzelnen Äußerungen für ein Gegenüber verständlich und stimmig erscheinen. Das folgende Beispiel „Dana"[14] illustriert sehr schön die „Indexikalität von Wirklichkeitselementen", d. h. die Eigenschaft solcher Elemente, nicht aus sich selbst, sondern nur aus einer Situation heraus bzw. im Rahmen von Situationen (und wenn sie auch hypothetisch angenommen werden müssen) verständlich zu sein. Das Beispiel illustriert zugleich die

---

[14] Vgl. Garfinkel (1967, S. 25 f.); die nachfolgende Wiedergabe übernimmt und zitiert die Übersetzung in Schneider (2002b, S. 23); vgl. auch Patzelt (1987, S. 154 ff.), wo verschiedene Krisenexperimente und die jeweils untersuchte Dimension erläutert werden.

5.2 Soziale Ordnung als Ergebnis von Handlungsvollzügen

praktische Verwendung der von Garfinkel im Anschluss an Karl Mannheim[15] so genannten „dokumentarischen Methode der Interpretation" und der Unterstellung eines gemeinsamen Alltagswissens bzw. entsprechender Hintergrundannahmen. Es geht dabei darum, was in einer Konversation mitgedacht (s. u. Kap. 5.3) werden muss, damit das ganze sinnvoll bzw. verstehbar ist.

	Gesprochener Text	Hintergrundannahmen [nicht gesagt]
Ehemann:	Dana hat es heute geschafft, einen Penny in die Parkuhr zu stecken, ohne hochgehoben zu werden.	Heute Nachmittag, als ich Dana, unseren vierjährigen Sohn, vom Kindergarten nach Hause brauchte, schaffte er es, hoch genug zu reichen, um einen Penny in die Parkuhr zu stecken, als wir in einer Parkuhrenzone parkten, wohingegen er früher immer hochgehoben werden mußte, um so hoch zu reichen.
Ehefrau:	Hast du ihn ins Schallplattengeschäft mitgenommen?	Wenn er einen Penny in die Uhr gesteckt hat, dann bedeutet daß, dass du angehalten hast, während du mit ihm zusammen warst. Ich weiß, daß du entweder auf dem Weg, um ihn zu holen oder auf dem Rückweg an dem Schallplattengeschäft angehalten hast. War es auf dem Rückweg, so daß er bei dir war, oder hieltest du dort auf dem Weg, um ihn zu holen und irgendwo anders auf dem Rückweg?
Ehemann:	Nein, in den Schuhreparaturladen.	Nein, ich hielt an dem Plattenladen, auf dem Weg, um ihn zu holen und am Schuhreparaturgeschäft auf dem Heimweg, als er bei mir war.
Ehefrau:	Wofür?	Ich kenne einen Grund, warum du am Schuhreparaturgeschäft angehalten haben könntest. Warum hieltest du tatsächlich?

---

[15] Karl Mannheim (1893–1947) war einer der wichtigsten Begründer der Wissenssoziologie. Im deutschsprachigen Raum schließt Ralf Bohnsack (2007) ebenfalls an dieses Konzept an (allerdings nicht in ethnomethodologischer Perspektive) und entwickelt ein umfangreiches Programm der „rekonstruktiven Sozialforschung".

	Gesprochener Text	Hintergrundannahmen [nicht gesagt]
Ehemann:	Ich kaufte neue Schnürsenkel für meine Schuhe.	Wie du dich erinnern wirst, ist mir neulich ein Schnürsenkel an einem meiner braunen Oxford-Schuhe gerissen, weshalb ich anhielt, um neue Schnürsenkel zu kaufen.
Ehefrau:	Deine Freizeitschuhe brauchen unbedingt neue Absätze.	Ich dachte an etwas anderes, dass du hättest erledigen können. Du hättest deine schwarzen Freizeitschuhe hinbringen können, die unbedingt neue Absätze brauchen. Du kümmerst dich besser möglichst bald darum.

[Übersicht entnommen aus Schneider (2002b, S. 23)].

All diese Experimente belegen die Unzulänglichkeit des Parsonianischen Handlungsmodells und sprechen für die Schützschen Analysen der Sinnkonstitution.[16] Die Existenz von Regeln ist damit im Übrigen nicht widerlegt, aber ihre Bedeutung für den Handlungsvollzug wird deutlich eingeschränkt. Mit Wolfgang Schneider lässt sich deswegen zusammenfassen:

> Die verschiedenen Experimente und Analysen Garfinkels laufen auf eine gemeinsame Pointe hinaus: Kommunikation und Kooperation *funktioniert nicht* auf der Grundlage vorgegebener Regeln, die eindeutig definieren, was eine Äußerung bedeutet oder welches Verhalten in einer gegebenen Handlungssituation erforderlich ist. Regeln allein bilden keine hinreichend genau bestimmte Grundlage intersubjektiver Handlungskoordination. Die Interpretationsleistungen der Akteure und deren Abstimmung aufeinander können deshalb *nicht durch Regeln ersetzt* werden. Die *intersubjektiv koordinierte Interpretationstätigkeit* der Akteure bildet die konstitutive Voraussetzung jeder Interaktion. (Schneider 2002b, S. 27)

5.3 Theoretische Konzepte

Immer wieder verweisen Kommentare auf die schwierige Ausdrucksweise, mit der Garfinkel sein Forschungsprogramm vorstellt. Das wird sogleich deutlich in dem nachfolgenden längeren Originalzitat. Das erste Kapitel seiner Aufsatzsammlung über Ethnomethodologie hatte er mit der Frage überschrieben: „What is ethnomethodology?" Die Ausführungen beginnen folgendermaßen:

---

[16] Vgl. den ausführlichen Überblick über Garfinkels Fallanalysen, die Experimente und die damit verbundenen Fragestellungen bei Patzelt (1987, S. 154 ff.).

5.3 Theoretische Konzepte

> The following studies seek to treat practical activities, practical circumstances, and practical sociological reasoning as topics of empirical study, and by paying to the most commonplace activities of daily life the attention usually accorded [to] extraordinary events, seek to learn about them as phenomena in their own right. Their central recommendation is that the activities whereby members produce and manage settings of organized everyday affairs are identical with members' procedures for making those settings ‚account-able'. The ‚reflexive' or ‚incarnate' character of accounting practices and accounts makes up the crux of that recommendation. When I speak of accountable my interests are directed to such matters as the following. I mean observable-and-reportable, i.e. available to members as situated practices of looking-and-telling. I mean, too, that such practices consist of an endless, ongoing, contingent accomplishment; that they are carried on under the auspices of, and are made to happen as events in, the same ordinary affairs that in organizing they describe; that the practices are done by parties to those settings whose skill with, knowledge of, and entitlement to the detailed work of that accomplishment – whose competence – they obstinately depend upon, recognize, use, and take for granted; and *that* they take their competence for granted itself furnishes parties with a setting's distinguishing and particular features, and of course it furnishes them as well as resources, troubles, projects, and the rest. (Garfinkel 1967, S. 1 f.)

Und ein paar Seiten weiter heißt es bspw.:

> I use the term ‚ethnomethodology' to refer to the investigation of the rational properties of indexical expressions and other practical actions as contingent ongoing accomplishments of organized artful practices of everyday life. (Ebd., S. 11)

Was verbirgt sich nun hinter dieser kompliziert klingenden Bestimmung? Garfinkel und die Ethnomethodologie interessieren sich dafür, wie private und berufliche Alltagssituationen in ihrem Vollzug durch die beteiligten Gesellschaftsmitglieder erzeugt und organisiert werden – wie durch permanentes „doing" der Beteiligten eine geordnete Vollzugswirklickeit entsteht. Die Methoden, durch die die Ordnung solcher Prozesse hergestellt wird, sind zugleich die Methoden, durch die sie auch begründet oder gerechtfertigt werden können. Das ist der angesprochene selbstbezügliche, „reflexive" Charakter der „accounting practices". Die Begriffe „accountable" und „account" sind nicht einfach ins Deutsche übertragbar. Sie zielen auf die Gründe, die einen Handlungs- oder Interaktionsverlauf als stimmig und sinnvoll, in diesem Sinne also als begründet erscheinen lassen, also darauf, wie sich Gesellschaftsmitglieder beständig gegenseitig die Normalität und Ordnung der ablaufenden Prozesse anzeigen. Die verschiedenen Übersetzungen ethnomethodologischer Texte wählen dafür unterschiedliche Lösungen, z. B. als „praktische Erklärungen", deren Formen und Akzeptanzbedingungen weiter nach Situationstypen unterschieden werden können. Solche Erklärungen sehen beispielsweise in einem Gerichtsverfahren anders aus als bei einem intimen Gespräch unter Freundinnen (vgl. Scott und Lyman 1976; Heritage 1984, S. 135 ff.; Patzelt 1987, S. 89 ff.). Auch gibt es immer viele Weltbezüge, von denen, wie im obigen Beispiel des Münzeinwurfs in die Parkuhr („Dana") von den Beteiligten angenommen wird, dass sie gegebenenfalls weiter erläutert werden können. Patzelt erläutert die Idee der Accounts wie folgt:

> Garfinkel prägte das ethnomethodologische Account-Konzept, um einen Sachverhalt erklären zu können, auf den er bei einer empirischen Studie stieß. Er untersuchte, auf welche Weise normale, juristisch nicht vorgebildete Bürger es schafften, in einem US-Gerichtsverfahren als Geschworene ihre Rolle kompetent auszufüllen und sich wechselseitig in der Situationsdefinition zu bestätigen, sie handelten als Geschworene tatsächlich korrekt, obwohl doch keiner von ihnen eine Ausbildung hatte, aufgrund welcher er ‚grundsätzlich' darin sicher sein konnte, selbst korrekt zu handeln, oder die Kompetenz der anderen richtig zu beurteilen. Garfinkel stellte fest, daß die Geschworenen von Anfang an bestimmte Erwartungen aneinander richteten, diese wechselseitig auch so voraussetzten und zugleich davon ausgingen, diese Erwartungen seien gerechtfertigt: sie unterstellten gegenseitig, den von ihnen zu behandelnden Fall in spezifisch gemeinsamer Weise wahrnehmen und bewältigen zu können, und sie gingen routinemäßig davon aus, daß ihre eigenen Beschreibungen und Erklärungen des zu Verhandelnden ihren Kollegen als höchstens *sachlich*, nicht aber als *prinzipiell* fragwürdige Beschreibungen und Erklärungen des Beratungsgegenstandes dienen würden. In der Tatsache, daß wirklich das von jedem selbst Bemerkte und Berichtete auch von den anderen als eine für den praktischen Zweck angemessene Wahrnehmung und Beschreibung akzeptiert wurde, fand jeder Geschworene dann seine Situationsdefinition bestätigt. Und dadurch, daß die Geschworenen diese Bestätigung einander tatsächlich zuteil werden ließen und so ein sinnhaft konzertiertes Handeln als kompetente Geschworene durchführten, brachten sie insgesamt jene soziale Struktur hervor, in der sie ganz selbstverständlich kompetente Geschworene *waren* und dies als *fraglos* ‚außen' bestehende Wirklichkeit sowohl einander als auch Dritten aufweisen konnten. In Frage standen nun jene Verfahrensweisen der Geschworenen, mittels welcher sie ihre Wahrnehmungen und Einschätzungen der thematisch relevanten Situationsmerkmale ausdrückten, diese Darstellungen gemäß wechselseitig unterstellten Erwartungen formulierten, Interpretationen ihrer Beschreibungen als gerechtfertigt aufwiesen bzw. nicht diskreditierten, und solchermaßen einen gemeinsamen Bestand an Sinndeutungen und Erklärungen aufbauten. (Patzelt 1987, S. 90)

Zu den alltäglichen und unabänderlichen Vollzugsformen von sprachlichen Interaktionen zählt bspw. die Verwendung indexikalischer Ausdrücke. Dieser aus den Sprachwissenschaften stammende Begriff bezieht sich auf Wörter, deren Bedeutung sich nur aus einem konkreten situativen Kontext erschließen lässt: „hier", „heute", „er", „sie" usw. Nach Garfinkel lassen sich insgesamt folgende Eigenschaften des Alltagswissensbestandes und seiner Verwendung festhalten (Garfinkel 1980, S. 202 ff.):

- die Indexikalität der Ausdrücke;
- ihre „wesensmäßige Vagheit";

5.3 Theoretische Konzepte

- der wechselseitige „Anspruch auf und Unterstellung von Sinnübereinstimmung"
- eine „rückschauend-vorausschauende Sinnorientierung" (Sinndeutung vor dem Hintergrund des Geschehen und des erwarteten weiteren Geschehens);
- die Aneignung solcher Kompetenzen in situativen Lehr- und Lernprozessen; und schließlich
- die strukturelle Ungewissheit des „tatsächlichen" Sinnes von Alltagsfeststellungen.

Ablaufende Alltagspraktiken und -interaktionen sind „unheilbar" durchzogen von indexikalischen Momenten, die in der Situation keiner weiteren Explikation bedürfen, sondern sich gerade daraus erklären. Auch gibt es immer viele angesprochene Weltbezüge, von denen die Beteiligten annehmen, dass sie gegebenenfalls weiter erläutert werden könnten. Nehmen wir als Beispiel eine einfache Straßenunterhaltung: Ich treffe einen Bekannten und wir plaudern über dies und das. Unter anderem erzähle ich, gestern Abend habe der Fernseh-Wetteransager besseres Wetter angekündigt, als es nun tatsächlich sei. Ein entsprechender Satz enthält viele Unterstellungen über die gegebene Struktur der Welt: Neben den indexikalischen Äußerungen wie „gestern" oder „tatsächliches Wetter" bspw. auch den Hinweis auf Fernsehen, Wetteransager und Wetter.[17] In einer normalen Konversation funktioniert ein solcher Satz; es ist nicht weiter begründungsbedürftig, was ein Fernseher ist, ein Wetteransager, das Wetter usw. In Handlungs- und Interaktionsprozessen setzen wir immer unsere Kompetenz, unser Weltwissen ein, ohne es im Regelfall weiter zu explizieren. Garfinkel schreibt dazu:

> Die Tatsache, dass Personen im Ablauf von Alltagsgesprächen einander ohne übermäßigen Informationsverlust, ungebührliche Entstellungen, Verdrehungen oder Missverständnisse Informationen vermitteln können, oder anders: dass sie einen roten Faden wechselseitig aufeinander abgestimmter Interaktion in Gang erhalten können, während sie ‚Gelegenheitsausdrücke' verwenden, scheint folgendes zu bedeuten: Jene Personen scheinen den ‚unausgesprochenen gemeinsamen Einvernehmungszusammenhang' anzuerkennen, den ‚jede Person wie wir' in einer mehr oder weniger ähnlichen und typischen Weise – so unterstellen sie – kennen müsste. Flüssiger Diskurs, der geringe Grade von Nicht-Übereinstimmung oder Irrtum mit sich bringt, ist deshalb möglich, weil Personen Gelegenheitsausdrücke anwenden, wenn sie miteinander Gespräche führen. Dabei bringen sie als stillschweigende Interpretations- und Ausdrucksschemata solche Sachinhalte wie gegenseitig unterstellte Lebensgeschichten

---

[17] In den Augen der Ethnomethodologie sind bspw. Wissenschaften große menschliche Anstrengungen zur Entindexikalisierung von Phänomenen oder Bezügen, d. h. Versuche, situative Bezüge zu objektivieren bzw. über die Situation hinaus zu stabilisieren (bspw. als „Naturgesetze").

oder eine Anzahl von stereotypisierten Ansichten über die Regelmäßigkeiten des Gruppenlebens zum Einsatz – Regelmäßigkeiten, von denen Personen annehmen, dass sie ihre Mitwirkung an Interaktionen mit Gesprächspartnern lenken können und auch notwendigerweise lenken müssen, da die Interaktionspartner von denselben Regelmäßigkeitsvorstellungen ausgehen dürften. (Garfinkel 1980, S. 203)

Die Ethnomethodologie geht davon aus, dass die erwähnten Basisregeln den Handlungen, Interaktionen und damit auch Konversationen zugrundeliegen. Sie ermöglichen die Konstitution der alltäglichen Wirklichkeit als ein *„ongoing accomplishment"*, d. h. als fortlaufend durch Handlungsvollzüge, durch permanentes „doing" erreichte und hergestellte stabile Ordnung. Es handelt sich bei jeder „wirklichen Situation" um eine „Vollzugswirklichkeit". In ihren Untersuchungen haben Garfinkel & Co verschiedene Konzepte entwickelt, mit denen sich die Aufrechterhaltung von Wirklichkeitsordnungen (einschließlich der Interaktionsordnungen) genauer beschreiben lässt. So charakterisieren sie beispielsweise den in sozialen Begegnungen eingesetzten Alltagswissensbestandes und seine Verwendung durch folgende Merkmale: Zunächst spielt die erwähnte *Indexikalität* der benutzten Sprache eine zentrale Rolle; Husserl sprach diesbezüglich von „okkassionellen Ausdrücken" im Unterschied zu „objektiven Ausdrücken" (ebd., S. 202 ff. sowie den ebd., S. 210 ff. mit Sacks verfassten Anhang zur Indexikalität; Garfinkel und Sacks 1976). Damit ist gemeint, dass sich die Bedeutung von Ausdrücken nicht abstrakt bestimmen lässt, sondern nur aus der Einbettung und Nutzung in der konkreten Situation und Gelegenheit verstanden werden kann: hier, heute, du. Dies gilt aber auch für die meisten Bestandteile des Wissens, das wir in Situationen einbringen: meine Tante, „die Regierung" usw. Handlungsvollzüge und Interaktionsprozesse geschehen unter permanenter Verwendung oder Herstellung indexikalischer Bezüge. Gleichzeitig verfügen wir über Methoden der Entindexikalisierung bzw. „Verobjektivierung" – Garfinkel spricht von Bemühungen der „Heilung von Indexikalität" bspw. durch Hinweise auf Gesetze, Normen oder (in den Naturwissenschaften) auf Naturgesetze usw. Meist sind die benutzten Ausdrücke sehr vage. Sie können nur dann funktionieren, wenn nicht versucht wird, sie exakt zu bestimmen. Vieles wird im Ungeklärten und Uneindeutigen belassen – und das ist auch gut so! Schließlich kann man unterstellen, gegebenenfalls Erklärungen oder Präzisierungen einzuholen.

Im Rekurs auf einen ebenfalls schon genannten Begriff des Wissenssoziologen Karl Mannheim spricht Garfinkel auch von der *„dokumentarischen Methode der Interpretation"* (Garfinkel 1967, S. 76 ff.; Garfinkel 1980, S. 198 ff.). Mannheim hatte damit darauf hingewiesen, dass unterschiedlichen sozialen Phänomenen ein gleiches Grundmuster zugrunde liegt, das soziologisch analysiert werden kann. Das konkrete Phänomen ist dann ein „Dokument", ein Ausdruck dieses Musters. Garfinkel betont – wie Alfed Schütz mit seinem Konzept der Typisierung – dass wir auch im Alltag ständig eine solche dokumentarische Methode der Interpretation

5.3 Theoretische Konzepte

anwenden, beispielsweise wenn wir uns angemessen in den oben beschriebenen Unterhaltungen benehmen, weil wir sie eben als Beispiel, als Dokument einer solchen Situation erkennen. Und „merkwürdige" oder „auffällige" Verhaltensweisen können als Information darüber genutzt werden, dass es sich vielleicht um etwas ganz anderes handelt (bspw. ein Gegenüber nunmehr an Alzheimer leidet oder heute „nicht alle Tassen im Schrank hat", oder dass es sich um ein Krisenexperiment handelt, bzw. wir gleich im Fernsehen der hereingelegte Trottel des Monats sind).

Bei der „dokumentarischen Methode der Interpretation" handelt es sich also nicht nur um ein wissenschaftliches Konzept der Ethnomethodologie, sondern auch um die Vorgehensweise des praktischen Interpretierens in der alltäglichen Lebenswelt. Nicht anders geht natürlich die Ethnomethodologie vor, wenn sie sich ihren Untersuchungsgegenständen zuwendet. Da sie selbst ja auch eine praktische Art und Weise ist, Wirklichkeit und Wissen zu konstruieren, ist sie auf genau diejenigen „Methoden" verwiesen, die auch die Alltagsmenschen verwenden – wobei es natürlich Unterschiede der „gültigen" und „akzeptierten" Argumentationen und im Ausmaß der Systematisierungen gibt. Den sozialen Akteuren oder „kompetenten Mitgliedern" eines situativen Kontextes wird so eine aktive Rolle im Interaktionsvollzug zugesprochen: ihr Handeln folgt nicht einer vorgängigen Interpretation der Situation, sondern *ist* diese Interpretation, die den weiteren Verlauf gestaltet (vgl. Heritage 1984, S. 104 ff.). Die alles gilt natürlich nicht nur für die Ordnung von sozialen Mikrosituationen. Tatsächlich funktionieren auch Organisationen und Institutionen nicht anders: Sie sind nur insofern als Ordnung vorhanden, wie sie ganz konkret und praktisch von ihren Mitgliedern „vollzogen werden". Erst das macht Institutionen zu „sozialen Tatbeständen" (wie Durkheim das nannte). Die *Aufrechterhaltung institutioneller Realitäten* (Heritage 1984, S. 179 ff.) als einer Ordnung von aufeinander folgenden oder nebeneinander bestehenden Ereignissen beinhaltet zwei Elemente:

- Handlungen müssen so vollzogen werden, dass sie im Rahmen des relevanten „Account"-Rahmens analysiert werden können (etwa als Teil eines Gerichtsverfahrens);
- der relevante Account-Rahmen muss verfügbar sein und „in gutem Zustand", so dass die Aktivitäten innerhalb eines einzigen Interpretationsschemas verortet werden können (ebd., S. 210).

Nachfolgend werden die wichtigsten Grundkonzepte der Ethnomethodologie im Überblick wiedergegeben (in Anlehnung an Heritage 1984, S. 104 ff.):

- Actors/Action

Akteure sind aktiv an der Hervorbringung der Ordnung sozialer Begegnungen beteiligt. Ihre Handlungen tragen in reflexiver Weise zur Sinn-Bestimmung einer Szene oder Situation bei, die sich im zeitlichen Ablauf entfaltet (d. h. sie reagieren nicht nur auf eine vorgegebene Situation). Bspw. kann ein Gruß zwischen zwei sich Begegnenden erwidert werden oder nicht, und je nach dem bekommt die Szene einen anderen Sinn. „Reflexivität des Handelns" bedeutet, dass Handeln die Situation in seinem und ihrem Vollzug mitkonstituiert, also mitbestimmt, um was für eine Situation es geht. So kann man beim Ausbleiben des Gegengrußes überlegen, was die Gründe für eine ausbleibende Antwort sind usw.; immer ergibt sich daraus eine neue Situation. Dabei handelt es sich aber nicht notwendigerweise um tatsächlich explizite Reflexionsprozesse, sondern vielfach laufen hier Routinen der Herstellung normaler Handlungsverläufe ab, während die Akteure bemüht sind, ihre üblichen Aufgaben zu erledigen. Erst im Moment einer unerwarteten Störung, wie sie bspw. in den Krisenexperimenten bewusst herbeigeführt wurde, kann diese Routine ausgesetzt und zum Gegenstand einer nun tatsächlich reflexiven Zuwendung werden (etwa in Gestalt von Ängsten, wie sie von den Teilnehmenden geäußert wurden).

- Mitglied(schaft)

Der Begriff des „Mitglieds" (member) bezieht sich in der Ethnomethodologie nicht auf formale Mitgliedschaft in Organisationen, sondern meint die in einem situativen Kontext an der Herstellung von sozialer Ordnung beteiligten kompetenten Angehörigen eines sozialen Kollektivs (das können dann bspw. auch nur zwei Personen sein). Moderne Gesellschaften zeichnen sich durch multiple Mitgliedschaften und unterschiedliche Grade von Mitgliedschaft aus. Gleichzeitig meint die Kategorie nicht die Person, sondern eher den andauernden Handlungsvollzug durch soziale Akteure, d. h. durch das Ausüben der Handlung zeigt man sich als Mitglied der Situation (vgl. Patzelt 1987, S. 59 f.). Oder anders formuliert: Es geht nicht um Individuen und deren Eigenheiten, sondern um Akteure als kompetente Mitglieder sozialer Kollektive. Kompetenz meint hier, dass eins solches Mitglied im Normalfall ohne Probleme seine Alltagsaktivitäten durchführen kann.

- Reflexivität:

Die Methoden, durch die Ordnung hergestellt wird, sind zugleich die Methoden, durch die sie als vernünftig oder begründbar erscheint.

- Vollzugswirklichkeit (doing, ongoing accomplishment):

Soziale Ordnung wird permanent interaktiv im praktischen Tun hergestellt.

- Ethnomethoden:

Die Methoden, mit denen die Akteure der Praxis die Ordnung ihrer Interaktionen und Handlungen herstellen, werden als „Ethnomethoden" bezeichnet.

- Indexikalität:

Die Bedeutung von *Handlungen und Ausdrücken* ergibt sich aus der Einbettung und Nutzung in der konkreten Situation. Sie kann nicht situationsunabhängig bestimmt oder erkannt werden.

- dokumentarische Methode der Interpretation:

Wir orientieren unser Handeln daran, dass wir Phänomene als „Beispiel für dieses oder jenes" deuten und einordnen; diese Deutung wird permanent justiert und rejustiert.

- Praktische Erklärungen (accounts):

Wir unterstellen, dass Interaktionsverläufe vernünftig bzw. im Prinzip begründbar (accountable) sind und dass sich für das Tun der Beteiligten von diesen selbst bei Bedarf solche Begründungen (accounts) einfordern und angeben lassen. Dabei kann es sich je nach Situation um sehr unterschiedliche Erklärungen, Rechtfertigungen usw. handeln. Ob sie in der Situation „passen" und „akzeptiert" werden, wird in der Situation selbst geklärt.

5.4 Bilanz und Aktualität der Ethnomethodologie

Obwohl Garfinkel nur wenige Schriften bzw. Aufsätze veröffentlicht hat, sind doch aus seinen Arbeiten und seinem Kollegkreis einflussreiche Untersuchungsrichtungen innerhalb der qualitativen Sozialforschung entstanden.[18]

5.4.1 Konversationsanalyse

Zunächst zu nennen ist hier sicherlich die vor allem von Harvey Sacks und Emmanuel Schegloff ausgearbeitete, in Deutschland beispielsweise von Jörg Bergmann,

---

[18] Vgl. für einen knappen aktuellen Überblick Have (2004); zur umfangreichen Darstellung Lynch und Sherrock (2003, 2011).

Stephan Wolff u. a. vertretene ethnomethodologische *Konversationsanalyse*.[19] Dort wird das Untersuchungsprogramm der Ethnomethodologie auf sprachliche Interaktionen bezogen. Entsprechend richtete sich das Forschungsinteresse auf die Organisation und Ordnung der Abfolge von Sprecherbeiträgen in unterschiedlichsten Gesprächssituationen.[20] Die Vertreter der Konversationsanalyse arbeiten mit aufgezeichneten „natürlichen Daten" sprachlicher Interaktionen, also bspw. mit Gesprächsmitschnitten. Sie gehen davon aus, dass es in jedem Punkt der sprachlichen Interaktion eine Herstellung von Ordnung gibt („order at all points"). Kein Detail – auch nicht ein Räuspern oder eine kleine Verzögerung in einer sprachlichen Reaktion, bspw. auf eine Frage – kann a priori als zufällig oder irrelevant vernachlässigt werden.[21] Berühmt geworden sind insbesondere die für die Konversationsanalyse grundlegenden und umfangreichen Vorlesungen von Harvey Sacks aus den 1960er und frühen 1970er Jahren (Sacks 1995) sowie die Studien von Emanuel Schegloff (2007). Bei beiden Protagonisten der Konversationsanalyse geht es u. a. um die Identifikation und Zuordnung von Sprechenden sowie um die Ordnung von Sprachvollzügen. Letzteres wird bspw. anhand der Organisation und Funktion von Paarsequenzen bzw. Sprecherwechseln („turn taking") untersucht, d. h. direkt aufeinander bezogenen und häufig asymmetrisch geordneten sprachlichen Bezugnahmen – also bspw. Frage und Antwort-Muster oder Begrüßungen. Die Konversationsanalyse verlangt eine sehr genaue Transkription des Datenmaterials, da jedes Detail von Bedeutung ist. Ihre Analysen konzentrieren sich in der Regel auf formale Aspekte der sprachlichen Interaktion jenseits der Inhalte, und sie lässt alles außer acht, was nicht innerhalb einer Datenaufzeichnung als Datum erscheint und dadurch rekonstruiert werden kann (also bspw. vorab unterstellte Machthierarchien zwischen Sprechenden). Diese gegenüber der ursprünglichen ethnomethodologischen Perspektive vorgenommene Engführung der Idee der sozialen Ordnung (hier: von sprachlichen Interaktionen) im Handlungsvollzug auf Formalia sowie die Ausklammerung inhaltlicher Aspekte oder sozialstruktureller

---

[19] Vgl. dazu die zahlreichen Einführungstexte, u. a. Silverman (1998); in Lynch und Sharrock (2011) die Abschnitte drei, vier und fünf sowie Lynch und Sharrock (2003, Vol. I, 203–278).

[20] Im Umfeld von Thomas Luckmann haben Jörg Bergmann, Hubert Knoblauch u. a. hier das Forschungsprogramm der Kommunikativen Gattungen entwickelt, das eine stärker institutionelle Perspektive mit der genauen Detailanalyse der Konversationsanalyse verknüpft. Die Gattungsanalyse (Günther und Knoblauch 1994) geht davon aus, dass es gesellschaftliche Muster zur Bearbeitung sprachlicher Situationen gibt, an denen sich die Sprachteilnehmer orientieren (etwa Muster für Klatsch, Tischgespräche, Verhöre u. a. m.).

[21] Falls Ihnen das übertrieben erscheint: Wie reagieren Sie auf die Einladung zu einer Party, die von jemandem ausgeprochen wird, den Sie nicht mögen? Sagen Sie genauso schnell ab, wie Sie jemand anderem zusagen? Vorausgesetzt, es handelt sich um eine direkte mündliche Frage, von Angesicht zu Angesicht – beginnen Sie nicht Ihre Antwort mit einem Zögern, d. h. etwas ‚verspäteter' als sonst?

Rahmenbedingungen hat die Konversationsanalyse in eine ambivalente Position geführt: als an der Grenze zwischen Sprachwissenschaften und Soziologie operierende Programmatik wird sie einerseits aufgrund ihrer methodologischen Präzision geschätzt, zum anderen wegen ihrer Indifferenz für Inhalte als soziologisch wenig weiterführend wahrgenommen.[22] Vor dem Hintergrund dieser ambivalenten Position zeichnen sich seit einigen Jahren Öffnungen der Konversationsanalyse zur – um einige Untersuchungsdimensionen erweiterten – Gesprächsanalyse (Deppermann 2008) oder *discourse analysis* ab, wobei letztere im Unterschied zur sozialwissenschaftlichen Diskursforschung sich nach wie vor ausschließlich auf konkrete Gesprächsvollzüge bezieht. Dabei gewinnt die Konversationsanalyse auch Praxisrelevanz, wenn sie auf die Frage bezogen wird, wie bestimmte Kommunikationssituationen in beruflichen bzw. professionellen Kontexten „besser" bearbeitet werden können. Empirische Studien im Rahmen der Konversationsanalyse beschäftigten sich u. a. mit HIV-Beratungen (Silverman 1997), mit dem Ablauf von Feuerwehrnotrufen (Bergmann 1993), oder beim „Klatschen" (Bergmann 1987). Ein Beispiel dafür wäre die von Jörg Bergmann u. a. durchgeführte Untersuchung über Krisenkommunikation im Flugzeugcockpit, die einen ganz praktischen und wohl unwidersprochenen Zweck verfolgt: Anhand einer Auswertung von aufgezeichneten Cockpitgesprächen, in denen unklare Situationen, beispielsweise Veränderungen von Landeflughäfen u. a. geklärt werden mussten, zielt die Konversationsanalyse hier darauf, „Defizite" der Kommunikationsprozesse – beispielsweise ein mehr oder weniger systematisches „Überhören" von Argumenten des Copiloten durch den Kapitän – zu bestimmen. Dann können im Vorfeld Schulungen durchgeführt werden, um entsprechende Abstimmungsprozesse im Cockpit zu verbessern – und im besten Falle die Zahl der Abstürze zu verringern.[23]

5.4.2 Doing Gender

Ausgehend von Garfinkels Studien zu „Agnes" sind in der Tradition der Ethnomethodologie und in anschließenden feministischen Rezeptionen seit den 1970er Jah-

---

[22] Vgl. dazu die Beiträge von Michael Billig und Emanuel A. Schegloff im Themenschwerpunkt 3 von Lynch und Sharrock (2011). Auch Erving Goffman hat früh und entschieden Kritik an der Konversationsanalyse dahin gehend formuliert, dass dort allgemeinere „Glücksbedingungen für sprachliche Interaktionen", also vorgehende oder durch den Kontext gestiftete Bedingungen für gelingende sprachliche Interaktionen, ausgeklammert werden (vgl. Kap. 6). Harvey Sacks und Emanuel Schegloff hatten im Übrigen bei Goffman studiert und waren stark von ihm beeinflusst, bevor sie sich zu Garfinkel hin orientierten.

[23] Vgl. dazu die Online-Materialien von Bergmann auf http://www.uni-bielefeld.de/soz/personen/bergmann/cockpit/ (Stand vom 24.08.2011).

ren einige theoretische Auseinandersetzungen und empirische Studien entstanden, die sich mit der handlungspraktischen Herstellung (und dem Unterlaufen) von sozialer Geschlechtszugehörigkeit, also mit dem „(un)doing gender" beschäftigen.[24] Suzanne Kessler und Wendy McKennas (1978) zeigen in ihrer Transsexuellenstudie, wie Geschlechterklassifikationen entlang asymmetrischer Zuordnungen von Penis und Vagina vorgenommen werden, welche Rolle – im Unterschied zu Garfinkels Fragestellungen – diejenigen dabei spielen, welche die Geschlechtsklassifikation anderer vornehmen, und wie dabei „kulturelle Genitalien", also sichtbare, geschlechtsbezogen interpretierte Zeichen (wie bestimmte Kleidungsstücke) zur Identifikation von Geschlechtszugehörigkeit herangezogen werden. Candace West und Don Zimmerman haben dafür, wie schon erwähnt den Begriff des „doing gender" geprägt. Dieses

> Herstellen von Geschlecht (doing gender) umfaßt eine gebündelte Vielfalt sozial gesteuerter Tätigkeiten auf der Ebene der Wahrnehmung, der Interaktion und der Alltagspolitik, welche bestimmte Handlungen mit der Bedeutung versehen, Ausdruck weiblicher oder männlicher ‚Natur' zu sein. Wenn wir das Geschlecht (gender) als eine Leistung ansehen, als ein erworbenes Merkmal des Handelns in sozialen Situationen, wendet sich unsere Aufmerksamkeit von Faktoren ab, die im Individuum verankert sind, und konzentriert sich auf interaktive und letztlich institutionelle Bereiche. In gewissem Sinne sind es die Individuen, die das Geschlecht hervorbringen. Aber es ist ein Tun, das in der sozialen Situation verankert ist und das in der virtuellen oder realen Gegenwart anderer vollzogen wird, von denen wir annehmen, daß sie sich daran orientieren. Wir betrachten das Geschlecht weniger als Eigenschaft von Individuen, sondern vielmehr als ein Element, das in sozialen Situationen entsteht. Es ist sowohl das Ergebnis wie auch die Rechtfertigung verschiedener sozialer Arrangements sowie ein Mittel, eine der grundlegenden Teilungen der Gesellschaft zu legitimieren. (West und Zimmermann 1991, S. 14, zit. nach der Übersetzung in Gildemeister und Wetterer 1992, S. 236 f.)

Im deutschsprachigen Raum hat bspw. Stephan Hirschauer eine ethnographische Studie zur gesellschaftlichen Praxis des Geschlechterwechsels und der Transsexualität vorgelegt, die von den genannten Traditionen inspiriert ist, auch wenn sie keine klassische ethnomethodologische Untersuchung darstellt (Hirschauer 1993).

5.4.3 Studies of (scientific) Work

Stärker auf die Analyse des praktischen Tuns an Arbeitsplätzen hin ausgerichtet sind die von Garfinkel angeregten *„Studies of work"*, die organisatorische Kontexte

---

[24] Die Rezeption dieser Perspektive für den deutschen Sprachraum wurde grundlegend von Regine Gildemeister und Angelika Wetterer initiiert (Gildemeister und Wetterer 1992). Die gesellschaftliche Bedeutung der Geschlechtskategorie lässt sich allerdings nicht auf den Prozess des „doing" reduzieren (vgl. dazu Knapp und Wetterer 1992).

5.4 Bilanz und Aktualität der Ethnomethodologie

in den Blick nehmen, beispielsweise in Schulen, Gerichten, bei der Polizei oder in Museen. Garfinkel schreibt dazu 1986: „Ethnomethodological studies of work began in 1972 with Harvey Sacks's observation that the local production of social order existed as an orderliness of conversational practices (…)." (Garfinkel 1986, S. vii) Diese Studien sind also von der inhaltlichen Ausrichtung und methodischen Strenge der Konversationsanalyse angeregt, die bei anderen ethnomethodologischen Ansätzen zugunsten ethnographischer Vorgehensweisen eher in den Hintergrund tritt:

> At its most basic, the studies-of-work programme is directed to analysing the specific, concrete material practices which compose the moment-to-moment, day-by-day work of occupational life. These practices are treated as *endogenous* to the work domains in which they occur and which they constitute. (…) The studies-of-work programme addresses these issues by proposing to treat as relevant materials for analysis all exhibits of activity which are recognized as belonging to a domain of action by the participants to that domain. These materials are subjected to a rigorous naturalistic description in which the focus is on the production, management and recognition of specific, material competences as they are exhibited in real time and in settings in which their employment is recognizably consequential. Ordinary activities are thus examined for the ways in which they exhibit accountably competent work practice as viewed *by practitioners*. (Heritage 1984, S. 293 ff.)

Bereits vor dem Hintergrund seines eigenen Arbeitens in klinischen Settings hatte etwa Harold Garfinkel über „,gute' organisatorische Gründe für „schlechte" klinische Aufzeichnungen" geschrieben. So zeigt die Untersuchung von Krankenkarrieren in einer Klinik entlang der jeweiligen Krankenberichte, dass die Dokumentation der Befunde und die Berichte insgesamt sehr unvollständig waren. Garfinkel sieht dafür drei Gründe: Zum einen kostet das Verfassen der Berichte Zeit. Zum zweiten können die Aufzeichnungen zur Kontrolle des Personals und seiner Einschätzungen eingesetzt werden; deswegen versucht man sich, durch vage Formulierungen unangreifbar zu machen. Schließlich kann die Diskrepanz zwischen den Schilderungen und den komplexen tatsächlichen Handlungen gar nicht überwunden werden. Dennoch können die Akten von den Beteiligten ‚richtig' gelesen werden, sofern sie im Praxisfeld ein kompetentes Mitglied sind und über entsprechende Deutungsfähigkeiten verfügen (Garfinkel 1967, S. 186–207; vgl. die Zusammenfassung in Patzelt 1987, S. 164 ff.).

Die Studies of Work widmen sich nun einer Vielzahl ganz unterschiedlicher Arbeitsprozesse und wenden darauf eine spezifische Perspektive an: [25]

---

[25] Vgl. zu den zahlreichen entsprechenden Texten bspw. Lynch und Sherrock (2003, Vol. 3, S. 255 ff.; Vol. 4); Lynch und Sherrock (2011, Abschn. 6, 7 und 8); Rouncefield und Tolmie (2011).

> Die ‚Studies of Work' zeichnen sich aus durch das Bemühen, über die genaue Erfassung, Beschreibung und Analyse von realen Arbeitsvollzügen die situativen verkörperten Praktiken zu bestimmen, in denen sich die für diese Arbeit spezifischen Kenntnisse und Fertigkeiten materialisieren. Damit rücken Arbeitstätigkeiten in ihrer gegenständlichen, zeitlichen und sozialen Organisation ins Zentrum der Aufmerksamkeit. (…) Die endogenen Praktiken der Erzeugung von Ordnung und Sinn im Vollzug der Arbeit sind der zentrale Gegenstand der ‚Studies of Work'. (Bergmann 2005, S. 639 f.)

Insbesondere Untersuchungen von Bildungsprozessen in Schulen sowie von Gerichtsverfahren und vergleichbaren Veranstaltungen haben sich – die ursprünglichen Arbeiten von Garfinkel lassen grüßen – inzwischen zu einem vielfach beforschten ethnomethodologischen Gegenstandsfeld entwickelt. Dabei werden sehr unterschiedliche Zugänge gewählt, die sich zum Teil eher auf die Textproduktion in solchen Kontexten richten (z. B. Wolff 1994 über psychiatrische Gutachten) und dabei auch Interaktionsprozesse mit einbeziehen, z. T. auch die weiteren Verfahrensvorgänge in den Blick nehmen (vgl. Latour 2009 zum französischen Staatsrat, Hannken-Illjes und Kozin und Scheffer, 2010 zum internationalen Vergleich von Gerichtsverfahren; Scheffer 2001 zum Asylverfahren). Kalthoff (2005) untersucht bspw. die Berechnungsverfahren in der Finanzkalkulation. In jüngerer Zeit spielt der Einsatz videographischer Verfahren und die Analyse entsprechender audiovisueller Datenformate etwa in Untersuchungen über Schulunterricht eine wichtige Rolle (Breidenstein 2012).

Wenn sich die Studies of Work heute auf vielfältige Arbeitsprozesse richten, so haben und hatten sie doch von Anfang an ein Hauptanwendungsfeld in der Untersuchung der Arbeitspraxis von Wissenschaftlern – ebenfalls wesentlich von Harold Garfinkel initiiert, der zusammen mit Michael Lynch und Eric Livingston 1981 die Entdeckung eines pulsierenden Sternes durch eine Arbeitsgruppe von Astronomen analysierte (Garfinkel u. a. 1981). Mit ihrer Anwendung in der Wissenschaftsforschung und Techniksoziologie, insbesondere in Untersuchungen von naturwissenschaftlicher Laborarbeit und deren „Vertextung", hat diese Spezialisierung der Ethnomethodologie eine besonders aktive Sparte der ethnomethodologischen Forschung begründet. Dafür stehen stellvertretend die Studien von Karin Knorr-Cetina (1984) zur wissenschaftlichen „Fabrikation von Erkenntnis" oder von Bruno Latour und Steve Woolgar über das „Laborleben" (Latour und Woolgar 1979). Mit der Aktor-Netzwerk-Theorie, die in jüngerer Zeit auch als „Theorie der Verknüpfungen" vorgestellt wird, hat vor allem Bruno Latour dem ethnomethodologischen Programm eine um die strukturale Semiotik von Alexandre Greimas und dessen Aktantenbegriff erweiterte neue und starke theoretische Ausrichtung gegeben (Latour 2007).

5.4 Bilanz und Aktualität der Ethnomethodologie

Einige Literaturhinweise zu Weiterführungen und Anwendungsfeldern der Ethnomethodologie:

Theoretisch-programmatische Weiterführungen:
Latour, Bruno (2007). *Eine neue Soziologie für eine neue Gesellschaft.* Frankfurt/Main: Suhrkamp [Entfaltung der Aktor-Netzwerk-Theorie, die Ethnomethodologie mit Struktularer Semantik verbindet].

Konversationsanalyse:
Bergmann, Jörg (2000). Konversationsanalyse. In Uwe Flick, Ernst von Kardorf & Ina Steinke (Hrsg.), *Qualitative Sozialforschung. Ein Handbuch* (S. 524–537). Reinbek: rowohlt. [Überblickstext].
Deppermann, Arnulf (2008). *Gespräche analysieren* (4. Aufl.). Wiesbaden: VS Verlag [Theoriegrundlagen und methoden].
Hutchby, Ian & Woofitt, Robin (2008). *Conversation Analysis* (2. Aufl.). London: Wiley & Sons [Erläuterung der CA].
Lynch, Michael & Sharrock, Wes (Hrsg.) (2003). *Harold Garfinkel.* Reihe: *Sage Masters of Modern Thought* (Bd. 1, S. 203–278). London: Sage [zahlreiche klassische Beiträge].
Lynch, Michael & Sharrock, Wes (Hrsg.) (2010). *Ethnomethodology.* Reihe: *Sage Benchmarks in Social Research Methods.* London: Sage [Diskussionen zur Ethnomethodologie].
Sacks, Harvey (1995). *Lectures on conversation.* Hrsg. von Gail Jefferson & Emanuel A. Schegloff. London: Wiley [Gründungstext der Konversationsanalyse].
Schegloff, Emanuel A. (2007). *Sequence organization in interaction: A primer in conversation analysis* (Vol. 1). Cambridge: University Press [klassische Studie].
Silverman, David (1997). *Discourses of counselling: HIV counselling as social interaction.* London: Sage [detaillierte Analyse von Beratungsgesprächen].
Silverman, David (1998). *Harvey sacks: Social science and conversation analysis.* Oxford: University Press [Einführung in die Konversationsanalyse].
Ten Have, Paul (2007). *Doing conversation analysis* (2. Aufl.). London: Sage [Methode der CA].

Doing gender:
Kessler, Suzanne J. & McKennas, Wendy (1978). *Gender. An ethnomethodological approach* [früheste ethnomethodologische Studie zur Transsexualität].

West, Candace & Zimmermann, Don H. (1991). Doing gender. In Judith Lorber & Susan A. Farell (Hrsg.), *The social construction of gender* (S. 13–37). London: Routledge [Abdruck des klassischen Textes, der die doing gender Perspektive auf den Begriff brachte].

Studies of (scientific) Work:
Bergmann, Jörg (2005). „Studies of Work". In Felix Rauner (Hrsg.), *Handbuch Berufsbildungsforschung* (S. 639–646). Bielefeld: W. Bertelsmann Verlag [konziser Überblick über das Feld].
Knorr-Cetina, Karin (1984). *Die Fabrikation von Erkenntnis*. Frankfurt/Main: Suhrkamp [klassische Studie zur wissenschaftlichen Faktenkonstruktion].
Latour, Bruno & Woolgar, Steve (1979). *Laboratory life. The construction of scientific facts*. London: Sage [klassische Studie zur wissenschaftlichen Faktenkonstruktion].
Garfinkel, Harold (Hrsg.) (1986). *Ethnomethodological studies of work*. London: Routledge [klassischer Band zum Thema].
Garfinkel, Harold, Lynch, Michael & Livingston, Eric (1981). The work of a discovering science construed with materials from the optically discovered pulsar. *Philosophy of the Social Sciences, 11*, (S. 131–158) [klassische Studie].
Heath, Christian, Hindmarsh, Jon & Luff, Paul (1999). Interaction in isolation: The train driver on London underground. *Sociology, 33* (3), (S. 555–575) [Fallstudie].
Lynch, Michael (1985). *Art and artifact in laboratory science: A study of shop work and shop talk in a research laboratory*. London: Routledge [Fallstudie].
Lynch, Michael (1993). *Scientific practice and ordinary action: Ethnomethodology and social studies of science*. Cambridge: University Press [Diskussion der ethnomethodologischen Perspektive in der Wissenschaftsforschung].
Lynch, Michael, Livingston, Eric & Garfinkel, Harold (1985). Zeitliche Ordnung in der Arbeit des Labors. In Wolfgang Bonß & Heinz Hartmann (Hrsg.), *Entzauberte Wissenschaft: Zur Relativität und Geltung soziologischer Forschung. Soziale Welt Sonderband 3*. Göttingen: Schwartz: (S. 179–206) [Fallstudie].
Lynch, Michael & Sharrock, Wes (Hrsg.) (2003). *Harold Garfinkel. Reihe: Sage Masters of Modern Thought* (Bd. 3, S. 255 ff.). London: Sage [Diskussion der Studies of Work].

Lynch, Michael & Sharrock, Wes (Hrsg.) (2003). *Harold Garfinkel.* Reihe: *Sage Masters of Modern Thought* (Bd. 4). London: Sage [Fallbeispiele].
Lynch, Michael & Sharrock, Wes (Hrsg.) (2010). *Ethnomethodology.* Reihe: *Sage Benchmarks in Social Research Methods* (Abschn. 6–8). London: Sage [Fallbeispiele und Diskussion].
Knoblauch, Hubert & Heath, Christian (2006). Die workplace studies. In Werner Rammert & Cornelius Schubert (Hrsg.), *Technografie. Zur Mikrosoziologie der Technik* (S. 141–162). Frankfurt/Main: Campus [Überblick über an die ethnomethodologie angelehnte Arbeitsplatzstudien].

5.5 Weiter in Frontstellung zur übrigen Soziologie?

Bis hin zu ihren neuesten Weiterentwicklungen ist die Ethnomethodologie häufig in einer „prinzipiellen Frontstellung gegenüber der traditionellen Soziologie" (Weingarten und Sack 1976, S. 19 f.) aufgetreten. Sie wirft nämlich allen existierenden soziologischen Paradigmen und insbesondere auch den anderen interpretativen Ansätzen vor, unangemessene theoretische Modelle zu erfinden und sie den analysierten sozialen Phänomenen überzustülpen, also nur künstliches und ungeeignetes Wissen zu produzieren. Dagegen fordert sie einen radikalen Empirismus der Analyse „natürlicher Daten", der auf jegliche Unterstellung übersituativer Wirkmechanismen oder Ordnungsmodelle verzichten solle, gerade weil der jeweilige soziale Prozess selbst schon immer seine eigene Ordnungsstruktur hervorbringe, die es zu erfassen gelte. Dazu schreibt beispielsweise Heritage:

> The studies-of-work programme addresses these issues by proposing to treat as relevant materials for analysis all exhibits of activity which are recognized as belonging to a domain of action by the participants to that domain. These materials are subjected to a rigorous naturalistic description in which the focus is on the production, management and recognition of specific, material competences as they are exhibited in real time and in settings in which their employment is recognizably consequential. Ordinary activities are thus examined for the ways in which they exhibit accountably competent work practice as viewed by practitioners. (Heritage 1984, S. 302)

Diese Radikalität hat einerseits den Zusammenhalt der ethnomethodologischen Community befördert; andererseits aber auch starke Rezeptionsblockaden auf Seiten der „übrigen" Soziologie hervorgerufen. So wurde dem beständigen ethnomethodologischen Fragen nach dem „Wie" der methodischen Konstruktion der Wirklichkeit vorgeworfen, letztlich nur banale Ergebnisse zu liefern und zudem die „wirklich" interessanten soziologischen Themen und Fragestellungen unbeachtet zu lassen.[26] Problematisch bleibt die eigene naiv-realistische Analyseposition, welche die spezifischen Aufmerksamkeitskriterien und Bedingungen der eigenen Beobachtungs- und Interpretationsleistung ausblendet und so tut, als könne ohne Rückgriff auf Interpretationsprozesse eine naturalistische Beschreibungen dessen, was vor sich geht, erreicht werden (vgl. insgesamt schon die Kritik bei Eickelpasch 1983; auch Patzelt 1987, S. 38 ff.). Jenseits dieser wechselseitig überzogenen Polemiken lässt sich in jüngerer Zeit eine stärkere „Anwendungsorientierung" der Ethnomethodologie und ebenso eine gewinnbringend undogmatische Verbindung mit anderen soziologischen Perspektiven beobachten.

> **Übungsaufgaben:**
>
> Erläutern Sie die Grundbegriffe der Ethnomethodologie an Beispielen.
> Überlegen Sie sich ein Krisenexperiment. Welche Basisregel wird damit getestet?
> Diskutieren Sie an einem selbst gewählten Beispiel vergleichend, welche Fragen der Symbolische Interaktionismus bzw. die Ethnomethodologie dazu formulieren würden?
> Was spricht für, was gegen das Plädoyer der Ethnomethodologie für die Analyse natürlicher Daten und den Verzicht auf „Sinnfragen"? Kann dabei auf Deutungen verzichtet werden?
> Beobachten Sie sich selbst – wie sind Sie am „doing gender" beteiligt?
> Inwiefern kann man davon sprechen, dass auch Organisationen ein „doing gender" betreiben?
> Was wären Beispiele für ein handlungspraktisches „undoing gender", also eine Subversion der binären Geschlechterklassifikation?

---

[26] Vgl. dazu den Abdruck kritischer Einwände von Alvin Gouldner, Anthony Giddens, James Coleman, Lewis Coser u. a. in Lynch und Sharrock (2003, Bd. 1, S. 237–375).

Soziologie der Interaktionsordnung 6

Während der Initiator der Ethnomethodologie, den Sie im vorangehenden Kapitel kennengelernt haben, Zeit seines Lebens keine einzige Monographie verfasst hat, verkörpert der Autor, dem wir uns nun zuwenden, mit seinen zahlreichen Büchern (vgl. die Auflistung in Raab 2008, S. 107 ff.) das genaue Gegenteil. Und im Vergleich zu den bisher vorgestellten Ansätzen des Interpretativen Paradigmas fällt auf, dass mit dem Namen Erving Goffman keine soziologische Schulenbildung verbunden ist, obwohl es sich bei diesem kanadischen Autor um einen der meistgelesenen und erfolgreichsten Soziologen des 20. Jahrhunderts handelt, der weit über die Disziplingrenzen hinaus auf öffentliches Interesse gestoßen ist.[1] Wer ist diese Person, die obzwar etwas jünger als Harold Garfinkel (mit dem er damals in regem Kontakt stand), doch etwa in der gleichen Zeit – Goffmann wird 1953 an der University of Chicago promoviert – die soziologische Bühne betritt und innerhalb kürzester Zeit um das Ende der 1950er/Anfang der 1960er Jahre eine Vielzahl bis heute maßgeblicher soziologischer Schriften vorgelegt hat? Er

> gilt als unkonventionelle, ambivalente und schillernde Persönlichkeit: ein schüchterner, etwas schwieriger Einzelgänger und skurriler Außenseiter – eigensinnig und ebenso schwer zuzuordnen wie seine wissenschaftliche Haltung, widersprüchlich und zugleich zwischen den Gegensätzen vermittelnd wie seine soziologische Perspektive. (Raab 2008a, S. 17)

Dieser Eindruck kann schon als erster Hinweis auf seine Sonderstellung gelesen werden. Zwar wird sein Ansatz im Rekurs auf die von ihm populär gemachte und

---

[1] In dieser Sonderstellung ähnelt Goffman dem weiter oben erwähnten französischen Soziologen Jean Claude Kaufmann, der ebenfalls eine eigenwillige und sehr öffentlichkeitswirksame Soziologe – in diesem Fall – des privaten Alltagslebens formuliert, mit Anlehnungen an die Grounded Theory (s. o.). Vielleicht liegt es ja in der Tradition der Namen: Goffman stammt aus einer jüdischen Familie; der Name ist eine Abwandlung des deutschen Wortes „Kaufmann" (Helle 2001, S. 154).

wohl von Kenneth Burke, (z. B. Burke 1969 [1945]) übernommene Metapher des sozialen Lebens als einer Bühne, auf der wir alle Darsteller und Publikum zugleich sind, häufig als „dramaturgische" oder „dramatologische" Perspektive vorgestellt (z. B. Hitzler 1992). Und er selbst bezeichnete sich in einem Interview einmal abwertend als „soviel Symbolischer Interaktionist wie alle anderen", aber er sei auch „Strukturfunktionalist" im traditionellen Sinne – er könne und wolle sich nicht unter solch nichtssagende Etikette einordnen (Helle 2001, S. 160). Ja, sein Urteil über den Club der Symbolischen Interaktionisten fällt durchaus harsch aus:

> You have to end up with a natural history of something, with phases, structure, patterns, or you haven't said anything, Or you haven't analyzed it. And non of those things are really part of symbolic interactionism (…) It's a very sort of a merely critical, primitive approach, and in that sense I don't think it goes anywhere. (Goffmann 1980 im Interview mit Jef Verhoeven, zit. nach Raab 2008, S. 50; vgl. Verhoeven 1993, S. 334 f.)

Natürlich ist Goffman auch kein Ethnomethodologe, „in keinster Weise", wie er im selben Interview betont und wie auch an seinen wiederholten Kritiken insbesondere an der Konversationsanalyse deutlich wird. Auffällig ist dennoch, dass sich Goffman mit ganz ähnlichen Themen und Fragenstellungen herumschlägt wie Harold Garfinkel – etwa mit Fragen der Geschlechterordnung oder mit der Ordnung sozialer Begegnungen; nicht zuletzt fanden sich seine Schüler Harvey Sacks und Emanuel Schegloff dann bei Garfinkel wieder. Nur geht er diese ganz anders an, meilenweit entfernt von der „empiristischen Attitüde" und detailorientierten Begeisterung für Ethnomethoden, die sich dort finden. Sein Wunschlabel sei, falls es so etwas geben müsse, allenfalls dasjenige eines Ethnographen des Großstadtlebens in der Chicagoer Tradition der Feldforschung, wie sie der weiter oben erwähnte Everett Hughes vorantrieb: „If I had to be labelled at all, it would have been as a Hughesian urban ethnographer." (Goffman in dem 1980 von Jef Verhoeven geführten Interview, zit. nach Raab 2008a, S. 60). Schließlich hatte er seit 1945 an der University of Chicago bei Ernest Burgess, Everett C. Hughes, W. Lloyd Warner u. a. studiert. Darüber hinaus sind in seinem Werk jedoch auch deutliche Bezüge zur Tierverhaltensforschung (Ethologie), zu Pragmatismus (Dewey, Mead) und Phänomenologie (Schütz), vor allem aber zu Emile Durkheim und Georg Simmel zu erkennen (Raab 2008, S. 26 ff.). An Durkheim angelehnt ist sicherlich die noch deutlich werdende Beschäftigung mit den Ritualen des Sozialen, und das starke Interesse an der Regulierung sozialer Begegnungen zwischen Individuen:

> Unter dem Einfluß Durkheims und Radcliff-Browns haben Sozialwissenschaftler begonnen, die symbolische Bedeutung jeglicher sozialer Praxis und deren Beitrag für den Zusammenhalt und die Solidarität der Gruppe, auf die sie sich bezieht, in modernen Gesellschaften zu analysieren. Aber indem sie ihre Aufmerksamkeit auf die Gruppe und nicht mehr auf das Individuum richten, haben sie anscheinend ein Problem vernachläs-

sigt, das in Durkheims Kapitel über die Seele behandelt wird. In diesem Kapitel führt er aus, daß die Persönlichkeit des Individuums als eine Verteilung des kollektiven Manas angesehen werden könne und (wie er in späteren Kapiteln andeutet) daß die Riten, die gegenüber den Repräsentanten sozialer Kollektivität ausgeführt werden, manchmal auch gegenüber dem Individuum selbst ausgeführt werden. In diesem Aufsatz will ich einige der Bedeutungszusammenhänge analysieren, in denen dem Individuum in unserer urbanisierten, säkularisierten Welt eine Art Heiligkeit zugesprochen wird, die in symbolischen Handlungen entfaltet und bestätigt wird. (Goffman 1986, S. 54)

Von Simmel her speist sich die Aufmerksamkeit für soziale Wechselwirkungen und ebenso der häufig essayistische Schreibstil, der alles als Datum nutzt, was ihm „unter die Feder kommt": Anekdoten, Zeitungsberichte, Beobachtungsnotizen, ethnographische Impressionen und systematische Feldforschung.

Wenn man sich die verschiedenen Veröffentlichungen Goffmans vor Augen führt, dann lassen sich drei bis vier Schwerpunkte ausmachen, die allerdings durchaus ungleichgewichtig in Erscheinung treten. Nur in einem Fall handelt es sich dabei um eine tatsächliche ethnographisch angesetzte Analyse – in der berühmten Studie über die *totale Institution* der „Asyle", der Psychiatrien und ihres Innenlebens (Goffmann 1973). Auch wenn sein frühes und wohl berühmtestes Buch „Wir alle spielen Theater" (Goffmann 1983 [1959]) ebenfalls auf ethnographischen Arbeiten seiner Dissertation beruht, so wählt die Veröffentlichung doch einen ganz anderen Zugang und handelt in systematischer Weise die verschiedenen Dimensionen der Selbstdarstellung ab, ganz unabhängig von einem konkreten Forschungsfeld. Diese Darstellungsweise zieht sich durch die meisten der Bücher, in denen sich Goffmann mit der *Präsentation des Selbst und seiner Einbettung in Begegnungen* mit anderen beschäftigt. Davon zu unterscheiden sind seine Untersuchungen zur „Rahmenanalyse" (Goffmann 1980), in denen Goffman sich damit auseinandersetzt, in welchen Deutungsrahmen die Situationen gesetzt werden, denen wir begegnen, und wer die Deutungsrahmen mit welchen Mitteln erzeugt und verändert. Gegen die ethnomethodologische Konzentration auf den Vollzug von Situationen ist damit die Beschäftigung mit den äußeren Elementen der Rahmung von Situationen gesetzt. Schließlich können noch seine Untersuchungen zu „Rede-Weisen" (Goffmann 2005) erwähnt werden, in denen Goffman zwar das Interesse an Fragestellungen der Ethnomethodologie und Konversationsanalyse aufgreift, deren Umsetzung jedoch kritisiert und mit deutlich anderen Akzenten versieht.

Wenn man dennoch so etwas wie das Hauptziel seiner Forschungen benennen will, dann empfiehlt es sich, Goffman selbst zu folgen und sein umfangreiches Werk mit dem Begriff zu kennzeichnen, den er selbst kurz vor seinem frühen Tod in seiner geplanten Präsidentschaftsansprache vor der *American Sociological Association* vorschlug – wobei im Auge behalten werden sollte, dass sich dem nicht alle Arbeiten eins zu eins fügen. Demnach handelt es sich bei seinem Vorhaben weniger um eine Theorie als um ein Forschungsprogramm – die Untersuchung der „Interaktionsordnung" (Goffman 1994a). Diese gelte es als ein soziales Phänomen eigenen Rechtes zu studieren, ganz so, wie die Soziologie beispielsweise auch Familienstrukturen oder die Wirtschaft analysiere. Denn so wie es eine Sphäre der Wirtschaft gebe, oder einen Bereich der Religion, existiere auch ein Bereich der Interaktion – denn schließlich kann man alle Formen, in denen sich Menschen begegnen, unter diesem Gesichtspunkt zusammenfassen und sie im Hinblick auf die Dimensionen dieser Begegnung hin (also nicht etwa als Beitrag zum Wirtschaftsgeschehen) analysieren. Mit dieser *Interaktionsordnung* ist die Strukturierung von *„sozialen Situationen"*, d. h. Situationen der Begegnung mindestens zweier gleichzeitig anwesender (kopräsenter) Personen gemeint, unabhängig davon, ob es sich um einen zufälligen und flüchtigen Kontakt oder um eine länger andauernde Situation handelt. Schließlich besteht die größte Zeit unseres Alltags im Zusammensein und Zusammenwirken mit Anderen, die ebenfalls anwesend sind, in der wir sie sehen, und sie uns sehen, in denen wir unser Verhalten, unser Handeln, unser Erscheinungsbild, unsere Reaktionsweisen wechselseitig aneinander ausrichten:

> Soziale Situationen definierten wir als Szenen der gegenseitigen Kontrolle. Der Forscher hat durchaus die Möglichkeit, diese sozialen Situationen als natürlichen Ausgangspunkt zu betrachten, von dem er das ganze gesellschaftliche Leben untersucht. Immerhin kommunizieren die einzelnen im vollen Sinne des Wortes in sozialen Situationen miteinander, und nur in ihnen können sie physischen Zwang aufeinander ausüben oder einander beleidigen, sexuell miteinander interagieren, sich durch Gesten bedrohen, einander liebkosen usw. Außerdem wird die meiste Arbeit dieser Welt in sozialen Situationen verrichtet. Daher ist es verständlich, daß wir in allen Gesellschaften gewisse Formen der Anpassung finden, darunter auch normative Zwangssysteme, die es ermöglichen, mit den für soziale Situationen typischen Chancen und Risiken umzugehen. Soziale Situationen interessieren uns deswegen, weil vor allem sie den Individuen die Möglichkeit bieten, mit Hilfe ihres Gesichts, ihres Körpers und kleinerer verfügbarer Materialien soziale Porträts von sich selbst zu entwerfen. (Goffman 1981b, S. 28)

„Welche Art von Viechern finden wir im interaktiven Zoo?" (Goffman 1994a, S. 68) Die erwähnten sozialen Situationen bestehen nach Goffmann aus

- *Personen* als grundlegenden Trägerinstanzen und bewegliche Einheiten;
- *Begegnungen*, d. h. Ereignissen, bei denen ein Individuum in die „Wirkzone", den Wahrnehmungsbereich und die Reichweite eines anderen gelangt;
- *Ensembles* oder Teams von Personen, die zusammen agieren, um bspw. bestimmte Aufgaben zu lösen;
- *Ritualen*, die Interaktionsabläufe strukturieren, und
- *Bühnenformaten*, d. h. unterschiedlichen Arten und Ausstattungen der Situation.

All diese Elemente zusammengenommen ergeben ein systematisches Raster für die Analyse von Interaktionsprozessen – wobei Goffmann immer auf allgemeine, personenunabhängige Erkenntnisse über solche Prozesse zielt. Da die verschiedenen Elemente in vielen seiner Studien auftauchen, lässt sich die nachfolgende Diskussion nicht direkt daran orientieren. Vielmehr wird an auf Manches mehrfach zurückzukommen sein.

Goffman greift in seinen Überlegungen auf die Ausführungen von Emile Durkheim zur gesellschaftlichen Funktion von Ritualen zurück. Rituale sind ja nichts anderes als sozial strukturierte Muster und Aufführungen, die bestimmte Situationen begleiten und die darin auftauchenden Handlungsprobleme lösen. So bietet bspw. eine Beerdigungszeremonie eine Art und Weise, die spezifische Ausnahmesituation des Todes eines Angehörigen gemeinsam und in sozial angemessenem Sinne zu begehen Auch ist gerade hier, bei der Analyse der Interaktionsordnung, ein deutlicher Einfluss von Georg Simmel in seinen impressionistischen Ausführungen nicht zu übersehen. Ausgehend von Analysen heterogener empirischer Materialien – Protokolle teilnehmender Beobachtung, mehr oder weniger systematisierte andere Beobachtungen, Zeitungsmeldungen, Werbefotografien, Spionageromane usw. – entwickelt Goffman Konzepte, um die ihn jeweils interessierenden typischen Muster oder Bausteine der Interaktionsordnung zu bezeichnen. Dazu setzt er in seinen zahlreichen Büchern unterschiedliche Akzente: Er untersucht die Selbstdarstellung des Einzelnen in sozialen Begegnungen, die Identitätsbehauptung in „(totalen) Institutionen" wie psychiatrischen Anstalten, das Verhalten auf öffentlichen Plätzen, aber auch die Darstellung von „Begegnungen" zwischen den Geschlechtern im Alltag und in der Werbung, in sprachlichen Interaktionen oder allgemeiner die Bestimmung des Wirklichkeitsstatus von solchen Begegnungen. Auf einige dieser Aspekte wird im weiteren Verlauf der Darstellung Bezug genommen.

Erving Goffman (1922–1982)
Erving Manuel Goffman wurde 1922 in Manville, Kanada geboren. Nach dem in der ersten Hälfte der 1940er Jahre absolvierten Bachelorstudium der

Soziologie und Anthropologie an der Universität von Toronto wechselte er 1945 für das Masterstudium an die University of Chicago. Dort promovierte er 1953 bei Everett Hughes. Starke Einflüsse auf ihn hatten W. Lloyd Warner und der Kulturanthropologe Alfred Radcliff-Brown. Zwischenzeitlich hielt er sich von 1949–1951 an der Universität Edinburgh auf, von wo aus er die zwölfmonatigen Feldforschungen zu seiner Doktorarbeit auf den Shetlandinseln vor der schottischen Küste unternahm. Diese Studie über „Communication conduct in an Island Community" schrieb er hauptsächlich in Paris. Die überarbeitete und wesentlich später erscheinende Veröffentlichung – deutscher Titel: „Wir alle spielen Theater" – wird 1961 als bestes US-amerikanisches Soziologiebuch ausgezeichnet. 1953 arbeitete Goffman an einer Studie für die US-amerikanische Petroleumindustrie über das Tankstellenpersonal in Chicago und Umgebung. Inhaltlich geht es um Rollenkonflikte zwischen den Anforderungen, als Geschäftsmann, Bedienung und Techniker zugleich agieren zu müssen. Von 1954–1957 forschter Goffman in Washington am National Institute of Mental Health und führte Feldstudien im dortigen Urban Mental Hospital durch. 1958 ging er nach Berkeley an die University of California. Mit Unterstützung von Herbert Blumer bekam er 1962 eine Professur für Soziologie. Von 1968–1982 lehrte er an der University of Pennsylvania (Philadelphia) als Professor für Anthropologie und Soziologie. Er hat nicht nur ein ungewöhnlich hohes Jahresgehalt, sondern erhält auch zahlreiche Auszeichnungen. Gastaufenthalte an verschiedenen renommierten akademischen Institutionen folgten. 1981–1982 war Goffman Präsident der American Sociological Association. Er starb im November 1982 an Magenkrebs.

Lektürevorschlag:
Goffman, Erving (1997). *Wir alle spielen Theater* (7. Aufl., S. 5–34). Müchen: Piper [ursprünglich 1956/1959; das bekannteste Werk, in dem Goffmann die Dimensionen und Mittel der Selbstdarstellung im Alltag durchdekliniert; Klassiker der soziologischen Rollenforschung].
Goffman, Erving (1994a). Die Interaktionsordnung. In ders. (Hrsg.), *Interaktion und Geschlecht* (S. 50–104). Konstanz: UVK [Präsidentschaftsansprache für die American Sociological Association, in der Goffman rückblickend sein Forschungsprogramm skizziert].
Goffman, Erving (1994b). Das Arrangement der Geschlechter. In ders. (Hrsg.), *Interaktion und Geschlecht* (S. 105–158). Konstanz: UVK, [detail-

lierte Analyse der institutionellen Reflexivität der asymmetrischen Geschlechterordnung].
Manning, Philip (1992). *Erving goffman and modern sociology.* Cambridge: Polity Press [leicht zugängliche und detaillierte Einführung in das Werk Goffmans].
Raab, Jürgen (2008a). *Erving Goffman.* Konstanz: UVK [knappe Einführung in das Werk und den Arbeitskontext von Goffman].

Vertiefungen:
Burns, Tom (1992). *Erving Goffman.* London: Routledge [ausführliche, nicht immer einfach zugängliche Einführung in Leben, Werk und Arbeitsbeziehungen Goffmans, von einem seiner ehemaligen Studenten].
Goffman, Erving (1972). *Stigma. Über Techniken der Bewältigung beschädigter Identität.* Frankfurt/Main: Suhrkamp [1963] [Analyse des Umgangs mit körperlichen Beeinträchtigungen in sozialen Begegnungen].
Goffman, Erving (1973). *Asyle. Über die soziale Situation psychiatrischer Patienten und anderer Insassen.* Frankfurt/Main: Suhrkamp [1961] [ethnographisch fundierte Untersuchung der Identitätsbehauptung in einer psychiatrischen Anstalt].
Goffman, Erving (1997). *Wir alle spielen Theater. Die Selbstdarstellung im Alltag.* München: Piper [1956/1959] [s. o.berühmteste Studie; hier geht es um die Selbstdarstellung in sozialen Situationen].
Goffman, Erving (1981a). *Geschlecht und Werbung.* Frankfurt/Main: Suhrkamp [wegweisende Analyse des Geschlechtercodes in Werbeanzeigen].
Hettlage, Robert & Lenz, Karl (1991). *Erving Goffman – ein soziologischer Klassiker der zweiten Generation.* Bern/Stuttgart: Haupt [biographiebezogene Erläuterungen und Aufsätze mit Werkdiskussionen].
Reiger, Horst (2000). *Face-to-face Interaktion. Zur Soziologie Erving Goffmans.* Frankfurt/Main: Lang [knapper einführender Werküberblick].
Willems, Herbert (1997). *Rahmen und Habitus. Zum theoretischen und methodischen Ansatz Erving Goffmans.* Frankfurt/Main: Suhrkamp [theorieorientierte vergleichende Diskussion, die das Werk Goffmans mit Bezügen auf Pierre Bourdieu und Norbert Elias diskutiert].

Webseiten:
http://people.brandeis.edu/~teuber/goffmanbio.html [Erving Goffman Biographie, Stand v. 18.08.11)
Bildnachweis: Homepage der American Sociological Association (www.asanet.org/about/presidents (Stand vom 17.7.2012)

6.1 Situationen und ihre Menschen: Interaktionsrituale

Goffmans Arbeiten unterscheiden sich von denjenigen der Symbolischen Interaktionisten durch die starke Betonung von gesellschaftlichen Strukturmustern in Gestalt von Ritualen, die in sozialen Begegnungen zum Einsatz kommen und als orientierende Regeln das Handeln der Beteiligten leiten, selbst dann, wenn letztere bewusst solche Regeln der Interaktion verletzen. In einer dafür einschlägigen Wendung in seinem Buch „Interaktionsrituale. Über Verhalten in direkter Kommunikation" sprach Goffman davon, es ginge ihm nicht um „Menschen und ihre Situationen", sondern um „Situationen und ihre Menschen", genauer: um die Verhaltensregeln, welche die jeweiligen Handlungen verknüpfen und die Interaktionsmöglichkeiten strukturieren. Interaktionen sind für Goffman wechselseitige Bezugnahmen und Beeinflussungen von Individuen auf ihre jeweiligen Handlungen unter Bedingungen körperlicher Kopräsenz (Goffman 1983, S. 18). Unmittelbare soziale Begegnungen finden überall statt, wo Menschen gleichzeitig in Situationen anwesend sind, sich also in direkter Hör- und Sichtweite zueinander befinden. In solchen Begegnungen müssen wir nicht jeweils neu erfinden, wie wir uns verhalten – höchstens dann, wenn wir in eine völlig unvertraute Situation geraten, also vielleicht in interkulturellen Begegnungen mit Fremden. In unserem üblichen Alltag haben wir mehr oder weniger gelernt, „uns zu benehmen", also unser eigenes Handeln zu kontrollieren und zu steuern, und es dabei angemessen auf das Handeln des oder der Gegenüber in der Situation abzustimmen. Dabei folgen wir kulturellen Mustern unterschiedlichster Art: Wir begrüßen unsere Kumpels anders als unsere Großeltern oder Vorgesetzten. Wir beachten Regeln des Sprecherwechsels, d. h. wir lassen Andere zu Wort kommen. Wir antworten auf Fragen. Wir halten Türen auf. Wir bieten Sitzplätze an. Wir versuchen, Rülpsen zu vermeiden und gut zu riechen. Wir sehen darüber hinweg, wenn dem Gegenüber eine Nudel am Kinn hängt (mit Referenz an das kürzlich verstorbene Ehrenmitglied der Deutschen Gesellschaft für Soziologie, Victor von Bülow alias Loriot – suchen Sie auf Youtube!). Von kulturellen Mustern oder wie Goffman, von „Interaktionsritualen" zu sprechen, verweist darauf, dass wir gleichsam in vorhandene „Formen" eintreten, die es uns erlauben, die Interaktionen zu strukturieren, an denen wir beteiligt sind. Solche Formen können dann mehr oder weniger situationsspezifisch sein. Einige gehören vielleicht ganz allgemein zum alltäglichen Grundrepertoire akzeptierten Benehmens. Andere beziehen sich auf ganz spezifische Situationen, etwa den Umgang mit Vorgesetzten. So behandelt das Buch „Interaktionsrituale" (Goffman 1986) bspw. „Techniken der Imagepflege", „Ehrerbietung und Benehmen", „Verlegenheit und soziale Organisation" oder „Wo was los ist – wo es *action* gibt." Goffmans Soziologie ist (in seinen Worten) eine „Soziologie der Gelegenheiten", bei denen Menschen aufein-

6.1 Situationen und ihre Menschen: Interaktionsrituale

andertreffen und in denen Strukturierungsweisen und das Handeln von Personen zusammenkommen:

> Es sind jene Ereignisse, die im Verlauf und auf Grund des Zusammenseins von Leuten geschehen. Die Grundelemente des Verhaltens sind Blicke, Gesten, Haltungen und sprachliche Äußerungen, die Leute ständig in die Situation einbringen, unabhängig davon, ob diese Situation erwünscht ist oder nicht. (...) Ein Ziel der Verwendung dieses Materials [Untersuchungen über Tierverhalten, Kleingruppenforschung und Psychotherapie; Anm. RK] ist die Beschreibung natürlicher Interaktionseinheiten; angefangen bei der kleinsten Einheit, dem flüchtigen Mienenspiel, das zum Ausdruck bringen kann, daß man mit den Ereignissen Schritt hält, bis hin zu solchen Ereignissen wie wochenlangen Konferenzen, Interaktionsmonstren, die an der äußersten Grenze dessen liegen, was man als soziale Gelegenheit bezeichnen kann. Ein weiteres Ziel ist die Aufdeckung der normativen Ordnung, die innerhalb und zwischen diesen Einheiten herrscht, d. h. die Verhaltensregeln, die es überall gibt, wo Leute sind, unabhängig davon, ob es sich um öffentliche, halböffentliche oder private Orte handelt. Diese Ziele erreicht man mit guten ethnographischen Studien: Man muß die unzähligen Verhaltensmuster identifizieren und die natürlichen Verhaltenssequenzen, die sich immer dann entfalten, wenn Leute unmittelbar zusammenkommen. Man muß beachten, daß diese Vorfälle für sich einen Gegenstand darstellen, der sich analytisch von angrenzenden Gebieten unterscheidet, wie z. B. sozialen Beziehungen, kleinen sozialen Gruppen, Kommunikationssystemen und strategischer Interaktion. Hier wird eine Soziologie der Gelegenheiten vertreten. Soziale Organisation ist das zentrale Thema, Gegenstand dieser Organisation aber sind das Zusammenkommen von Personen und die zeitlich begrenzten Interaktionen, die daraus entspringen können. Eine normativ stabilisierte Struktur steht dazu im Widerspruch, denn ein ‚soziales Treffen' ist eine bewegliche Entität, notwendigerweise vergänglich, es entsteht durch Ankommen und hört mit dem Weggehen auf. (...) Ich setze voraus, daß der eigentliche Gegenstand der Interaktion nicht das Individuum und seine Psychologie ist, sondern eher die syntaktischen Beziehungen zwischen den Handlungen verschiedener gleichzeitig anwesender Personen. Da es aber die Handelnden sind, die das Grundmaterial liefern, wird es immer sinnvoll sein, zu fragen, welche allgemeinen Eigenschaften sie haben müssen, wenn diese Art von Beitrag von ihnen erwartet wird. Welches Grundmodell des Handelnden ist erforderlich, wenn wir ihn aufziehen, seinen Mitmenschen aussetzen sollen und das Ergebnis eine geordnete Interaktion sein soll? Welches Grundmodell benötigt der Forscher, um die Strategien antizipieren zu können, mit denen ein Individuum *qua* Interagierender erfolgreich sein oder zusammenbrechen kann? (...) Es geht hier also nicht um Menschen und ihre Situationen, sondern eher um Situationen und ihre Menschen. (Ebd., S. 7 ff.)

Diese Betonung von strukturellen Elementen oder Mustern, die als „Rituale" die Interaktionen formen, richtet sich auch gegen die Ethnomethodologie, für die sich einige seiner Schüler entschieden hatten. Denn die Ethnomethodologie vergesse ihrerseits die Grundlagen des Gelingens von Situationen, die „Glückungsbedingungen" („felicity conditions") für deren erfolgreiche Bewältigung, d. h. die

Hintergrundbedingungen, etwa Konstanten des räumlichen Settings, der übersituativen Bekanntschaft von Personen – man sieht sich ja nicht zum ersten Mal –, der eingenommenen sozialen Positionen, die alle zusammen genommen erst die „Erdung" bzw. das „footing" von beispielsweise sprachlichen Äußerungen liefern. So kann nicht jeder das Mikrophon für die Präsidentschaftsansprache vor der Mitgliederversammlung der American Sociological Association übernehmen. Das setzt vielmehr einen langen Vorbereitungsprozess, entsprechende Wahlvorgänge, die Kenntnis von „Rahmungen der Situation" (Goffman 1980) und vieles mehr voraus. Eine ethnomethodologische Analyse, die nur die situative Herstellung von Ordnung anvisiere, ist demnach niemals in der Lage, ein solches Interaktionsphänomen angemessen zu begreifen (vgl. Goffman 2005).

Was Goffman an „Situationen und ihren Menschen" insbesondere interessiert, dass sind die sozialen Konventionen bzw. Rituale der Darstellung oder Präsentation ihres „Selbst" durch die Menschen, die Aufrechterhaltung ihrer Identität und die Bezugnahme auf jeweils in Kopräsenz anwesende Andere. Im Anschluss an Emile Durkheim spricht er von einem modernen „Kult des Individuums". Das Individuum werde als etwas „Heiliges" betrachtet und die Funktion der Rituale bestehe im Wesentlichen darin, dieses Individuum vor „Verletzungen" zu bewahren:

> „Ich verwende den Terminus Ritual, weil ich mich auf Handlungen beziehe, durch deren symbolische Komponente der Handelnde zeigt, wie achtenswert er ist oder für wie achtenswert er die anderen hält. (…) Das Image eines Menschen ist etwas Heiliges und die zu seiner Erhaltung erforderliche expressive Ordnung deswegen etwas Rituelles." (Goffman 1986, S. 24) Und ein paar Seiten weiter heißt es: „In diesem Aufsatz will ich einige der Bedeutungszusammenhänge analysieren, in denen dem Individuum in unserer urbanisierten, säkularisierten Welt eine Art Heiligkeit zugesprochen wird, die in symbolischen Handlungen entfaltet und bestätigt wird." (Goffman 1986, S. 54)

Rituale sind konventionalisierte, symbolisch aufgeladene Regelsysteme oder Codes, die unser Verhalten orientieren – Goffman spricht auch von den *„Verkehrsregeln der sozialen Interaktion."* (Goffman 1974) Geläufig sind uns sicherlich Begrüßungen und Verabschiedungen als stark ritualisierte (und häufig formalisierte) Momente von Interaktionen. Hier ist die Symbolik oder der symbolische Gehalt der Handlungen offensichtlich, etwa bei der ausgestreckten Hand, mit der die Begegnung eröffnet wird, oder beim Winken im Rahmen eines „schmerzlichen Abschieds". Solche Verhaltensweisen und Körperbewegungen bedeuten etwas über ihren eigentlichen Ablauf hinaus. In diesem Symbolverständnis spricht Goffman von „symbolischen Handlungen", nicht im allgemeinen Sinne des Symbolischen Interaktionismus. Zu den Interaktionsritualen gehören jedoch nicht nur solche Strukturmuster, die beispielsweise eine zeitliche oder hierarchische Ordnung und Struktur (den Beginn und Abschluss einer Begegnung; wer sitzt, wer muss stehen, wer hat Rederecht)

6.1 Situationen und ihre Menschen: Interaktionsrituale

zum Ausdruck bringen, und die vor allem in offiziellen, formalen Interaktionskontexten eine wichtige Rolle spielen (aber beileibe nicht nur dort!). Dazu gehören nach Goffman auch sehr viel weniger augenfällige Bestandteile von Interaktionen, etwa die grundsätzlich einem Alter Ego zunächst entgegengebrachte prinzipielle Anerkennung, ein normales, ebenbürtiges, interaktionswürdiges Gegenüber zu sein. Beschämungen werden vermieden, kleinere Peinlichkeiten (wie Mundgeruch) übergegangen, ein allzu detailliertes Nachfragen auf zweifelhafte Äußerungen unterbleibt, auch wenn dennoch permanent Bestätigungen der eigenen Aufmerksamkeit für den Anderen gegeben werden müssen etc.

Solche Verhaltensweisen gehören zu denjenigen Interaktionsritualen, die nach Goffman den immer bis auf weiteres bestehenden *„Arbeitskonsensus"* für Interaktionen strukturieren, d. h. eine Art stillschweigende Vereinbarung darüber, um was es sich hier handelt und wie es weiter zu gehen hat: ein Arbeitsgespräch, kein Stammtischtreffen; ein Flirt, keine Beichte; ein Gottesdienst, kein Happening. Die Aufrechterhaltung des Arbeitskonsenses ist ein zentrales Element in der interaktiven Ordnung von Begegnungen, auch dann, wenn kurzzeitig der Rahmen verlassen wird, genügt doch eine kurze Formel („jetzt mal Spaß beiseite", „zurück zum Thema"), um daran zu erinnern. Es gibt Rituale der Bestätigung (ein zustimmendes Nicken, ein Mmmmh im Gespräch) wie auch solche der Korrektur von Normverletzungen. Entsprechende Regulierungen beziehen sich nicht nur auf den Umgang mit den Anderen, sondern betreffen auch die permanente Kontrolle der eigenen Verhaltensweisen in der Interaktion, etwa die Aufrechterhaltung einer normalen körperlichen Erscheinung, korrekte Sitzhaltungen und die Kundgabe von positiven Bestätigungen durch Nicken, Blickzuwendung, zustimmende Laute, lustvolles Stöhnen (als Reaktion auf die Stimulationsarbeit eines Gegenüber) usw. Goffmans entsprechende Arbeiten sind voller Kategorien, mit denen er die einzelnen Bestandteile solcher Strukturierungen von Interaktionen benennt und unterscheidet. Er beschreibt bspw. unterschiedliche Grade des Engagements, die von einem erwartet werden, die man also sich selbst gegenüber aufzubringen hat oder aufbringen kann, und die man selbst von anderen erwartet. Dazu gehört auch die Regelung des angemessenen Blickkontaktes zwischen „Starren" und „Ignorieren", der Positionierung von Körpern, des Umgangs mit Bekannten und Unbekannten (Goffmann 2009, S. 49 ff.):

> Gebt eure Anweisungen feierlich, gütig und reserviert. Sprecht mit gesetzter Stimme, aber vermeidet einen familiären oder freundschaftlichen Ton mit ihnen. (…) Perfektes Benehmen in dieser Hinsicht besteht darin, durch die Sprache zum Ausdruck zu bringen, daß die Verrichtung eine Gefälligkeit ist, und durch den Ton, daß sie eine Selbstverständlichkeit ist. (zur Herr-Diener-Beziehung, zit. nach Goffman 1986, S. 70)

Dazu gehört auch die Einhaltung eines kulturspezifisch als angemessen geltenden Körperabstandes, der das „Territorium des Selbst" (Goffmann 1974, S. 54 ff.) nicht überschreitet bzw. in Situationen solcher Überschreitung – etwa beim Sex oder in überfüllten Fahrstühlen – durch verschiedenste Körpertechniken (beispielsweise im Fahrstuhl die Vermeidung direkten Augenkontaktes) abgefedert wird. Betrachtet man das Individuum bzw. seinen Körper als „Fortbewegungseinheit", wird schnell deutlich, dass sich die Territorien des Selbst mit dem Individuen bewegen – zumindest in einigen ihrer Elemente. Die Grenze des Individuums fällt dabei nicht mit seiner Haut oder Kleidung zusammen, sondern geht (kulturspezifisch unterschiedlich) darüber hinaus. Territorien des Selbst lassen sich in verschiedenen Dimensionen aufschichten: Der eigene Körper ist nur für wenige Andere zugänglich, auch dann, wenn er bekleidet ist. Körperabstände variieren nach den Situationen, in denen wir uns begegnen. Unsere Arbeitsplätze in der Bibliothek statten wir mit Utensilien aus, die zeigen, dass das nun *unser Platz* ist (eine Wasserflasche, ein Apfel, Notizblätter, ein Talismann…). Goffman spricht von der „Box", die uns umgibt. „Territoriale Übertretungen" – in der schlimmsten Form: Vergewaltigungen und andere körperliche Verletzungen – werden geahndet. Auch ein anstarrender Blick verletzt das Territorium des Selbst – deswegen darf die Beobachtung von Nacktheit nur versteckt erfolgen, was insbesondere in Saunen zu merkwürdigem Blickverhalten führen kann. Zu den Schutzmechanismen für die Territorien des Selbst gehört die Regel, nicht „in fremden Sachen zu wühlen", bei privaten Essenseinladungen nicht das Schlafzimmer Anderer ausführlich zu inspizieren usw.

Gewiss unterscheiden sich solche Rituale der gegenseitigen Anerkennung und Selbstdarstellung nach Art der jeweiligen sozialen Begegnungen, also etwa zwischen einem intensiven Arbeitsgespräch, einer feucht-fröhlichen Partieunterhaltung oder einer flüchtigen Begegnung zweier Fremder beim Überqueren der Straße. Insofern können „Zentrierungsgrade" von Interaktionen unterschieden werden:

> Nicht-zentrierte Interaktion besteht aus den zwischenmenschlichen Kommunikationen, die lediglich daraus resultieren, daß Personen zusammenkommen, z. B. wenn sich zwei Fremde quer durch einen Raum hinsichtlich der Kleidung, der Haltung und des allgemeinen Auftretens mustern, wobei jeder das eigene Verhalten modifiziert, weil er selbst unter Beobachtung steht. Eine zentrierte Interaktion tritt ein, wenn Menschen effektiv darin übereinstimmen, für eine gewisse Zeit einen einzigen Brennpunkt der kognitiven oder visuellen Aufmerksamkeit aufrechtzuerhalten, wie etwa in einem Gespräch, bei einem Brettspiel (…). (Goffman 1973a, S. 7)

Die jeweiligen Regeln können sowohl in privaten wie in öffentlichen Begegnungen symmetrischen oder asymmetrischen Charakter haben. Letzteres gilt etwa für Etiketteformen zwischen den Geschlechtern: Der Mann hilft der Frau in den Mantel, nicht umgekehrt. Die Frau blickt in Werbebildern zum Mann auf; der Mann legt schützend seine Arme um sie (Goffman 1981a):

> Nun behaupte ich, daß die Aufgabe des Reklame-Designers, nämlich den Wert seines Produkts dramatisch darzustellen, nicht unähnlich der Aufgabe der Gesellschaft ist, wenn sie ihre sozialen Situationen mit zeremoniellen und rituellen Zeichen ausstattet, die eine Orientierung der Beteiligten aneinander ermöglichen. Beide nutzen die beschränkten ‚visuellen' Mittel, die in sozialen Situationen verfügbar sind, um eine Geschichte zu erzählen. Beide setzen ansonsten undurchschaubare Vorgänge in leicht verständliche Formen um. Und beide bedienen sich der gleichen elementaren Mittel: Absichtsbekundung, mikro-ökologische Aufzeichnung sozialer Strukturen, anerkannte Typisierung und gestische Externalisierung innerer Reaktionen. (...) Die gestellten Bilder könnten womöglich etwas Realeres sein, als wir annehmen wollten: für den Forscher, der das Ritual einer Gemeinschaft studiert, sind sie etwas Ähnliches wie ein schriftlicher Text für jene, die ihre gesprochene Sprache untersuchen. (Goffman 1981a, S. 116 ff.)

Es gibt keine ritualfreien Bereiche der Interaktionsordnung, selbst nicht in den intimsten Interaktionen. Rituale sind natürlich nicht nur etwas „positives", sie geben vielmehr auch dem Gestalt, was wir ablehnen oder für abscheulich halten. Beispiele dafür sind Formen, die auf Degradierung, Enttarnung, Abwertung des Anderen zielen, etwa die verschiedenen Entwürdigungen, welche die Aufnahme in eine Armee oder eine andere „totale Institution" (Goffman 1973) mit sich bringt, und die gewissermaßen die Negativ- oder Kehrseite der normalen Anerkennungsformen darstellen. Ein anderes, vergleichsweise ekliges Aufnahmeritual ist die in Kreisen der Marine beliebte „Äquatortaufe", bei der etwa Frischlinge im Dienst bei ihrer ersten Äquatorüberquerung mit Fischinnereien überschüttet werden, um „einer von uns" zu werden. Im Film „Die Blues Brothers" aus dem Jahre 1980 (Regie: John Landis) illustriert die Szene, in der einer der Protagonisten seinen Gefängnisaufenthalt antritt, sich dazu nackt ausziehen muss und Anstaltskleidung bekommt, ein anderes Degradierungs- und Aufnahmeritual. Auch der sehenswerte Film „Einer flog über das Kuckucksnest" aus dem Jahre 1975 (Regie: Miloš Forman) liefert dazu eine Fülle von Beispielen.

6.2 Die Situation als Bühne des Selbst und der Anderen

> Unser Bericht hat es nicht mit Aspekten des Theaters zu tun, die ins Alltagsleben eindringen. Er hat mit der Struktur sozialer Begegnungen zu tun – mit der Struktur der Einheiten im sozialen Leben, die entstehen, wann immer Personen anderen Personen unmittelbar physisch gegenwärtig werden. Der Schlüsselfaktor in dieser Struktur ist die Erhaltung einer einzigen Bestimmung der Situation, und diese Definition muss ausgedrückt, und dieser Ausdruck muß auch im Angesicht zahlreicher potentieller Störungen durchgehalten werden. (Goffman 1983, S. 233)

Zur Analyse von „Situationen und ihren Menschen" gehört für Goffman neben dem Blick auf die Verhaltensabstimmungen durch Interaktionsrituale selbstverständlich auch die Aufmerksamkeit für die handelnden Protagonisten. Ein wesentlicher Teil seiner Arbeiten behandelt deswegen die Frage, wie Individuen ihre Identität, ihr Selbst in sozialen Situationen präsentieren, d. h. wie sie sich gegenüber Anderen „darstellen" und einen bestimmten „Eindruck" machen wollen, auf welche Requisiten sie dabei im Situationskontext zurückgreifen (können) und wie sie sich zu Darstellungsteams zusammenfinden. Genaugenommen haben wir ja auch überhaupt keinen Zugang zu unserem Gegenüber außerhalb von deren „Präsentationen ihres Selbst". Selbst wenn uns jemand sehr intim begegnet (nehmen wir der Einfachheit halber an: etwa beim Sex), so haben wir ihn oder sie doch nur als „körperliche Darstellung" gegenwärtig – einschließlich des Geruchs, des Stöhnens, der körperlichen Reaktionen, der geäußerten Worte und Gesten. Für diese Unhintergehbarkeit der Begegnung als Begegnung von Darsteller(inne)n hat Goffman in seinem berühmtesten Buch „Wir alle spielen Theater. Die Präsentation des Selbst im Alltagsleben" (1956, 1959)[2] den Begriff des *Rollenspiels* und die Metapher der „Welt als Theaterbühne" herangezogen, die am erfolgreichsten wohl von William Shakespeare formuliert wurde:

William Shakespeare (1600): All the world's a stage (*from* As You Like It 2/7):

> All the world's a stage,
> And all the men and women merely players:
> They have their exits and their entrances;
> And one man in his time plays many parts.

(As You Like It Act 2, scene 7, S. 139–143)

> Die ganze Welt ist eine Bühne
> Und alle Frau'n und Männer bloße Spieler.
> Sie treten auf und gehen wieder ab.
> Sein Leben lang spielt jeder manche Rollen.

(Wie es euch gefällt, Akt 2, Szene 7)

---

[2] Es handelt sich dabei um eine komplette Überarbeitung seiner Dissertation zum Thema „Communication Conduct in an Island Community", die 1953 an der University of Chicago angenommen wurde und auf eine Feldstudie der Kleinpächtergemeinschaft auf den Shetland-Inseln zurück geht, aber keine Hinweise mehr auf die ursprünglichen Fragestellungen und den konkreten historischen Kontext enthält – ein häufige Kennzeichen der Arbeiten von Goffman.

6.2 Die Situation als Bühne des Selbst und der Anderen

Die Theater- und Rollenspielmetapher sowie die Analyse der Darstellungen, die ja eigentlich Vorstellungen im Sinne von Aufführungen oder „performances" sind, und nicht zuletzt Goffmans eigene Zusammenfassung *dieser* Studie und ihrer Vorgehensweise als „dramaturgische Perspektive" (Goffman 1983, S. 219) mit dem Blick für das „Selbst und seine Inszenierung" (ebd., S. 230) begründet die z. T. anzutreffende allgemeine Etikettierung seiner Perspektive als im wesentlichen dramatologischen oder dramaturgischen Ansatz.[3] Worauf zielt nun diese wohl berühmteste Untersuchung Goffmans? Er schreibt dazu:

> Diese Untersuchung ist als Führer gedacht, der im einzelnen eine bestimmte soziologische Perspektive darlegt, aus der heraus man das soziale Leben – und zwar so, wie es in den räumlichen Grenzen eines Gebäudes oder einer Fabrik organisiert ist – studieren kann. Eine Reihe von Grundzügen wird beschrieben, die zusammen den Rahmen bilden, der für jedes soziale Gefüge, sei es häuslicher, industrieller oder kommerzieller Art, Gültigkeit hat. Die Gesichtspunkte, die in diesem Bericht angewandt wurden, sind die einer Theatervorstellung, das heißt, sie sind von der Dramaturgie abgeleitet. Ich werde darauf eingehen, wie in normalen Arbeitssituationen der Einzelne sich selbst und seine Tätigkeit anderen darstellt, mit welchen Mitteln er den Eindruck, den er auf jene macht, kontrolliert und lenkt, welche Dinge er tun oder nicht tun darf, wenn er sich in seiner Selbstdarstellung vor ihnen behaupten will. (Goffman 1983, S. 3)

Wenn Goffman von *Darstellungen des Selbst* spricht und damit all die Tätigkeiten bezeichnet, mit denen Interaktionsteilnehmer versuchen, ihre Wahrnehmung durch die in einer Situation anwesenden Anderen zu beeinflussen, dann sind also aktive *performances* angesprochen. Im Grunde wird damit in allgemeiner Weise das zum Thema, was Harold Garfinkel bezogen auf die weiter oben erwähnte Darstellung der weiblichen Geschlechtszugehörigkeit von Agnes (vgl. Kap. 5.1) in den Blick genommen hatte. Mehr oder weniger bewusst prägen wir ja die Art und Weise, wie Andere uns sehen – wobei wir uns unseres diesbezüglichen Erfolges keineswegs sicher sein können. Mag sein, dass wir nicht über die ausreichenden Mittel dazu verfügen, den Eindruck von uns zu erwecken, den wir erwecken wollen. In jedem Fall liegt es im Blick, im Denken, in der Hand der anderen, was sie daraus machen. Die Darstellungen unseres Selbst sind uns nur begrenzt verfügbar. Sie erfolgen ja auch durch die unwillentliche Weitergabe von Informationen, etwa durch unsere verkrampfte Körperhaltung, unserer zittrige Stimme, die Schamesröte, die uns ins Gesicht steigt usw. – nicht alles kann überhaupt oder zumindest permanent kontrolliert werden, und es funktioniert trotzdem als Zeichenoberfläche, in der andere

---

[3] Vgl. dazu insbesondere Hitzler (1992), Habermas (1981) und die Beiträge in Willems (2009).

Lesen, als „display". Es muss unterschieden werden zwischen dem „Ausdruck, den sich der Einzelne gibt, und [dem] Ausdruck, den er ausstrahlt" (Goffman 1983, S. 8).

Mit dem Begriff der *Darstellungen* bezieht sich Goffman jedoch auf aktive Versuche der Eindruckserzeugung. Das lässt sich an einem Beispiel aus dem erwähnten Buch illustrieren. Goffman zitiert hier eine Episode aus einem Roman von William Samson (A Contest of Ladies, London 1956), in dem es um das Verhalten eines Engländers geht, der in Spanien seinen Urlaub verbringt:

> Auf alle Fälle aber war er darauf bedacht, niemandem aufzufallen. Als erstes mußte er allen, die möglicherweise seine Gefährten während der Ferien sein würden, klarmachen, daß sie ihn überhaupt nichts angingen. Er starrte durch sie hindurch, um sie herum, über sie hinweg – den Blick im Raum verloren. Der Strand hätte menschenleer sein können. Wurde zufällig ein Ball in seine Nähe geworfen, schien er überrascht; dann ließ er ein amüsiertes Lächeln über sein Gesicht huschen (Preedy, der Freundliche), sah sich um, verblüfft darüber, daß tatsächlich Leute am Strand waren, und warf den Ball mit einem nach innen gerichteten Lächeln – nicht etwa mit einem, das den Leuten zugedacht wäre – zurück und nahm heiter seine absichtslose Betrachtung des leeren Raums wieder auf. Aber jetzt war es an der Zeit, eine kleine Schaustellung zu inszenieren, die Schaustellung Preedys, des Geistmenschen. Durch geschickte Manöver gab er jedem, der hinschauen wollte, Gelegenheit, den Titel seines Buches zu bemerken – einer spanischen Homer-Übersetzung, also klassisch, aber nicht gewagt und zudem kosmopolitisch –, baute dann aus seinem Bademantel und seiner Tasche einen sauberen, sandsicheren Schutzwall (Preedy, der Methodische und Vernünftige), erhob sich langsam und räkelte sich (Preedy, die Raubkatze!) und schleuderte die Sandalen von sich (trotz allem: Preedy, der Sorglose!).
>
> Preedys Hochzeit mit dem Meer! Es gab verschiedene Rituale. Einmal jenes Schlendern, das zum Laufen und schließlich zum Kopfsprung ins Wasser wird, danach ruhiges, sicheres Schwimmen auf den Horizont zu. Aber natürlich nicht wirklich bis zum Horizont! Ganz plötzlich drehte er sich auf den Rücken und schlug mit den Beinen große weiße Schaumwogen auf; so zeigte er, daß er weiter hinaus hätte schwimmen können, wenn er nur gewollt hätte, dann reckte er den Oberkörper aus dem Wasser, damit jeder sehen konnte, wer er war.
>
> Die andere Methode war einfacher. Sie schloß den Schock des kalten Wassers ebenso aus wie die Gefahr, übermütig zu erscheinen. Es ging darum, so vertraut mit dem Meer, dem Mittelmeer und gerade diesem Strand, zu erscheinen, daß es keinen Unterschied machte, ob er im Wasser oder draußen war. Langsames Schlendern hinunter an den Saum des Wassers – er bemerkt nicht einmal, daß seine Zehen naß werden: Land und Wasser sind für ihn eins! – die Augen zum Himmel gerichtet, ernst nach den für andere unsichtbaren Vorzeichen des Wetters ausspähend (Preedy, der alteingesessene Fischer). (Goffman 1983, S. 8 f.)

Gewiss sieht Goffman die Unterschiede zwischen dem Leben und dem Theater: Eine Theateraufführung wird von Schauspielern vor einem und für ein Publikum aufgeführt, dessen Beitrag sehr spezifisch und eingeschränkt ist, und das selbst nur bedingt als aktiver Part im Geschehen begriffen werden kann (auch wenn natür-

6.2 Die Situation als Bühne des Selbst und der Anderen

lich Buhrufe, das Stürmen der Bühne etc. möglich sind). Zudem ist die Theateraufführung zeitlich eng begrenzt, um zehn fällt der Vorhang, dann Applaus und Abgang. Bei den Schauspieler(inne)n handelt es sich um mehr oder weniger professionell Tätige, die das, was vorgeführt wird, vorher als Vorführung proben, und zwar nach einem bereits existierenden, für alle bekannten und textförmig festgehaltenen Skript. Im wirklichen Leben gibt es selten ein niedergeschriebenes Skript und auch nicht sehr oft die Gelegenheit zum vorherigen Proben; eher handelt es sich wohl um ein permanentes Improvisationstheaterstück. Sicher bilden die zeitlichen Grenzen von Situationen so etwas Ähnliches wie das Öffnen und Schließen des Vorhangs, doch die Dauer der aufgeführten Stücke variiert beträchtlich. Und schließlich fallen Publikum und Mitspieler in eins. Normalerweise funktioniert dabei der weiter oben bereits erwähnte Arbeitskonsens. D. h. die Darstellungen und das Rollenspiel der Beteiligten orientieren sich an Situationsbestimmungen und Verhaltensregeln, die hinderliche Widersprüche vermeiden.

Dennoch gibt es auch augenscheinliche Parallelen. So versuchen wir mit unseren Präsentationen – die auch Verstellungen und Vortäuschungen „falscher Tatsachen" beinhalten können (ein beliebtes Thema von Komödien und Krimis) – die Wahrnehmung der Anderen von uns selbst zu beeinflussen, und umgekehrt sind wir permanent auf der Suche nach Informationen über die anderen Anwesenden. Dies lässt sich besonders deutlich an den „Techniken der Bewältigung beschädigter Identität", etwa bei der Verbergung körperlicher Stigmata nachzeichnen, denen Goffman ein ganzes Buch widmet. Dort zitiert er die Aussage eines jungen, fast blinden Mannes, der sich gegenüber seiner Freundin wie folgt verhält:

> Ich brachte es fertig, Mary vor dem Wissen, daß meine Augen schlecht werden, über zwei dutzend Sodas und drei Filme zu bewahren. Ich wandte jeden Trick an, den ich jemals gelernt hatte. Ich widmete der Farbe ihres Kleides jeden Morgen besondere Aufmerksamkeit, und dann pflegte ich meine Augen und Ohren und meinen sechsten Sinn in Alarmbereitschaft zu halten für jeden, der Mary sein konnte (…) Bei Kinobesuchen am Abend hielt ich auf dem Hin- und auf dem Rückweg immer ihre Hand, und sie führte mich, ohne es zu wissen, so mußte ich nicht nach Bordkanten und Stufen tasten. (Goffman 1972, S. 113 [1963])

Lassen sich hier nicht Parallelen zum Fall Agnes erkennen, den Garfinkel untersuchte? Dort war ja ihr Penis das potentiell stigmaanfällige Merkmal, zumindest vor dem Hintergrund ihrer sonstigen weiblichen Erscheibung. Der Umgang mit Stigmata ist für die Analyse der Darstellungen des Selbst interessant, da hier der Zusammenhang von Darstellungen und gesellschaftlichen Normen besonders deutlich wird. Träger eines Stigmas – d. h. eines Merkmals, das zur (bspw. moralischen) Diskreditierung genutzt werden kann – sind potentiell von einer vollständigen sozialen Akzeptanz ausgeschlossen und deswegen häufig zu komplexen

Verbergungstechniken gezwungen. Was als Stigma angesehen wird, variiert natürlich je nach Situation und historisch-gesellschaftlichem Kontext – im nationalsozialistischen Herrschaftsregime waren andere Stigmata etabliert als in den heutigen westlichen Demokratien. Körperliche Stigmata (wie im obigen Beispiel) unterscheiden sich von variierenden „sozialen" Stigmata, etwa biographischen Merkmalen (z. B. Gefängnisaufenthalte) oder „falschen" sexuellen Vorlieben (Denken Sie an Verfolgungen von Homosexualität!). Das erfordert je unterschiedliche Darstellungstechniken, wenn man sich in die Kategorie der „Normalen" einsortieren will und muss, die potentielle Diskreditierbarkeit folglich zu verdecken sucht, um nicht als Mitglied der Gruppe der bereits Diskreditierten zu zählen.

Kommen wir zurück zur Welt als Theater und zur von Goffman prominent entwickelten Idee des Menschen als eines *aktiven* Rollenspielers. Der Begriff der „Rolle" bezeichnet den üblichen Definitionen zufolge ein Bündel von Verhaltenserwartungen, die an die Inhaber von sozialen Positionen gestellt werden.[4] Die Soziologie stellt sich dabei die Gesellschaft wie einen großen sozialen Raum vor, in dem es unterschiedliche, mehr oder weniger aufeinander bezogene Positionen gibt. Manche dieser Positionen sind im sozialen Gefüge weiter oben eingerichtet, andere weiter unten. Manche beziehen sich auf berufliche Tätigkeiten (Ärztin, Erzieher…), andere auf Aufgaben in Familien (Vater – Mutter – Kind) bzw. im Privaten (Liebhaberin, Freundin, Briefmarkensammler…), wiederum andere sind situationsspezifisch (Gast auf einer Party, Reisende im Zug…). Gesellschaften tragen dafür Sorge, dass immer neue Individuen die immer wieder (kurz- oder längerfristig) frei werdenden Positionen besetzen und dann tun, was eben dort zu tun ist. Wann immer ein Individuum solche Positionen einnimmt, wird erwartet, dass die daran geknüpften Verhaltenserwartungen erfüllt (und dann belohnt) werden – bei Missachtung folgen Strafen bzw. negative Sanktionen. Das ist der Kern der Idee des „homo sociologicus", des originären Menschenmodells der Soziologie (Dahrendorf 2006 [1959]). Bereits am Eingang des vorliegenden Buches war darauf hingewiesen worden, dass Parsons sehr schematisch von den rollenbezogenen Regeln und ihrem Vollzug durch die Rollenträger ausging. Dagegen hatte die interpretative Tradition darauf hingewiesen, dass Rollenspiel keineswegs als einfacher Regelvollzug verstanden werden kann, sondern als aktive Regelinterpretation zu begreifen ist, in dem vielfältige Prozesse von Rollenspiel und Rollenidentifikation stattfinden. Schon Robert E. Park hatte das so formuliert:

> Es ist wohl kein historischer Zufall, daß das Wort Person in seiner ursprünglichen Bedeutung eine Maske bezeichnet. Darin liegt eher eine Anerkennung der Tatsache, daß jedermann überall und immer mehr oder weniger bewußt eine Rolle spielt (…)

---

[4] Vgl. zum Rollenbegriff grundlegend Dahrendorf (2006) sowie Goffman (1973a [1961]).

6.2 Die Situation als Bühne des Selbst und der Anderen

> In diesen Rollen erkennen wir einander; in diesen Rollen erkennen wir uns selbst. (...) In einem gewissen Sinne und insoweit diese Maske das Bild darstellt, das wir uns von uns selbst geschaffen haben – die Rolle, die wir zu erfüllen trachten –, ist die Maske unser wahreres Selbst: das Selbst, das wir sein möchten. Schließlich wird die Vorstellung unserer Rolle zu unserer zweiten Natur und zu einem integralen Teil unserer Persönlichkeit. Wir kommen als Individuen zur Welt, bauen einen Charakter auf und werden Personen. (Park 1950, S. 249 f., zit. nach der Übersetzung in Goffman 1983, S. 21)

Für die soziologische Rollentheorie war der Beitrag von Goffman grundlegend. Goffman unterscheidet mehrere *Bestandteile von Darstellungen*, die nachfolgend kurz erläutert werden sollen.

- Der Glaube an die eigene Rolle ist sehr wichtig für deren Gestaltung. Dies wird insbesondere dann deutlich, wenn er augenscheinlich fehlt, wenn eine Darstellung Züge des Zynischen annimmt und der Darsteller diejenigen zu verachten scheint, die sich an seiner Rolle orientieren. Das kühle Kalkül einer vorgespielten Rolle ist ein eher seltener Grenzfall der Alltagsbühne. Häufiger bedeutet eine Rolle zu erfassen, von ihr „gepackt" zu werden.
- Die *Fassade* oder das „display" umfasst nach Goffman das „standardisierte Ausdrucksrepertoire", das zu einer Vorstellung gehört. Dazu zählen als Elemente der „persönlichen Fassade" bspw. Kostümierungen (Uniformen, Anzüge…), Geschlechtszugehörigkeit, Altersmerkmale, Gesichtsausdrücke, Gesten, körperliche Haltungen usw. die anzeigen, um wen es sich hier handelt, oder als eher unbewegliche Bestandteile des „Bühnenbildes" auch Raumeinrichtungen, Möbelstücke und bewegliche Kleinteile (Bücher, ärztliche Instrumente…).
- Die „*dramatische Gestaltung der Rolle*" umfasst all die Verhaltensweisen, die während der Aufführung der Rolle die dazu gehörigen Tätigkeiten nun auch so darstellen, dass sie als Ausführung der Rolle wirken können. Goffman spricht in diesem Zusammenhang auch von „Techniken der Eindrucksmanipulation". Bspw. erscheinen Universitätsprofessorinnen und -professoren dann glaubhaft, wenn sie entschieden für eine Theorie und gegen eine andere Position beziehen – aber eben nicht dann, wenn sie jeder zusprechen, „irgendwie recht zu haben". Dramatische Gestaltungen werden in dem Maße bedeutsam, wie das „eigentliche Tun" im Unsichtbaren bleibt oder bleiben muss, wie das häufig bei wissenschaftlicher Arbeit der Fall ist. Dann müssen eben große Papierberge her, zerzauste Haare und ein vollgestopftes Büro oder Labor.[5]

---

[5] Vgl. dazu auch Goffmans Analysen von „Spaß am Spiel" (Goffman 1973a) und von „Strategischen Interaktionen", die nutzenorientiert und „vernünftig" erfolgen (Goffman 1981b [1969]).

- Die Rollenaufführung beinhaltet auch eine *idealisierende Komponente* in dem Sinne, dass sie üblicherweise gesellschaftliche Normen bzw. offiziell anerkannte Werte bestätigt und den Darstellenden damit in ein „gutes Licht" rückt. Der Arzt handelt dann eben als uneigennütziger Helfer in der Not, der an das eigene Geld zuletzt denkt.
- Darstellungen erfordern auch eine permanente *Ausdruckskontrolle*. Die Lehrerin darf vor der Klasse nicht rülpsen; der Pilot im Cockpit sollte bei seinen Ansagen weder stottern noch (alkoholbedingt) lallen oder von seinem nächtlichen Ehestreit und anschließendem Whiskeykonsum berichten. Das will niemand hören.
- Darstellungen riskieren mitunter, als *„unwahre Darstellungen"* enttarnt zu werden, wenn die Beteiligten einen Anfangsverdacht geschöpft haben. Das ist ein beliebtes Motiv von Verwechslungskomödien, aber auch in den letzten Jahren der Enttarnung bundesdeutscher Politikerinnen und Politikern, die sich mit dem Attribut der Promotion schmücken, um höheres Ansehen zu genießen. Denunzianten, Doppelagenten, Detektive, Agenten sind Vertreter von unwahren Darstellungen bzw. deren „Enttarnungen".

Neben den Einzeldarstellungen im Rollenspiel und ihren Attributen sind weitere Elemente in der Bühnenmetapher enthalten. So spricht Goffman vom *Ensemble* bzw. „team" der Mitspieler und bezeichnet damit „jede Gruppe von Individuen (…), die gemeinsam eine Rolle aufbauen." (Goffman 1983, S. 75) Ein solches Ensemble kann zusammenwirken, um gegenüber Anderen ein Rollenset zu etablieren. Das ist etwa der Fall in einem Restaurant, wo Küchen-, Theken- und Bedienungspersonal zusammen den Gästen gegenübertreten. In anderem Sinne kann aber auch dann von einem Ensemble gesprochen werden, wenn es darum geht, die dem Rollenspiel zugrunde liegende Situationsdefinition aufzubauen und aufrecht zu erhalten. Der Arzt bedarf des Patienten, um Arzt sein zu können, und umgekehrt. Beide wirken als Ensemble zusammen, um die Situation „medizinische Untersuchung" rollenförmig herzustellen und durchzuführen.

Auch der *„Ort"* und das *„ortsbestimmte Verhalten"* wirken im Spiel mit. Goffman spricht bspw. von *Vorderbühnen* und *Hinterbühnen* des Geschehens: Im Restaurant ist der Bereich der Gäste als Vorderbühne mit all ihren Requisiten von der gewöhnlich (glücklicherweise) nicht einsehbaren Hinterbühne der Küche getrennt, wo sich Kellner(innen) sehr unterschiedlich verhalten und ihrem Frust über unverschämte Gäste unverblümt Ausdruck geben können. In seiner berühmten Studie über die totale Institution der Psychiatrie (Goffman 1973 [1961]) spricht Goffman vom „Unterleben" dieser Institution und bezeichnet damit all die Bereiche, in denen sich Insassen über das Personal lustig machen oder auf die ein oder andere Weise ver-

6.2 Die Situation als Bühne des Selbst und der Anderen

suchen, im Verborgenen die offiziellen Regeln der Anstalt zu unterlaufen. Ganz offensichtlich spielt auch die Öffentlichkeit oder Privatheit eines Ortes eine wichtige Rolle für die Kontrolle des eigenen Ausdrucks (auch wenn das im Web 2.0 zwischenzeitlich durcheinander zu geraten scheint) und der eigenen Darstellungen. Ob wir gähnen, ohne eine Hand vorzuhalten, ob wir uns nachlässig kleiden, welche Ausdrucksweise wir wählen usw., hängt davon ab.

Schließlich weist Goffman auch darauf hin, dass immer wieder „Kommunikationen außerhalb der Rolle" beobachtbar sind. Das kann zum einen dann geschehen, wenn sich ein Darsteller bzw. ein Ensemble von der Vorderbühne zurückzieht und auf der Hinterbühne des Geschehens plötzlich ganz anders über die hier abwesenden, auf der Vorderbühne jedoch präsenten Kunden, Klienten, Patienten zu sprechen beginnt. Das geschieht auch dann, wenn ein Ensemble über die Kompetenz eines anderen Ensembles „herzieht", sich also für gewisse Zeit nicht seinem eigentlichen Rollenspiel widmet. Aber das findet auch dann statt, wenn ein Rollenspieler durch Nebenbemerkungen andeutet, dass die momentane Rolle bzw. das momentane Rollenspiel nicht die einzig mögliche Wirklichkeit darstellt, dass er oder sie auch noch etwas anderes neben dieser Rolle sind, oder dass das vorliegende Rollenspiel auch seine Grenzen hat. Vor allem diese letztgenannten Überlegungen verweisen auf ein Phänomen, dem Goffman den Begriff der *Rollendistanz* gegeben hat:

> Wenn wir also zum Karussell zurückkehren, sehen wir, daß die Situation im Alter von fünf Jahren besonders für Jungen verwandelt ist. Ein Karussellpferdreiter zu sein, ist jetzt offensichtlich nicht mehr genug, und diese Tatsache muß aus geziemender Rücksicht auf den eigenen Charakter auch demonstriert werden. Eltern dürfen nun wahrscheinlich nicht mehr mitfahren, und die Kette, die einen Sturz verhindern soll, wird oft verschmäht. Ein Reiter schlägt vielleicht den Takt zur Musik, indem er mit einer Hand oder einem Fuß gegen das Pferd klopft, ein frühes Zeichen, daß man völlig Herr der Lage ist. (…) Durch seine Handlungen sagt das Kind ‚Was ich auch bin, ich bin nicht bloß jemand, der mit knapper Not auf einem hölzernen Pferd bleiben kann.' (…) [Die] ‚effektiv' ausgedrückte, zugespitzte Trennung zwischen dem Individuum und seiner mutmaßlichen Rolle werde ich ‚Rollendistanz' nennen. Hier geht es um eine Abkürzung: Das Individuum leugnet tatsächlich nicht die Rolle, sondern das faktische Selbst, das in der Rolle für alle Darsteller enthalten ist, die die Rolle akzeptieren. (Goffman 1973a, S. 121 [1961]; vgl. ebd., S. 93 ff.)

Distanzierungen von einer Rolle bedeuten keineswegs deren grundsätzliche Ablehnung oder gar Weigerung, sie zu spielen (wie das Karussel-Beispiel vielleicht nahelegt). Sie resultieren auch nicht aus Fehlern oder Unzulänglichkeiten des Rollenspiels, die vielleicht auf mangelnde Kompetenzen zurück geführt werden können. Goffman verweist damit vielmehr auf die menschliche Fähigkeit, im Rollenspiel und bezogen auf wesentliche Merkmale einer konkreten Rolle den Anderen zu signalisieren, dass man jeweils mehr ist als diese Rolle, dass man in gewissem Sinne in der Lage ist, über ihr oder neben ihr zu stehen – das man sie also auch als Rolle erkennt, bestätigt *und* relativiert:

> Der Begriff Rollendistanz liefert ein soziologisches Mittel, sich mit einem Typ der Divergenz zwischen Rollenvorschrift und tatsächlichem Rollenverhalten zu befassen. [So] wissen wir, daß Distanz oft nicht auf individueller Basis eingeführt wird, sondern aufgrund von Alters- und Geschlechtsmerkmalen des Rollenträgers vorausgesagt werden kann. Die Rollendistanz ist ein Teil (aber natürlich nur ein Teil) der typischen Rolle; dieses zur Routine gewordene soziologische Merkmal sollte uns nicht entgehen, bloß weil die Rollendistanz kein Teil des normativen Rahmens der Rolle ist. (Ebd., S. 130)

Am Beispiel der Chirurgie und der unterschiedlichen medizinischen Ränge bzw. Statusgruppen, die am Operationsgeschehen teilnehmen (etwa kann der Chefchirurg als „Mann" gegenüber den Schwester auftreten, oder eben als Ausführender einer beruflichen Tätigkeit), analysiert Goffman sehr überzeugend, welche Funktionen und Bedeutungen die Ausübung von Rollendistanz im Rahmen konkreter Situationen hat – und in Abhängigkeit davon, von wem sie ausgeübt wird:

> Genau hier, in den Manifestationen der Rollendistanz ist der persönliche Stil des Individuums zu finden. (Ebd., S. 171)

Die im zuletzt aufgenommenen Zitat enthaltene Rede vom „persönlichen Stil des Individuums" verweist nun auf einen Begriff, der eng mit der Analyse von „Darstellungen des Selbst" verbunden ist. Denn wer oder was ist dieses Selbst, das sich da darstellt? Gibt es überhaupt ein Selbst hinter der Darstellung, oder, in der berühmten Formulierung von Friedrich Nietzsche, einen „Täter hinter dem Tun"? In der Soziologie, eher noch in der Sozialpsychologie, wird von der „Identität" (des Selbst gesprochen), um die Selbstwahrnehmung des Individuums zu bezeichnen. Auch nach Goffman ist jedoch die Frage nach einem wahren oder authentischen Kern dieses Selbst, einer „eigentlichen Identität" müßig. Zunächst entsteht das Selbst nämlich aus den sozialisatorischen Prozessen der Rollenübernahme:

> Ein *Selbst* wartet also darauf, daß das Individuum eine Position einnimmt; es braucht sich nur dem auf ihn wirkenden Druck anzupassen, und es wird ein *Ich* finden, das für ihn gemacht wird. *Tun* ist nach Kenneth Burke *sein*. (Ebd., S. 98)
>
> Und ‚ich selbst', dieses greifbare Gebilde aus Fleisch und Blut? Ein System von Funktionen, die sich bei gewöhnlichen, eigentlichen Handlungen charakteristisch überlagern, aber auf anderen Seinsebenen auf alle möglichen Arten getrennt sind. Und so auch die Personen, mit denen wir zu tun haben. (Goffman 1980, S. 619)

Konsequent entwickelt Goffman in seiner Studie über die „Techniken der Bewältigung beschädigter Identität" (Goffman 1972 [1963]) eine Unterscheidung von drei

6.2 Die Situation als Bühne des Selbst und der Anderen

Identitätsbegriffen: die soziale, die persönliche und die Ich-Identität. So spricht er von der *sozialen Identität*, wenn es darum geht, wie ein Individuum *von Anderen* kategorisiert wird: Ob wir einen Fremden als Mann oder Frau, schwarz oder weiß, alt oder jung, sozial hochstehend oder als Armen wahrnehmen und ihm mit entsprechenden Rollenerwartungen begegnen, ist Resultat eines Prozesses der Anwendung gesellschaftlicher Kategoriensysteme, die uns zur Verfügung stehen. Weiterhin differenziert er zwischen der *virtualen* und der *aktualen* sozialen Identität. Während erstere das umfasst, was wir typischerweise von Angehörigen einer spezifischen Kategorie annehmen, meint letzteres das, was das besondere gegenwärtige Individuum davon (möglicherweise zu seinem Vor- oder Nachteil) davon unterscheidet.[6]

Leicht über seine Zunftgenossen spöttelnd führt Goffman dann zweitens den Begriff der *persönlichen Identität* ein:

> Es wird sehr geschätzt, daß in kleinen, seit langer Zeit bestehenden sozialen Kreisen jedes Mitglied den anderen Mitgliedern nach und nach als ‚einzigartige' Person bekannt wird. Der Terminus einzigartig ist dem Druck jüngferlicher Sozialwissenschaftler ausgesetzt, die etwas Warmes und Schöpferisches daraus machen möchten, ein Etwas, das nicht weiter analysiert werden soll, wenigstens nicht von Soziologen; nichtsdestoweniger umfaßt der Terminus einige relevante Vorstellungen. (Goffman 1972, S. 73)

Für Goffman macht nun nicht die Vorstellung über das „innerste Sein" eines Individuums den Begriff der *persönlichen Identität* aus. Diese Identitätsform wird von ihm vielmehr entlang zweier Merkmale bestimmt: Erstens gehört dazu ein „positives Kennzeichen" oder ein „Identitätsaufhänger", der als Merkmal der Einzigartigkeit sozial etabliert ist, etwa das Gesicht bzw. ein Photo der betreffenden Person oder ein Fingerabdruck. Zweitens bildet die „einzigartige Kombination von Daten der Lebensgeschichte", die für keine zweite Person auf Erden so zutrifft, ein zentrales Element der persönlichen Identität. Beide Elemente werden ja miteinander verbunden: Das einmalige Individuum XX mit seiner einmaligen Lebensgeschichte (einschließlich Familienherkunft, Namen, Geburtsdatum und -ort, Schul- und Berufsweg usw.) sieht dann so und so aus und kann überall auf der Welt anhand seines Fingerabdrucks erkannt werden. So erscheint das Individuum als

> eine Ganzheit, über die eine Akte hergestellt werden kann – eine Weste, die es beflecken kann, steht bereit. Es ist als ein Objekt für Biographie verankert. (Ebd., S. 81)

---

[6] Goffmans Studie über „Stigma" (Goffmann 1972) behandelt im Wesentlichen Fälle, in denen die aktuale soziale Identität als moralisch und/oder körperlich defizitär bestimmt wird und fragt nach den an diese Kategorisierung anschließenden Umgangsweisen.

Im Anschluss an den deutsch-amerikanischen Psychologen und Psychoanalytiker Erik Erikson (1902–1994) greift Goffman schließlich drittens den Begriff der *Ich-Identität* auf, der das

> subjektive Empfinden seiner eigenen Situation und seiner eigenen Kontinuität und Eigenart [bezeichnet], das ein Individuum allmählich als Resultat seiner verschiedenen sozialen Erfahrungen erwirbt. (Ebd., S. 132)

Die Kategorie der Ich-Identität verweist damit auf das reflexive Verhältnis des Individuums zu seiner sozialen und persönlichen Identität, zu seinen Erfahrungen, zu seinem Lebenslauf, zu Körper und „Charakter". Er ist gleichwohl nicht unabhängig von sozialen Beeinflussungen. Solche Formen der *Identitätspolitik* appellieren bspw. an Identifikationen mit sozialen Gruppen, denen man angehört oder angehören soll bzw. von denen man sich absetzt. Sie bieten Formeln oder Modelle für Ich-Identitäten: sich als Deutscher, Soziologe, heterosexueller oder homosexueller Mann zu fühlen und zu erleben – und zwar ganz und gar, mit Haut und Haar.

In der Studie „Asyle" (Goffman 1973 [1961]), die auf teilnehmender Beobachtung beruhte, beschäftigte sich Goffman so damit, wie Individuen ihre Ich-Identität auch unter Bedingungen extremer Fremdbestimmung behaupten und darstellen:

> Damals wie heute glaube ich, daß jede Gruppe von Menschen – Gefangene, Primitive, Piloten oder Patienten – ein eigenes Leben entwickelt, welches sinnvoll, vernünftig und normal erscheint, sobald man es aus der Nähe betrachtet, und daß die beste Möglichkeit, eine dieser Welten kennenzulernen, darin besteht, daß man sich im Zusammenleben mit den Mitgliedern den täglichen Zufällen aussetzt, die ihr Leben bestimmen. (Goffman 1973, S. 7)

Solche Anstalten – etwa Klöster, Kasernen, Schiffe, psychiatrische Anstalten oder Konzentrationslager – werden von ihm als „totale Institutionen" bezeichnet:

> Eine totale Institution läßt sich als Wohn- und Arbeitsstätte einer Vielzahl ähnlich gestellter Individuen definieren, die für längere Zeit von der übrigen Gesellschaft abgeschnitten sind und miteinander ein abgeschlossenes, formal reglementiertes Leben führen. Ein anschauliches Beispiel dafür sind Gefängnisse, vorausgesetzt, daß wir zugeben, daß das, was an Gefängnissen gefängnisartig ist, sich auch in anderen Institutionen findet, deren Mitglieder keine Gesetze übertreten haben. (Ebd., S. 11)

Totale Institutionen haben also sehr weitreichende Ansprüche an ihre Insassen, und sie unterscheiden sich nach ihrem konkreten Organisationszweck. Beispielsweise spielt für Gefängnisse und Psychiatrien die Unterscheidung zwischen dem Anstaltspersonal und den zwangsweise Untergebrachten eine zentrale Rolle. Wird man zum Insassen, zur Insassin einer solchen Anstalt, so werden zunächst typischerweise die Bestandteile der vorher bestehenden sozialen Identität enteignet: Man bekommt Anstaltskleidung, wird zu einer Nummer im Einheitsdress usw. Goffman diskutiert zahlreiche Merkmale der totalen Institutionen, die hier nicht aufgegriffen werden können. Unter anderem untersucht er die „moralische Karriere der Geisteskranken" und das „Unterleben" der Institutionen. So beobachtet und spricht er von Prozessen der *primären Anpassung*. Damit bezeichnet er all die Verhaltensweisen, bei denen die Insassen sich korrekt an das offizielle Regelwerk der Anstalt halten. Davon unterscheidet er die *sekundäre Anpassung*, d. h. die Schaffung eines „subversiven" Nebenbereichs, in dem man/Frau sich als besondere Ich-Identität weiter behaupten und darstellen kann, beispielsweise in Witzen über das Anstaltspersonal, durch besondere körperliche oder geistige Kompetenzen im Schwarzmarktgeschäft usw. Nach Goffman handelt es sich dabei um „die Möglichkeit, in einer Heilanstalt zu überleben." (Ebd., S. 169 ff.)

6.3 Situationen und ihre Rahmungen

Wiederholt wurde schon darauf hingewiesen, dass auch Goffman stark auf der Bedeutung der Situationsdefinitionen insistiert. Tatsächlich entfalten Situationen ihre Anforderungen ja nicht aus sich heraus. Vielmehr ergibt sich das, was aus Sicht der Beteiligten zu tun ist, aus deren Definitionen dieser Situation – eine Einschätzung, die Goffman aus den Arbeiten von William und Dorothy Thomas übernimmt (s. o. Kap. 2). Deswegen muss auch die Analyse der Interaktionsordnung beachten, welche Situationsdefinitionen (etwa in Gestalt eines Arbeitskonsensus) zum Einsatz kommen – und mit welchen Folgen. Goffman diskutiert dieses Thema in allgemeiner und grundlegender Weise in seinem Buch „Rahmenanalyse" (Goffman 1980 [1974]). Nach einer Auseinandersetzung mit den einschlägigen pragmatistischen und sozialphänomenologischen Klassikern gibt er dem Thema der Situationsdefinition zunächst eine eigenwillige und eigenständige Akzentuierung und spricht von „Rahmen" oder „Rahmungen" („framing"), die den Wirklichkeitscharakter einer Situation festschreiben. Der Begriff des Rahmens oder „frame" wirkt im deutschen Sprachgebrauch etwas sperrig für das, was damit gemeint ist. Doch sicherlich kennen Sie Redewendungen wie „etwas fällt aus dem Rahmen", oder „wir sollten der Sache einen angemessenen Rahmen geben". Solche Formulierungen deuten durchaus an, dass ein Rahmen etwas ist, was einer Situation eine Gestalt, eine Strukturierung gibt (einschließlich der Begrenzungen, ganz so wie ein Bilderrahmen die Grenze zwischen Inhalt und Umgebung markiert). Goffman benutzt den Begriff im Großen und Ganzen in zweierlei Weise. Zum einen spricht er von (unterschiedlichen) Rahmen oder Rahmungen, um darauf hinzuweisen, dass wir Situationen einen sehr unterschiedlichen Wirklichkeitsstatus verleihen können. Dadurch werden die Bedingungen festgelegt, *unter denen wir etwas für wirklich halten*. So kann man beispielsweise die Interaktion auf einer Theaterbühne von derjenigen „im richtigen Leben" unterscheiden – der Theaterrahmen hebt etwas aus den Notwendigkeiten des alltäglichen Handlungsvollzugs heraus, und die Dinge, die auf der Bühne getan werden, sind nicht das „echte Leben". Eine solche Rahmung ist historisch nicht selbstverständlich. Vielleicht kennen Sie die Geschichte der ersten Filme von Eisenbahnen, die auf Filmleinwänden auf die Zuschauer zurasten – und dadurch Massenpaniken auslösten. Auch fragt Goffman danach, wie sich der Wirklichkeitscharakter von Situationen durch Täuschungen, neue Mitspieler oder Umdefinitionen verändern kann. Dies ist ja beispielsweise eine beliebtes Motiv von „Verstehen Sie Spaß?" oder auch der James-Bond-Filme, in denen bei zahlreichen Flirts und Liebeszenen nicht klar wird, ob es um echte Gefühle oder einen Spionageakt geht, der vielleicht sogar mit dem Messer im Rücken enden kann.

In der zweiten Verwendungsweise benutzt Goffman den Rahmenbegriff eher im Sinne der „Definition der Situation". Rahmen sind hier so etwas wie grundlegende Deutungen oder besser allgemeine Deutungsmuster, die Menschen einsetzen, wenn sie ein Geschehen interpretieren, also für sich sinnhaft zugänglich machen:[7]

> Ich gehe davon aus, daß wir gemäß gewissen Organisationsprinzipien für Ereignisse – zumindest für soziale – und für unsere persönliche Anteilnahme an ihnen Definitionen einer Situation aufstellen; diese Elemente, soweit mir ihre Herausarbeitung gelingt, nenne ich ‚Rahmen'. Mein Ausdruck ‚Rahmen-Analyse' ist eine Kurzformel für die entsprechende Analyse der Organisation der Erfahrung. (Goffman 1980, S. 19)

Goffman beansprucht mit seinem Rahmenkonzept nicht mehr und nicht weniger als eine Integration und Überbietung der verschiedenen Ansätze des Interpretativen Paradigmas, einschließlich der „Definition der Situation" von Thomas und Thomas, der pragmatischen Analysen von Bewusstseinsprozessen bei William James oder der Konstitutionstheorie des Sinns von Alfred Schütz. Es gehe ihm um einen

> Versuch, einige der grundlegenden Rahmen herauszuarbeiten, die in unserer Gesellschaft für das Verstehen von Ereignissen zur Verfügung stehen, und ihre besonderen schwachen Punkte zu analysieren. (Ebd., S. 18)

---

[7] In diesem Sinne wurde der Rahmenbegriff auch in einigen Diskursuntersuchungen des Symbolischen Interaktionismus im Anschluss an Goffman genutzt. In der kognitiven Anthropologie und in der kognitionsorientierten Linguistik kommt ein stärker formalisiertes frame-Konzept zum Einsatz, auf das hier nicht eingegangen werden kann.

6.3 Situationen und ihre Rahmungen

Zu solchen grundlegenden „Rahmen" (*frames*) zählt Goffman die Unterscheidung von Natürlichem und Sozialem bzw. von physikalischen Vorgängen und Ereignissen, die als Naturprozesse betrachtet werden, und sozialen Vorgängen, die mit Intentionen und Handlungen verbunden sind, also auch gegebenenfalls verantwortet und begründet werden müssen.

Goffman interessiert sich nun im Hinblick auf die angesprochene erste Nutzung des Rahmenbegriffs besonders dafür, wie Übergänge zwischen Situationsrahmungen vollstatten gehen. So spricht er von Modulen („keys") und dem Prozess der Modulation („keying"), um deutlich zu machen, wie eine primäre Situationsrahmung in etwas anderes transformiert wird. Bspw. kann ein Kampf zwischen zwei Personen auch als Spiel stattfinden (auch Tiere kämpfen spielerisch miteinander), wobei äußerlich kaum erkenntlich ist, was Spiel und was Ernst ist. Das Geschehen kann zudem auf eine Theaterbühne verlagert werden, wo Schauspieler zwei Kämpfende spielen, die ihrerseits den Kampf nur spielen. Aus dem Theaterrahmen kann wie aus jeder Situationsrahmung wiederum ausgebrochen werden, und das vorgebliche Spiel verwandelt sich in tatsächlichen Ernst. Ist dann das, was dort auf der Bühne, im Film, im Foto festgehalten ist, tatsächlich so passiert? – Ein beliebter Stoff, aus dem Filme gemacht werden. Entlang von Analysen und Anekdoten aus Kriminalgeschichten und entsprechenden Filmen zeigt Goffman, wie sich Situationen immer in neuem Licht darstellen, also eine neue Rahmung erfahren, wenn die verschiedenen Täuschungsversuche, mit deren Hilfe die Beteiligten agieren, sich als immer neue Enttarnungen von Doppelleben und Neutarnungen erweisen, vielleicht sogar als Träume oder Traum im Traum im Traum, wie das „Total Recall" aus dem Jahr 1990 (Regie: Paul Verhoeven) inszeniert.

Goffman hat sich in seinen späten Arbeiten sowohl der „Rahmen-Analyse des Gesprächs" (Goffman 1980, S. 531 ff.) wie auch derjenige der Geschlechterordnung zugewandt.[8] In den gesprächsbezogenen Beiträgen insistiert er gegen die ethnomethodologisch orientierte Konversationsanalyse darauf, dass die „Glückungsbedingungen" (so der Titel eines Aufsatzes in Goffman 2005, S. 199–264) für sprachliche Interaktionen beachtet werden müssen, um gehaltvolle Analysen von Gesprächssituationen vornehmen zu können. Mit anderen Worten geht es hier darum, die in der Regel bekannten Rahmungen der Gesprächssituationen nicht – wie dies die Konversationsanalyse fordert – aus der Analyse auszuschließen. Goffman formuliert das so:

> Ich habe behauptet, dass Äußerungen nicht nur einen vorangegangenen Text und Dinge aus dem unmittelbaren Kontext voraussetzen, sondern auch importiertes Wis-

---

[8] Vgl. auch seine von Ende der 1970er Jahre stammenden Beiträge über „Redeweisen" in Goffman (2005).

sen, und man kann durchaus die Meinung vertreten, dass dieses Wissen nicht völlig ungeordnet ist. (Goffman 2005a, S. 225)

Was die Konversationsanalyse nicht sieht, das sind solche „Glückungsbedingungen" für Gesprächsvollzüge, das heißt all die Faktoren und Voraussetzungen, die etabliert sein müssen, damit eine sprachliche Interaktion tatsächlich erfolgreich statthaben kann, damit wir das, was vor sich geht, als „normal" erleben und entsprechend „normal" darauf reagieren:

> Ich fasse zusammen: Wenn wir mittels Post, Telefon, im Gespräch von Angesicht zu Angesicht oder auch nur durch die gegenseitige unmittelbare Anwesenheit miteinander in Kontakt treten, dann gilt für uns eine Pflicht: unser Verhalten für andere so verstehbar und relevant zu machen, so dass sie beobachten können, was vor sich geht. Was immer wir sonst tun: Wir müssen unsere Aktivitäten an das Bewusstsein der Anderen richten, d. h. an ihr Vermögen, unsere Worte als Hinweis auf unsere Gefühle, Gedanken und Absichten zu lesen. Das beschränkt, was wir sagen und tun, doch eröffnet es uns auch so viele Bezüge auf Gott und die Welt, wie der Andere als Anspielung verarbeiten kann. (Goffman 2005a, S. 264)

Weitere Rahmen-Analysen widmet Goffman auch der elementaren Rahmung des Geschlechtercodes, der die Interaktionsordnung in modernen Gesellschaften durchzieht. Goffman hatte diesem Code schon in den 1970er Jahren eine ausführliche Analyse auf der Grundlage von Werbephotos gewidmet. Geschlecht, nicht Religion, sei „das Opium des Volkes" (Goffman 1994b, S. 131). Seine diesbezügliche Fragestellung kreist um die Besonderheit, dass dieser Code einerseits eine starke Asymmetrie herstellt und zugleich die Gruppe der dadurch Benachteiligten, die Frauen, mit besonderen Ehrerbietungen bzw. Höflichkeiten, Rückzugsräumen und Schutz betraut, was in seiner konkreten Umsetzung wiederum den Code bzw. mehr noch, dessen Bestehen und Existenzberechtigung bestätigt: Das „schwache" Geschlecht muss beschützt werden, weil es als „schwaches Geschlecht" gerahmt (also zum schwachen Geschlecht gemacht) wurde und *nur deswegen* als „schwaches Geschlecht" existiert. Goffman spricht in solchen Fällen von „institutioneller Reflexivität" – *weil Frauen anders behandelt werden, „sind" sie anders, obwohl doch durch den Code der Eindruck erzeugt wird, es sei umgekehrt*:

> Und obwohl sich Personen beiderlei Geschlechts hinsichtlich ihrer Ausscheidungen und deren Beseitigung ziemlich ähneln, sollte darüber hinaus die Umgebung, in der Frauen diese Akte vollziehen, etwas vornehmer, geräumiger und besser ausgestattet sein als die, die Männer dazu benötigen – jedenfalls scheinen wir in Amerika dieser Meinung zu sein. (…) Aber das Arrangement dieser Absonderungen als solches kann nicht an die biologischen Erscheinungen selbst, sondern nur an die landläufigen Auffassungen der biologischen Erscheinungen anknüpfen. Es betrifft zwar die Funktionsweise der je nach Geschlecht unterschiedlichen Organe, doch nichts an dieser

6.3 Situationen und ihre Rahmungen

Funktionsweise würde biologisch eine Absonderung verlangen; dieses Arrangement ist ein rein kulturelles Phänomen. Hier hat man es also mit einem Fall von institutioneller Reflexivität zu tun: Die Trennung der Toiletten wird als natürliche Folge des Unterschieds zwischen den Geschlechtskategorien hingestellt, obwohl sie tatsächlich mehr ein Mittel zur Anerkennung, wenn nicht gar zur Erschaffung dieses Unterschieds ist. (Ebd., S. 132 ff.)

In seiner nach wie vor aktuellen Untersuchung der „Darstellung der Geschlechter" (Goffman 1981 [1976]) im „Bilder-Rahmen" der Werbephotographie verdeutlicht Goffman an zahlreichen Beispielen, wie die asymmetrische Geschlechterordnung in Szene gesetzt wird, u. a. durch die Darstellungsmittel

- der relativen Körpergröße (wobei die Frau kleiner erscheint);
- der weiblichen (zarten, liebkosenden) Berührung von Gegenständen, Männerkörpern und des eigenen Körpers;
- der Rangordnung nach Funktionen (mit Männern in der Führungsrolle);
- der kinderorientierten Darstellung „in Familie";
- der körperlichen Verfügbarkeit und sexuellen Attraktivität in Ritualen der Unterordnung;
- der zulässigen und begrenzten Abweichung von „Normalität".

Goffman legt hier Mitte der 1970er Jahre wegweisende Bildstudien vor, welche die ja künstlich hergestellten Bilder als eine Art Text betrachten, als ein Dokument der Kultur und ihres Geschlechtercodes – mit der Möglichkeit zur entsprechenden Analyse. Die von ihm damit begonnene Erforschung der Geschlechterordnung führt ihn dann in seinem Aufsatz über „Das Arrangement der Geschlechter" (Goffmann 2005, S. 105–158 [1977]) zum bereits erwähnten theoretischen Konzept der *institutionellen Reflexivität*. Anhand zahlreicher Beispiele erläutert er, wie moderne Gesellschaften Geschlechterasymmetrien herstellen und in institutionellen Routinen behandeln, die jedoch zugleich Herstellungsweisen dieser Asymmetrie sind, obwohl sie sich zu legitimatorischen Zwecken auf eine vorgeblich vorgängige natürliche Unterschiedlichkeit der Geschlechter berufen. Zugleich diskutiert er die Mikrotechnologien der Gender-Kategorisierung, die eingesetzten „Anzeigen für Genderzugehörigkeit" („gender displays") und die in die erwähnte Asymmetrie eingebaute Verletzlichkeit der weiblichen Körpers durch männliche Übergriffe. In einer Bewertung von Goffmans Beitrag zur Analyse der Geschlechterverhältnisse betont Helga Kotthof die Überlegenheit seines Ansatzes gegenüber den neueren postmodernen und dekonstruktiven Ansätzen (etwa von Judith Butler), die sie vor allem in Goffmans beibehaltener Berücksichtigung der Materialität der Körper und ihrer Prozesse (Frauen gebären und menstruieren, Männer nicht) sowie seinem Insistieren auf den institutionellen Verankerungen der Genderzuschreibungen und der damit oder dagegen verfügbaren Handlungsmöglichkeiten verankert sieht (Kothoff 2005, S. 162 ff.).

6.4 Bilanz und Aktualität der Soziologie der Interaktionsordnung

Die Soziologie solle die Gesellschaft einfach deswegen untersuchen, weil sie da ist. So lautete Goffmans lapidare Antwort auf die Frage nach dem Sinn seiner Disziplin:

> Wir stimmen, wie ich glaube, alle darin überein, daß unsere Aufgabe darin besteht, die Gesellschaft zu untersuchen. Wenn Sie mich fragen, warum und zu welchem Zweck, sage ich Ihnen einfach: weil sie eben da ist. (…) Was mich angeht, glaube ich, daß wir das menschliche Sozialleben naturalistisch, sub specie aeternitatis, untersuchen sollten. Aus der Sicht der physikalischen und biologischen Wissenschaften ist das menschliche Sozialleben lediglich eine kleine, schiefe Narbe auf dem Gesicht der Natur, die sich nicht sonderlich für tiefe, systematische Analysen eignet. Und so ist es auch. Aber es ist eben unsere Narbe (…). (Goffman 1994a, S. 102 f.)

Auch ihm wurde vorgeworfen, sich nicht für die „wirklich großen Themen" der Soziologie zu interessieren: die Sozialstruktur, die Machtverhältnisse usw. So entwerfe er im Wesentlichen eine Soziologie der bürgerlichen Mittelschicht und deren Alltagslebens. Dies war für ihn kein Problem. Offen gab er zu, die Gesellschaft mit ihren „großen Strukturen" für das Primäre oder Wichtigste zu halten, sich selbst aber eben nur für „Sekundäres" zu interessieren. Auch dürfe nicht erwartet werden, die Analyse der Interaktionsordnung könne zu den „großen soziologischen Fragen etwas beitragen". Soziologischer Gesellschaftskritik und Aufklärung stand er skeptisch gegenüber

> Ich kann nur sagen, wer das falsche Bewußtsein bekämpfen und den Menschen ihre wahren Interessen zum Bewußtsein bringen möchte, der hat sich eine Menge vorgenommen, denn die Menschen schlafen sehr tief. Was mich betrifft, so möchte ich hier kein Wiegenlied komponieren, sondern bloß mich einschleichen und die Menschen beim Schnarchen beobachten. (Goffman 1980, S. 23)

Erstaunlich ist deswegen immer noch, dass er es mit seinen Arbeiten bis an die Spitze der American Sociological Association schaffte – wie im übrigen einige andere Vertreter des Interpretativen Paradigmas ja auch. Wegen ihrer enormen Originalität und der guten Lesbarkeit haben Goffmans Bücher einen öffentlichen und andauernden Erfolg auch über die Soziologie hinaus erzielt, der seinesgleichen sucht. Seine Konzepte sind aus heutigen soziologischen Untersuchungen von Interaktionen, Rollenspiel, Selbstdarstellungen in der „Inszenierungsgesellschaft" (Willems 2009), totalen Institutionen, Geschlechtercodes oder dem Umgang mit Stigmata nicht mehr wegzudenken, auch wenn dabei oft nicht mehr deutlich wird, dass sie tatsächlich aus den Arbeiten Goffmans stammen – so sehr sind sie zum soziologischen Allgemeingut geworden. Zudem besitzen sie unmittelbare Handlungsrelevanz (im Guten wie im Schlechten) – für Architekten, Organisatoren aller Art, die sich mit der Gestaltung öffentlicher und privater Räume befassen und damit die „Bühnenmöglichkeiten" für die interaktiven Aufführungen prägen, aber auch für Karrierecoaches, welche die Selbstdarstellung „optimieren". Es mag seiner Einzelgängerschaft und seiner immensen eigenen Produktivität geschuldet sein, dass er keine eigene „Schule" begründete. Dazu beigetragen hat wohl auch die allgemeine Strukturorientierung seiner Arbeiten, die sich ja auf die Interaktionsordnung selbst richtet und nur selten spezifischere Bezüge auf besondere Handlungsfelder (wie die Psychiatrien) en detail verfolgt. Wenn nun seine Ideen heute in sehr unterschiedlichen Bereichen und Arbeitsfeldern genutzt werden, um die dort jeweils vorfindbaren Interaktionsordnungen zu untersuchen (bspw. im Arbeitsleben), dann trägt wohl diese Disparatheit dazu bei, dass die Arbeiten sich nicht zur Gestalt einer „Goffmann-Schule" zusammenfügen. Doch der andauernde Erfolg seiner Bücher trägt dazu bei, dass sein Name dennoch nicht dem disziplinären Vergessen anheimfällt und er als einer der einflussreichsten Soziologen des 20. Jahrhunderts in Erinnerung bleibt – „one of the greatest writers alive today", schrieb die New York Times Book Review 1971 anlässlich des Erscheines seines Buches „Relations in Public" (dt.: Das Individuum im öffentlichen Austausch. Goffman 1974).

Übungsaufgaben:

Suchen Sie sich (etwa aus dem Fernsehen: eine Talkshow; aus dem Privaten: ein Familienessen usw.) Beispiele für unterschiedliche Interaktionssituationen und erstellen Sie ein Inventar der Interaktionsrituale, die in diesen Situationen zum Einsatz kommen.

Kennen Sie neben dem Theaterrahmen andere Beispiele, in denen sich der „Wirklichkeitsstatus" einer Situation verändert? Wie lässt sich das beschreiben?

Vergleichen Sie einen älteren James-Bond-Film (oder einen ähnlichen Genre-Streifen) aus den 1960er Jahren mit einem neueren Bond-Film aus den 2000ern. Welche Varianten von Darstellung, Ensembles, Vorder- und Hinterbühnen, Täuschungen usw. lassen sich festhalten?

Kennen Sie Situationen, bei denen der „Arbeitskonsensus" zwischen den Beteiligten geplatzt ist? Wie kam es dazu? Häufig werden ja „Peinlichkeiten" (wie schlechter Geruch des Gegenübers) bearbeitet. Wie geschieht das?

Sind Krankenhäuser „totale Institutionen"? Was spricht dafür, was dagegen? Entwerfen Sie ein Vorhaben zur Untersuchung von Interaktionen in einer totalen Institution.

Hat heute die Bedeutung des Geschlechterrahmens abgenommen? Begründen Sie Ihre Einschätzung.

Analysieren Sie Geschlechterdarstellungen in aktuellen Werbebildern und bei Fotoateliers (z. B. anlässlich von „Paarfotografien" – Beispiele finden Sie im Web zur Genüge). Nehmen Sie präzise Beschreibungen von Unterschieden und Ähnlichkeiten vor. Entwickeln Sie dazu aussagekräftige Konzepte.

Erläutern Sie an Beispielen das Phänomen der Rollendistanz. Kann zuviel Rollendistanz das Rollenspiel gefährden?

Diskutieren Sie das Verhältnis des Goffmanschen Arguments der „Glückungsbedingungen" zum ethnomethodologischen Standpunkt der „Ordnung durch Handlungsvollzug".

Überlegen Sie, welchen Einfluss die Gestaltung von öffentlichen und privaten Räumen auf die dort stattfindenen Interaktionen haben kann. Lassen sich aus solchen Überlegungen und angesichts der Erkenntnisse von Goffmans Arbeiten zur Interaktionsordnung Gestaltungs-Empfehlungen erarbeiten?

7 Eine vorläufige Bilanz des Interpretativen Paradigmas

Am Ende des vorliegenden Einführungsbandes bleibt nur eine vorläufige Bilanz. Die verschiedenen vorgestellten Perspektiven des Intepretativen Paradigmas haben weltweit die Geschichte der Soziologie und angrenzender Disziplinen beeinflusst, und sie tun das auch heute in einer Vielfalt, die hier nur angedeutet werden konnte. Sie sind dennoch nicht zu einer einzigen gemeinsamen Grundlagentheorie geronnen, obwohl sie doch in ihren unterschiedlichen Akzentsetzungen immer auch ineinaner widerhallen und eine entsprechende Integration denkbar erschiene. Vielleicht liegt jedoch gerade in der weiterbestehenden Unterschiedlichkeit der einzelnen Ansätze die Erfolgsgeschichte und andauernde Wirkungskraft des Interpretativen Paradigmas. So möchte ich nur ein paar wenige Punkte rekapitulieren. Ganz allgemein lässt sich am Ende der Ausführungen festhalten, dass die Ausrichtung der Soziologie entlang der Forschungsfragen der Chicago School und, daran anschließend, auf die Analyse von symbolisch vermittelten Interaktionsprozessen eine nachhaltige Veränderung und Erweiterung des soziologischen Denkens und Forschens mit sich gebracht hat. Sie bildet heute eine „fraglos gegebene", selbstverständliche Grundlage der qualitativen Sozialforschung; viele ihrer Annahmen sind in unterschiedlichste soziologische Theorieentwicklungen diffundiert (Atkinson und Housley 2003). Auch sollte deutlich geworden sein, dass sich die vorgestellten Ansätze nicht per se und unausweichlich auf die mikrosoziologische Analyse von Interaktionsprozessen oder subjektiven Sinnsetzungen beschränken. Während der SI im angelsächsischen Raum nach wie vor als Theorieperspektive (allerdings mehr oder – häufiger – weniger) explizit vorhanden ist und Weiterentwicklungen erfährt, diffundierte er in der deutschsprachigen Soziologie in die Hintergrundannahmen der qualitativen Sozialforschung. Zeitschriftenneugründungen wie „Symbolische Interaktion" oder verschiedene neuere Veröffentlichungen bzw. Buchserien mit pragmatistischem und symbyolisch-interaktionistischem Hintergrund zeigen im Verbund mit ethnographischen Vorgehensweisen in der Soziologie jedoch auch im deutschsprachigen Raum gegenwärtig ein neues Interesse an diesen traditionsreichen soziologischen Grundlegungen und Unternehmungen an. Umgekehrt hat die sozialkonstruktivistische Wissenssoziologie von Berger und Luckman im deutschsprachigen Raum zu einer besonderen Profilbildung in Gestalt der Hermeneutischen Wissenssoziologie und zahlreichen empirischen Studien zu Wissensfragen geführt. Länderübergreifend haben sich Ethnomethodologie und Konversationsanalyse als spezifische Forschungsparadigmen überaus erfolgreich etabliert. Goffmans Soziologie wurde und wird breit rezipiert und erlaubt eine detaillierte Untersuchung von Strukturierungsprozessen sozialer Begegnungen, ohne in eine entsprechende Schulenbildung einzumünden.

Aus der in den 1950er und 1960er Jahren entfalteten Frontstellung zwischen den Vertreter(inne)n der interpretativen Soziologie und den strukturfunktionalistischen oder strukturtheoretischen Theoriemodellen sind seit Anfang der 1970er Jahre Entwicklungen entstanden, die sich um eine Integration der verschiedenen paradigmatischen Ausrichtungen bemühen. Dazu können etwa die *Theorie des kommunikativen Handelns* von Jürgen Habermas (1981), die *Strukturierungstheorie* von Anthony Giddens (1992) oder die *Theorie der Praxis* von Pierre Bourdieu (1993) gezählt werden, nicht zuletzt auch die *Cultural Studies*, die, was oft übersehen wird, ihrerseits in weiten Teilen aus der erwähnten Paradigmenkonstellation hervorgegangen sind (Hall 1997; Hörning und Winter 1999; Bromley u. a. 1999). Allerdings zeigt sich in der Konstruktion und Rezeption dieser Theorieansätze immer wieder das Problem, dass nur einige wenige Aspekte aus dem reichhaltigen Angebot des Interpretativen Paradigmas übernommen werden beziehungsweise die entsprechende Rezeption allzu verkürzt erfolgt. Deswegen ist die direkte Bezugnahme auf die jeweiligen Originalpositionen, Studien und Vorgehensweisen zu empfehlen, zumindest dann, wenn die Einschätzung besteht, die Soziologie „verliere" sich in abstrakte Theoriespielereien oder eine empirische hypothesentestende Forschung, welche beide die Lebendigkeit und Dynamik sozialer Phänomene nur unzureichend zu erfassen vermögen. Dies war ja der Eingangs beschriebene Ausgangsimpuls der hier vorgestellten Positionen.

Aktuell stehen sich im Feld des Interpretativen Paradigmas selbst eher traditions'treue' Ansätze und Öffnungs- bzw. Erweiterungsbemühungen zu anderen soziologischen Theorieentwicklungen gegenüber. Zu beidem gibt es zahlreiche Diskussionsbeiträge und Studien. Darauf wurde im Buch wiederholt hingewiesen. Die entsprechenden Entwicklungen konnten in ihrer Vielfalt allerdings hier nur angedeutet werden – ein vollständiger Gesamtüberblick hätte den Rahmen der Einführung gesprengt. Deren Ziel liegt ja in erster Linie in einem Beitrag zur Anerkennung der Analysemöglichkeiten und Lebendigkeit dieser klassischen soziologischen Tradition in ihren prägenden Ausformungen und Unterschiedlichkeiten. Die umfassende Darstellung der neueren Entwicklungen, der Autorinnen und Autoren, der Gegenstände und Erkenntnisse – das wäre sicherlich genug Anlass für ein nächstes Buch, wenn nicht für mehrere Bücher

Übungsaufgaben:

Greifen Sie das weiter oben erwähnte Beispiel der Anwendung des Symbolischen Interaktionismus auf einen Badewannensketch von Loriot auf. Betrachten Sie die geschilderte Situation nun jeweils aus der Sicht der anderen vorgestellten Ansätze. Wie verändern sich dadurch die Forschungsfragen der Analyse? Welche Auswirkungen hat das auf die Ergebnisse? Wie verhalten sich letztere zueinander?

Literaturverzeichnis

Abels, H. (2005). *Interaktion, Identität, Präsentation. Kleine Einführung in interpretative Theorien der Soziologie*. Wiesbaden: VS Verlag für Sozialwissenschaften.
Anderson, E. (1999). *Code of the street: Decency, violence and the moral life of the inner city*. New York: W.W. Norton.
Anderson, E. (2002). The ideologically driven critique. *American Journal of Sociology, 107* (6), (S. 1533–1550).
Anderson, N. (1923). *The Hobo. The sociology of the homeless man*. Chicago: University Press.
Arbeitsgruppe Bielefelder Soziologen (Hrsg.) (1981). *Alltagswissen, Interaktion und gesellschaftliche Wirklichkeit 1 + 2*. Opladen: Westdeutscher [1973].
Atkinson, P. A. & Housley, W. (2003). *Interactionism*. London: Sage.
Auwärter, M., Kirsch, E. & Schröter, K. (Hrsg.) (1976). *Seminar: Kommunikation, Interaktion, Identität*. Frankfurt a. M.: Suhrkamp.
Baker, P. J. (1981). Die Lebensgeschichten von W. I. Thomas und Robert E. Park. In L. Wolf (Hrsg.), *Geschichte der Soziologie. Studien zur kognitiven, sozialen und historischen Identität einer Disziplin* (Bd. 1, S. 244–270). Frankfurt a. M.: Suhrkamp.
Baugh, K. Jr. (1990). *The methodology of Herbert Blumer*. Cambridge: University Press.
Beck, U. (1986). *Risikogesellschaft. Auf dem Weg in eine andere Moderne*. Frankfurt a. M.: Suhrkamp.
Beck, U. (2000). The cosmopolitan perspective: The sociology of the second age of modernity. *British Journal of Sociology, 51*(1), (S. 79–105).
Beck, U. (2008). *Der eigene Gott. Von der Friedensfähigkeit und dem Gewaltpotential der Religionen*. Frankfurt a. M.: Verlag der Weltreligionen.
Beck, U. & Beck-Gernsheim, E. (1994). *Das ganz normale Chaos der Liebe*. Frankfurt a. M.: Suhrkamp.
Becker, H. S. (1967). Whose side are we on? *Social Problems, 14* (3), (S. 239–247).
Becker, H. S. (1981). *Außenseiter. Zur Soziologie abweichenden Verhaltens*. Frankfurt a. M.: Fischer [1963].
Becker, Howard S. (1986). *Doing things together. Selected papers*. Evanston: Northwestern University Press.
Becker, H. S. (1986a). Photography and sociology. In ders. (Hrsg.), (S. 223–271) [1974].
Becker, H. S. (1998).*Tricks of the trade. How to think about your research while you're doing it*. Chicago: University of Chicago Press.
Becker, H. S. (1999). The Chicago school, so-called. *Qualitative Sociology, 20* (1), (S. 3–12).

Becker, H. S. (2000). *Die Kunst des professionellen Schreibens. Ein Leitfaden für die Geistes- und Sozialwissenschaften.* Frankfurt a. M.: Campus [1986].
Becker, H. S. (2003). *Making sociology relevant to society.* Vortrag auf der ESA Tagung 2003 in Murcia, Spanien. Verfügbar auf der Homepage von Becker: home.earthlink.net/~hsbecker. Zugegriffen: 13. Juli 2011.
Becker, H. S. (2003a). *Paroles et Musiques.* Paris: L'Harmattan.
Becker, H. S. (2007). *Telling about society.* Chicago: University of Chicago Press.
Becker, H. S. (2008). *Art worlds. Aktualisierte und erweiterte Jubiläumsausgabe zum 25 jährigen Erscheinen.* Berkeley: University of California Press [1982].
Becker, H. S. (2008a). Epilogue to the 25th Anniversary Edition. In: ders. *Art worlds. Aktualisierte und erweiterte Jubiläumsausgabe zum 25 jährigen Erscheinen*, (S. 372–386).
Becker, H. S. (Hrsg.) (1966). *Social problems: A modern approach.* New York: Wiley.
Becker, H. S. (o. J.). *Interaction: Some ideas.* Vortrag an der Universität Grenoble. verfügbar auf der Homepage von Becker: home.earthlink.net/~hsbecker. Zugegriffen: 13. Juli 2011.
Becker, H. S. u. a. (Hrsg.) (2009). *Institutions and the Person. In Honor of Everett C. Hughes.* Chicago: Aldine.
Becker, H. S., Faulkner, R. R. & Kirshenblatt-Gimblett, B. (Hrsg.) (2006). *Art from start to finish. Jazz, painting, writing, and other improvisations.* Chicago: University of Chicago Press.
Becker, H. S., Geer, B., Hughes, E. C. & Strauss, A. L. (1992). *Boys in white. Student culture in medical school.* New Brunswick: Transaction [1961].
Becker, H. S., Geer, B., Hughes, E. C. (1995). *Making the grade. The academic side of college life.* New Brunswick: Transaction [1968].
Becker, H. S. & McCall, M. M. (Hrsg.) (1990). *Symbolic interaction and cultural studies.* Chicago: University of Chicago Press.
Becker, H. S. & Ragin, C. (Hrsg.) (1992). *What is a case? Exploring the foundations of social inquiry.* New York: Cambridge University Press.
Belliger, A. & Krieger, D. J. (Hrsg.) (2006). *ANThology. Ein einführendes Handbuch zur Akteur-Netzwerk-Theorie.* Bielefeld: transcript.
Benkel, T. (Hrsg.) (2010). *Das Frankfurter Bahnhofsviertel. Devianz im öffentlichen Raum.* Wiesbaden: VS Verlag für Sozialwissenschaften.
Berger, P. L (1973). *Zur Dialektik von Religion und Gesellschaft. Elemente einer soziologischen Theorie.* Frankfurt a. M.: Fischer [1966].
Berger, P. L. & Berger, B. (1976). *Wir und die Gesellschaft. Eine Einführung in die Soziologie – entwickelt an der Alltagserfahrung.* Reinbek bei Hamburg: Rowohlt [1972].
Berger, P. L. (1971). *Einladung zur Soziologie. Eine humanistische Perspektive.* München: List [1963].
Berger, P. L. (1992). *Der Zwang zur Häresie. Religion in der pluralistischen Gesellschaft.* Freiburg: Herder [1979].
Berger, P. L. (2008). *Im Morgenlicht der Erinnerung. Eine Kindheit in turbulenter Zeit.* Wien: Molden.
Berger, P. L., Berger, B. & Kellner, H. (1975). *Das Unbehagen in der Modernität.* Frankfurt a. M.: Campus.
Berger, P. L. & Kellner, H. (1965). Die Ehe und die Konstruktion der Wirklichkeit. Eine Abhandlung zur Mikrosoziologie des Wissens. *Soziale Welt, 16*, (S. 220–235).
Berger, P. L. & Kellner, H. (1984). *Für eine neue Soziologie. Ein Essay über Methode und Profession.* Frankfurt a. M.: Fischer.

Berger, P. L. & Luckmann, T. (1980). *Die gesellschaftliche Konstruktion der Wirklichkeit. Eine Theorie der Wissenssoziologie.* Frankfurt a. M.: Fischer [1966].

Berger, P. L. & Luckmann, T. (1995). *Modernität, Pluralismus und Sinnkrise: Die Orientierung des modernen Menschen.* Gütersloh: Verlag Bertelsmann Stiftung.

Bergmann, J. (1987). *Klatsch. Zur Sozialform der diskreten Indiskretion.* Berlin: de Gruyter.

Bergmann, J. (1993). Alarmiertes Verstehen: Kommunikation in Feuerwehrnotrufen. In T. Jung & S. Müller-Doohm (Hrsg.), *Wirklichkeit im Deutungsprozeß. Verstehen und Methoden in den Kultur- und Sozialwissenschaften* (S. 283–328). Frankfurt a. M.: Suhrkamp.

Bergmann, J. (2011). Harold Garfinkel (1917–2011). *Zeitschrift für Soziologie, 40* (4), (S. 227–232).

Bergmann, J. (2000). Konversationsanalyse. In U. Flick, E. v. Kardorff & I. Steinke (Hrsg.), *Qualitative Sozialforschung. Ein Handbuch* (S. 524–537). Reinbek: Rowohlt.

Bergmann, J. (2005). Studies of work. In F. Rauner (Hrsg.), *Handbuch Berufsbildungsforschung* (S. 639–646). Bielefeld: W. Bertelsmann.

Bergmann, W. & Hoffmann, G. (1985). Mead und die Tradition der Phänomenologie. In H. Joas (Hrsg.), *Praktische Intersubjektivität. Neuere Beiträge zum Werk George Herbert Meads* (S. 93–130). Frankfurt a. M.: Suhrkamp.

Bernstein, E. (2007). *Temporarily yours. Intimacy, authenticity, and the commerce of sex.* Chicago: The University of Chicago Press.

Betz, G., Hitzler, R. & Pfadenhauer, M. (Hrsg.) (2011). *Urbane Events.* Wiesbaden: VS Verlag für Sozialwissenschaften.

Bizeul, D. (2003). *Avec ceux du FN. Un sociologue au Front National.* Paris: La Découverte.

Blanc, A. & Pessin, A. (Hrsg.). *L'Art du Terrain. Melanges offerts à Howard S. Becker.* Paris: L'Harmattan.

Blumer, H. (1938). Social psychology. In E. P. Schmidt (Hrsg.), *Man and society. A substantive introduction to the social sciences* (S. 144–198). New York: Prentice-Hall.

Blumer, H. (1939). *An appraisal of Thomas and Znanieckis Polish peasant in Europe and America.* New York: Social Science Research Council Bulletin 44. [Wiederabdruck in Blumer 1979].

Blumer, H. (1969). *Symbolic interactionism. Perspective and method.* Engelwood Cliffs: Prentice-Hall.

Blumer, H. (1969a). Society as symbolic interaction. In H. Blumer (Hrsg.), *Symbolic interactionism. Perspective and method* (S. 78–89). Engelwood Cliffs: Prentice-Hall.

Blumer, H. (1969b). Sociological implications of the thought of George Herbert mead. In H. Blumer (Hrsg.), *Symbolic interactionism. Perspective and method* (S. 61–77). Engelwood Cliffs: Prentice-Hall.

Blumer, H. (1969c). Suggestions for the study of mass-media effects. In H. Blumer (Hrsg.), *Symbolic interactionism. Perspective and method* (S. 183–194). Engelwood Cliffs: Prentice-Hall.

Blumer, H. (1970). *Movies and conduct.* New York: Arno Press [1933].

Blumer, H. (1979). *Critiques of research in the social sciences. An appraisal of Thomas and Znanniecki's „The Polish Peasant in Europe and America". With a new introduction by the author.* New Brunswick: Transaction [1939].

Blumer, H. (1981). *Der methodologische Standort des Symbolischen Interaktionismus.* Arbeitsgruppe Bielefelder Soziologen (Hrsg.), (S. 80–146) [1969].

Blumer, H. (1990). *Industrialization as an agent of social change: A critical analysis.* In von D. R. Maines & T. J. Morrione (Hrsg.), New York: Aldine de Gruyter.

Blumer, H. (2000). *Selected works of Herbert Blumer. A public philosophy for mass society.* In S. M. Lyman & A. J. Vidich (Hrsg.), Urbana: University of Illinois Press [1988].
Blumer, H. (2004). *George Herbert mead and human conduct.* In T. J. Morrione (Hrsg.), Walnut Creek: Alta Mira Press.
Bohnsack, R. (2007). *Rekonstruktive Sozialforschung* (8. Aufl.). Stuttgart: Utb.
Bourdieu, P. (1993). *Sozialer Sinn.* Frankfurt a. M.: Suhrkamp [1980].
Bourmeau, S. & Heurtin, J-P. (1997). La carrière déviante du professeur Becker. Entretien avec Howard Becker. *Politix, 10* (37), (S. 155–166).
Bowker, G. & Star, S. L. (2000). *Sorting things out: Classification and its consequences.* Cambridge: MIT Press.
Brand, K-W., Eder, K. & Poferl, A. (Hrsg.) (1997). *Ökologische Kommunikation in Deutschland.* Opladen: Westdeutscher Verlag.
Brandom, R. B. (2001). *Begründen und Begreifen. Eine Einführung in den Inferentialismus.* Frankfurt a. M.: Suhrkamp.
Breidenstein, G (2012). *Zeugnisnotenbesprechung. Zur Analyse der Praxis schulischer Leistungsbewertung.* Opladen: Barbara Budrich.
Brock, D. u. a. (2009). *Soziologische Paradigmen nach Parsons. Eine Einführung.* Wiesbaden: VS Verlag für Wissenschaften.
Brock, D., Junge, M. & Krähnke, U. (2007). *Soziologische Theorien von Auguste Comte bis Talcott Parsons. Einführung* (2. Auf.). München: Oldenbourg.
Bromley, R., Göttlich, U. & Winter, C. (Hrsg.) (1999). *Cultural studies. Grundlagentexte zur Einführung.* Lüneburg: zu Klampen.
Bryant, A. & Charmaz, K. (Hrsg.) (2010). *The SAGE handbook of grounded theory.* London: Sage [2007].
Bulmer, M. (1984). *The Chicago school of sociology. Institutionalization, diversity, and the rise of sociological research.* Chicago: University of Chicago Press.
Burke, K. (1966). *Language as symbolic action.* Berkeley: University of California Press.
Burke, K. (1969). *A grammar of motives.* Berkeley: University of California Press [1945].
Burke, K. (1989). *On symbols and society.* Chicago: University of Chicago Press.
Burns, T. (1992). *Erving Goffman.* London: Routledge.
Calhoun, C. (Hrsg.) (2007). *Sociology in America. A history.* Chicago: University of Chicago Press.
Calhoun, C. & Van Antwerpen, J. (2007). Orthodoxy, heterodoxy, and hierarchy: ‚Mainstream' sociology and its challengers. In C. Calhoun (Hrsg.), *Sociology in America. A History,* (S. 367–410). Chicago: University of Chicago Press.
Carey, J. W. (1989). *Communication as culture.* Boston: Unwin Hyman.
Castellani, B. (1999). Michel Foucault and symbolic interactionism. *Studies in Symbolic Interaction, 22* (3), (S. 247–272).
Cefaï, D. (2002). The field training project: A pioneer experiment in fieldwork methods. Everett C. Hughes, Buford H. Junker and Raymond Gold's re-invention of Chicago field studies in the 1950's. *Antropolitica, 9,* (S. 25–76).
Cefaï, D. & Trom, D. (Hrsg.) (2001). *Les formes de l'action collective. Mobilisation dans des arènes publiques.* Paris.
Chapoulie, J-M (2001). *La tradition sociologique de Chicago, 1892–1961.* Paris: Seuil.
Charmaz, K. (2006). *Constructing grounded theory. A practical guide through qualitative analysis.* London: Sage.

Charon, J. M. (2006). *Symbolic interactionism. An introduction, an interpretation, an integration* (9. Aufl.). Upper Saddle River: Prentice Hall.
Christmann, G. B. (2004). *Dresdens Glanz, Stolz der Dresdner. Lokale Kommunikation, Stadtkultur und städtische Identität.* Wiesbaden: VS Verlag für Sozialwissenschaften.
Christmann, G. B. (2007). *Robert E. Park.* Konstanz: UVK.
Cicourel, A. (1968). *The social organization of juvenile justice.* New York: Wiley.
Cicourel, A. (1970). *Methode und Messung in der Soziologie.* Frankfurt a. M.: Suhrkamp [1964].
Cicourel, A. (1975). *Sprache in der sozialen Interaktion.* München: List [1972].
Cicourel, A. (1980). Basisregeln und Normative Regeln im Prozess des Aushandelns von Status und Rolle. *Arbeitsgruppe Bielefelder Soziologen* (S. 147-188).
Clarke, A. E. (2012). *Situationsanalyse. Grounded Theory nach dem Postmodern Turn.* Wiesbaden. VS Verlag für Sozialwissenschaften [2005].
Clarke, A. E. (1991). Social worlds/arenas theory as organizational theory. In D. R. Maines (Hrsg.), *Social organization and social process: Essays in honor of Anselm Strauss* (S. 119-158). Hawthorne: Aldine de Gruyter.
Clarke, A. E. (1998). *Disciplining reproduction: American life scientists and the „Problem of Sex".* Berkeley: University of California Press.
Cohen, S. & Taylor, L. (1977). *Ausbruchsversuche. Identität und Widerstand in der modernen Lebenswelt.* Frankfurt a. M.: Suhrkamp.
Collins, H. M. & Pinch, T. J. (1993). *The golem: What everyone should know about science.* Cambridge: Cambridge University Press.
Collins, H. M. & Yearley, S. (1992). „Epistemological Chicken". In Pickering, A. (Hrsg.), *Science as practice and culture* (S. 301-326). Chicago: University of Chicago Press.
Conrad, P. (2005). *Identifying hyperactive children. The medicalization of deviant behavior.* Farnam: Ashgate [1976].
Conrad, P. (2005a). Shifting engines of medicalization. *Journal of Health and Social Behaviour, 46,* (S. 3-14).
Conrad, P. & Potter, D. (2000). From hyperactive children to ADHD adults: Observations on the expansion of medical categories. *Social Problems, 47,* (S. 49-82).
Conrad, P. & Schneider, J. (1980). *Deviance and medicalization. From badness to sickness.* St.Louis: Mosby Comp.
Corbin, J. & Strauss, A. (2008). *Basics of qualitative research: Techniques and procedures for developing grounded theory.* London: Sage.
Corbin, J. & Strauss, A. (2010). *Weiterleben lernen. Verlauf und Bewältigung chronischer Krankheit* (3. Aufl.). Bern: Huber [1988].
Coser, L. A. (1978). American Trends. In Bottomore, T. & Nisbet, R. (Hrsg.), *History of sociological analysis,* (S. 283-321). New York: Basic Books.
Coulter, J. (Hrsg.) (1990). *Ethnomethodological sociology.* Aldershot: Edward Elgar Publishing.
Crane, D. (Hrsg.) (1994). *The sociology of culture.* Cambridge: University Press.
Cressey, P. (1932). *The taxi-dancehall. A sociological study in commercialized recreation and city life.* Chicago: University Press.
Dahrendorf, R. (2006). *Homo sociologicus* (16. Aufl.). Wiesbaden: VS Verlag für Sozialwissenschaften [1959].
Deegan, M. J. (1988). *Jane Addams and the men of the Chicago school, 1892-1913.* New Brunswick: Transaction Books.

Deegan, M. J. (2002). *Race, hull house, and the University of Chicago: A new conscience against ancient evils*. Westport: Praeger.
Deegan, M. J. (2007). The Chicago school of ethnography. In P. Atkinson u. a. (Hrsg.), *Handbook of ethnography* (S. 11–25). London: Sage.
Dennis, A. & Martin, P. J. (2005). Symbolic interactionism and the concept of power. *The British Journal of Sociology, 56* (2), (S. 191–213).
Denzin, N (1977). Notes on the criminogenic hypothesis: A case study of the American liquor industry. *American Sociological Review, 42,* (S. 905–920).
Denzin, N. (1984). *On understanding emotions*. San Francisco: Jossey-Bass.
Denzin, N. (1987). *The alcoholic self*. Beverly Hills: Sage.
Denzin, N. (1992). *Symbolic interactionism and cultural studies: The politics of interpretation*. Cambridge: Blackwell.
Depperman, A. (2008). *Gespräche analysieren*. Wiesbaden: VS Verlag für Sozialwissenschaften.
DeVault, M. L. (2007). Knowledge from the field. In C. Calhoun (Hrsg.), *Sociology in America. A History* (S. 155–182). Chicago: University of Chicago Press.
Dewey, J. (1896). The reflex arc concept in psychology. *Psychological Review, 3,* (S. 357–370). http://www.brocku.ca/MeadProject/Dewey/Dewey_1896.html. Zugegriffen: 17. März 2012.
Dewey, J. (1916). *Democracy and education*. New York: Columbia University Press. [dt.: Demokratie und Erziehung. Eine Einleitung in die philosophische Pädagogik. Weinheim: Beltz 2000.].
Dewey, J. (1996). *Die Öffentlichkeit und ihre Probleme*. Darmstadt: Wissenschaftliche Buchgemeinschaft [1927].
Dewey, J. (2002). *Wie wir denken*. Zürich: Verlag Pestalozzianum [1910].
Dewey, J. (2003). *Die menschliche Natur. Ihr Wesen und ihr Verhalten*. Zürich: Pestallozianum [1922].
Dewey, J. (2004). Die Struktur der Forschung. In J. Strübing & B. Schnettler (Hrsg.), *Methodologie interpretativer Sozialforschung. Klassische Grundlagentexte* (S. 223–244). Konstanz: UVK [1938].
Dewey, J. (2007). *Erfahrung und Natur*. Frankfurt a. M.: Suhrkamp [1925].
Diaz-Bone, R. & Schubert, K. (1996). *William James zur Einführung*. Hamburg: Junius.
Dilthey, W. (2004). Die Entstehung der Hermeneutik. In J. Strübing & B. Schnettler (Hrsg.), *Methodologie interpretativer Sozialforschung. Klassische Grundlagentexte* (S. 19–42). Konstanz: UVK [1900].
Dimbath, O. & Keller, R. (2013). *Einführung in die Wissenssoziologie*. Wiesbaden: VS Verlag für Sozialwissenschaften [in Vorbereitung].
Dobbin, F. R. (1994). Cultural models of organization: The social construction of rational organizing principles. In *Carne,* (*1994*), 117–142.
Dotter, D. (2004). *Creating deviance. An interactionist approach*. Lanham: Alta Mira Press.
Douglas, J. D. (1973). *The social meanings of suicide*. Princeton: University Press.
Douglas, J. D. (1988). *Love, intimacy and sex. Sociological observations*. London: Sage.
Douglas, J. D. (1989). *The myth of the welfare state*. New Brunswick: Transaction.
Douglas, J. D. (Hrsg.) (1970a). *Observations of deviance*. New York: Random House.
Douglas, J. D. (Hrsg.) (1971). *Crime and justice in American society*. New York: Bobbs-Merrill.
Douglas, J. D. (Hrsg.) (1970b). *Deviance & respectability. The social construction of moral meanings*. New York: Basic Books.

Douglas, J. D. & Johnson, J. M. (Hrsg.) (1977). *Existential sociology*. Cambridge: University Press.
Douglas, J. D. Rasmussen, P. & Flanagan, C. A. (1977). *The nude beach*. Beverly Hills: Sage.
Douglas, J. D. & Waksler, F. C. (1982). *The sociology of deviance: An introduction*. Boston: Little, Brown.
Drake, St. C. & Cayton, H. A. (1993). *Black metropolis. A study of negro life in a northern city*. New York: Harper & Row [1945].
Dubiel, H. (1992). *Kritische Theorie der Gesellschaft. Eine einführende Rekonstruktion von den Anfängen im Horkheimer-Kreis bis Habermas*. Weinheim: Juventa.
Duneier, M. (1999). *Sidewalk*. New York: Farrar, Strauß & Giroux.
Duneier, M. (2002). What kind of combat sport is sociology? *American Journal of Sociology, 107* (6), (S. 1551–1576).
Durkheim, E. (1984). *Die Regeln der soziologischen Methode*. Frankfurt a. M.: Suhrkamp [1895].
Dux, G. (2000). *Historisch-genetische Theorie der Kultur. Instabile Welten. Zur prozessualen Logik im kulturellen Wandel*. Weilerswist: Velbrück.
Eberle, T. S. (2000). *Lebensweltanalysen und Handlungstheorie. Beiträge zur Verstehenden Soziologie*. Konstanz: UVK.
Eberle, T. S. (1984). *Sinnkonstitution in Alltag und Wissenschaft. Der Beitrag der Phänomenologie an die Methodologie der Sozialwissenschaften*. Bern: Haupt.
Eberle, T. S. (1999). Die methodologische Grundlegung der interpretativen Sozialforschung durch die phänomenologische Lebensweltanalyse von Alfred Schütz. *Österreichische Zeitschrift für Soziologie, 24* (4), (S. 65–90).
Edwards, D., Ashmore, M. & Potter, J. (1995). Death and furniture: The rhetoric, politics and theology of bottom line arguments against relativism. *History of the Human Sciences, 8*, (S. 25–49).
Eickelpasch, R. (1983). Das ethnomethodologische Programm einer ‚radikalen‘ Soziologie. In R. Eickelpasch & B. Lehmann (Hrsg.), *Soziologie ohne Gesellschaft?* (S. 63–106). München: Fink.
Endreß, M. (2006). *Alfred Schütz*. Konstanz: UVK.
Endreß, M. (2008). Reflexive Wissenssoziologie als Sozialtheorie und Gesellschaftsanalyse. Zur phänomenologisch fundierten Analytik von Vergesellschaftungsprozessen. In J. Raab u. a. (Hrsg.), *Phänomenologie und Soziologie. Theoretische Positionen, aktuelle Problemfelder und empirische Umsetzungen* (S. 85–96). Wiesbaden: VS Verlag für Sozialwissenschaften.
Farbermann, H. A. (1985). The foundations of symbolic interaction: James, Cooley and Mead. In H. A. Farbermann & R. S. Perinbanayagam (Hrsg.), *Foundations of interpretive sociology: Original essays in symbolic interaction* (Supplement 1 zu Studies in Symbolic Interaction. A Research Annual, S. 13–28). Greenwich: Jai Press Inc.
Faris, R. L. (1967). *Chicago sociology: 1920–1932*. Chicago: University of Chicago Press.
Faulkner, R. R. & Becker, H. S. (2008). Studying something you are part of: The view from the bandstand. *Ethnologie française, XXXVIII*(1), (S. 15–22).
Faulkner, R. R. & Becker, H. S. (2009). *„Do you know...?" The jazz repertoire in action*. Chicago: University of Chicago Press.
Favret-Saada, J. (1979). *Die Wörter, der Zauber, der Tod. Der Hexenglaube im Hainland von Westfrankreich*. Frankfurt a. M.: Suhrkamp.

Fine, G. A. (1983). *Shared fantasy. Role-playing games as social worlds*. Chicago: University of Chicago Press.
Fine, G. A. (1984). Negotiated orders and organizational cultures. *Annual Review of Sociology, 10*, (S. 239–262).
Fine, G. A. (1991). Symbolic interactionism in the post-Blumerian age. In G. Ritzer (Hrsg.), *Frontiers of social theory. The new syntheses* (S. 117–157). New York: Columbia University Press.
Fine, G. A. (1993). The sad demise, mysterious disappearance, and glorious triumph of symbolic interactionism. *Annual Review of Sociology, 19*, (S. 61–87).
Fine, G. A. (1996). *Kitchens: The culture of restaurant work*. Berkeley: University of California Press.
Fine, G. A. (2004). *Everyday genius. Self-taught art and the culture of authenticity*. Chicago: University of Chicago Press.
Fine, G. A. (2007). *Authors of the Storm: Meteorologists and the culture of prediction*. Chicago: University of Chicago Press.
Fine, G. A. (Hrsg.). (1995). *A second Chicago school? The development of a postwar American sociology*. Chicago: University of Chicago Press.
Frazier, F. E. (1932). *The negro family in Chicago*. Chicago: University of Chicago Press.
Gagnon, J. H. (2004). *An interpretation of desire. Essays in the study of sexuality*. Chicago: University of Chicago Press.
Gagnon, J. & Simon, W. (2004). *Sexual conduct* (2. Aufl.). New York: Aldine de Gruyter.
Galliher, J. F. (1995). Chicago's two worlds of deviance Rresearch: Whose side are they on? In G. A. Fine (Hrsg.), *A second Chicago school? The development of a postwar American sociology*. (S. 164–187). Chicago: University of Chicago Press.
Gamson, W. A. (1988a). Political discourse and collective action. In *International Social Movement Research* (Bd. 1, S. 219–244). London.
Gamson, W. A. (1988b). The 1987 distinguished lecture: A constructionist approach to mass media and public opinion. *Symbolic Interaction, 2*, (S. 161–174).
Gamson, W. A. (1995). Constructing social protest. In Johnston & Klandermans (Hrsg.), *Social movements and culture*. (S. 85–106). Minneapolis: University of Minnesota Press.
Gamson, W. A., Croteau, D., Hoynes, W. & Sasson, T. (1992). Media images and the social construction of reality. *Annual Review of Sociology, 18*, (S. 373–393).
Gamson, W. A. & Lasch, K. E. (1983). The political culture of social welfare policy. In S. E. Spiro & E. Yuchtman-Yaar (Hrsg.), *Evaluating the welfare state. Social and political perspectives* (S. 397–415). New York: Academic Press.
Gamson, W. A. & Modigliani, A. (1987). The changing culture of affirmative action. In R. D. Braungart, M. M. Braungart (Hrsg.), *Research in political sociology* (Bd. 3., S. 137–177). Greenwich: JAI Press.
Gamson, W. A. & Modigliani, A. (1989). Media discourse and public opinion on nuclear power: A constructionist approach. *American Journal of Sociology, 95*, (S. 1–37).
Gamson, W. A. & Stuart, D. (1992). Media discourse as a symbolic contest: The bomb in political cartoons. *Sociological Forum, 7*, 55–86.
Garfinkel, H. (1967). *Studies in ethnomethodology*. Englewood Cliffs: Prentice-Hall Inc.
Garfinkel, H. (1977). Bedingungen für den Erfolg von Degradierungszeremonien. In K. Lüdersen & F. Sack (Hrsg.), *Seminar: Abweichendes Verhalten III. Die gesellschaftliche Reaktion auf Kriminalität* (Bd. 2, S. 31–40). [1956].

Garfinkel, H. (1980). Das Alltagswissen über soziale und innerhalb sozialer Strukturen. In Arbeitsgruppe Bielefelder Soziologen (Hrsg.), *Alltagswissen, Interaktion und gesellschaftliche Wirklichkeit 1+2* (S. 189–262). Opladen: Westdeutscher [1961].

Garfinkel, H (1990). A conception of, and experiments with, ‚trust' as a condition of stable concerted actions. In J. Coulter (Hrsg.), *Ethnomethodological sociology* (S. 3–54). Aldershot: Edward Elgar [1963].

Garfinkel, H. (2002). *Ethnomethodology's program. Working out Durkheim's aphorism.* Lanham: Rowman & Littlefield.

Garfinkel, H. (2006). *Seeing sociologically. The routine grounds of social action.* In A. W. Rawls (Hrsg.), Boulder: Paradigm [1948].

Garfinkel, H. (2008). *Toward a sociological theory of information.* Boulder: Paradigm.

Garfinkel, H. (Hrsg.) (1986). *Ethnomethodological studies of work.* London: Routledge.

Garfinkel, H., Lynch, M. & Livingston, E. (1981). The work of a discovering science construed wit materials from the optically discovered pulsar. *Philosophy of the Social Sciences, 11,* (S. 131–158).

Garfinkel, H. & Sacks, H. (1976). Über formale Strukturen praktischer Handlungen. In E. Weingarten, F. Sack & J. Schenkein (Hrsg.), *Ethnomethodologie. Beiträge zu einer Soziologie des Alltagshandelns* (S. 130–178). Frankfurt a. M.: Suhrkamp.

Gebhardt, W., Hitzler, R. & Pfadenhauer, M. (Hrsg.) (2000). *Events. Soziologie des Außergewöhnlichen.* Opladen: Leske & Budrich.

Gebhardt, W. u. a. (2007). *Megaparty Glaubensfest: Weltjugendtag: Erlebnis – Medien – Organisation.* Wiesbaden: VS Verlag für Sozialwissenschaften.

Geer, B. u. a. (Hrsg.) (1968). *Learning the ropes.* New York: Basic Books.

Gehlen, A. (1976). *Anthropologische Forschung.* Reinbek: Rowohlt.

Gerhards, J. (1992). Dimensionen und Strategien öffentlicher Diskurse. *Journal für Sozialforschung, 3/4,* (S. 307–318).

Gerhards, J., Neidhardt, F. & Rucht, D. (1998). *Zwischen Palaver und Diskurs. Strukturen öffentlicher Meinungsbildung am Beispiel der deutschen Diskussion zur Abtreibung.* Opladen: Westdeutscher Verlag.

Giddens, A. (1992). *Die Konstitution der Gesellschaft. Grundzüge einer Theorie der Strukturierung.* Frankfurt a. M.: Campus.

Gildemeister, R. & Wetterer, A. (1992). Wie Geschlechter gemacht werden. Die soziale Konstruktion der Zweigeschlechtlichkeit und ihre Reifizierung in der Frauenforschung. In G. Axeli-Knapp & A. Wetterer (Hrsg.), *TraditionenBrüche. Entwicklungen feministischer Theorie* (S. 201–254). Freiburg: Kore.

Girtler, R. (2001). *Methoden der Feldforschung* (4. Aufl.). Stuttgart: Utb.

Girtler, R. (2002). *Die feinen Leute: Von der vornehmen Art, durchs Leben zu gehen* (3. Aufl.). Wien: Böhlau.

Girtler, R. (2004a). *Zehn Gebote der Feldforschung.* Wien: Lit.

Gitler, R. (2004b). *Der Strich. Soziologie eines Milieus. Neuauflage.* Wien: Lit [1985].

Glaser, B. G. (1978). *Theoretical sensitivity. Advances in the methodology of grounded theory.* Mill Valley: The Sociology Press.

Glaser, B. G. & Strauss, A. L. (1995). *Betreuung von Sterbenden. Eine Orientierung für Ärzte, Pflegepersonal, Seelsorger und Angehörige* (2. überarb. Aufl.). Göttingen: Vandenhoeck & Ruprecht [1965].

Glaser, B. & Strauss, A. L. (2007). *Time for dying.* New Brunswick: Transaction [1968].

Glaser, B. & Strauss, A. L. (2008). *Grounded theory. Strategien qualitativer Forschung.* Bern: Huber [1967].
Goffman, E. (1967). Where the action is. In E. Goffman (Hrsg.), *Interaction ritual* (S. 149–270). New York: Doubleday.
Goffman, E. (1972). *Stigma. Über Techniken der Bewältigung beschädigter Identität.* Frankfurt a. M.: Suhrkamp [1963].
Goffman, E. (1973). *Asyle. Über die soziale Situation psychiatrischer Patienten und anderer Insassen.* Frankfurt a. M.: Suhrkamp [1961].
Goffman, E (1973a). *Interaktion: Spaß am Spiel. Rollendistanz.* München: Piper [1961].
Goffman, E. (1974). *Das Individuum im öffentlichen Austausch. Mikrostudien zur öffentlichen Ordnung.* Frankfurt a. M.: Suhrkamp [1971].
Goffman, E. (1980). *Rahmen-Analyse. Ein Versuch über die Organisation von Alltagserfahrungen.* Frankfurt a. M.: Suhrkamp [1974].
Goffman, E. (1981a). *Geschlecht und Werbung.* Frankfurt a. M.: Suhrkamp [1976].
Goffman, E. (1981b). *Strategische Interaktion.* München: Hanser [1969].
Goffman, E. (1983). *Wir alle spielen Theater. Die Selbstdarstellung im Alltag.* München: Piper [1959].
Goffman, E. (1986). *Interaktionsrituale. Über Verhalten in direkter Kommunikation.* Frankfurt a. M.: Suhrkamp [1967].
Goffman, E. (1994). *Interaktion und Geschlecht.* Konstanz: UVK.
Goffman, E. (1994a). Die Interaktionsordnung. In E. Goffman (Hrsg.), *Interaktion und Geschlecht* (S. 50–104). Konstanz: UVK.
Goffman, E. (1994b). Das Arrangement der Geschlechter. In E. Goffman (Hrsg.), *Interaktion und Geschlecht* (S. 105–158). Konstanz: UVK.
Goffman, E. (2005). *Rede-Weisen. Formen der Kommunikation in sozialen Situationen.* Konstanz: UVK [1976–1983].
Goffman, E. (2005a). Glückungsbedingungen. In ders. (Hrsg.), *Rede-Weisen. Formen der Kommunikation in sozialen Situationen* (S. 199–264). Konstanz: UVK, [1983].
Goffman, E. (2009). *Interaktion im öffentlichen Raum.* Frankfurt a. M.: Campus [1963].
Gouldner, A. W. (1974). *Die westliche Soziologie in der Krise* (2 Bd.). Reinbek bei Hamburg: Rowohlt [1970].
Grazian, D. (2008). The Jazzman's true academy. Ethnography, artistic work and the Chicago blues scene. *Ethnologie française, XXXVIII*(1), (S. 49–57).
Gross, N. (2007). Pragmatism, phenomenoloy, and twentieth-century American sociology. In C. Calhoun (Hrsg.), *Sociology in America. A History* (S. 183–224). Chicago: University of Chicago Press.
Gross, P. (2005). *Die Multioptionsgesellschaft.* Frankfurt a. M.: Suhrkamp.
Günthner, S. & Knoblauch, H. (1994). Forms are the food of faith. Gattungen als Muster kommunikativen Handelns. *KZfSS, 46* (4), (S. 693–723).
Gusfield, J. R. (1981). *The culture of public problems: Drinking-driving and the symbolic order.* Chicago: University of Chicago Press.
Gusfield, J. R. (1986). *Symbolic crusade. Status politics and the American temperance movement.* Urbana & Chicago: University of Illinois Press [1963].
Gusfield, J. R. (1996). *Contested meanings: The construction of alcohol problems.* Madison: University of Wisconsin Press.
Gusfield, J. R. (2000). *Performing action. Artistry in human behavior and social research.* New Brunswick: Transaction.

Habermas, J. (1981). *Theorie des kommunikativen Handelns* (2 Bd.). Frankfurt a. M.: Suhrkamp.
Habermas, J. (1985). *Zur Logik der Sozialwissenschaften*. Frankfurt a. M.: Suhrkamp [1967].
Hacking, I. (1999). *Was heißt ,soziale Konstruktion'? Zur Konjunktur einer Kampfvokabel in den Wissenschaften*. Frankfurt a. M.: Fischer.
Haferkamp, H. (1975). *Kriminelle Karrieren. Handlungstheorie, teilnehmende Beobachtung und Soziologie krimineller Prozesse*. Reinbek: Rowohlt.
Halas, E. (1983). Florian Znaniecki – Ein verkannter Vorläufer des Symbolischen Interaktionismus. *Zeitschrift für Soziologie, 12* (4), (S. 341–352).
Hall, P. M. (2003). Interactionism, social organization and social processes. *Symbolic Interaction, 26* (1), 35–55.
Hall, S. (Hrsg.) (1997). *Representation: Cultural representations and signifying practices*. London: Open University Press.
Hallett, T., Shulman, D. & Fine, G. A. (2009). Peopling organizations. The promise of classic symbolic interactionism for an inhabited institutionalism. In P. S. Adler (Hrsg.), *The Oxford handbook of sociology and organization studies* (S. 486–509). Oxford: University Press.
Hanke, M. (2002). *Alfred Schütz. Einführung*. Wien: Passagen.
Hannken-Illjes, Kozin, A. & Scheffer, T. (2010). *Criminal defence and procedure. Comparative ethnographies in the United Kingdom, Germany, and the United States*. New York: Palgrave Macmillan.
Haraway, D. J. (1995). Situiertes Wissen: Die Wissenschaftsfrage im Feminismus und das Privileg einer partialen Perspektive. In diess. (Hrsg.), *Die Neuerfindung der Natur. Primaten, Cyborgs und Frauen* (S. 53–97). Frankfurt a. M.: Campus.
Harrington, B. & Fine, G. A. (2006). Where the action is. Small groups and recent developments in sociological theory. *Small Group Research, 37* (1), (S. 1–16).
Harvey, L. (1987). *Myths of the Chicago School of Sociology*. Aldershot: Gower.
Hasse, R. & Krücken, G. (2005). *Neo-Institutionalismus*. Bielefeld: transcript.
Have, P. T. (2004). Ethnomethodology. In C. Seale u. a. (Hrsg.), *Qualitative research practice* (S. 151–164). London: Sage.
Have, P. T. (2007). *Doing conversation analysis* (2. Aufl.). London: Sage.
Heath, C., Hindmarsh, J. & Luff, P. (1999). Interaction in isolation: The train driver on London underground. *Sociology, 33* (3), (S. 555–575).
Heideking, J. (1999). *Geschichte der USA* (2. Aufl.). Tübingen: A. Francke.
Helle, H. J. (2001). *Theorie der Symbolischen Interaktion. Ein Beitrag zum Verstehenden Ansatz in Soziologie und Sozialpsychologie* (3. Aufl.). Opladen: Westdeutscher Verlag.
Heritage, J. (1984). *Garfinkel and Ethnomethodology*. Cambridge: Polity Press.
Hester, S. & Francis, D. (2004). *An invitation to ethnomethodology: Language, society and interaction*. London: Sage.
Hettlage, R. & Lenz, K. (1991). *Erving Goffman – ein soziologischer Klassiker der zweiten Generation*. Bern: Haupt.
Heurtin, J-P. & Bourmeau, S. (1997). La carrière déviante du professeur Becker. Entretien avec Howard Becker. *Politix, 10* (37), (S. 155–166).
Hilgartner, S. & Bosk, C. L. (1988). The rise and fall of social problems: A public arena model. *American Journal of Sociology, 94* (1), (S. 53–78).
Hill, P. B. (2002). *Rational-Choice-Theorie*. Bielefeld: transcript.
Hirschauer, S. (1993). *Die soziale Konstruktion der Transsexualität*. Frankfurt a. M.: Suhrkamp.

Hitzler, R. (1988). *Sinnwelten. Ein Beitrag zum Verstehen von Kultur.* Opladen: Westdeutscher Verlag.

Hitzler, R. (1992). Der Goffmensch. Überlegungen zu einer dramatologischen Anthropologie. *Soziale Welt, 43* (4), (S. 449–461).

Hitzler, R. (1999). Konsequenzen der Situationsdefinition. Auf dem Weg zu einer selbstreflexiven Wissenssoziologie. In R. Hitzler, J. Reichertz & N. Schröer (Hrsg.), *Hermeneutische Wissenssoziologie. Standpunkte zur Theorie der Interpretation* (S. 289–308). Konstanz: UVK.

Hitzler, R. (1999a). Welten erkunden. Soziologie als (eine Art) Ethnologie der eigenen Gesellschaft. *Soziale Welt, 50* (4), (S. 473–483).

Hitzler, R. (2010). *Eventisierung. Drei Fallstudien zum marketingstrategischen Massenspaß.* Wiesbaden: VS Verlag für Sozialwissenschaften.

Hitzler, R. (2012). *Der gemeine Macciavellismus. Soziologie politischen Handelns.* Wiesbaden: VS Verlag für Sozialwissenschaften.

Hitzler, R. & Honer, A. (Hrsg.) (1997). *Sozialwissenschaftliche Hermeneutik.* Opladen: Leske + Budrich.

Hitzler, R., Honer, A. & Pfadenhauer, M. (Hrsg.) (2008). *Posttraditionale Gemeinschaften. Theoretische und ethnografische Erkundungen.* Wiesbaden: VS Verlag für Sozialwissenschaften.

Hitzler, R. & Niederbacher, A. (2010). *Leben in Szenen: Formen juveniler Vergemeinschaftung heute.* Wiesbaden: VS Verlag für Sozialwissenschaften.

Hitzler, R. & Pfadenhauer, M. (2008). *Kompetenzen durch Szenen: Die unsichtbaren Bildungsprogramme juveniler Gemeinschaften.* Wiesbaden: VS Verlag für Sozialwissenschaften.

Hitzler, R. & Pfadenhauer, M. (Hrsg.) (2001). *Techno-Soziologie. Erkundungen einer Jugendkultur.* Opladen: Leske & Budrich.

Hitzler, R., Reichertz, J. & Schröer, N. (1999a). Das Arbeitsfeld einer hermeneutischen Wissenssoziologie. In R. Hitzler, J. Reichertz, & N. Schröer (Hrsg.), *Hermeneutische Wissenssoziologie. tandpunkte zur Theorie der Interpretation* (S. 9–16). Konstanz: UVK.

Hitzler, R., Reichertz, J. & Schröer, N. (Hrsg.) (1999). *Hermeneutische Wissenssoziologie. Standpunkte zur Theorie der Interpretation.* Konstanz: UVK.

Hochschild, A. R. (1990). *Das gekaufte Herz. Zur Kommerzialisierung der Gefühle.* Frankfurt a. M. [1983].

Hochschild, A. R. (2003). *The commercialization of intimate life.* Berkeley: University of California Press.

Hochschild, A. R. (2006). *Keine Zeit. Wenn die Firma zum Zuhause wird und zu Hause nur Arbeit wartet* (2. Aufl.). Wiesbaden: VS Verlag für Sozialwissenschaften [1997].

Holz, K. & Wenzel, U. (2003). Struktur und Entwicklung. Zur Methodologie der Rekonstruktion von Kultur. In U. Wenzel, B. Bretzinger & K. Holz (Hrsg.), *Subjekte und Gesellschaft. Zur Konstitution von Sozialität* (S. 198–232). Weilerswist: Vellbrück.

Honer, A. (1993). *Lebensweltliche Ethnographie: ein explorativ-interpretativer Forschungsansatz am Beispiel von Heimwerker-Wissen.* Wiesbaden: Dt. Univ.-Verl.

Honer, A. (1999). Bausteine zu einer lebensweltorientierten Wissenssoziologie. In R. Hitzler, J. Reichertz & N. Schröer (Hrsg.), *Hermeneutische Wissenssoziologie. Standpunkte zur Theorie der Interpretation* (S. 51–70). Konstanz: UVK.

Honer, A (2011). *Kleine Leiblichkeiten. Erkundungen in Lebenswelten.* Wiesbaden. VS Verlag für Sozialwissenschaften.

Honer, A., Meuser, M. & Pfadenhauer, M. (Hrsg.) (2010). *Fragile Sozialität: Inszenierungen, Sinnwelten, Existenzbastler*. Wiesbaden: VS Verlag für Sozialwissenschaften.
Hörning, K. H. & Winter, R. (Hrsg.) (1999). *Widerspenstige Kulturen. Cultural Studies als Herausforderung*. Frankfurt a. M.: Suhrkamp.
Hughes, E. C. (1993). *The sociological eye. Selected papers*. New Brunswick: Transaction [1971].
Hughes, E. C. (1993a). Preface. In E. C. Hughes (Hrsg.), *The sociological eye. Selected papers* (S. XV–XVX). New Brunswick: Transaction [1971].
Hughes, E. C. (1993b). The place of field work in social science. In E. C. Hughes (Hrsg.), *The sociological eye. Selected papers* (S. 496–506). New Brunswick: Transaction [1960].
Hughes, E. C. (2009). *French Canada in transition*. Oxford: Oxford University Press [1943].
Hutchby, I. & Woofitt, R. (2008). *Conversation analysis*. London: Wiley.
Ickstadt, H. (2006). A tale of two cities. Kultur und ihre gesellschaftliche Funktion im Chicago der Fortschrittsära. In J. N. Schmidt & H-P. Rodenberg (Hrsg.), *Chicago. Porträt einer Stadt* (S. 103–126). Frankfurt a. M.: Insel.
Iványi, N. & Reichertz, J. (2002). *Liebe (wie) im Fernsehen. Eine wissenssoziologische Analyse*. Opladen: Leske & Budrich.
Jackson, S. & Scott, S. (2007). Faking like a woman? Towards an interpretive theorization of sexual pleasure. *Body & Society, 13* (2), (S. 95–116).
Jackson, S. & Scott, S. (2010). *Theorizing sexuality*. London: Open University Press.
Jackson, S. & Scott, S. (2011). Putting the interaction back into sex. Für eine interpretative Soziologie der verkörperten Lust. In R. Keller & M. Meuser (Hrsg.), *Körperwissen* (S. 107–128). Wiesbaden: VS Verlag für Sozialwissenschaften.
Jäger, L. (2010). *Saussure zur Einführung*. Hamburg: Junius.
Jahoda, M., Lazarsfeld, P. F. & Zeisel, H. (2007). *Die Arbeitslosen von Marienthal. Ein soziographischer Versuch über die Wirkungen langandauernder Arbeitslosigkeit* (20. Aufl.). Frankfurt a. M.: Suhrkamp [1933].
James, W. (2009). *On a certain blindness in human beings*. London: Penguin [1889].
Joas, H. (1980). *Praktische Intersubjektivität. Die Entwicklung des Werkes von G. H. Mead*. Frankfurt a. M.: Suhrkamp.
Joas, H. (1992). *Die Kreativität des Handelns*. Frankfurt a. M.: Suhrkamp.
Joas, H. (1992a). *Pragmatismus und Gesellschaftstheorie*. Frankfurt a. M.: Suhrkamp.
Joas, H. (1992b). Von der Philosophie des Pragmatismus zu einer soziologischen Forschungstradition. In H. Joas (Hrsg.), *Pragmatismus und Gesellschaftstheorie* (S. 23–65). Frankfurt a. M.: Suhrkamp.
Joas, H. (1992c). Die Kreativität des Handelns und die Intersubjektivität der Vernunft. Meads Pragmatismus und die Gesellschaftstheorie. In H. Joas (Hrsg.), *Pragmatismus und Gesellschaftstheorie* (S. 281–308). Frankfurt a. M.: Suhrkamp.
Joas, H. (1992d). Rollen- und Interaktionstheorien in der Sozialforschung. In H. Joas (Hrsg.), *Pragmatismus und Gesellschaftstheorie* (S. 250–280). Frankfurt a. M.: Suhrkamp.
Joas, H. & Knöbl, W. (2004). *Sozialtheorie. Zwanzig einführende Vorlesungen*. Frankfurt a. M.: Suhrkamp.
Jost, E. (2003). *Sozialgeschichte des Jazz. Erweiterte Neuauflage*. Frankfurt a. M.: Zweitausendeins [1982].
Jung, M. (2001). *Hermeneutik zur Einführung*. Frankfurt a. M.: Campus.

Junge, M. (2007). Talcott Parsons. In D. Brock, M. Junge & U. Krähnke (Hrsg.), *Soziologische Theorien von Auguste Comte bis Talcott Parsons. Einführung* (2. Aufl., S. 191–220)München: Oldenbourg.

Kaczynski, G. J. (2008). *La Connaissance Comme Profsession*. Paris: L'Harmattan.

Kaesler, D. & Ludgera V. (Hrsg.) (2000). *Hauptwerke der Soziologie*. Stuttgart: Alfred Körner.

Kafka, F. (1997). *Die Verwandlung*. München: dtv [1915].

Kalthoff, H. (2005). Practices of calculation. Economic representation and risk management. *Theory, Culture & Society, 22* (2), (S. 69–97).

Kaufmann, J.-C. (2005). *Schmutzige Wäsche. Ein ungewöhnlicher Blick auf gewöhnliche Paarbeziehungen*. Konstanz: UVK [1992].

Kaufmann, J. C. (2010). *Sex@mour*. Paris: Armand Collin [dt. Sex@amour. Wie das Internet unser Liebesleben verändert. Konstanz: UVK 2011]

Keller, R. (2003a). Der Müll der Gesellschaft. Eine wissenssoziologische Diskursanalyse. In R. Keller, A. Hirseland, W. Schneider & W. Viehöver (Hrsg.), *Handbuch Sozialwissenschaftliche Diskursanalyse Bd. 2: Exemplarische Anwendungen* (S. 197–232). Opladen: Westdeutscher.

Keller, R. (2005). *Wissenssoziologische Diskursanalyse. Grundlegung eines Forschungsprogramms*. Wiesbaden: VS Verlag für Sozialwissenschaften.

Keller, R. (2008). *Michel Foucault*. Konstanz: UVK.

Keller, R. (2009). *Müll – Die gesellschaftliche Konstruktion des Wertvollen: Die öffentliche Diskussion über Abfall in Deutschland und Frankreich*. (2. Aufl.) VS Verlag für Sozialwissenschaften [1998].

Keller, R., Knoblauch, H. & Reichertz, J. (Hrsg.) (2012). *Kommunikativer Konstruktivismus*. Wiesbaden: Springer VS.

Keller, R. & Truschkat, I. (Hrsg.) (2012). *Methodologie und Praxis der Wissenssoziologischen Diskursanalyse Bd. 1: Interdisziplinäre Perspektiven*. Wiesbaden: VS Verlag für Sozialwissenschaften.

Kessler, S. J. & McKennas, W. (1978). *Gender. An ethnomethodological approach*. New York: Wiley.

Klepper, M. (2006). *Die Großstadt schärft den Blick: Der Schriftsteller James T. Farrell und die ‚Chicago School' in der Soziologie*. In J. N. Schmidt & H-P. Rodenberg (Hrsg.), (S. 191–208).

Knapp, G.-A. & Wetterer, A. (Hrsg.) (1992). *TraditionenBrüche. Entwicklungen feministischer Theorie*. Freiburg: Kore.

Knoblauch, H. (1991). *Die Welt der Wünschelrutengänger und Pendler. Erkundungen einer verborgenen Wirklichkeit*. Frankfurt a. M.: Campus.

Knoblauch, H. (1994). Erving Goffmans Reich der Interaktion – Einführung von Hubert A. Knoblauch. In E. Goffman (Hrsg.), *Interaktion und Geschlecht* (S. 7–49). Konstanz: UVK.

Knoblauch, H. (1995). *Kommunikationskultur. Die kommunikative Konstruktion kultureller Kontexte*. Berlin: de Gruyter.

Knoblauch, H. (1999). *Religionssoziologie*. Berlin: de Gruyter.

Knoblauch, H. (2002). *Kommunikative Lebenswelten. Zur Ethnographie einer ‚geschwätzigen' Gesellschaft*. Konstanz: UVK.

Knoblauch, H. (2003). *Qualitative Religionsforschung: Religionsethnographie in der eigenen Gesellschaft*. Paderborn: Schöningh.

Knoblauch, H. (2005). *Wissenssoziologie*. Konstanz: UVK.

Knoblauch, H. (2007). *Berichte aus dem Jenseits: Nahtod-Erfahrungen.* Erftstadt: Hohe.
Knoblauch, H. (2008). Sinn und Subjektivität in der qualitativen Forschung. In H. Kalthoff, S. Hirschauer & G. Lindemann (Hrsg.), *Theoretische Empirie. Zur Relevanz qualitativer Forschung* (S. 210–233). Frankfurt a. M.: Suhrkamp.
Knoblauch, H. (2009). *Populäre Religion: Auf dem Weg in eine spirituelle Gesellschaft.* Frankfurt a. M.: Campus.
Knoblauch, H., Raab, J. & Schnettler, B. (2002). Wissen und Gesellschaft. Grundzüge der sozialkonstruktivistischen Wissenssoziologie Thomas Luckmanns. In T. Luckmann (Hrsg.), *Wissen und Gesellschaft. Ausgewählte Aufsätze 1981–2002* (S. 1–44). Konstanz: UVK.
Knoblauch, H., Schnettler, B., Raab, J. & Soeffner, H.-G. (Hrsg.) (2009). *Video Analysis: Methodology and Methods: Qualitative Audiovisual Data Analysis in Sociology.* Frankfurt a. M.: Lang.
Knoblauch, H. & Soeffner, H.-G. (Hrsg.) (1999). *Todesnähe: wissenschaftliche Zugänge zu einem außergewöhnlichen Phänomen.* Konstanz: UVK.
Knorr-Cetina, K. (1984). *Die Fabrikation von Erkenntnis.* Frankfurt a. M.: Suhrkamp.
Koob, D. (2007). Loriot als Symbolischer Interaktionist. Oder: Warum man selbst in der Badewanne gelegentlich soziale Ordnung aushandeln muss. *Forum Qualitative Sozialforschung, 8* (1), Art. 27. http://www.qualitative-research.net/fqs-texte/1-07/07-1-27-d.htm. Zugegriffen: 13. Juli 11.
Kothoff, H. (2005). Geschlecht als Interaktionsritual? In E. Goffman (Hrsg.), *Interaktion und Geschlecht* (S. 159–194). Konstanz: UVK.
Kurt, R. (2002). *Menschenbild und Methode der Sozialphänomenologie.* Konstanz: UVK.
Kurt, R. (2004). *Hermeneutik. Eine sozialwissenschaftliche Einführung.* Konstanz: UVK.
Kurt, R. (2009). *Indien und Europa: Ein kultur- und musiksoziologischer Verstehensversuch.* Bielefeld: transcript.
Lamnek, S. (2007). *Theorien abweichenden Verhaltens I: Klassische Ansätze* (8. Aufl.). Stuttgart: Utb.
Latour, B. (2007). *Eine neue Soziologie für eine neue Gesellschaft.* Frankfurt a. M.: Suhrkamp.
Latour, B. (2009). *The making of law. An ethnography of the conseil d'État.* Oxford: Polity Press.
Latour, B. & Woolgar, S. (1979). *Laboratory life. The construction of scientific facts.* London: Sage.
Legewie, H. (2004). Forschung ist harte Arbeit, es ist immer ein Stück Leiden damit verbunden. Deshalb muss es auf der anderen Seite Spaß machen. Anselm Strauss im Interview mit Heiner Legewie und Barbara Schervier-Legewie. *Forum Qualitative Sozialforschung,* 5(3), Art. 22b. http://www.qualitative-research.net/index.php/fqs/article/viewArticle/562/1217. Zugegriffen: 13. Juli 2011.
Lengermann, P. & Niebrugge, G. (2007). Thrice told: Narratives of sociology's relation to social work. In C. Calhoun (Hrsg.), *Sociology in America. A History* (S. 63–114). Chicago: University of Chicago Press.
Liewellyn, N. & Hindmarsh, J. (Hrsg.) (2011). *Organisation, interaction and practice: Studies of ethnomethodology and conversation analysis.* Cambridge: University Press.
Lindner, R. (1990). *Die Entdeckung der Stadtkultur. Soziologie aus der Erfahrung der Reportage.* Frankfurt a. M.: Suhrkamp.
Lindner, R. (2002). Robert E. Park (1864–1944). In D. Kaesler (Hrsg.), *Klassiker der Soziologie* (Bd. 1). *Von Auguste Comte bis Norbert Elias* (S. 213–229). München: Beck.

Link, T. (2003). Rezension zu: Harold Garfinkel, Ethnomethodology's Program. *Gesprächsforschung – Online-Zeitschrift zur verbalen Interaktion. 4*, (S. 26–35).
Löw, M. & Ruhne, R. (2011). *Prostitution. Herstellungsweisen einer anderen Welt*. Frankfurt a. M.: Suhrkamp.
Luckmann, T. (1980). Die Grenzen der Sozialwelt. In ders. (Hrsg.), *Lebenswelt und Gesellschaft. Grundstrukturen und geschichtliche Wandlungen* (S. 56–92). Paderborn: Schöningh.
Luckmann, T. (1991). *Die unsichtbare Religion*. Frankfurt a. M.: Suhrkamp [1967].
Luckmann, T. (1992). *Theorie des sozialen Handelns*. Berlin: de Gruyter.
Luckmann, T. (1999). Wirklichkeiten: individuelle Konstitution und gesellschaftliche Konstruktion. In R. Hitzler, J. Reichertz & N. Schröer (Hrsg.), *Hermeneutische Wissenssoziologie. Standpunkte zur Theorie der Interpretation* (S. 17–28). Konstanz: UVK.
Luckmann, T. (2002). *Wissen und Gesellschaft. Ausgewählte Aufsätze 1981–2002*. Konstanz: UVK.
Luckmann, T. (2003). Von der alltäglichen Erfahrung zum sozialwissenschaftlichen Datum. In I. Srubar & S. Vaitkus (Hrsg.), *Phänomenologie und soziale Wirklichkeit. Entwicklungen und Arbeitsweisen* (13–26). Opladen: Westdeutscher.
Luckmann, T. (2007). *Lebenswelt, Identität und Gesellschaft. Schriften zur Wissens- und Protosoziologie*. Konstanz: UVK.
Luckmann, T. (2008). Konstitution, Konstruktion: Phänomenologie, Sozialwissenschaft. In J. Raab u. a. (Hrsg.), *Phänomenologie und Soziologie. Theoretische Positionen, aktuelle Problemfelder und empirische Umsetzungen* (S. 33–40). Wiesbaden: VS Verlag für Sozialwissenschaften.
Lurie, A. (1990). *Varna oder Imaginäre Freunde*. Zürich: Diogenes [1967].
Lyman, S. M. & Vidich, A. J. (2000). The problem of a public philosophy: A sociological perspective. Blumer (*2000*) (S. 3–144).
Lynch, M. (1985). *Art and artifact in laboratory science: A study of shop work and shop talk in a research laboratory*. London: Routledge.
Lynch, M. (1993). *Scientific practice and ordinary action: Ethnomethodology and social studies of science*. Cambridge: University Press.
Lynch, M., Livingston, E. & Garfinkel, H. (1985). Zeitliche Ordnung in der Arbeit des Labors. In W. Bonß & H. Hartmann (Hrsg.), *Entzauberte Wissenschaft: Zur Relativität und Geltung soziologischer Forschung. Soziale Welt Sonderband 3* (S. 179–206). Göttingen: Schwartz.
Lynch, M. & Sharrock, W. (Hrsg.) (2003) *Harold Garfinkel. Reihe: Sage Masters of Modern Thought* (4. Bd.). London: Sage.
Lynch, M. & Sharrock, W. (Hrsg.) (2011). *Ethnomethodology. Reihe: Sage Benchmarks in Social Research Methods* (4. Bd.). London: Sage.
Maasen, S. (1999). *Wissenssoziologie*. Bielefeld: transcript.
Maines, D. R. (2001). *The faultline of consciousness: A view of interactionism in sociology*. New York: de Gruyter.
Maines, D. R. (Hrsg.) (1991). *Social organization and social process: Essays in honor of Anselm Strauss*. Hawthorne: Aldine de Gruyter.
Maines, D. R. & Charlton, J. C. (1985). The negotiated order approach to the analysis of social organization. In H. A. Farberman & R. S. Perinbanayagam (Hrsg.), *Foundations of interpretive sociology: Original essays in symbolic interaction. Studies in symbolic interaction* (Supplement 1, S. 271–306). Greenwich: Jay Press.

Makropolus, M. (2004). Robert Ezra Park (1864–1944). Modernität zwischen Urbanität und Grenzidentität. In L. Hofmann, T. F. Korta & S. Niekisch (Hrsg.), *Culture Club. Klassiker der Kulturtheorie* (S. 48–66). Frankfurt a. M.: Suhrkamp.

Manning, P. (1992). *Erving Goffman and modern sociology*. Cambridge: Polity Press.

Marx, K. & Engels, F. (1960). *Die Deutsche Ideologie. Marx-Engels-Werke* (Bd. 3). Berlin: Dietz [1845/1846].

Matthews, F. H. (1977). *Robert E. Park and the Chicago school*. Montreal and London: McGill-Queen's University Press.

McCarthy, E. D. (1996). *Knowledge as culture. The new sociology of knowledge*. London: Routledge.

Mead, G. H. (1969a). *Philosophie der Sozialität*. Hrsg. von Hansfried Kellner. (dt. Übersetzung der Vorlesungsunterlagen zu „Philosophy of the Present", 1932) Frankfurt a. M.: Suhrkamp.

Mead, G. H. (1969). *Sozialpsychologie. Eingeleitet und herausgegeben von Anselm Strauss*. Neuwied: Luchterhand [1956].

Mead, G. H. (1973). *Geist, Identität und Gesellschaft*. Hrsg. von C. W. Morris. Frankfurt a. M.: Suhrkamp [1934].

Mehan, H. & Wood, H. (1976). Fünf Merkmale der Realität. In E. Weingarten, F. Sack & J. Schenkein (Hrsg.), *Ethnomethodologie. Beiträge zu einer Soziologie des Alltagshandelns* (S. 29–63). Frankfurt a. M.: Suhrkamp.

Merz-Benz, P. U. & Wagner, G. (2002). *Der Fremde als sozialer Typ*. Konstanz: UVK.

Meuser, M. & Löschper, G. (2002). Einleitung: Qualitative Forschung in der Kriminologie. *Forum Qualitative Sozialforschung, 3* (1), Art. 12 – Januar: http://nbn-resolving.de/urn:nbn:de:0114-fqs0201129. Zugegriffen: 12. Juli 11.

Mey, G. & Mruck, K. (Hrsg.) (2011). *Der Grounded-Theory-Reader*. Wiesbaden: VS Verlag für Sozialwissenschaften.

Meyer, J. (2005). *Weltkultur. Wie die westlichen Institutionen die Welt durchdringen*. Frankfurt a. M.: Suhrkamp.

Meyer, J. W. (1992). From constructionism to Neo-Institutionalism: Reflections on Berger and Luckmann. *Perspectives. The Theory Section Newsletter of the American Sociological Association, 15* (2), (S. 11–12).

Mikl-Horke, G. (1997). *Soziologie. Historischer Kontext und soziologische Theorie-Entwürfe*. München: Oldenbourg.

Mills, C. W. (1940). Situated actions and vocabularies of motive. *American Sociological Review, 5* (6), (S. 904–913).

Mills, C. W. (1973). *Kritik der soziologischen Denkweise*. Darmstadt: Luchterhand.

Moebius, S. & Reckwitz, A. (Hrsg.) (2008). *Poststrukturalistische Sozialwissenschaften*. Frankfurt a. M.: Suhrkamp.

Mohr, M., Schimpel, F. & Schröer, N. (2006). *Die Beschuldigtenvernehmung*. Hilden: Verlag Deutsche Polizeiliteratur Gmbh.

Morrione, T. J. (2004a). Editors introduction. In Blumer (Hrsg.), *George Herbert mead and human conduct* (S. 1–13).

Morrione, T. J. (2004b). Herbert Blumer – A biography. In Blumer (Hrsg.), *George Herbert mead and human conduct* (S. 179–184).

Morris, C. W. (1972). *Grundlagen der Zeichentheorie*. München: Hanser [1938].

Morse, J. u. a. (2009). *Developing grounded theory. The second generation*. Walnut Creek: Left Coast Press.

Mulkay, M. (1979). *Science and the sociology of knowledge*. London: Harper Collins.

Mulkay, M. (1991). *Sociology of science. A sociological pilgrimage.* Buckingham: Indiana University Press.
Newman, K. (1999). *No shame in my game: The working poor in the inner city.* New York: Russell Sage Foundation.
Newman, K. (2002). No shame: The view from the left bank. *American Journal of Sociology, 107* (6), (S. 1577–1599).
Niederbacher, A. (2007). *Faszination Waffe: Eine Studie über Besitzer legaler Schusswaffen in der Bundesrepublik Deutschland.* Neuried: ars una.
Nietzsche, F. (2004). *Zur Genealogie der Moral.* München: Oldenbourg Akademie [1887].
Palmer, V. M. (2007). *Field studies in sociology.* Denton: Rogers Press [1928].
Papcke, S. & Oesterdiekhoff, G. W. (Hrsg.) (2001). *Schlüsselwerke der Soziologie.* Opladen: Westdeutscher Verlag.
Pape, H. (2004). *Charles* Sanders *Peirce. Zur Einführung.* Hamburg: Junius.
Park, R. E. (1915). The city. Suggestions for the Investigation of Human Behaviour in the City Environment. *American Journal of Sociology, 20*, (S. 577–612).
Park, R. E. (1928). Human migration and the marginal man. *American Journal of Sociology, 33*, (S. 881–893).
Park, R. E. (1950). *Race and culture. The collected papers of Robert Ezra Park* (Vol. I). Hrsg. von E. C. Hughes u. a. Glencoe: The Free Press.
Park, R. E. (1950a). An Autobiographical Note. In R. E. Park (1950), *Race and culture. Thecollected papers of Robert Ezra Park* (Vol. I, S. V–IX), Hrsg. von E. C. Hughes u. a., Glencoe: The Free Press.
Park, R. E. (1950b). Human migration and the marginal man. In R. E. Park (Hrsg.), *Race and culture. The collected papers of Robert Ezra Park* (Vol. I, S. 345–356), C. H. Everett u. a. (Hrsg.), Glencoe: The Free Press [1928].
Park, R. E. (1950c). Personality and cultural conflict. In R. E. Park (Hrsg.), *Race and culture. The collected papers of Robert Ezra Park* (Vol. I, S. 357–371), C. H. Everett u. a. (Hrsg.), Glencoe: The Free Press [1931].
Park, R. E. (1950d). Our racial frontier on the Pacific. In R. E. Park (Hrsg.), *Race and culture. The collected papers of Robert Ezra Park* (Vol. I, S. 138–151), C. H. Everett u. a. (Hrsg.), Glencoe: The Free Press [1926].
Park, R. E. (1950e). Cultural conflict and the marginal man. In R. E. Park (Hrsg.), *Race and culture. The collected papers of Robert Ezra Park* (Vol. I, S. 372–376), C. H. Everett u. a. (Hrsg.), Glencoe: The Free Press [1937].
Park, R. E. (1952). *Human communities. The city and human ecology. Collected papers* (Vol. II.). Glencoe: The Free Press.
Park, R. E. (1952a). The city. Suggestions for the investigation of human behaviour in the city environment. In R. E. Park (1952), *Human communities. The city and human ecology. Collected papers* (Vol. II, S. 13–51), Hrsg. von E. C. Hughes u. a., Glencoe: The Free Press [Neuabdruck des Aufsatzesvon 1915/1925].
Park, R. E. (1952b). The city as a social laboratory. In R. E. Park (1952), *Human communities. The city and human ecology. Collected papers* (Vol. II, S. 73–87), Hrsg. von E. C. Hughes u. a., Glencoe: The Free Press [1929].
Park, R. E. (1952c). Sociology, community and society. In R. E. Park (1952), *Human communities. The city and human ecology. Collected papers* (Vol. II, S. 178–209), Hrsg. von E. C. Hughes u. a., Glencoe: The Free Press.

Park, R. E. (1952d). The city as a natural phenomenon. In R. E. Park (1952), *Human communities. The city and human ecology. Collected papers* (Vol. II, S. 118–127), Hrsg. von E. C. Hughes u. a., Glencoe: The Free Press.

Park, R. E. (1955). *Society. Collected papers* (Vol. III). Glencoe: The Free Press.

Park, R. E. & Burgess, E. W. (1924). *Introduction to the science of sociology* (2. Aufl.). Chicago: University of Chicago Press [1921].

Patzelt, W. J. (1987). *Grundlagen der Ethnomethodologie. Theorie, Empirie und politikwissenschaftlicher Nutzen einer Soziologie des Alltags.* München: Wilhelm Fink.

Peirce, C. S. (1993). *Semiotische Schriften* (Bd. 3). Hrsg. von H. Pape, Frankfurt a. M.: Suhrkamp.

Peirce, C. S. (2004). Aus den Pragmatismus-Vorlesungen. In J. Strübing, B. Schnettler (Hrsg.), *Methodologie interpretativer Sozialforschung. Klassische Grundlagentexte* (S. 201–222). Konstanz: UVK [1903].

Pessin, A. (2004). *Un sociologue en liberté. Lecture de Howard S. Becker.* Laval: Presse universitaire.

Pfadenhauer, M. (2003). *Professionalität – eine wissenssoziologische Rekonstruktion institutionalisierter Kompetenzdarstellungskompetenz.* Opladen: Leske + Budrich.

Pfadenhauer, M. (2005). *Professionelles Handeln.* Wiesbaden: VS Verlag für Sozialwissenschaften.

Pfadenhauer, M. (2008). *Organisieren: Eine Fallstudie zum Erhandeln von Events.* Wiesbaden: VS Verlag für Sozialwissenschaften.

Pfadenhauer, M. (2010). *Peter L. Berger.* Konstanz: UVK.

Plessner, H. (1975). *Die Stufen des Organischen und der Mensch. Einleitung in die philosophische Anthropologie.* Berlin: De Gruyter [1928].

Plummer, K. (1995). *Telling sexual stories. Power, intimacy and social worlds.* London: Routledge.

Plummer, K. (2000). A world in the making: Symbolic interactionism in the 20th century. In B. Turner (Hrsg.), *A companion to social theory* (S. 193–222). Oxford: Blackwell. www.kenplummer.info/PDF Files/SI99FIN.pdf Zugegriffen: 12. Juli 2011.

Plummer, K. (2003). Continuity and change in Howard S. Becker's work. An interview with Howard S. Becker. *Sociological Perspectives, 46* (1), (S. 21–39).

Plummer, K. (Hrsg.) (1991a). *Symbolic interactionism. Vol. I: Foundations and history.* Aldershot: Edward Elgar Publishing Limited.

Plummer, K. (Hrsg.) (1991b). *Symbolic interactionism. Vol. II: Contemporary issues.* Aldershot: Edward Elgar Publishing Limited.

Plummer, K. (Hrsg.) (1997). *The Chicago School. Critical assessments.* London: Routledge.

Poferl, A. (1997). Der strukturkonservative Risikodiskurs. Eine Analyse der Tschernobyl ‚media story' in der Frankfurter Allgemeinen Zeitung. In Brand, Eder & Poferl (Hrsg.), (S. 106–154).

Poferl, A. (2004). *Die Kosmopolitik des Alltags. Zur Ökologischen Frage als Handlungsproblem.* Berlin: edition sigma.

Poferl, A. (2007). *Die kulturelle Konstitution von Wirklichkeit. Kommentar zu Peter Burke.* Bukarest (Vortragsmanuskript).

Poferl, A. (2008). Das ganz normale Chaos der Liebe. Ulrich Beck und Elisabeth Beck-Gernsheim über die Liebe in der Zweiten Moderne. In Y. Niekrenz & D. Villányi (Hrsg.), *Liebeserklärungen* (S. 166–181). Wiesbaden: VS Verlag für Sozialwissenschaften.

Powell, W. W. & DiMaggio, P. J. (1991). *The new institutionalism in organizational analysis.* Chicago: The University of Chicago Press.

Prechtl, P. (1994). *Saussure zur Einführung*. Hamburg: Junius.
Prechtl, P. (2000). *Descartes zur Einführung*. Hamburg: Junius.
Psathas, G. (1981). Ethnotheorie, Ethnomethodologie und Phänomenologie. In Arbeitsgruppe Bielefelder Soziologen (Hrsg.), *Alltagswissen, Interaktion und gesellschaftliche Wirklichkeit* 1+2 (S. 263–284). Opladen: Westdeutscher [1968].
Raab, J. (2008a). *Erving Goffman*. Konstanz: UVK.
Raab, J. (2008b). *Visuelle Wissenssoziologie. Theoretische Konzeption und materiale Analysen*. Konstanz: UVK.
Raab, J. u. a. (Hrsg.) (2008). *Phänomenologie und Soziologie. Theoretische Positionen, aktuelle Problemfelder und empirische Umsetzungen*. Wiesbaden: VS Verlag für Sozialwissenschaften.
Rawls, A. W. (2002). Editor's Introduction. In H. Garfinkel (2002), *Ethnomethodology's program. Working out Durkheim's aphorism* (S. 1–64). Lanham: Rowman & Littlefield.
Rawls, A. W. (2006). Respecifying the study of social order – Garfinkels transition from theoretical conceptualization to practice in details. In H. Garfinkel (2006), *Seeing sociologically. The routine grounds of social action*. Hrsg. von A. W. Rawls, (S. 1–98). Boulder, Colorado: Paradigm [1948].
Reckwitz, A. (2008). *Unscharfe Grenzen. Perspektiven der Kultursoziologie*. Bielefeld: transcript.
Reichertz, J. (1991). *Aufklärungsarbeit. Kriminalpolizisten und Feldforscher bei der Arbeit*. Stuttgart: Enke.
Reichertz, J. (2000). *Die Frohe Botschaft des Fernsehens: Kulturwissenschaftliche Untersuchung medialer Diesseitsreligion*. Konstanz: UVK.
Reichertz, J. (2002). *Die Abduktion in der qualtiativen Sozialforschung*. Wiesbaden: VS Verlag für Sozialwissenschaften.
Reichertz, J. (2004). Das Handlungsrepertoire von Gesellschaften erweitern. Hans-Georg Soeffner im Gespräch mit Jo Reichertz. *Forum Qualitative Sozialforschung* (3), Art. 29. http://www.qualitative-research.net/fqs-texte/3-04/04-3-29-d.htm. Zugegriffen: 12. Juli 2011.
Reichertz, J. (2007). *Die Macht der Worte und der Medien*. Wiesbaden: VS Verlag für Sozialwissenschaften.
Reichertz, J. (2008). Das Ich als Handlung oder das handelnde Ich? In J. Raab u. a. (Hrsg.), *Phänomenologie und Soziologie. Theoretische Positionen, aktuelle Problemfelder und empirische Umsetzungen* (S. 75–84). Wiesbaden: VS Verlag für Sozialwissenschaften.
Reichertz, J. (2009). *Kommunikationsmacht. Was ist Kommunikation und was vermag sie? Und weshalb vermag sie das?* Wiesbaden: VS Verlag für Sozialwissenschaften.
Reichertz, J. u. a. (2010). *Jackpot. Erkundungen zur Kultur der Spielhallen*. Wiesbaden: VS Verlag für Sozialwissenschaften.
Reichertz, J. & Englert, C. (2010). *Einführung in die qualitative Videoanalyse: Eine hermeneutisch-wissenssoziologische Fallanalyse*. Wiesbaden: VS Verlag für Sozialwissenschaften.
Reichertz, J. & Schröer, N. (1994). Erheben, Auswerten, Darstellen. In N. Schröer (Hrsg.), *Interpretative Sozialforschung. Auf dem Weg zu einer hermeneutischen Wissenssoziologie* (S. 56–84). Opladen: Westdeutscher.
Reichertz, J. & Schröer, N. (Hrsg.) (1996). *Qualitäten polizeilichen Handelns. Beiträge zu einer verstehenden Polizeiforschung*. Opladen: Westdeutscher Verlag.
Reichertz, J. & Schröer, N. (Hrsg.) (2003). *Hermeneutische Polizeiforschung*. Wiesbaden: VS Verlag für Sozialwissenschaften.

Literaturverzeichnis

Reiger, H. (2000). *Face-to-face Interaktion. Zur Soziologie Erving Goffmans.* Frankfurt a. M.: Lang.

Reynolds, L. T. & Herman-Kinney, N. J. (Hrsg.) (2003). *Handbook of symbolic interacitonism.* Oxford: Rowman & Littlefield.

Riesman, D. & Becker, H. S. (1993). Introduction to the transaction edition. In E. C. Hughes (Hrsg.), *The sociological eye. Selected papers* (S. V–XIV). New Brunswick: Transaction [1971].

Robertson, R. (1993). Cultural relativity and social theory: Werner Stark's sociology of knowledge revisited. In E. Leonard, H. Strasser & K. Westhues (Hrsg.), *In search of community. Essays in memory of Werner Stark, 1909-1985* (S. 84–96). New York: Fordham University Pres.

Rock, P. (1979). *The making of symbolic interactionism.* London: Macmillan Press.

Rock, P. (2007). Symbolic interactionism and ethnography. In P. Atkinson u. a. (Hrsg.), *Handbook of Ethnography* (S. 26–38). London: Sage.

Rose, A. M. (Hrsg.) (1962). *Human behavior and social process. An interactionist approach.* London: Routledge.

Rothenberg, J. & Fine, G. A. (2008). Art worlds and their ethnographers. *Ethnologie française, XXXVIII*(1), 31–37.

Rouncefield, M. & Tolmie, P. (Hrsg.) (2011). *Ethnomethodology at work.* New York: Ashgate.

Sacks, H. (1990). An initial investigation of the usability of conversational data for doing sociology. In J. Coulter (Hrsg.), *Ethnomethodological sociology* (S. 208–253) [1972].

Sacks, H. (1995). *Lectures on conversation.* Hrsg. von G. Jefferson & A. S. Emanuel. London: Wiley.

Saerberg, S. (1990). *Blinde auf Reisen.* Köln: Böhlau.

Sandstrom, K. L., Martin, D. D. & Fine, G. A. (2001). Symbolic interactionism at the end of the century. In G. Ritzer & B. Smart (Hrsg.), *The handbook of social theory* (S. 217–231). London: Sage.

Sandstrom, K. L., Martin, D. D. & Fine, G. A. (2006). *Symbols, selves, and social reality. A symbolic interactionist approach to social psychology and sociology* (2. Aufl.). Los Angeles: Roxbury Publishing Company.

Scheff, T. J. (1983). *Das Etikett Geisteskrankheit. Soziale Interaktion und psychische Störung.* Frankfurt a. M.: Fischer.

Scheffer, T. (2001). *Asylgewährung. Eine ethnographische Analyse des deutschen Asylverfahrens.* Stuttgart: Lucius & Lucius.

Schegloff, E. A. (1990). Sequencing in conversational openings. In J. Coulter (Hrsg.), *Ethnomethodological sociology* (S. 271–305).

Schegloff, E. A. (2007). *Sequence organization in interaction: Vol. 1: A primer in conversation analysis.* Cambridge: University Press.

Scheler, M. (1980). *Die Wissensformen und die Gesellschaft. Probleme einer Soziologie des Wissens. Gesammelte Werke* (Bd. 8). Bern: Francke.

Schetsche, M. (1996). *Die Karriere sozialer Probleme. Eine soziologische Einführung.* München: Oldenbourg.

Schiffauer, W. (1991). *Die Migranten aus Subay. Türken in Deutschland. Eine Ethnographie.* Stuttgart: Klett-Cotta.

Schmidt, J. N. (2006). Vom Fort zur Metropole: Stationen in Chicagos Geschichte. In J. N. Schmidt & H.-P. Rodenberg (Hrsg.), *Chicago. Porträt einer Stadt* (S. 17–57). Frankfurt a. M.: Insel.

Schmidt, J. N. & Rodenberg, H.-P. (Hrsg.) (2006). *Chicago. Porträt einer Stadt.* Frankfurt a. M.: Insel.

Schneider, J. W. (1985). Social problems theory: The constructionist view. *Annual Review of Sociology, 11,* (S. 209–229).

Schneider, W. L. (2002a). *Grundlagen der soziologischen Theorie. Bd. 1: Weber-Parsons-Mead-Schütz.* Opladen: Westdeutscher Verlag.

Schneider, W. L. (2002b). *Grundlagen der soziologischen Theorie. Bd. 2: Garfinkel – RC – Habermas – Luhmann.* Opladen: Westdeutscher Verlag.

Schnettler, B. (2004). *Zukunftsvisionen – Transzendenzerfahrung und Alltagswelt.* Konstanz: UVK.

Schnettler, B. (2006). *Thomas Luckmann.* Konstanz: UVK.

Schnettler, B. & Knoblauch, H. (Hrsg.) (2007). *Powerpoint-Präsentationen. Neue Formen der gesellschaftlichen Kommunikation von Wissen.* Konstanz: UVK.

Schröer, N. (1997). Wissenssoziologische Hermeneutik. In R. Hitzler & A. Honer (Hrsg.), *Sozialwissenschaftliche Hermeneutik* (S. 109–132). Opladen: Leske + Budrich.

Schröer, N. (2002). *Verfehlte Verständigung? Kommunikationssoziologische Fallstudie zur interkulturellen Kommunikation.* Wiesbaden: UVK.

Schröer, N. (Hrsg.) (1994). *Interpretative Sozialforschung. Auf dem Weg zu einer hermeneutischen Wissenssoziologie.* Opladen: Westdeutscher Verlag.

Schröer, N. & Bidlo, O. (Hrsg.) (2011). *Die Entdeckung des Neuen: Qualitative Sozialforschung als Hermeneutische Wissenssoziologie.* Wiesbaden: VS Verlag für Sozialwissenschaften.

Schröer, N. u. a. (Hrsg.) (2012): *Lebenswelt und Ethnographie.* Essen: oldib.

Schütz, A. (1971). *Gesammelte Aufsätze. Bd. 1. Das Problem der sozialen Wirklichkeit.* Hrsg. von M. Natanson, Den Haag: Nijhoff.

Schütz, A. (1971a). Symbol, Wirklichkeit und Gesellschaft. In M. Natanson (Hrsg.), *Gesammelte Aufsätze. Bd. 1* (S. 331–414) [Neuabdruck in ders.: *Die kommunikative Ordnung der Lebenswelt.* Konstanz 2003, 119–197].

Schütz, A. (1971b). Über die mannigfaltigen Wirklichkeiten. In M. Natanson (Hrsg.), *Gesammelte Aufsätze. Bd. 1* (S. 237–298) [dt. Fassung von Schütz 1973b].

Schütz, A. (1971c). Symbol, Wirklichkeit und Gesellschaft. In M. Natanson (Hrsg.), *Gesammelte Aufsätze. Bd. 1. Das Problem der sozialen Wirklichkeit.* In M. Natanson (Hrsg.), (S. 331–414). Den Haag: Nijhoff.

Schütz, A. (1971d). Über die mannigfaltigen Wirklichkeiten. In M. Natanson (Hrsg.), *Gesammelte Aufsätze. Bd. 1. Das Problem der sozialen Wirklichkeit* (S. 237–298). Den Haag: Nijhoff.

Schütz, A. (1972). *Gesammelte Aufsätze. Bd. 2. Studie zur soziologischen Theorie.* Hrsg. von A. Brodersen, Den Haag: Nijhoff.

Schütz, A. (1972a). Der Fremde. In A. Schütz (Hrsg.), *Gesammelte Aufsätze. Bd. 2. Studie zur soziologischen Theorie.* In A. Brodersen (S. 53–69). Den Haag: Nijhoff.

Schütz, A. (1973). *Collected papers I: The problem of social reality.* Hrsg. von M. Natason, Den Haag: Nijhoff.

Schütz, A. (1973a). Some leading concepts of phenomenology. In A. Schütz (Hrsg.), *Collected papers I: The problem of social reality.* In M. Natanson (Hrsg.), (S. 99–117). Den Haag [1945].

Schütz, A. (1973b). On multiple realities. In A. Schütz (Hrsg.), *Collected papers I: The problem of social reality.* In M. Natanson (Hrsg.), (S. 207–259). Den Haag [1945].

Schütz, A. (1973c). Symbol, reality and society. In A. Schütz (Hrsg.), *Collected papers I: The problem of social reality.* In M. Natanson (Hrsg.), (S. 287–356). Den Haag [1955].

Schütz, A. (1981). *Der sinnhafte Aufbau der sozialen Welt. Eine Einleitung in die verstehende Soziologie.* Frankfurt a. M.: Suhrkamp [1932] [Neuausgabe Konstanz 2004].

Schütz, A. (1982). *Das Problem der Relevanz.* Frankfurt a. M.: Suhrkamp.
Schütz, A. & Luckmann, T. (1979). *Strukturen der Lebenswelt* (2 Bd.). Frankfurt a. M.: Suhrkamp.
Schütz, A. & Parsons, T. (1977). *Zur Theorie sozialen Handelns. Ein Briefwechsel.* Hrsg. von W. Sprondel, Frankfurt a. M.: Suhrkamp.
Scott, M. B. & Lyman, S. M. (1976). Praktische Erklärungen. In M. Auwärter, E. Kirsch & K. Schröter (Hrsg.), *Seminar: Kommunikation, Interaktion, Identität* (S. 73–114). Frankfurt a. M.: Suhrkamp.
Searle, J. R. (1997). *Die Konstruktion der gesellschaftlichen Wirklichkeit. Zur Ontologie sozialer Tatsachen.* Reinbek bei Hamburg: Rowohlt.
Shaw, C. (1930). *The Jack-Roller: A delinquent boy's own story.* Chicago: The University of Chicago Press.
Shibutani, T. (1955). Reference groups as perspectives. *The American Journal for Sociology,* 60 (6), (S. 562–569).
Shibutani, T. (1961). *Society and personality. An interactionist approach to social psychology.* Englewood Cliffs: Prentice-Hall.
Shibutani, T. (1962). Reference groups and social control. In A. M. Rose (Hrsg.), *Human behavior and social process. An interactionist approach* (S. 128–147). London: Routledge.
Shibutani, T. (Hrsg.) (1973). *Human nature and collective behaviour: Papers in honor of Herbert Blumer.* Enlgewood Cliffs: Prentice-Hall.
Silverman, D. (1997). *Discourses of counselling: HIV counselling as social interaction.* London: Sage.
Silverman, D. (1998). *Harvey sacks: Social science and conversation analysis.* Oxford: University Press.
Simmel, G. (1992). *Soziologie. Untersuchungen über die Formen der Vergesellschaftung.* Frankfurt a. M.: Suhrkamp [1908].
Sinclair, U. (2000). *Der Dschungel.* Reinbek b. Hamburg: Rowohlt [1905/1906].
Snow, D. A. & Davis, P. W. (1995). The Chicago approach to collective behavior. In G. A. Fine (Hrsg.), *A second Chicago school? The development of a postwar American sociology* (S. 188–220). Chicago: University of Chicago Press.
Soeffner, H.-G. (1989). *Auslegung des Alltags – Der Alltag der Auslegung.* Frankfurt a. M.: Suhrkamp.
Soeffner, H.-G. (1991). „Trajectory" – das geplante Fragment. Die Kritik der empirischen Vernunft bei Anselm Strauss. *BIOS. Zeitschrift für Biographieforschung und Oral History,* 4 (1), (S. 1–12).
Soeffner, H.-G. (1992). *Die Ordnung der Rituale. Die Auslegung des Alltags* (Bd. 2). Frankfurt a. M.: Suhrkamp.
Spector, M. & Kitsue, J. I. (1977). *Constructing social problems.* Menlo Park: Cummings.
Srubar, I. (1988). Kosmion. Die pragmatische Lebenswelttheorie. In J. Raab u. a. (Hrsg.), *Phänomenologie und Soziologie. Theoretische Positionen, aktuelle Problemfelder und empirische Umsetzungen* (S. 41–52). Wiesbaden: VS Verlag für Sozialwissenschaften.
Srubar, I. (2007). *Phänomenologische und soziologische Theorie. Aufsätze zur pragmatischen Lebenswelttheorie.* Wiesbaden: VS Verlag für Sozialwissenschaften.
Srubar, I. (2008). Die pragmatische Lebenswelttheorie. In J. Raab u. a. (Hrsg.), *Phänomenologie und Soziologie. Theoretische Positionen, aktuelle Problemfelder und empirische Umsetzungen* (S. 41–52). Wiesbaden: VS Verlag für Sozialwissenschaften.
Srubar, I. (2009). *Kultur und Semantik.* Wiesbaden: VS Verlag für Sozialwissenschaften.

Star, S. L. & Griesemer, J. (1989). Institutional ecology, translations and boundary objects: Amateurs and professionals in Berkeley's museum of vertebrate zoology, 1907–39. *Social Studies of Science, 19* (3), (S. 387–420).
Steinert, H. (1973). *Symbolische Interaktion. Arbeiten zu einer reflexiven Soziologie.* Stuttgart: Ernst Klett.
Steinert, H. (2010). *Max Webers unwiderlegbare Fehlkonstruktionen: Die Protestantische Ethik und der Geist des Kapitalismus.* Frankfurt a. M.: Campus.
Strauss, A. (1968). *Spiegel und Masken. Die Suche nach Identität.* Frankfurt a. M.: Suhrkamp [1959].
Strauss, A. (1976). *Images of the American city.* New Brunswick: Transaction [1961].
Strauss, A. (1979). *Negotiations. Varieties, contexts, processes and social order.* San Francisco: Jossey-Bass.
Strauss, A. (1991). *Creating sociological awareness. Collective images and symbolic representations.* New Brunswick & London: Transaction.
Strauss, A. (1991a). The Chicago tradition's ongoing theory of action/interaction. In A. Strauss (Hrsg.), *Creating sociological awareness. Collective images and symbolic representations* (S. 3–32). New Brunswick: Transaction.
Strauss, A. (1991b). A social world perspective. In A. Strauss (Hrsg.), *Creating sociological awareness. Collective images and symbolic representations* (S. 233–244). New Brunswick: Transaction.
Strauss, A. (1991c). *Grundlagen qualitativer Sozialforschung.* München: Utb [1987].
Strauss, A. (1993). *Continual permutations of action.* New York: Aldine de Gruyter.
Strauss, A. (2007). *Grundlagen qualitativer Sozialforschung: Datenanalyse und Theoriebildung in der empirischen soziologischen Forschung* (2. Aufl.). München: Fink.
Strauss, A. (Hrsg.) (1968). *The american City. A sourcebook of urban imagery.* London: Penguin Press.
Strauss, A. & Corbin, J. (2007). *Grounded theory: Grundlagen Qualitativer Sozialforschung.* Weinheim: PVU [1990–1996].
Strübing, J. (1997). Symbolischer Interaktionismus revisited – Konzepte für die Wissenschafts- und Technikforschung. *Zeitschrift für Soziologie, 26* (5), (S. 268–378).
Strübing, J. (2007). *Anselm Strauss.* Konstanz: UVK.
Strübing, J. & Schnettler, B. (Hrsg.) (2004). *Methodologie interpretativer Sozialforschung. Klassische Grundlagentexte.* Konstanz: UVK.
Thomas, G. M. u. a. (1987). *Institutional structure. Constituting state, society and the individual.* Newbury Park: Sage.
Thomas, W. I. (1965). *Person und Sozialverhalten.* Hrsg. von E. H. Volkart, Neuwied am Rhein: Luchterhand.
Thomas, W. I. (1965a). Der polnische Bauer in Europa und Amerika. In W .I. Thomas (Hrsg.), *Person und Sozialverhalten.* In E. H. Volkart (Hrsg.), (S. 63–85). Neuwied am Rhein: Luchterhand.
Thomas, W. I. (1967). *The unadjusted girl. With cases and standpoint for behavior analysis.* New York: Harper & Row [1923].
Thomas, W. I. & Thomas, D. S. (1928). *The child in America.* New York.
Thomas, W. I. & Znaniecki, F. (1958). *The Polish peasant in Europe and America.* New York: Dover [1918].

Thomas, W. I. & Znaniecki, F. (2004). Methodologische Vorbemerkung. In J. Strübing & B. Schnettler (Hrsg.), *Methodologie interpretativer Sozialforschung. Klassische Grundlagentexte* (S. 245–264). Konstanz: UVK [1918].
Thrascher, F. (1927). *The gang: A study of 1313 gangs in Chicago.* Chicago: University Press.
Turner, R. (1976). Rollenübernahme: Prozeß versus Konformität. In M. Auwärter, E. Kirsch & K. Schröter (Hrsg.), *Seminar: Kommunikation, Interaktion, Identität* (S. 115–139). Frankfurt a. M.: Suhrkamp [1962].
Venkatesh, S. (2008). *Underground economy. Was Gangs und Unternehmen gemeinsam haben.* Berlin: Econ.
Verhoeven, J. (1993). An interview with Erving Goffman, 1980. *Research on Language and Social Interaction, 26* (3), (S. 317–348).
Vico, G. (1981). *Die neue Wissenschaft von der gemeinschaftlichen Natur der Nationen.* Frankfurt a. M.: Klostermann [1725].
Volkart, E. H. (1965). Einführung: Soziales Verhalten und Definition der Situation. In W. I. Thomas (Hrsg.), *Person und Sozialverhalten.* In Edmund H. Volkart (Hrsg.), (S. 9–52). Neuwied am Rhein: Luchterhand.
Wacker, R. F. (1995). The sociology of race and ethnicity in the second Chicago school. In G. A. Fine (Hrsg.), *A second Chicago school? The development of a postwar American sociology* (S. 136–163). Chicago: University of Chicago Press.
Wacquant, L. (2002). Scrutinizing the street: Poverty, morality, and the Pitfalls of Urban Ethnography. *American Journal of Sociology, 107* (6), (S. 1468–1532).
Wagner, H. R. (1983). *Alfred Schütz: An intellectual biography.* Chicago: University of Chicago Press.
Waskul, D. S. & Vannini, P. (Hrsg.) (2006). *Body/Embodiment. Symbolic interaction and the sociology of the body.* Aldersho: Ashgate.
Weber, M. (1972). *Wirtschaft und Gesellschaft. Grundriss der verstehenden Soziologie* (5. revidierte Aufl.). Tübingen: Mohr [1922].
Weber, M. (1980a). Über einige Kategorien der verstehenden Soziologie. In ders. (1980), *Gesammelte Aufsätze zur Wissenschaftslehre* (7. Aufl., S. 427–474). Tübingen: Mohr [1913].
Weber, M. (1980b). Die ‚Objektivität' sozialwissenschaftlicher und sozialpolitischer Erkenntnis. In ders. (1980), *Gesammelte Aufsätze zur Wissenschaftslehre* (7. Aufl., S. 146–214). Tübingen: Mohr [1904].
Weber, M. (2007). *Die protestantische Ethik und der Geist des Kapitalismus.* Erftstadt: AREA Verlag [1905].
Weingarten, E. & Sack, F. (1976). Ethnomethodologie. Die methodische Konstruktion der Realität. In E. Weingarten, F. Sack & J. Schenkein (Hrsg.), *Ethnomethodologie. Beiträge zu einer Soziologie des Alltagshandelns* (S. 7–28). Frankfurt a. M.: Suhrkamp.
Weingarten, E., Sack, F. & Schenkein, J. (Hrsg.) (1976). *Ethnomethodologie. Beiträge zu einer Soziologie des Alltagshandelns.* Frankfurt a. M.: Suhrkamp.
Wenzel, H. (1990). *George Herbert Mead zur Einführung.* Hamburg: Junius.
Wenzel, U., Bretzinger, B. & Holz, K. (Hrsg.) (2003). *Subjekte und Gesellschaft – Zur Konstitution von Sozialität.* Weilerswist: Velbrück.
Werse, B. (Hrsg.) (2008). *Drogenmärkte. Strukturen und Szenen des Kleinhandels.* Frankfurt a. M.: Campus.
West, C. & Zimmermann, D. H. (1987). Doing gender. *Gender & Society, 1* (2), (S. 125–151).
West, C. & Zimmermann, D. H. (1991). Doing gender. In J. Lorber & S. A. Farell (Hrsg.), *The social construction of gender* (S. 13–37). London: Sage.

Whyte, W. F. (1996). *Die Street corner society: die Sozialstruktur eines Italienerviertels.* Berlin: de Gruyter [1943].
Willems, H. (1997). *Rahmen und Habitus. Zum theoretischen und methodischen Ansatz Erving Goffmans.* Frankfurt a. M.: Suhrkamp.
Willems H. (Hrsg.) (2009). *Theatralisierung der Gesellschaft* (2 Bd.). Wiesbaden: VS Verlag für Sozialwissenschaften.
Willis, P. E. (1979). *Spaß am Widerstand. Gegenkultur in der Arbeiterschule.* Frankfurt a. M.: Syndikat.
Wilson, T. P. (1981). Theorien der Interaktion und Modelle soziologischer Erklärung. In Arbeitsgruppe Bielefelder Soziologen (Hrsg.), *Alltagswissen, Interaktion und gesellschaftliche Wirklichkeit 1+2* (S. 54–79). Opladen: Westdeutscher [1970].
Winter, R. (2001). *Die Kunst des Eigensinns. Cultural Studies als Kritik der Macht.* Weilerswist: Vellbrück.
Winter, R. & Niederer, E. (Hrsg.) (2008). *Ethnographie, Kino und Interpretation – die performative Wende der Sozialwissenschaften. Der Normann K. Denzin-Reader.* Bielefeld: transcript.
Wirth, L. (1927). *The Ghetto.* Chicago: University Press.
Wolff, S. (1997). Einige Beobachtungen an und über Berger/Luckmanns „Die gesellschaftliche Konstruktion der Wirklichkeit". In J. Matthes & M. Stosberg (Hrsg.), *Die gesellschaftliche Konstruktion der Wirklichkeit. Berger/Luckmann revisited* (S. 33–52). Nürnberg: Institut für Soziologie.
Zifonun, D. (2004). *Gedenken und Identität. Der deutsche Erinnerungsdiskurs.* Frankfurt a. M.: Campus.
Zimmerman, D. H., & Pollner, M. (1976). Die Alltagswelt als Phänomen. In E. Weingarten, F. Sack & J. Schenkein (Hrsg.), *Ethnomethodologie. Beiträge zu einer Soziologie des Alltagshandelns* (S. 64–10). Frankfurt a. M.: Suhrkamp.
Znaniecki, F. (1934). *The method of sociology.* New York: Farrar & Rinehart.
Znaniecki, F. (1936). *Social actions.* Poznan: Universität Poznnan, und New York: Farrar & Rinehart.
Znaniecki, Florian (1969). *On humanistic sociology.* In R. Bierstedt (Hrsg.), Chicago: University of Chicago Press.
Znaniecki, F. (1986). *The social role of the man of knowledge.* New York: Columbia University Press [1940].
Znaniecki, F. (2010). *Cultural reality.* Milton Keynes: Bibliolife [1919].
Zorbaugh, H. (1929). *The gold coast and the slum: A sociological study of Chicago's near North side.* Chicago: The University of Chicago Press.